目　录
Contents

新时代新理念职业教育教材

跨境电子商务实务教程

主　编　隋东旭　邹益民
副主编　沙继东　李瑶锦　陈浙斌

北京交通大学出版社
·北京·

内 容 简 介

本书根据新兴行业对人才的要求进行编写，以产业升级对关键岗位人员的能力要求为主线进行内容编排。本书共分8个学习项目，分别为跨境电子商务认知，跨境电子商务平台运营与管理、跨境电子商务平台选品与发布、跨境电子商务物流管理、跨境电子商务支付与结算、跨境电子商务客户服务与管理、跨境电子商务通关、跨境电子商务财务管理。本书体系完整、内容全面、案例丰富、图文并茂，适合作为应用型本科院校、高等职业院校、中等职业学校跨境电子商务、电子商务、国际贸易等专业的教材，也可作为外向型企业员工培训教材，还可供社会读者参考。

图书在版编目（CIP）数据

跨境电子商务实务教程 /隋东旭，邹益民主编. —北京：北京交通大学出版社，2020.5（2021.7 重印）

ISBN 978-7-5121-4196-4

Ⅰ.①跨… Ⅱ.①隋… ②邹… Ⅲ. ①电子商务-教材 Ⅳ. ①F713.36

中国版本图书馆 CIP 数据核字（2020）第 066880 号

跨境电子商务实务教程

KUAJING DIANZI SHANGWU SHIWU JIAOCHENG

策划编辑：刘辉　　责任编辑：刘辉

出版发行：北京交通大学出版社　　电话：010-51686414　　http：//www.bjtup.com.cn

地　　址：北京市海淀区高梁桥斜街 44 号　　邮编：100044

印 刷 者：艺堂印刷（天津）有限公司

经　　销：全国新华书店

开　　本：210 mm×285 mm　　印张：18.5　　字数：603 千字

版 印 次：2020 年 5 月第 1 版　　2021 年 7 月第 2 次印刷

印　　数：3001～5500 册　　定价：49.80 元

本书如有质量问题，请向北京交通大学出版社质监组反映。对您的意见和批评，我们表示欢迎和感谢。

投诉电话：010-51686043，51686008；传真：010-62225406；E-mail：press@bjtu.edu.cn。

前言

Preface

随着经济的不断发展，我国在世界经济发展中的参与度进一步提高。在“一带一路”倡议背景下，我国要面向全球资源市场，积极推进跨境电子商务发展，参与全球市场竞争，促进产品、服务质量提升与品牌建设，更紧密地融入全球资源体系。跨境电子商务作为我国在世界经济体系中取得重要地位的不可或缺的工具，是国家积极推动的一种新型的贸易发展方式，是培养外贸竞争新优势的重要抓手之一。

本书介绍了跨境电子商务相关知识，主要包括跨境电子商务认知、跨境电子商务平台运营与管理、跨境电子商务平台选品与发布、跨境电子商务物流管理、跨境电子商务支付与结算、跨境电子商务客户服务与管理、跨境电子商务通关，跨境电子商务财务管理。

本书体系完整，内容全面，理论与实践相结合。本书力图反映跨境电子商务发展的最新情况，为广大读者提供前沿性的内容和完整的理论架构，为学校、企业培养专业的、优秀的跨境电子商务人才提供帮助。

本书在编写的过程中参考了大量国内外专家的研究成果，在此向这些专家、学者表示衷心的感谢。跨境电子商务是一门新兴的实践性学科，涉及多个领域，加上作者水平有限，书中难免有疏漏与不妥之处，恳请广大读者不吝赐教，以便本书再版时及时更正。

本书主要内容及学时分配建议如下。

内容	理论板块学时	实践板块学时
学习项目 1　跨境电子商务认知	6	0
学习项目 2　跨境电子商务平台运营与管理	2	5
学习项目 3　跨境电子商务平台选品与发布	8	4
学习项目 4　跨境电子商务物流管理	6	4
学习项目 5　跨境电子商务支付与结算	6	0
学习项目 6　跨境电子商务客户服务与管理	6	4
学习项目 7　跨境电子商务通关	4	4
学习项目 8　跨境电子商务财务管理	2	3
总计 64	40	24

编者

2020.5

学习项目 1　跨境电子商务认知

项目任务书

学习项目 1 任务书见表 1-1。

表 1-1　学习项目 1 任务书

任务编号	分项任务	职业能力目标	知识要求	参考学时
学习任务 1.1	跨境电子商务概述	了解跨境电子商务概况	1.跨境电子商务的概念及特点 2.跨境电子商务模式 3.跨境电子商务的发展历程	2
学习任务 1.2	跨境电子商务岗位与岗位技能	了解跨境电子商务的岗位与岗位要求	1.跨境电子商务部门分类 2.跨境电子商务岗位职责 3.跨境电子商务从业人员素质要求	2
学习任务 1.3	跨境电子商务与 ERP	了解常见的跨境电子商务 ERP 产品	1.跨境电子商务 ERP 概述 2.跨境电子商务 ERP 产品简介	2

学习重点、难点

重点

- 跨境电子商务模式；
- 跨境电子商务 ERP。

难点

- 运用跨境电子商务相关基础知识分析问题、解决问题。

本项目思维导图

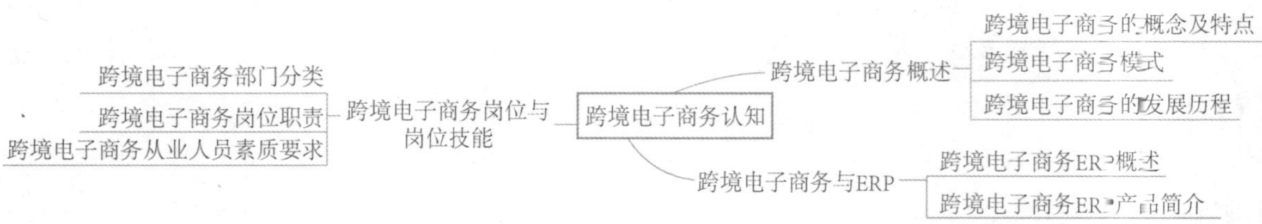

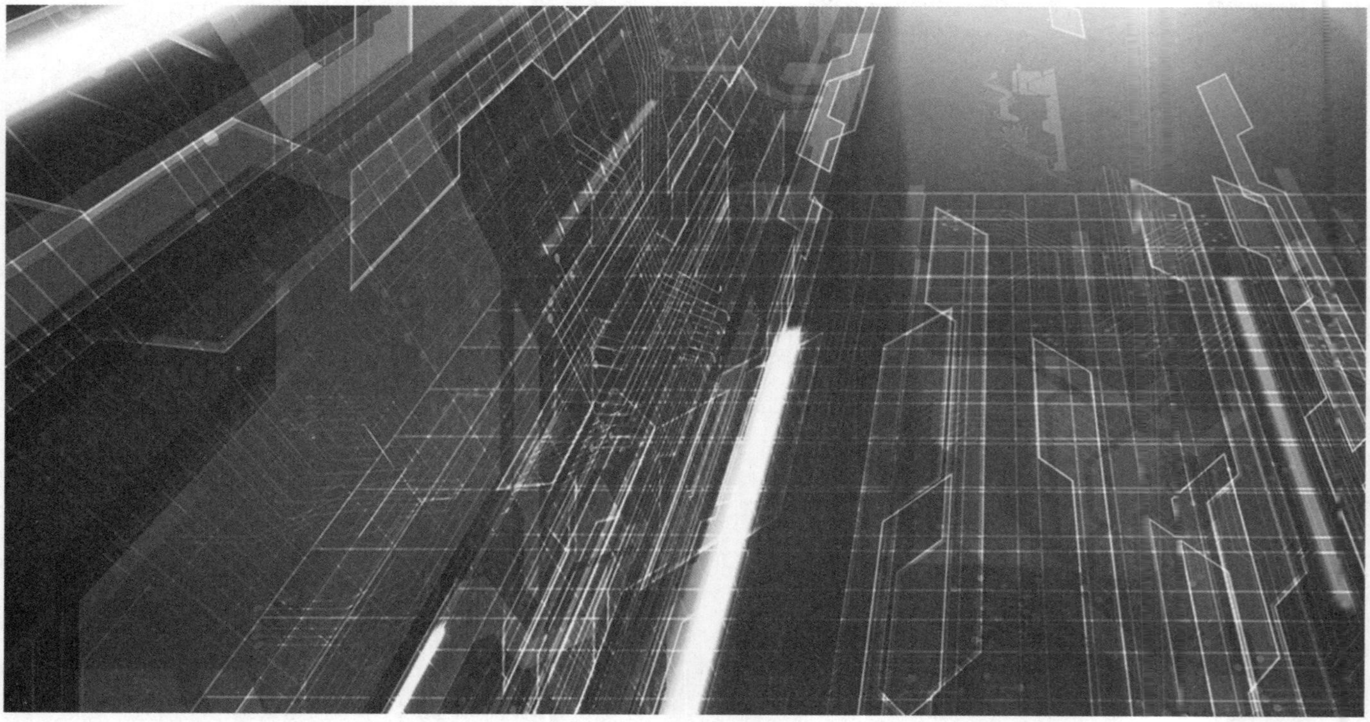

学习情境导入

跨境电子商务——未来十年最大的“风口”来了

多地中小企业已从 eWTP 受益

跨境电子商务正在成为中小企业成长的新机会。在多个省市陆续召开的 2020 年地方两会上，跨境电子商务成了热议话题之一。浙江省政协委员、阿里巴巴合伙人、蚂蚁金服董事长井贤栋提出，中小企业要抓住 eWTP 这个跨境电子商务未来十年最大的“风口”，高质量地“走出去”。

eWTP（世界电子贸易平台）由阿里巴巴集团首倡，旨在通过多方合作，帮助中小企业参与全球贸易。

在有着世界级营商环境的浙江，eWTP 更是取得了诸多进展。在 2020 年 1 月 11 日开幕的浙江省政协十二届三次会议上，井贤栋表示 eWTP 能够成为浙江省参与全球竞争的新高地和对外经济领域的线上战略门户。

全球首个 eWTP 公共服务平台于 2019 年 12 月底在杭州上线，为跨境零售商家带来便捷的退税等一站式解决方案，速卖通商家“品连优选”预计一年可节约成本 100 万人民币。在义乌，市场采购数字化出口服务为跨境 B2B 商家带来了便利，阿里巴巴国际站商家“维萨数码”上线短短四五个月，交易额就突破百万美元。

跨境电子商务发货登记如图 1-1 所示。

图 1-1　跨境电子商务发货登记

在比利时列日，义乌内衣外贸企业 Finetoo 开始享受到跨境电子商务保税备货模式的便利。商家接到订单后从当地发货，最快 3 天就能送达欧洲消费者手中，客户体验改善后，其客单价也从 5 美元提升到 8 美元。

浙江省政协委员、义新欧贸易服务集团董事长冯旭斌提到，“义新欧”eWTP 菜鸟号中欧班列在 2019 年 10 月开行，直连 eWTP 两大枢纽——义乌和比利时列日，实现了铁路运输电商包裹的通关模式突破，短短 49 天，业务量即超过百万件。eWTP 菜鸟号首发仪式如图 1-2 所示。

图 1-2 eWTP 菜鸟号首发仪式

其实，eWTP 早已不只是一个概念，其已在多个城市和国家开展实践，帮助跨境电子商务中小企业节约时间和成本、增加流量和销量。从中受益的也远不止浙江的中小企业。

虽然发展势头良好，但 eWTP 也面临不少挑战。井贤栋分析，当前大量中小企业有海外市场拓展需求，但拓展方式相对传统，数字化平台的应用不足。很多地方的政府及中小企业对 eWTP 的价值也不够了解，可能会错过数字化转型升级的历史机遇。

针对这些难题，井贤栋和冯旭斌均建议出台更多有力政策鼓励跨境电子商务中小企业使用 eWTP 平台，并总结前期试点经验，形成标准，加快推广。

学习任务 1.1 跨境电子商务概述

随着互联网和电子商务（简称电商）在国际贸易中的快速发展，传统的国际贸易方式受到了极大的挑战，而新的国际贸易形式——跨境电子商务（简称跨境电商），在国家“一带一路”倡议和“互联网+”战略的带动下，一直保持着高速度和高利润的迅猛发展态势，成为推动经济转型发展的重大抓手。

在跨境电子商务“群雄争霸”的时代，跨境电子商务成为经济发展的新引擎和产业转型的新业态。当前，跨境电子商务已经成为国内企业开拓海外市场、提升品牌国际形象和增强国际竞争力的重要武器。跨境电子商务不仅改变了传统外贸的经营模式，也在改变中国对外贸易的产业链布局，伴随着国家各项利好政策的落地，跨境电子商务创业热潮已经到来。

1.1.1 跨境电子商务的概念及特点

1. 跨境电子商务的概念

跨境电子商务，是分属不同关境的交易主体，通过电子商务平台达成交易、进行支付结算 并通过跨境物流送达商品、完成交易的一种国际商业活动。其实质就是把传统国际贸易加以网络化、电子化。跨境电商综合实验区如图 1-3 所示。

图 1-3　跨境电商综合实验区

跨境电子商务把原来传统的销售、购买环节转移到互联网上，打破了不同国家与地区间的壁垒。制造厂家也实现了工厂全球化、网络化、无形化、一体化服务。从概念上看，跨境电子商务有广义和狭义之分。广义的跨境电子商务，指的是分属不同关境的交易主体，通过电子商务的方式完成进出口贸易中的展示、洽谈和交易环节，并通过跨境物流送达商品、完成交割的一种国际商业活动。从狭义上看，跨境电子商务基本等同于跨境零售，指的是分属不同关境的交易主体，借助计算机网络达成交易、进行支付结算，并采用快件、小包等方式，通过跨境物流将商品送达消费者手中的交易过程。跨境电子商务在国际上被流行地称为跨境零售。在现实中，由于对小型商家与个人消费者进行明确区分、界定的难度较大，所以跨境零售交易主体中往往还包含一部分碎片化、小额买卖的商家用户。跨境电子商务系统要素联动关系模型（见图 1-4）有助于我们从宏观上把握跨境电子商务的总体框架。

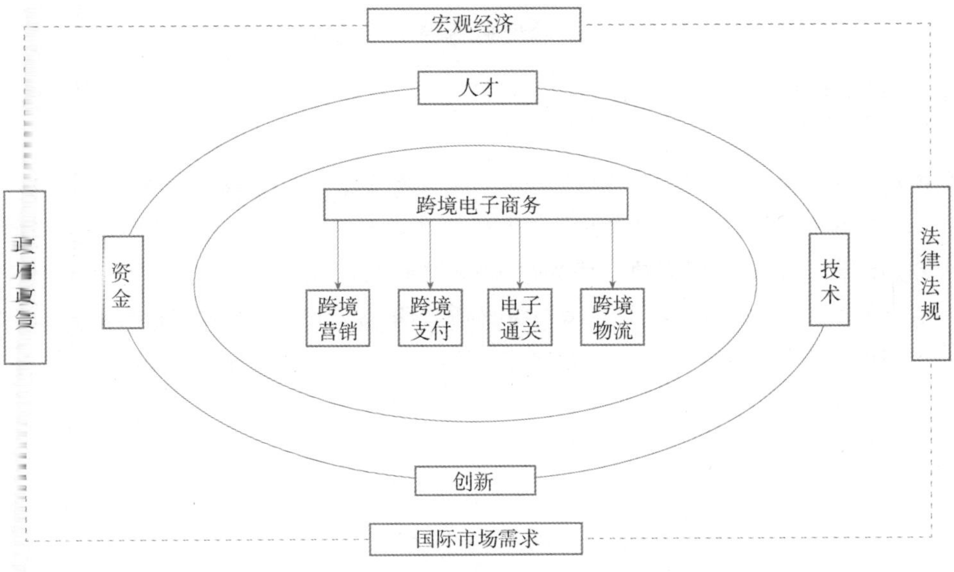

图 1-4　跨境电子商务系统要素联动关系模型

与传统国际贸易相比，跨境电子商务依托互联网技术而存在，在物流方式、交易流程、结算方式等方面都大不相同。跨境电子商务与传统国际贸易的对比如图 1-5 所示。一方面，跨境电子商务让传统贸易实现了电子化、数字化和网络化，无论是订购，还是支付环节，都可以经由互联网完成，甚至一些数字化产品的交付也可以通过网络完成。在跨境电子商务交易过程中，运输单据、交易合同及各种票据都是以电子文件的形式存在的，因此，跨境电子商务实际上是包含货物的电子贸易、在线数据传递、电子资金划拨、电子单证等多个环节的一种新型国际贸易方式。另一方面，由于信息的传递在互联网上更为便捷和快速，跨境电子商务使得国际贸易卖方可以直接面对来自不同国家的消费者，因而最大限度地减少了传统贸易所必须涉及的交易环节并在很大程度上消除了供需双方之间的信息不对称，这也是跨境电子商务最大的优势所在。跨境电子商务已在全球范围内蓬勃发展。

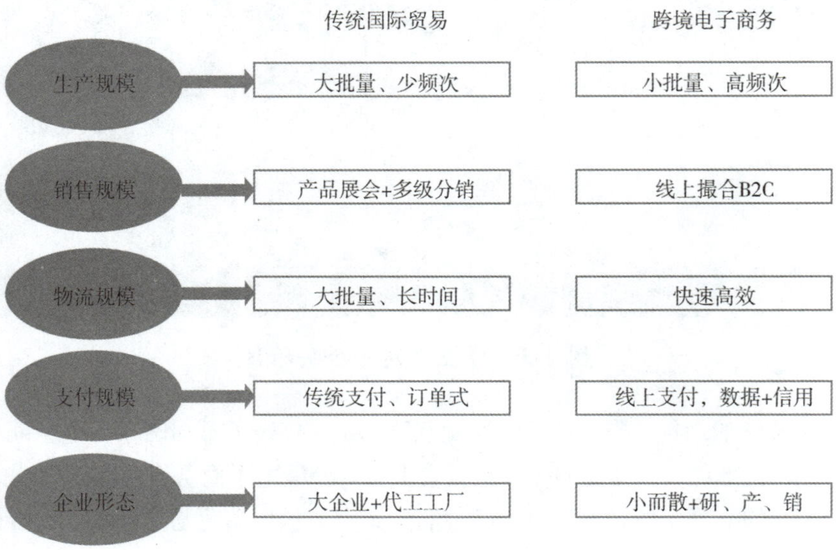

图 1-5　跨境电子商务与传统国际贸易的对比

知识拓展

青海：首个跨境电商综试区建设启动

2020 年 1 月 14 日，青海省政府召开新闻发布会宣布，青海首个跨境电子商务综合试验区——中国（海东）跨境电子商务综合试验区正式建设启动。

西宁海关副关长王春阳介绍，跨境电子商务综合试验区是国务院批准设立的跨境电子商务“先行先试”的区域，在这个区域范围内，在保障安全的前提下，通过管理、服务创新等手段，探索建立全球好货网上销售、跨国运送、电子通关等环节的技术标准、业务流程和信息化建设模式。同时，积极对接亚马逊、天猫国际等大电商合作伙伴，设点布局、引流资源，培育本土跨境电商企业，促进传统外贸企业转型升级，共同构建青海跨境电商产业生态圈，快速提升产业规模，引领和带动青海全省跨境电商发展。

2．跨境电子商务的特点

跨境电子商务是以网络为依托的，网络空间的特性深刻地影响着跨境电子商务的发展，与传统的交易方式相比，跨境电子商务具有自己的特点。

1）全球性

网络是一个没有边界的媒介体，其具有全球性和非中心化的特征。依附网络发生的跨境电子商务也因此具有全球性和非中心化的特性。电子商务与传统的交易方式相比，一个重要的特点在于电子商务是一种无边界交易，丧失了传统交易所具有的地理因素。互联网用户不需要考虑跨越国界就可以把产品尤其是高附加值产品和服务提交到市场。网络的全球性特征带来的积极影响是信息最大程度的共享，消极影响是用户必须面临因文化、政治和法律的不同而产生的风险。任何人只要具备了一定的技术手段，在任何时候、任何地方都可以让信息进入网络，相互联系，开展交易。美国财政部在其财政报告中指出，对基于全球化的网络建立起来的电子商务活动进行课税是困难重重的，这是因为电子商务是基于虚拟的计算机网络空间展开的，丧失了传统交易方式下的地理因素；电子商务中的制造商容易隐匿其住所而消费者对制造商的住所是漠不关心的。比如，一家很小的爱尔兰在线公司，通过一个可供世界各地的消费者点击观看的网页，就可以通过互联网销售其产品和服务，只要消费者接入了互联网，很难界定这一交易究竟是在哪个国家发生的。

知识拓展

小常识：无货源铺货

顾名思义，无货源铺货指没有货源就大量地铺货，不需要囤货，这大幅度降低了成本，然后通过ERP软件，采集国内电商网站（如京东、淘宝、速卖通等）上面的商品信息，经编辑、修改、翻译之后，一键批量上传到你自己的亚马逊店铺，把商品卖到国外去，国外买家看到这个产品并“拍下”之后，我们可通过ERP后台订单系统，找到此产品的来源店铺，然后再去此店铺“拍下”产品，发货到国际中转仓，拆封、检查无误后，进行二次打包，报关出口，交由邮政物流或第三方物流公司通过国际运输至目的地国家后，接着运输至终端买家。

2）数字化

网络的发展使数字化产品和服务的传输变得轻而易举。传统国际贸易以实物贸易为主，而随着网络技术的发展和应用，数字化贸易产品逐渐增多，特别是影视作品、电子书籍、应用软件和游戏等品类商品的贸易量快速增长，且通过跨境电子商务进行销售或消费的趋势越发明显。

跨境电子商务是数字化传输活动的一种特殊形式。数字化传输通过不同类型的媒介，例如数据、声音和图像，在全球化网络环境中集中进行，这些媒介在网络中以计算机数据代码的形式出现。与之相比，传统的国际贸易主要存在于实物产品或服务中，而随着网络的发展，一些数字化产品和服务的交易越来越多。以书籍交易为例，在传统的国际贸易中，是以一本书（即交易实物）为标的物进行买卖，而在跨境电子商务交易中，一个买家只需购买该书网上的数据权即可获取相应的信息，方便又快捷。

3）多边性

网络的全球性特征带来的积极影响之一是信息的最大程度共享。跨境电子商务是一种无边界交易，突破了传统交易的地理因素限制，互联网用户可以通过网络，将产品尤其是高附加值产品和服务提交到市场。传统的国际贸易以双边贸易为主，即使有多边贸易，也是通过多个双边贸易实现的，通常呈线状结构。跨境电子商务可以通过一国的交易平台，实现与其他国家的直接贸易，与贸易相关的信息流、商流、物流、资金流由传统的双边逐步向多边方向演进，呈网状结构。简单来说，跨境电子商务可以通过 A 国的交易平台、B 国的支付结算平台、C 国的物流平台，实现多个国家间的直接贸易。

4）直接性

传统的国际贸易要通过中介环节，即通过境内流通企业的多级分销，才能到达有需求的终端企业或消费者。通常情况下进、出口环节多、耗时长、成本高，会导致效率降低。跨境电子商务则免去了传统交易中的中介环节，可以通过电子商务交易与服务平台，实现多国企业之间、企业与最终消费者之间的直接交易。与传统国际贸易相比，其进出口环节少、时间短、成本低、效率高。

5）小批量

小批量是相对于传统贸易而言的，跨境电子商务单笔订单大多是小批量的，甚至是单件的，单次交易额较少，这是由于跨境电子商务实现了单个企业之间或单个企业与单个消费者之间的交易。跨境电子商务通过电子商务交易与服务平台，能够实现多国企业之间、企业与最终消费者之间的直接交易，更具有灵活性和即时性，因而一般是即时按需采购、销售和消费，相对于传统贸易而言，跨境电子商务呈现小批量的特点，交易的次数和频率通常也较高。

6）匿名性

由于跨境电子商务的全球性和数据化的特性，很难识别电子商务用户的身份和其所处的地理位置。交易双方主体可以随时随地利用网络进行交易，而且利用电子商务平台进行交易的消费者出于规避交易风险的目的，通常不暴露自己的真实信息，如真实姓名和确切的地理位置等，但这却丝毫不影响他们顺利地进行交易。在虚拟社会里，跨境电子商务的匿名性导致交易人权利与义务的极不对称，交易人可以享受“最大”的权利和利益，却承担“最小”的责任和义务，有的甚至想方设法逃避责任。跨境电子商务的匿名性显然给税务机关征收税款带来了无尽的困难，因为交易双方提供虚假的信息，使得他们无法通过查找交易人获知真实的所得利益和交易情况，也就无法计算应缴税款，对纳税人进行合法征税。

7）即时性

对于网络而言，传输的速度和地理距离无关。传统国际贸易中，交易双方多数是通过信函、邮件、传真等方式进行信息交流，在信息的发送与接收间，存在着长短不同的时间差，而且传输过程还可能遇到一定的障碍，使得信息无法流畅、即时地进行传递，这在一定程度上会影响国际贸易的进行。不同于传统国际贸易模式，跨境电子商务对于信息的传输是即时的，也就是说无论实际时空距离远近，卖家发送信息与买家接收信息几乎是同时进行的，不存在时间差，就如同生活中面对面交谈。对于一些数字化商品（如音像制品、软件等）的交易，还可以即时结清，订货、付款、交货都可以在瞬间完成，这给交易双方带来了极大的便利。

跨境电子商务的即时性特征减少了传统国际贸易中的中间商环节，使出口商直接面对最终消费者，提高了贸易的效率，但也隐藏了一些法律风险。

知识拓展

55 海淘

55 海淘成立于 2011 年，是一家新三板上市公司，总部位于上海，在洛杉矶、东京、香港、北京、深圳、重庆等地设有分部。公司专注跨境数字营销，旗下拥有 55 海淘导购返利平台、Linkhaitao 效果营销联盟、Shoplooks 品牌市场整合营销与博主联盟平台，以及大数据平台等多个产品。2018 年，55 海淘收购了美国最大的返利平台 Ebates 中国区业务，成为国内海淘返利行业领军企业。

“整合全球商品，让人人买到好东西”，55 海淘深耕跨境电商领域，以“买全球”为主要服务目标，是国内消费者进行海淘的重要渠道与入口。截至目前，55 海淘拥有 6 000 多家全球合作商家、超 5 000 万商品 SKU（库存保有单位）、1 600 万高品质用户，以及数万家流量合作媒体资源。接下来，55 海淘还将推出“卖全球”，帮助国内商家走向海外，充分利用云计算、大数据、智能 AI 算法等先进技术，结合新型的营销方式，让国内品牌享誉全球。

在 2020 年 1 月召开的中国国际进口博览会跨境电商高峰会议上，55 海淘凭借在跨境电商行业的优异表现，荣获“优秀跨境电商平台企业”称号。

8）无纸化

在传统国际贸易中，从询价、议价、磋商、订立合同到货款结算都需要一系列的书面文件，并以这些文件为交易的依据。而在电子商务中，交易主体主要使用无纸化的操作形式，这是跨境电子商务不同于传统国际贸易的典型特征。卖方通过网络发送信息，买方通过网络接收信息，整个电子信息的传输过程实现了无纸化。无纸化的交易方式一方面使信息传递摆脱了书面文件的限制，更加高效，另一方面也造成了法律制度的混乱。因为现行的法律法规多数是以"有纸交易"为出发点，并不适应跨境电子商务 "无纸化"的交易，跨境电子商务以"无纸化"交易方式代替了传统国际贸易中的书面文件（如书面合同、结算单据等）进行贸易往来，在这种无据可查的情况下，税务机关无法获知纳税人交易的真实情况，增加了税务机关获取纳税人经营状况的难度。

9）快速演进

互联网本身无时无刻不在发生变化，而依托互联网发展起来的电子商务活动在短短的几十年中经历了从兴起到稳定发展的过程，给人们的生活带来了翻天覆地的变化。网民在家里随便动动手指，就可以买到国外的产品，享受到国外的服务。为了迎合人们日益丰富的需求，数字化产品和服务更是层出不穷、花样百出。目前传统电商正向移动电商演进，随着 5G 技术的发展，跨境电商的演进、迭代将更加快速。

1.1.2　跨境电子商务模式

跨境电子商务模式按照不同标准，划分为不同的模式类型。

1．按交易模式分类

按交易模式分类，跨境电子商务模式主要分为 B2B 跨境电子商务模式、B2C 跨境电子商务模式、C2C 跨境电子商务模式和 O2O 跨境电子商务模式。

1）B2B 跨境电子商务模式

B2B 是英文 business to business 的缩写。B2B 跨境电子商务模式是指商家对商家的跨境电子商务，即分属不同关境的企业，通过电商平台达成交易，进行支付结算，并通过跨境物流运送商品，完成交易的一种国际商业活动。从广义层面看，B2B 跨境电子商务模式指互联网化的企业对企业的跨境贸易活动，也即"互联网+传统国际贸易"。从狭义层面看，B2B 跨境电子商务指基于电子商务信息平台或交易平台的企业对企业的跨境贸易活动。我们平时谈论的 B2B 跨境电子商务模式，一般都是使用狭义的概念。

B2B 跨境电子商务模式的核心不仅是建立一个网上的买卖者群体，它也为企业之间的战略合作提供了基础。任何一家企业，无论它具有多强的技术实力或多好的经营战略，要想单独实现"跨境 B2B"是完全不可能的。"单打独斗"的时代已经过去，企业间建立合作联盟逐渐成为发展趋势。网络使得信息通行无阻，企业之间可以通过网络在市场、产品或经营等方面开展互补、互惠的合作，形成水平或垂直形式的业务整合，以更大的规模、更强的实力、更经济的运作真正达到全球协同管理的效果。常见的 B2B 跨境电子商务模式有以下几种形式。

（1）垂直 B2B 模式。

面向制造业或面向商业的垂直 B2B 模式，可以分为两个方向，即上游和下游。生产商或商业零售商可以与上游的供应商形成供货关系；生产商与下游的经销商可以形成销货关系。简单地说，这种模式下的 B2B 网站类似于在线商店，这一类网站其实就是企业网站，就是企业直接在网上开设的虚拟商店。通过这样的网站，企业可以大力宣传自己的产品，用更快捷、更全面的手段让更多的客户了解自己的产品，促进交易。

（2）平台 B2B 模式。

面向中间交易市场的平台 B2B 模式，将各个行业中相近的交易过程集中到一个"场所"，为企业的采购方和供应方提供一个交易的机会，这一类网站既不是拥有产品的企业，也不是经营商品的商家，它只提供一个平台，在网上将销售商和采购商汇集在一起，采购商可以在平台上查到销售商的有关信息和商品的有关信息。

（3）自建B2B模式。

自建B2B模式是指跨国公司或全球龙头企业基于自身的信息化建设程度，搭建以自身产品供应链为核心的行业化电子商务平台。行业龙头企业通过自身的电子商务平台，串联起行业整条产业链，供应链上下游企业通过该平台实现信息发布、沟通和交易。通常，此类电子商务平台过于封闭，缺少对产业链的深度整合。

（4）关联B2B模式。

关联B2B模式是指某行业为了提升电子商务交易平台信息的广泛性和准确性，整合平台B2B模式和垂直B2B模式而建立起来的跨行业电子商务平台。平台B2B模式的优势在于内容更广，垂直B2B模式的优势在于内容更深，两者之间是竞争与合作的关系。平台B2B模式与垂直B2B模式未来将趋于融合，而融合的方向有两个：一个是小门户+联盟的模式，另一个是关联B2B模式。关联B2B模式就是介于垂直B2B模式和平台B2B模式之间的一种模式，其所涉及的行业之间具有很强的关联性，行业之间的合作非常密切，是"水平"和"垂直"的完美结合，目的是为同一客户提供一套整合的行业解决方案，这种模式也可以称为大垂直模式。而这种模式也将成为未来B2B行业的主流模式。关联B2B模式平台作为大垂直平台的优势非常明显，既具有垂直站点内容深的优势，还将多个密切相关的行业整合在一起，大大增加了相互贸易的可能性，而平台对用户的价值也得到了极大提升。再加上一些个性化的服务，如网络营销外包服务，通过建站、优化和推广一站式服务，将行业网站推广和全网推广相结合，这无疑更有利于中小企业的发展。客户可以通过搜索引擎、行业网站等多种渠道找到企业，洽谈业务，对于中小企业来说机会更多。

2）B2C跨境电子商务模式

B2C是英文business to consumer的缩写。B2C跨境电子商务模式是跨境电子商务中一种非常重要的商业模式，该模式是指分属不同关境的企业直接面向消费者个人进行产品和服务的在线销售，通过电商平台达成交易，进行支付结算，并通过跨境物流运送商品，完成交易的一种国际商业活动。这是一种新型的国际贸易形式，其同传统国际贸易交易过程相似，包括交易前的准备、交易谈判和签订合同、合同的履行和后期服务等整个过程。B2C跨境电子商务模式表现为外贸B2C、小额外贸电子商务或跨境电子商务平台或自建跨境电子商务网站等，其采用国际航空小包和国际快递等方式将国内的产品直接销售给国外消费者。常见的B2C跨境电子商务模式有以下几种形式。

（1）直发/直运平台模式。

直发/直运平台模式又称drop shipping模式。在这一模式下，电子商务平台将接收的消费者订单信息发给厂家、批发商或零售商，后者按照订单信息以零售的形式向消费者发送货物。由于供货商是品牌商、批发（零售）商或厂商，因此直发/直运平台模式是一种典型的B2C模式，可以将其理解为第三方B2C模式（天猫商城是此种模式的典型代表）。直发/直运平台模式的部分利润来自商品零售价和批发价之间的差额。

该模式的优势是对跨境供应链的涉入较深，后续发展潜力较大。直发/直运平台模式在寻找供货商时是与可靠的海外供应商直接谈判，签订跨境零售供货协议的。为了解决跨境物流环节的问题，这类商家会选择自建国际物流系统（如洋码头）或者与特定国家的邮政、物流系统达成战略合作关系（如天猫国际）。该模式的劣势是招商缓慢，前期流量相对不足；前期所需资金量较大。该模式的代表性企业有天猫国际、洋码头、跨境通、苏宁全球购、海豚村、一帆海购网和走秀网等。

（2）自营B2C模式。

在自营B2C模式下，大多数商品都需要电商平台自己备货，因此这应该是所有模式里采取"重资产"运营的一类。自营B2C模式分为综合型自营跨境B2C平台和垂直型自营跨境B2C平台两类。

①综合型自营跨境B2C平台。目前，综合性自营跨境B2C平台的典型企业是亚马逊。亚马逊海外购已落户上海自贸试验区并已开展电子商务业务。其所出售的商品以保税进口（目前已暂停）或者海外直邮的方式入境。

该模式要求跨境供应链管理能力强、后备资金充裕、有较为完善的跨境物流解决方案等。其劣势是业务发展受到行业政策变动的影响较大。

②垂直型自营跨境 B2C 平台。垂直型自营跨境 B2C 平台是指平台在选择自营品类时会集中于某个特定的范畴，如食品、奢侈品、化妆品或服饰等。该模式的优势主要是供应链管理能力相对较强，其劣势是前期需要较大的资金支持，代表企业有密芽宝贝（母婴）、寺库网（奢侈品）、莎莎网（化妆品）和草莓网（化妆品）等。

3）C2C 跨境电子商务模式

C2C 是英文 consumer to consumer 的缩写，指分属不同关境的个人卖方对个人买方开展在线销售产品和服务，其主要通过第三方交易平台实现个人对个人的电子交易活动，也有人称之为“海代”（即海外代购）。C2C 的平台效应可以满足用户碎片化、个性化的需求，并形成规模。C2C 模式也有它固有的“痛点”，C2C 平台销售商品真假难辨，在获取消费者信任方面还有很长的路要走。另外，服务体验的掌控度差，个人代购存在法律政策风险。从业务形态上看，海外代购模式大致可以分为以下两类。

（1）海外代购平台。

海外代购平台的运营重点在于尽可能多地吸引符合要求的第三方卖家入驻，自身不会深度涉入采购、销售及跨境物流环节。入驻平台的卖家一般都是有海外采购能力或者跨境贸易能力的小商家或个人，他们会定期或根据消费者订单集中采购特定商品，在收到消费者订单后通过转运或直邮模式将商品发往消费者手中。海外代购平台走的是典型的跨境 C2C 平台路线。代购平台通过向入驻卖家收取入场费、交易费和增值服务费等获取利润。该模式的优势是为消费者提供了较为丰富的海外产品品类选择，用户流量较大。其劣势是消费者对于入驻商户的真实资质往往持怀疑态度。交易信用环节可能是 C2C“海代”平台目前最需要解决的问题之一；对跨境供应链的涉入较浅，也是其难以建立充分竞争优势的原因之一。此类平台的典型企业代表是洋码头、淘宝全球购、美国购物网和易趣全球集市等。

知识拓展

美国购物网

美国购物网成立于 2005 年 11 月，是专营网上代购的大型电子商务平台。是国内较早致力于网络代购业务的互联网公司，是目前国内最大、最专业的代购网站，也是目前国内唯一一家可以帮助客户免除美国消费税的商家。

美国购物网可以代购国外品牌服饰、箱包、运动鞋、保健品、化妆品、名表首饰、户外装备、家居母婴用品等商品，代购价格相比国内要便宜 50%左右。代购的商品由美国发货直接寄至客户手中。消费者可使用人民币支付，享受专业双语客服在线服务。美国购物网化解了众多跨境购物支付难题，并为客户提供了完善的售后服务，实现了无障碍跨国购物。美国购物网代购的商品在美国发货后，若清关无异常，15 个工作日左右到达客户手中。

（2）微信朋友圈代购。

微信朋友圈代购是依靠熟人或半熟人社交关系从移动社交平台自主生长起来的原始商业形态。虽然社交关系对交易的安全性和商品的真实性起到了一定的“背书”作用，但受骗的例子并不在少数。随着海关政策的收紧，监管部门对朋友圈个人代购的定性很可能会从灰色贸易转为走私性质。在海外代购市场格局完成整合后，这种原始模式恐怕难以为继。

知识拓展

典型海外代购平台——洋码头

洋码头成立于2009年，其初始定位为电子商务服务平台，通过与海外零售商合作，对接目标消费者。卖家的属性有两种：一种是海外商家，一种是个人买手。如果在洋码头平台上找不到需要的商品，可以找买手进行采购。根据其创始人描述，目前在洋码头平台上，海外商家与个人买手大约各占50%的比重。洋码头官网显示，其买手有严格的认证程序，买手在入驻洋码头之前，需提供其在美国的住址、个人信用卡账单及各项缴费账单，资料齐备后，洋码头将寄送认证函至买手所填写的美国地址，从而完成最终的身份验证。同时，贝海国际速递在洛杉矶、旧金山和纽约三大城市设立了货站，接受洋码头的买手们来自美国各个城市的包裹，包裹送达货站后将直接被空运至中国，经海关清关后，由EMS（邮政特快专递）承接国内的配送任务。

洋码头的代购流程就是由美国代购买手或零售商家在洋码头网站上提供各类商品的信息，消费者自主在网站进行选择并下单，由美国零售商或代购买手提供货品，运送至洋码头自建物流——贝海国际速递，商品运回中国后，再经清关，最后通过其他快递公司送达消费者手中。如果商品有问题，顾客还可以选择退换货，至此，一次完整的美国购物体验便完成了。这种在跨境电子商务领域中的创新性做法使个人跨境交易过程变得十分简单，整个过程中碎片化的服务商被整合成一个透明可控的供应链条，各环节实现了无缝对接，服务效率可以大幅提升。

洋码头的购物模式是C2C模式，产品价格由零售商或者买手自己决定。代购产品的价格通常由产品成本、代购费用或卖家自定利润和运费构成。代购费用和利润都是由卖家自己决定的。代购费用原则上是按照产品实际价格的10%收取，但买手或商家可以自己决定在这一行为中获得的收益。C2C模式让消费者可以比较各供货商的价格，寻找最适合自己的商家或买手。国际运费是海外代购难以突破的瓶颈，消费者必须承担这笔费用。许多代购物流的中间程序是不透明的，消费者很难取得物流信息。物流进入清关环节，若出现需要补缴税款等问题则由消费者自行解决，这会给消费者带来很多麻烦。洋码头通过自建海外物流完美解决了这个难题。洋码头自建的贝海国际速递，在美国设立了多个物流仓库，与中国多家航空公司合作，利用飞机返回中国时的空档资源配送货物，大大降低了国际航空物流的成本，缩短了消费者的购物时间。消费者在洋码头购物，通过贝海国际速递运输，消费者可以随时追踪物流信息，并且，可以在线解决关税问题。在物流价格上实现了突破，这成为洋码头在价格上的一大优势。

洋码头有两大主要营销渠道：海外购物社区和"扫货神器"。海外购物社区表现为购物网站的形式，主要面向使用计算机终端的消费者，可以提供全面的销售服务。洋码头主要的渠道优势体现在"扫货神器"App上。这是洋码头开发的App，面向移动终端的消费群体。"扫货神器"是国内首款海外卖场扫货App，可以让消费者通过移动终端和海外买手一起购物，营造现场购物感。通过洋码头认证并入驻的海外买手直播境外各大商场、"OUTLETS"的"扫货"实况，以现场拍照的方式发布各大促销活动和商品状况信息。国内消费者可以关注海外买手发布的促销直播，通过"扫货神器"App下单购物。"扫货神器"给消费者带来的便利也是其他购物网站所不能比拟的。

消费者足不出户，就可以跟随买手关注现场购物状况，只需要使用手机和网络这样的日常资源，就可以体验海外现场购物。海外扫货会有时间限制，一是现场促销有时间限制，二是海外买手的工作时间限制，所以下单速度很重要。"扫货神器"App为消费者提供了"一键下单"，让海外购物流程更加流畅。"扫货神器"App支持消费者下单、付款和查询物流，让海外购物和国内网购一样便利。此外，洋码头也同国内电子商务巨头合作，在苏宁易购和京东商城上都开辟了洋码头海外购物店铺，分享传统电子商务的客户资源。传统电子商务通过洋码头开启了海外购物板块，在一定程度上可以说是一次双赢的合作。洋码头目前在苏宁易购和京东商城上的产品类目并不丰富，仅以保健品和母婴用品为主，产品资源还有待拓展。

团购的营销模式可以将购物成本和物流成本都降到最低，其是一种国内外都使用的常见模式。开展团购活动的同时，洋码头还发起“晒单有奖”活动，鼓励消费者在微博、微信等社交平台上发布自己购买产品的照片，并要标明是在洋码头海外购物平台购买的，通过晒单，消费者便有机会获得洋码头送出的礼品。洋码头更多的是通过消费者的社交平台进行品牌营销和推广，提升洋码头的知名度，将洋码头塑造成海外购物的品牌。

资料来源：唐红涛，谭颖. 跨境电子商务理论与实务.北京：对外经济贸易大学出版社，2019.

4）O2O 跨境电子商务模式

O2O 即 online to offline，跨境电子商务 O2O 主要作用于商品消费领域。将线下的商业机会与互联网结合，让互联网成为线下交易的前台，实现实体资源和虚拟资源的互通、互用。O2O 跨境电子商务模式分为两大类：B2B 跨境电子商务 O2O 和 B2C 跨境电子商务 O2O。前者以出口为主，后者又分为跨境电子商务进口 O2O 和跨境电子商务出口 O2O。

目前，B2B 跨境电子商务 O2O 中的佼佼者有广交会电子商务平台。广交会电子商务平台是广交会官方唯一的电子商务平台，与广交会数据同源、资源共享，依托广交会的品牌资源、逾百万实名制采购商资源、场馆资源、海外推广资源等，开展国际电子商务及跨境贸易支付业务。广交会电子商务平台的实质是“电商+广交会”。借助互联网，广交会电子商务平台突破了广交会“现场看样成交”的局限，实现了全年 365 天在线展示商品。由于相当数量的采购商尤其是亚洲、非洲、拉丁美洲的采购商不信任纯线上交易模式，广交会电子商务平台通过线上展示和线下交流的方式实现 O2O 闭环，摆脱了 B2B 跨境电子商务纯线上模式不被信任的弊端。

知识拓展

广交会电子商务平台

广交会电子商务有限公司（简称为“广电商”）是由中国对外贸易中心（集团）于 2012 年 7 月组建的，其负责建设、运营广交会电子商务平台（简称“广电商平台”）。广电商以“打造中国最大规模的商贸电子平台、服务中国商务”为己任，力争做到立足于广交会，并通过广交会电子商务的发展来推动中国贸易的发展，最终达成建立国家级诚信电子商务品牌的发展愿景。以此配合广交会进入更宽领域、更具潜力、更快发展的战略转型之路。

广交会电子商务平台按照着力构建诚信“e 市场”的核心业务，建立技术平台，实施“云服务”的资源聚合，通过线上线下的运营形成“大数据”格局，搭建数据挖掘平台的步骤进行建设，并通过每一步骤的建设和有效运营，保证平台目标的实现。围绕以上发展模式，广电商重点部署“一个终端（数据采集终端）、两个体系（广电商信用指数体系和电商云服务体系）、三个平台（广交会电商平台、广交会综合支付平台、广交会展会综合服务平台的三个智能化平台系统）”，形成统一标准的“大数据”，通过数据沉淀和分析整合，实现广交会智能化发展与采供双方以成交为导向的电子商务全流程交易，打造线上线下一体化的“智慧广交会”。

B2C 跨境电子商务 O2O 主要集中于进口电商领域，顾客到实体店体验商品，然后在网上下单。B2C 跨境电子商务 O2O 模式（进口）主要有以下几种运作方式。

（1）线上下单，机场提货。

该模式主要面向出国旅游购物者。消费者看中了海外机场免税店的商品后，可以在相关购物平台下单，回国时直接到机场免税店或就近地点自提货物，实现了轻松旅行。采用该模式的主要企业有天猫国际、乐天免税店、携程网旗下的“随行购”平台、中国免税集团旗下的中免网等。

（2）前店后仓（保税仓库）。

通过在部分区域设立保税仓库，与电子商务、海关、国税、外管、物流、快递等环节相连接，使整个网上购物过程可以在10分钟内完成。网上商店展示最新进口商品，仓库可以储存商品。采用该模式的企业有美市库、海岛网。

（3）在闹市区开体验店：线下展示，线上购买。

企业在闹市区开设门店，展示商品，顾客对有意向的商品可以网上下单，甚至扫码完成线上购物。采用该模式的企业有西选、美悦优选、聚美优品等。

（4）与线下实体商家合作。

电商平台利用线下实体商家的品牌影响力和客流量实现引流，顾客进入合作实体商家后，可以通过手机扫码的方式直接下单，采用该模式的主要企业有蜜芽宝贝等。

（5）利用自身物流渠道设立社区便利店。

企业借助自身在物流行业的庞大渠道，在各地设立社区便利店，用户可以在便利店中选购商品，通过扫描二维码订购商品，选择快递自提服务提取货物。采用该模式的典型企业是顺丰等。

对于B2C跨境电子商务O2O模式（出口）来说，由于跨境电子商务的市场在海外，因此，电子商务公司需要在海外设立线下体验店，采用该模式的主要企业有大龙网和苏宁易购等。

2．按商品流向分类

跨境电子商务逐渐成为外贸增长的新引擎。按商品流向分类，跨境电子商务模式可以分为进口跨境电子商务模式和出口跨境电子商务模式。中国电子商务研究中心监测数据显示，2018年我国跨境电子商务行业交易规模达到了9.1万亿元，预计2020年将达到12.7万亿元。进口贸易方面，贸易交易规模持续上涨。数据显示，2018年我国进出口贸易交易规模达到了30.5万亿元；其中出口16.4万亿元，进口14.1万亿元。到2019年9月，我国进出口贸易交易规模为229 145亿元，同比增长2.8%；其中出口124 803亿元，进口104 342亿元。这意味着目前跨境出口电商发展较快，而跨境进口电商还处于稳步发展阶段。这种进出口结构集中反映了我国目前仍然是以出口为主、进口为辅的经济结构。

1）进口跨境电子商务模式

进口跨境电子商务模式是海外卖家将商品直销给国内的买家，一般是国内消费者访问境外商家的购物网站选择商品，然后下单，由境外卖家发国际快递给国内消费者。近年来，进口跨境电子商务的不断发展开拓了一个新兴的蓝海市场。由于货源组织供应、国际仓储物流、国内保税清关、模式选品等环节的不同选择，使进口跨境电子商务表现为众多商业模式。

（1）M2C模式。

M2C即manufacturer to consumer（生产厂家对消费者），是生产厂家通过网络平台直接对消费者提供自己生产的产品或服务的一种商业模式。该模式的优势是用户信任度高，商家需有海外零售资质和授权，商品海外直邮，并且提供本地退换货服务；其缺点在于大多为代运营，价位高，品牌端管控力弱。采用这种模式的典型企业如天猫国际等。

（2）保税自营+直采模式。

采用该模式的电商平台直接参与货源的组织、物流、仓储、买卖流程，采购商品主要以爆款商品为主，物流配送方面采用在保税区自建仓库的方式。该模式的缺点是品类受限，同时还有资金压力，不论是上游供应链、物流清关时效，还是在保税区自建仓储，又或者打价格战，补贴用户，提高转化率和复购率都需要充裕的现金流支持。采用这种模式的典型企业如京东国际、聚美优品、蜜芽宝贝等。

（3）海外买手制。

该模式中，海外买手（个人代购）入驻平台开店，从品类来看，以长尾非标品为主。该模式最大的问题是商品真假难辨，在获取消费者信任方面还有很长的路要走。采用这种模式的典型企业如淘宝全球购、洋码头等。

（4）内容分享/社区资讯模式。

该模式借助海外购物分享社区和用户口碑提高转化率，以内容引导消费，实现自然转化。其优势在于该模式能够形成天然海外品牌培育基地，将流量转化为交易。采用这种模式的典型企业为小红书。

2）出口跨境电子商务模式

出口跨境电子商务模式是国内卖家将商品直销给境外的买家，境外买家通过访问跨境电子商务交易平台与境内生产商或供应商磋商，在线下单购买并完成支付，由国内的商家发国际物流至国外买家。按照交易流通环节中我国跨境电子商务企业的地位、作用及商业模式的区别，出口跨境电子商务模式可以划分为以下三类。

（1）跨境大宗交易平台（大宗 B2B）模式。

跨境大宗交易平台模式主要是依托自主网络营销平台，传递供应商或采购商等合作伙伴的商品或服务信息，最终达成交易的一种模式。这种模式的主要特点是订单较集中，批量也比较大，交易洽谈及货物的运输都在线下完成，与传统贸易联系较大，由海关负责贸易统计，会员费和营销推广费是网站的主要收入来源。这一模式的典型代表企业有阿里巴巴、中国制造网、环球资源网等。跨境大宗交易平台（大宗 B2B）模式如图 1-6 所示。

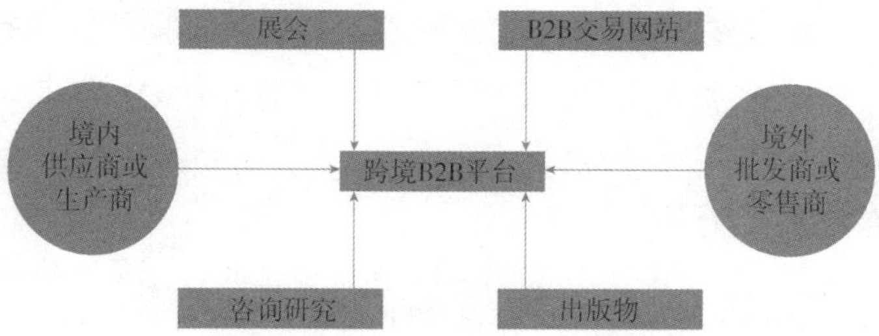

图 1-6　跨境大宗交易平台（大宗 B2B）模式

（2）综合类跨境小额交易平台（小宗 B2B 或 C2C）模式。

在此模式下，网站平台仅是一个独立的第三方销售平台，买卖双方通过平台提供的商品信息下单成交。这种模式的主要特点是批量比较小，但是交易的频率比较高，多属于直接面向消费者的交易情况，订单比较分散，由快递公司或邮局直接负责货物的报关程序而网站并不参与货物物流及货款的支付环节，其盈利方式主要是在成交价格基础上提取一定比例的佣金，此外还包括会员费、广告费等增值服务费。这一模式的典型代表企业有阿里速卖通、敦煌网等。综合类跨境小额交易平台（小宗 B2B 或 C2C）模式如图 1-7 所示。

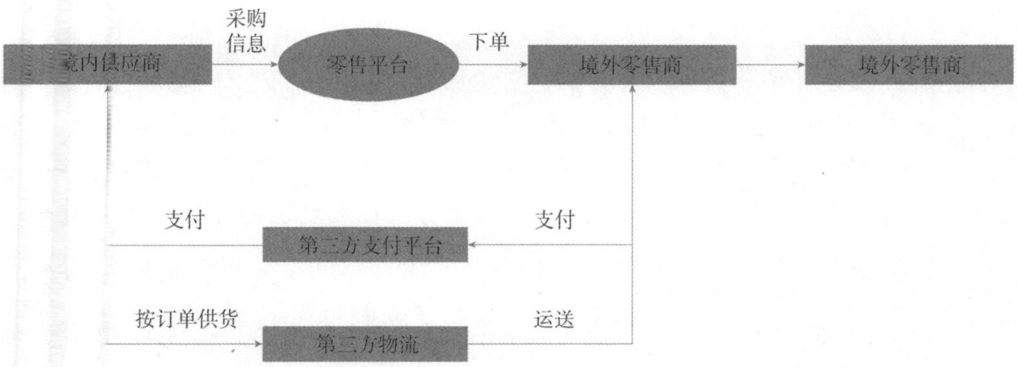

图 1-7　综合类跨境小额交易平台（小宗 B2B 或 C2C）模式

3）垂直类跨境小额交易平台（独立 B2C）模式

在此模式下，独立的跨境 B2C 平台可以通过自建的交易平台，利用自己的资源优势联系境内外企业，寻求供货商，进行独家代理或买断货源，将商品放在平台上销售。这种模式的主要特点是平台拥有自己的支付、物流、客户服务等体系，通过平台将采购到的商品销往国外，主要的收入来源于商品的销售收入，赚取差价。这一模式的典型代表企业有兰亭集势、帝科思、米兰网等。垂直类跨境小额交易平台（独立 B2C）模式如图 1-8 所示。

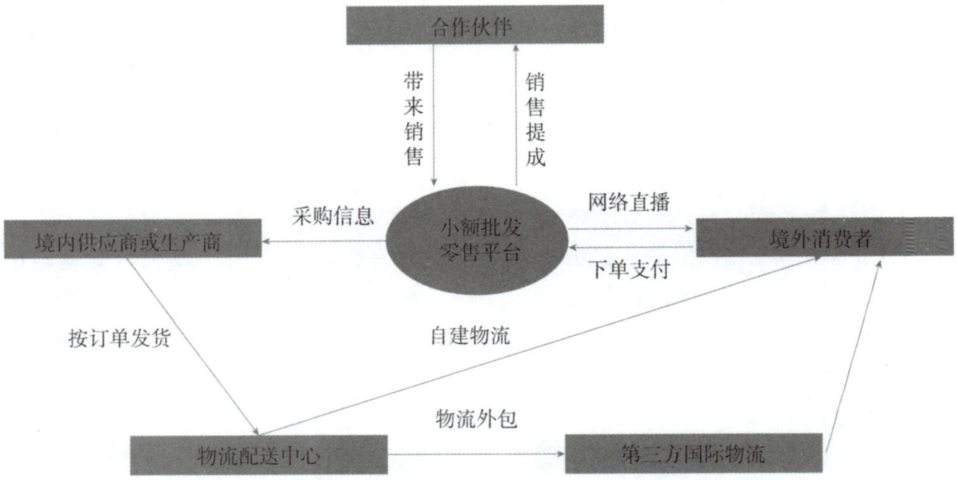

图 1-8　垂直类跨境小额交易平台（独立 B2C）模式

1.1.3　跨境电子商务的发展历程

1．跨境电子商务的发展阶段

1999 年阿里巴巴实现用互联网连接中国供应商与海外买家后，中国对外出口贸易就实现了互联网化。在此之后，跨境电子商务共经历了四个阶段，实现了从信息服务到在线交易，再到全产业链服务的产业转型。

1）跨境电子商务 1.0 时代（1999—2003 年）

跨境电子商务 1.0 时代主要运用网上展示、线下交易的外贸信息服务模式。跨境电子商务 1.0 时代第三方平台主要的功能是为企业及产品提供网络展示平台，并不在网络上涉及任何的交易环节。此时的盈利渠道主要是向进行信息展示的企业收取会员费（如年服务费）。在此阶段，也逐渐衍生了竞价推广、咨询服务等业务，为供应商提供了一条龙的信息流增值服务。

2）跨境电子商务 2.0 时代（2004—2012 年）

2004 年，敦煌网的上线标志着跨境电子商务进入了 2.0 时代。在这个阶段，跨境电子商务平台开始摆脱纯信息黄页的展示行为，将线下交易、支付、物流等流程实现了电子化，逐步构建了在线交易平台。相比跨境电子商务 1.0 时代，跨境电子商务 2.0 时代更能体现电子商务的本质，可以借助电子商务平台，通过服务、资源整合，有效地打通上下游供应链，这期间出现了 B2B（平台对企业小额交易）平台模式和 B2C（平台对用户）平台模式。

3）跨境电子商务 3.0 时代（2013—2018 年）

2013 年是跨境电子商务重要的转型年，跨境电子商务全产业链都出现了商业模式的变化。随着跨境电子商务的转型，跨境电子商务 3.0 的“大时代”随之到来。

（1）跨境电子商务 3.0 时代具有大型工厂上线、B 类买家成规模、中大额订单比例提升、大型服务商加入和移动用户量爆发五方面的特征。与此同时，跨境电子商务 3.0 阶段的服务全面升级，平台承载能力更强。全产业链服务在线化也是 3.0 时代的重要特征。

（2）在跨境电子商务 3.0 时代，用户群体由草根创业工作室向工厂、外贸公司转变，且具有极强的生产、设计、管理能力。平台销售产品向一手货源、好产品转变。跨境电子商务 3.0 时代的主要卖家群体正处于从传统外贸业务向跨境电子商务业务的艰难转型期，生产模式由大生产线向柔性制造转变，对代运营和产业链配套服务的需求较高。

（3）跨境电子商务3.0时代的主要平台模式也由C2C、B2C向B2B转变，批发商买家的中大额交易成为平台的主要业务。

4）跨境电子商务4.0时代（2019年至今）

跨境电子商务4.0时代，是主打品牌的时代，中国企业通过跨境电子商务渠道把产品卖给海外终端消费者。跨境电子商务成为企业的核心竞争力。

跨境电子商务4.0时代，同样是流量碎片化的时代，消费者有不同的流量入口，所以企业要利用跨境电子商务工具实现跨境电子商务渠道全覆盖，以适应去中心化时代的消费习惯。这些常见渠道包括B2B渠道、B2C渠道、自营站渠道、独立站渠道、本地化渠道，企业通过全渠道布局、去中心化运营，适应客户个性化的需求，才能在这个时代胜出，跨境电子商务4.0时代如图1-9所示。

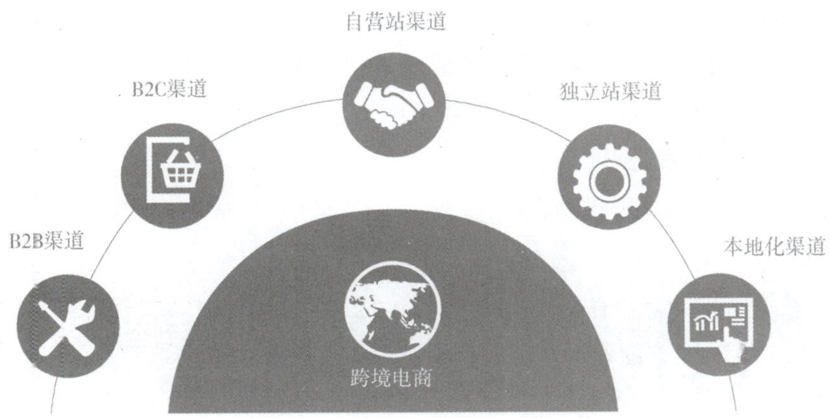

图1-9 跨境电子商务4.0时代

2．跨境电子商务发展新趋势

1）产品品类和销售市场更加多元化

随着跨境电子商务的发展，跨境电子商务交易产品向多品类延伸、交易对象向多区域拓展。从销售产品品类来说，跨境电商企业销售的产品品类从服装服饰、3C电子、计算机及配件、家居园艺、珠宝、汽车配件、食品药品等便捷运输产品向家居、汽车等大型产品扩展。不断拓展销售品类已成为跨境电子商务企业业务扩张的重要手段，品类的不断拓展，不仅使得"中国产品"和全球消费者的日常生活联系得更加紧密，而且也有助于跨境电子商务企业抓住最具消费力的全球跨境网购群体。

从销售目标市场来说，以美国、英国、德国、澳大利亚为代表的成熟市场，由于跨境网购观念普及、消费习惯成熟、整体商业文明规范程度较高、物流配套设施完善等优势，在未来仍是跨境电商零售出口产业的主要目标市场，且将持续保持快速增长。与此同时，不断崛起的新兴市场正成为跨境电商零售出口产业的新动力。俄罗斯、巴西、印度等国家的本土电商企业并不发达，但消费需求旺盛，中国制造的产品物美价廉，在这些国家的市场上优势巨大。

大量企业也在拓展东南亚市场，印度尼西亚是东南亚人口最多的国家，全球人口排名位居第四，具有巨大的消费潜力，目前，eBay、亚马逊、日本乐天等电商平台巨头都开始进入印度尼西亚市场。在中东欧、拉丁美洲、中东和非洲等地区，电子商务的渗透率依然较低，有望在未来获得较大突破。

知识拓展

跨境电商 Shopee 发布 2020 年春节热搜词表

东南亚跨境电商平台 Shopee 于 2020 年 1 月发布了 2020 年春节热搜词表，并表示商家可以翻阅相关站点、合适的关键词，添加产品标题、开启关键词广告、商店广告，为自己的店铺带来更多节庆流量。热搜词表包括“baby gift set”“chinese new year”等。

2）B2C 占比提升，B2B 和 B2C 两者协同发展

跨境电商 B2C 这种业务模式越来越受到企业重视，近几年出现了爆发式增长，分析其原因，主要是因为跨境电商 B2C 具有明显的优势。相较于传统跨境模式，B2C 模式可以跳过传统贸易的所有中间环节，打造从工厂到消费者的最短路径，从而赚取高额利润。国内不再满足于做代工的工贸型企业可以利用跨境电子商务试水“走出去”战略，熟悉和适应海外市场，将中国制造、中国设计的产品带向全球，开辟新的战线。在 B2C 模式下，企业直接面对终端消费者，有利于更好地把握市场需求，为客户提供个性化的定制服务。与传统产品和市场单一的大额贸易相比，小额的 B2C 贸易更为灵活，产品销售不受地域限制，可以面向全球 200 多个国家和地区，从而有效地降低单一市场竞争压力，有着巨大的市场空间。

3）移动端成为跨境电商发展的重要推动力

移动通信技术的进步模糊了线上与线下商务之间的界限，以互联、无缝、多屏为核心的“全渠道”购物方式将快速发展。从 B2C 方面看，移动购物使消费者能够随时、随地、随心购物，极大地拉动了市场需求，增加了跨境零售出口电商企业的机会。从 B2B 方面看，全球贸易小额、碎片化发展的趋势明显，移动技术可以让跨国交易无缝完成，卖家可随时随地“做生意”，白天卖家可以在仓库或工厂用手机上传产品图片，实现销售，晚上卖家可以回复咨询、接收订单。基于移动端媒介，买卖双方的沟通变得非常便捷。

4）产业生态更为完善，各环节协同发展

跨境电子商务涵盖实物流、信息流、资金流、单证流，随着跨境电子商务的不断发展，软件公司、代运营公司、在线支付公司、物流公司等配套企业都开始围绕跨境电子商务企业进行集聚，服务内容涵盖网店装修、图片翻译描述、网站运营、营销、物流、退换货、金融服务、质检、保险等内容，整个行业生态体系越来越健全，分工越来越清晰，并逐渐呈现生态化的特征。目前，我国跨境电商服务业已经初具规模，有力地推动了跨境电商行业的快速发展。

5）消费和企业运营全球化趋势增强

跨境电商的发展使得消费全球化趋势明显，无国界的消费者互动、个性定制、柔性生产和数据共享将大行其道。消费者、企业通过电商平台彼此联系，相互了解，卖家通过全渠道汇聚碎片数据，经由数据挖掘准确识别和汇聚消费者需求，实现精准营销，买卖双方互动将使个性化定制更具实现基础，也促进了生产柔性化，推动市场性的供应链组织方式形成。跨境电商的发展也会促进企业运营的全球化，据统计，阿里巴巴、腾讯的海外收入近年来均呈逐年递增之势，更注重全球市场的电商企业将在市场上获得独特地位，而跨境电商的发展也可以让企业迅速将业务流程全球化，资产更轻，灵敏度更高，决策更加精准。

6）跨境电商新的贸易规则和秩序或将出现

阿里巴巴在 2016 年 8 月提出了成立 eWTP 倡议，即成立世界电子贸易平台，该平台作为一个民间引领、市场驱动、开放透明、多利益相关方参与的国际交流平台，起到聚焦全球互联网经济和电子贸易发展，探讨发展趋势和

面临问题，推广商业实践和范例，孵化贸易规则和行业标准，推动交流合作和能力建设的职能，其宗旨和目标是促进普惠贸易发展、促进小企业发展、促进消费全球化、促进年轻人发展。由这一倡议可以看出，随着跨境电商的迅猛发展，以及其在全球国际贸易中地位的增强，将有越来越多的跨境电商龙头企业关注并参与互联网时代国际贸易规则的制定，国际贸易新规则和新秩序或将出现。

7）跨境电子商务人才培养将受到重视

目前，我国许多高校已开设电子商务专业，面对跨境电子商务的快速发展，未来这些高校也将与时俱进，逐渐开设跨境电子商务相关的专业课程，在理论授课的同时，重视实践体系的建设，加强职业教育，培养更多具备扎实的电子商务理论知识和从业技能的跨境电子商务复合型人才。

3. 跨境电子商务时代机遇

1）政策的大力支持

随着经济网络化、数字化和全球化的推进，跨境电商行业对促进国民经济的发展，起着越来越重要的作用。政府大力扶持和引导跨境电子商务发展的相关政策在行业的发展进程中格外重要，是关键时期跨境电子商务行业取得突破性发展的重要催化剂。为了促进跨境电子商务的快速、健康发展，大量跨境电商行业政策法规、条例相继出台，并逐步开始正式施行。

电子商务出口在交易方式、货物运输、支付结算等方面与传统贸易方式差异较大。现行管理体制、政策、法规及现有环境条件已无法满足其发展要求，主要问题集中在海关、检验检疫、税务和收付汇等方面。针对上述问题，《中华人民共和国国务院办公厅转发商务部等部门关于实施支持跨境电子商务零售出口有关政策意见的通知》提出了 6 项具体措施。一是建立电子商务出口新型海关监管模式并进行专项统计，主要用以解决目前零售出口无法办理海关监管统计的问题；二是建立电子商务出口检验监管模式，主要用以解决电子商务出口无法办理检验检疫的问题。三是支持企业正常收结汇，主要用以解决企业目前办理出口收汇存在困难的问题；四是鼓励银行机构和支付机构为跨境电子商务提供支付服务，主要用以解决支付服务配套环节比较薄弱的问题，此外还实施适应电子商务出口的税收政策，主要用以解决电子商务出口企业无法办理出口退税的问题。最后是建立电子商务出口信用体系，主要用以解决信用体系和市场秩序有待改善的问题。通知同时要求，先在已开展跨境贸易电子商务通关服务试点的上海、重庆、杭州、宁波、郑州等 5 个城市试行上述政策。自 2013 年 10 月 1 日起，上述政策在全国有条件的地区实施。

2016 年 3 月 24 日，财政部、海关总署和国税总局联合发出通知，从 2016 年 4 月 8 日起，海淘购物个人单次交易限值为人民币 2 000 元，全年交易限值为人民币 20 000 元；限值以内进口跨境电子商务零售进口商品，暂免征关税；进口环节增值税、消费税取消免征税额，暂按法定应纳税额的 70%征收。

2016 年 4 月 8 日，海淘一件商品，最低交税 11.9%。跨境电商税收新政实施，行邮税也同步调整。政策将单次交易限值由行邮税政策中的 1 000 元(港澳台地区为 800 元)提高至 2 000 元，同时设置个人年度交易限值为 20 000 元。超过单次限值、累加后超过个人年度限值的单次交易，以及完税价格超过 2 000 元限值的单个不可分割商品，将按照一般贸易方式全额征税。在限值以内的跨境电子商务零售进口商品，关税税率暂设为 0%，进口环节增值税、消费税取消免征税额，暂按法定应纳税额的 70%征收。同步调整行邮税政策，将目前的四档税目，对应税率分别为 10%、20%、30%、50%调整为三档，其中，税目 1 主要为最惠国税率为零的商品，税目 3 主要为征收消费税的高档消费品，其他商品归入税目 2，税目 1、2、3 的税率分别为 15%、30%、60%。

2018 年 11 月 21 日，国务院总理李克强主持召开国务院常务会议，决定延续和完善跨境电子商务零售进口政策并扩大适用范围，扩大开放以激发消费潜力；部署推进物流枢纽布局建设，促进提高国民经济运行质量和效率。会议决定，在对跨境电商零售进口清单内商品实行限额内零关税、进口环节增值税和消费税按法定应纳税额 70%征收的基础上，进一步扩大享受优惠政策的商品范围，新增群众需求量大的 63 个税目商品。提高享受税收优惠政策的商品限额上限，将单次交易限值由目前的 2 000 元提高至 5 000 元，将年度交易限值由目前的每人每年 2 万元提高至 2.6 万元，今后随居民收入提高相机调增。

知识拓展

福建首票跨境电商出口退货报关单成功验放

2020 年 1 月 9 日，全国第二票、福建省首票跨境电商出口海外仓退货报关单在厦门成功验放，这标志着福建省跨境电商出口退货试点工作启动。

针对跨境电商出口商品“退货难”推高运营成本的问题，2020 年 1 月起，海关总署在包括厦门海关在内的 8 个海关试点启动跨境电商出口商品退货试点工作，出口产品滞销可申请退运。此次福建省首单退货涉及的手提包顺利办结通关手续，标志着福建省跨境电商出口退货通道正式打通。该项业务的顺利开展将有效解决企业线上销售的出口商品因质量和规格等原因退运的需求，实现跨境电商商品出得去、退得回，进一步促进跨境电商出口业务健康发展。

2）支付体系的完善

由于跨境电商涉及全球的国家与地区达到 200 多个，这些国家与地区的法律法规、文化、经济等存在差异，因此会导致这些国家与地区的消费者在选择支付方式上存在很大的不同。到底如何为国外消费者提供更加便捷、有效的支付方式，成为跨境电商行业发展的一大难题。国内跨境电商企业要考虑跨境资金的安全问题，还要照顾跨境用户的网购体验，这一系列的问题都给跨境支付体系带来了巨大的考验。

目前，全球使用范围最为广泛的在线支付工具是 PayPal，它已在 190 多个国家内使用，在跨境网购领域拥有 90%以上的买家与 85%以上的卖家用户群，国内的跨境电商企业可以以 PayPal 作为支付平台，大力开展全球跨境电商业务，但是 PayPal 存在提现周期比较长、手续费用比较昂贵等弊端，用户还要承受汇率波动可能带来的损失。因此，跨境电商企业有必要为消费者提供除 PayPal 以外的更为多样化的支付工具，这不仅能够提升消费者的购买体验，还能够降低跨境电商潜在的收款风险。虽然跨境电商发展迅猛，但与之配套的跨境支付市场还显得一片萧条，由于其中存在巨额利润，所以许多第三方支付机构开始向跨境电商平台提供收款服务。比如，提出国际收汇解决方案的快钱支付能支持 VISA、American Express、JCB 等国际银行卡支付，贝付支付“易八通”有“跨境信用卡支付”“跨境银行卡支付”两项服务，可使用人民币进行结算从而有效地降低汇率风险。

3）全球新兴市场的拓展

当下，国内跨境出口零售商的业务已经遍及全球大部分国家和地区，不仅在欧美市场上取得了骄人成绩，在巴西、俄罗斯等新兴市场的成交量也非常可观。中国商品销往俄罗斯、以色列、韩国、越南等 100 多个签署了共建“一带一路”合作文件的国家和地区。线上商贸关系从欧亚地区拓展到全球。跨境线上商贸在“一带一路”倡议下“跑”起来了，呈现出蓬勃的活力。在电商快速发展的驱动下，新兴市场的网购群体增速迅猛，这种减少了中间流通环节所带来的价格优势更是激发了新兴市场对中国商品的兴趣，以俄罗斯、巴西为代表的新兴市场已经发展成为中国跨境电商重要的出口市场，这给国内的跨境电商带来了新的发展机遇并为其海外市场的拓展指明了方向。

在欧美市场已经逐渐饱和的情况下，这些新兴市场则有着更多的利润空间可以发掘，而且新兴市场的消费者通常把价格置于首位，没有欧美市场对服务和质量方面的严格要求，这就给一些资金不够充足的入门商家提供了生存环境。

学习任务 1.2　跨境电子商务岗位与岗位技能

1.2.1　跨境电子商务部门分类

1．市场部

1）职能概述

为实现企业跨境电子商务的经营目标而制定策略；收集和了解各类市场信息和有关情报，并在此基础上进行归纳分析；进行产品开发及管理；宣传企业形象和推广企业品牌；制定推动跨境电子商务销售的促销计划；对跨境电子商务销售工作进行监察与评估。

2）工作职责

（1）负责公司整体跨境电子商务营销策划、产品推广工作，并为公司营销战略提供建议。

（2）负责制订公司年度经营计划中的跨境电子商务营销推广计划（包括年度、季度、月度计划），并协同产品部、运营部制订相应的计划，以协助完成公司的跨境电子商务年度经营计划。

（3）负责公司跨境电子商务信息的收集与处理，为各部门与决策层提供决策数据支持。

（4）监督跨境电子商务各区域市场的营销策划、产品推广等工作，对跨境电子商务区域推广方案提供策划、指导和支持服务。

2．产品部

1）职能概述

根据跨境电子商务市场销售趋势，确定销售的货品，预见跨境电子商务市场流行趋势，快速准确下单订货，跟进货品到货周期，分析货品数据，关注商品的动销率。

2）部门职责

（1）分析跨境电子商务技术和市场发展趋势，收集市场信息，研究、分析技术发展趋势和市场客户需求信息，为制订产品开发规划提供依据。

（2）组织解决跨境电子商务产品发货过程中出现的问题。

（3）对跨境电子商务市场、销售人员进行产品专业知识培训工作，提高其综合素质。

（4）及时分析产品数据，促进产品的销售工作。

（5）负责跨境电子商务产品的选品、测试、确认工作，提供选品规格报告书，观察商品的动销率。

3．运营部

1）职能概述

负责企业跨境电子商务平台的运营管理、网络品牌决策及网络运营计划制定工作，监控、管理代运营商，协调运营团队整体工作。

2）部门职责

（1）负责全品种商品的网络推广计划的策划、执行及销售指标的达成。

（2）负责制定年度跨境电子商务销售方案和指标，并确保方案顺利执行，完成企业交给的全年销售指标。
（3）负责跨境电子商务平台的运行管理，保持和相关电商平台服务商的沟通。
（4）制订或协助代运营商制定跨境电子商务推广策划方案，对跨境电子商务销售情况进行汇总分析，并对跨境电子商务市场变化及时提出相应措施。
（5）网站营销数据分析，包括客户需求分析，使用习惯分析，推广效果评估。
（6）负责网络渠道开发、网络业务拓展与对外合作。
（7）负责企业品牌的网络推广工作，提升在线销售平台的品牌知名度、扩大市场影响力。
（8）负责企业电商平台的发展战略规划。

1.2.2 跨境电子商务岗位职责

1. 市场部岗位及职责

1）媒体公关岗位

（1）负责公司品牌的对外公关、推广宣传、活动策划。
（2）根据公司的整体经营计划方案，参与公司经营战略决策。
（3）定期组织市场调研，收集市场信息，掌握市场动向、市场竞争动态、发展状况趋势，及时汇报情况，并制订有效、针对性强的相关策略。
（4）管理、维护客户关系。
（5）根据市场需求及产品特性，制订灵活的活动方案，提升企业品牌形象。

2）渠道拓展岗位

（1）负责公司渠道队伍建设，团队的日常管理、指导、培训及评估。
（2）按公司要求制订、执行渠道策略和完成销售目标。
（3）确定渠道销售流程，制订渠道销售运作和管理规范。
（4）带领团队开发新的渠道。
（5）组织开展联合促销行动，促进渠道销售，维系与渠道合作者的关系。
（6）对销售情况进行分析，向运营管理部门提交分析报告。

2. 产品部岗位及职责

1）产品研发岗位

（1）负责掌握市场变化趋势，分析竞争对手产品情况，提交市场需求报告。
（2）对产品特性进行深入研究，策划产品详情页。
（3）负责对产品质量进行管控，以及新产品试产的跟踪和订货清单的跟踪工作。
（4）负责协调完成产品包装的设计、制作，以及包装物料的采购工作。
（5）收集市场、售后服务、产品销售过程中的问题，形成问题报告，提交运营管理部门
（6）协助编制各项促销活动的运营方案。

2）产品采购岗位

（1）定期进行市场调查，开拓渠道，进行供应商评估，选择合格的供应商。
（2）维护公司的利益，提出合理化进货建议。
（3）合理安排产品库存，维持合理的库存周转周期。
（4）负责采购合同的执行、跟踪及采购文档资料的管理。

3．运营部岗位及职责

1）事业部经理岗位

（1）根据公司经营战略，负责电子商务平台的规划、搭建，确定运营方案，制定中、长期发展规划。
（2）负责平台运营团队的全面管理工作，加强团队建设，优化业务流程，提升部门工作效率。
（3）负责电商平台的媒介合作，制订商务合作方案并监督实施。
（4）制订电商平台的推广计划、目标，实施评估与监控。
（5）掌握并预测行情变化，提出电商运营可行性调整方案。
（6）制订电商销售目标，并对目标负责。
（7）其他电商平台经营管理相关事项。

2）平台运营经理/店长岗位

（1）负责公司第三方电商平台整体运营及日常管理工作。
（2）根据公司事业部发展战略，制订平台的营销策划方案。
（3）负责将经营目标细化到月、周、日，并带领团队实现各周期经营目标。
（4）负责店铺和产品的宣传、推广，策划并组织店铺促销活动。
（5）定期对店铺经营情况进行统计分析，及时提出营销和改进方案。

3）美工设计岗位

（1）负责公司各商城店铺的整体形象设计、制作，包括界面的风格、色彩、布局。
（2）负责产品图片的制作、美化，结合产品设计有创意的图片。
（3） 配合营销活动，制作活动专题网络页面和网络广告宣传海报。
（4）负责公司整体视觉设计，包括官网、公司 VI、宣传视频。
（5）公司其他与设计相关的工作。

4）物流管理岗位

（1）全面负责公司保税仓库日常管理工作。
（2）制定库房管理的各项流程和标准，建立规范、完整的物流仓储操作报表。
（3）带领团队完成公司仓库商品入库、出库、整理等相关管理工作。
（4）定期对仓库进行盘点工作，保证数据的准确性。
（5）与海关及商检等主管部门及快递公司对接。
（6）完成公司领导安排的其他工作。

5）技术研发岗位

（1）负责公司应用系统的安全维护、日常巡检、监控分析、备份及升级等工作。
（2）负责公司软硬件需求的收集、整理及评估，并给出解决方案。
（3）对公司业务系统中新增功能进行操作、测试并发布。
（4）对相关人员进行培训。
（5）具备计算机硬件和软件维护能力，能够及时排除硬件和软件故障。
（6）参与公司信息化建设项目，包括需求调研、方案整理、业务流程梳理等工作。

6）数据分析岗位

（1）进行数据采集、整理、分析，并依据数据做出评估和预测。

（2）对运营数据进行分析、整理等深度挖掘工作，并形成相关数据报表。
（3）熟悉运营流程，通过数据分析对流程提出优化解决方案。
（4）撰写数据分析报告，为运营决策提供数据支持。

7）销售客服岗位

（1）通过在线聊天工具回复顾客咨询，引导顾客，促成销售。
（2）处理、跟踪订单，解答客户下单后提出的问题。
（3）负责客户投诉处理、客户回访、退换货处理、客户满意度调查等售后服务工作。
（4）协助完成商品上、下架及商品信息维护工作，协调库房发货。
（5）贯彻执行公司销售规定，积极完成公司的销售目标。

1.2.3 跨境电子商务从业人员素质要求

跨境电商专业人才缺乏是阻碍跨境电商发展的重要瓶颈。目前，在跨境电商领域，工作人员主要是国际贸易、电子商务、外语及国际商务专业的毕业生。尽管选择从事跨境电商行业的工作人员专业背景丰富，数量也相当可观，但他们还未能满足行业的需要。《中国跨境电商人才研究报告》显示，企业需要更多的跨境电商人才，包括具备入门知识和基础操作技能的初级人才，具备一定理论知识和实战技能的中级人才，以及较深理论知识和丰富经验的高级人才，而且企业急需复合型人才和有能力解决实际问题的人才。

1．跨境电商从业人员需求特征

跨境电商所需要的人才和传统贸易、英语、电商人才差异较明显。跨境电商专业人才需要通晓电子商务专业知识，熟悉企业电子商务建设、运营和管理，能够从事电子商务系统设计、电子商务解决方案策划、网络营销、国际物流、跨境支付、跨境管理等工作，更需要良好的外语沟通水平，熟悉境内外产品市场情况，有国际贸易实务知识［如消费者所在国家（地区）的文化、习俗、消费喜好、思维方式和法律法规等］，还要有国际电子商务营销技能。

跨境电商与传统贸易方式相比，产品类目多、更新速度快，且具有海量商品信息库、个性化广告推送、口碑聚集等特点，企业可以通过在线调研及沟通获得大量的产品和消费者个人数据，并综合运用网站优化策略、差异化服务策略、关系营销策略和搜索引擎营销策略开展全方位的售前、售中、售后服务。

跨境电子商务职业核心能力包括基本职业素质及英语能力、产品网上销售能力、网站综合推广能力、企业在线售后服务能力、网站及网上商铺运营能力、网上创业能力等。具有一定外语交流能力，掌握跨境电商中的网络营销、快速通关，以及物流组织技能的应用型复合人才，正是未来跨境电商行业所需的。

2．跨境电子商务从业人员职业素养

决定成功的核心要素是个人的职业素养。跨境电子商务从业人员应该从以下方面提升自己的职业素养。

1）职业道德

所谓职业道德，就是同职业活动紧密联系的符合职业特点所要求的道德准则、道德情操与道德品质的总和。职业道德随处可见，如工作时应遵守规章制度、守时、仔细认真、严于律己、尽职尽责、助人为乐、关心同事等。无论在什么领域，职业道德都是成功之本。经研究发现，做任何工作，无论是当技术工人，还是做营销、搞管理，要取得优异成绩，都要讲求职业道德。

2）人际交流与沟通

交流能力是指人们听取别人意见和明白无误地表达信息的能力。优秀的工作人员在人际交流方面都有着明显

的过人之处。缺乏这种能力，会严重挫伤员工的工作积极性并影响其与客户的成交量。交流中最应努力做到也是最难做到的，就是保持冷静和耐心，认真地倾听和理解他人的意见。沟通强调有所指向的交流。交流的形式多种多样，而沟通侧重直接对话的形式，或面谈，或直接通话，更讲求主动性、融合性。现代社会工作节奏快，观念、技术日新月异，人们更需要就自己的工作、学习和思想与上级、下属或合作伙伴进行沟通。

3）责任心

责任心要求将个人目标与集体目标保持一致，把群体的目标铭记于心中，自觉地把分内的事做好。责任是任何一个有担当能力的人在社会生活中应承担的义务。就社会而言，每个人必须承担责任，责任是不能免除的。每个人是权利主体，同时也是责任主体。在现代社会，一个有认知能力和理智行为能力的责任主体，必须对其自主选择的行为负责任。就人的责任而言，可分为六个部分：自我责任、家庭责任、职业责任、他人责任、集体责任和社会责任。责任与良知是有必然联系的。

4）国际化

在经济发展全球化、世界经济一体化和现代信息技术快速发展的 21 世纪，在从业人员科学文化素质培养方面不应忽视的一项重要内容就是人才的国际化素质培养。培养国际化跨境电子商务人才，是我国高等教育的一项重要课题。要从以下几个方面去锻炼和提升从业人员的国际化素质。

（1）外语应用能力。随着与境外经济文化交往的增多，外语将逐步成为人们日常工作、生活中需要的基本工具。我们不仅要学好外语，更要用好外语，努力提高外语的听、说、读、写能力。

（2）跨文化沟通能力。不同民族有不同的文化，在国际（地区间）交往中要了解和理解对方的文化，这样才能比较深入地进行交流、沟通。

（3）信息处理能力。21 世纪是知识经济时代，知识经济的一个基本特点是越来越多的人从事知识的生产和传播，越来越多的人与信息打交道，与物质打交道的人则相对减少。处理信息的能力已成为个人的基本能力。

（4）创新能力。国际竞争激烈，企业要在竞争激烈的市场上有大的占有率，产品开发需要不断创新，经营管理也要不断创新。其他各领域也都需要不断创新。

（5）良好的心理素质。面对更加激烈的竞争，跨境电商从业人员必须有良好的心理素质，学会自我调节，善于寻求他人支持。

5）终身学习

“终身学习是 21 世纪的生存概念”。跨境电子商务人才更应树立终身学习的学习观，以联合国教科文组织提出的终身学习四大支柱来完善自身的职业素养。

（1）学会与人相处。通过对他人历史、传统与精神价值的了解与尊重，创造一种新的精神。这种精神可以带领人们以理智、和平的方式解决冲突，避免偏见与歧视。

（2）学会追求知识。随着科技的进步与经济的发展，未来对教育的需求将倾向于强调整合基本知识，并选择部分学科做深度的探索。因此，学习基本的知识成为教育的基础，这些知识是引导人们走向终身学习的护照。

（3）学会动手做事。这不只是学习去做一份工作，更广义地讲，是要通过动手做练习，获得一些关键能力，使人在各种情境下都有能力解决现实问题。其中团队合作的能力，经常被学校教育所忽视，而这项能力在未来将会非常重要。如果有机会参与工作场所的训练或社会工作，就可以及早培养这些能力与技术，因此学习与实践相结合将愈显重要。

（4）学会自我实现。21 世纪，每个人须激发自我潜能，探索自己的记忆、理性、想象、体能、感官、审美、领导能力等，展现天赋潜能，履行个人的责任以实现目标。

学习任务 1.3 跨境电子商务与 ERP

1.3.1 跨境电子商务 ERP 概述

1. 跨境电子商务 ERP 的功能

跨境电子商务 ERP 是指在普通 ERP 基本功能的基础上，根据进出口跨境行业特性，新增对接海关、跨境公共服务平台、支付平台、物流保税仓等环节的接口，实现 ERP 一键提交相关信息，实现海关核验、报关的功能。跨境电子商务 ERP 基础功能包括：商品设置、渠道分销、电商平台对接、仓储管理、财务管理、订单聚合、数据分析等。跨境电子商务 ERP 特色功能包括：跨境电商税率设置、订单拆分、对接跨境供应链货源等。

2. 跨境电子商务 ERP 的产生

随着国家政策红利的释放和保税区试点工作的推进，越来越多的个人和企业进入跨境电商行业。跨境电商随着这几年的迅速发展，整个产业链趋向规模化、标准化，发展前景光明，但是当跨境电子商务企业做到一定的规模以后，就会发现企业好像处于“卡顿”的状态，业务很难有向上提升的空间，各种各样的问题导致企业运营艰难、业绩踌躇不前。此时，跨境电商 ERP 的诞生刚好能解决当下遇到的问题难点，协助企业提高内部资源管理水平，优化运营效益。

一般“做”跨境电商，有多种运营方式选择，有的企业采取单个平台运作（例如只做亚马逊或者速卖通等单个平台）；有的企业为了更好地发展，选择多平台运营（比如亚马逊、速卖通、eBay、wish、Lazada 等多个平台一起运营）；有的企业达到一定体量后，在依托相关平台运作的同时，还选择自建站点的自营模式。无论选择什么样的运营模式，都会面临形形色色的问题，这些问题大致归纳如下。

（1）采购订单数据无法精确跟踪。

（2）供应商管理不畅，无法对交货期进行精确掌握，对货品质量的监控不到位。

（3）仓库管理杂乱无章，进货、补货麻烦，效率低下，产生漏发、错发的现象。

（4）订单处理和售后处理进度缓慢。

（5）财务报表数据不全面，无法精确掌握盈亏状态。

（6）运营多店铺多账号时，编辑上传的信息烦琐，容易出现差错。

（7）物流环节的各种问题，无法实时跟踪，没法掌控。

（8）各个环节的数据统计缺失，不方便整理等。

太多的问题阻挡了企业的发展，而跨境电商 ERP 就是一把破除瓶颈的利器，有了这把利器，就可以帮助企业解决当下的问题。

1.3.2 跨境电子商务 ERP 产品简介

跨境电子商务 ERP 的功能大同小异，但因为服务商不同，可能在功能上有细微差异，有的可能订单下载和发货功能更好，有的物流、库存、采购功能更佳。

1. 全球交易助手

全球交易助手最大的特点是其为基于本地端的 ERP 软件（目前已新增网页版），卖家可以下载软件到计算机本地进行操作，对接的平台有速卖通、Shopee、eBay、敦煌网、Wish 等，具有店铺搬家、批量修改、数据采集、同步库存等功能，对接的物流渠道基本能满足卖家的需求。本地端的好处是可以在本地储存大量的数据，可以记录过去几年的库存、账单、客户交易等信息，可以随时调取信息，这不同于其他网页版的 ERP 依托云服务器只能记录三个月内的数据。收费方面，全球交易助手是每个店铺每年人民币 299 元，十个店铺以上每年人民币 199 元，“全球交易助手”logo 如图 1-10 所示。

图 1-10　“全球交易助手”logo

2．芒果店长

芒果店长 ERP 在 2018 年 11 月之前是可以免费使用的，操作页面比较简约，具备基本的店铺管理功能，操作简单易上手，适合刚起步、店铺数量不多的小卖家。因为是网页版的 ERP，所以储存空间有限，可以免费使用 1 024MB 网络空间。芒果店长目前有几种收费方式，VIP1 每年人民币 1 680 元、VIP2 每年人民币 3 600 元、VIP3 每年人民币 9 888 元、至尊 VIP 每年人民币 19 800 元。对接平台有 Wish、速卖通、Amazon、eBay、Lazada、京东国际、Cdiscount、TopHatter、Walmart 等，“芒果店长”logo 如图 1-11 所示。

图 1-11　“芒果店长”logo

3．马帮 ERP

马帮 ERP 是由一个有十余年电商从业经验的团队打造的，该团队对卖家的实际需求理解深刻，没有保证金和隐形收费，前三个月只需 4%～13%的手续费，目前提供订单管理、物流管理、商品管理、客服管理、采购管理、仓库管理、销售管理等全流程的管理服务，入驻条件是卖家每月销售额要在 25 万美元以上。目前马帮 ERP 收费标准是每年人民币 3 800 元，“马帮 ERP”logo 如图 1-12 所示。

图 1-12　“马帮 ERP”logo

4．店小秘 ERP

店小秘对接的平台众多，基本上知名的电商平台都能对接，其功能齐全，收费方式也很人性化，有几种收费套餐，无论大小卖家都可以选择适合自己功能的套餐。店小秘的特点是可以实现速卖通平台自动延长收货期和亚马逊平台设置定时跟卖。目前店小秘收费标准是 VIP1 每年人民币 1 260 元，VIP2 每年人民币 2 520 元，“店小秘 ERP”logo 如图 1-13 所示。

图 1-13 “店小秘 ERP”logo

5. 通途 ERP

通途是一款高性价比的 ERP，支持一套产品资料多个电商平台上架，可以实现最大限度的产品资料共享。其他功能有：定时刊登、产品信息抓取、批量调整资料、智能关联营销活动等功能，实现了全流程管理。其分在线版和云部署版，在线版适合小团队使用，每月收费人民币 299 元，云部署版适合中等及中等以上企业使用，数据安全和系统性能有保障，每年收费人民币 20 000 元，“通途 ERP”logo 如图 1-14 所示。

图 1-14 “通途 ERP”logo

6. 速脉 ERP

速脉 ERP 支持速卖通、Wish、Amazon、Lazada、eBay、敦煌网、1688、Cdiscount、Shopee、Joom、Shopify、TopHatter、Vova、Mymall 等各大平台，可以免费使用，具备订单管理、采购管理、库存管理、财务管理、客户管理等功能，可以快速处理客户留言，能够自动识别收货人姓名不完整的订单，自动分配物流渠道，一键合并同一客户的订单。速脉 ERP 也是分套餐收费的，系统按功能和对应订单量收费，不限店铺绑定，但是速卖通店铺绑定是需要在速卖通服务市场购买授权服务的（每个店铺人民币 30 元/月，人民币 216 元/年），此费用不包含在系统的使用年费里，其他平台没有店铺授权服务费用，年费最低套餐是人民币 1 200 元，“速脉 ERP”logo 如图 1-15 所示。

图 1-15 “速脉 ERP”logo

一个合格的跨境电商运营企业，ERP 系统是必不可少的。它是一个精准的全链条生态，通过各种准确的报表，来制定运营策略，提高库存周转率，迅速开发有利润的新产品，从销售到物流发货，各部门在统一的可视化平台下协同作战，形成跨境电商生态闭环，极大地提高了跨境电商企业的整体战斗力。

【学习项目检测】

1．名词解释

（1）跨境电子商务

（2）B2B 跨境电子商务模式

（3）B2C 跨境电子商务模式

（4）C2C 跨境电子商务模式

（5）跨境电子商务 ERP

2．简答题

（1）跨境电子商务有哪些特征？

（2）简述 B2B 跨境电子商务模式的分类。

（3）简述 B2C 跨境电子商务模式的分类。

（4）简述 C2C 跨境电子商务模式的分类。

（5）简述跨境电子商务的时代机遇。

【学习项目评价】

学习完本学习项目后，请根据自己的学习所得，结合下表所列内容进行学习效果评价。

评价内容	评价方式			评价等级
	自评	小组评议	教师评议	
课前预习本学习项目相关知识、相关资料				A.充分 B.一般 C.不足
认识跨境电子商务的概念、特点及模式				A.充分 B.一般 C.不足
了解跨境电子商务部门的分类及各岗位的设置与技能要求				A.充分 B.一般 C.不足
了解常见的跨境电子商务 ERP 产品				A.充分 B.一般 C.不足
参加教学中的讨论和实训，积极完成相关任务				A.充分 B.一般 C.不足
善于和同学合作				A.充分 B.一般 C.不足
学习态度，完成作业情况				A.充分 B.一般 C.不足
总评				

【学习项目总结】

跨境电子商务，简称跨境电商，是分属不同关境的交易主体，通过电子商务平台达成交易、进行支付结算，并通过跨境物流运送商品，完成交易的一种国际商业活动。跨境电商特征鲜明，具有全球化、数字化、多边化、直接化、小批量、匿名性、即时性、无纸化、快速演进的特点。按照交易模式不同，可以将跨境电子商务分为B2B 跨境电子商务模式、B2C 跨境电子商务模式、C2C 跨境电子商务模式、O2O 跨境电子商务模式；按照商品流向的不同，可以将跨境电子商务分为跨境进口电子商务和跨境出口电子商务。

跨境电商由传统外贸—外贸电商—跨境电商的演变轨迹发展而来，并经历了跨境电商 1.0 阶段、跨境电商 2.0 阶段、跨境电商 3.0 阶段、跨境电商 4.0 阶段。跨境电商行业既需要技术型人才，也需要综合型人才。对于跨境电商从业人员而言，更需要从多方面夯实自己的职业素养，以适应跨境电商发展。

随着政策红利的释放和保税区试点的开放，越来越多的个人及企业进入跨境电商行业。跨境电商随着这几年的迅速发展，整个产业链趋向规模化、标准化，业务前景光明，了解不同跨境电商 ERP 产品的功能，并选择适合自身企业的跨境电商 ERP 产品，有助于协助企业提高内部资源管理水平，提升运营效益。

学习项目 2　跨境电子商务平台运营与管理

项目任务书

学习项目 2 任务书见表 2-1。

表 2-1　学习项目 2 任务书

任务编号	分项任务	职业能力目标	知识要求	参考学时
学习任务 2.1	跨境电子商务平台概述	了解主要跨境电子商务平台	1.Wish 平台 2.eBay 平台 3.速卖通平台 4.亚马逊平台 5.敦煌网平台	2
学习任务 2.2	跨境电子商务平台注册操作流程	了解主要跨境电子商务平台注册操作的流程	1.仿真实训一：Wish 平台仿真注册 2.仿真实训二：eBay 平台仿真注册 3.实战实训一：速卖通平台实战注册 4.实战实训二：亚马逊平台实战注册 5.实战实训三：敦煌网平台实战注册	5

学习重点、难点

重点

- 主要跨境电子商务平台的认知；
- 主要跨境电子商务平台注册操作的流程。

难点

- 运用跨境电子商务平台运营与管理的相关知识分析问题、解决问题。

本项目思维导图

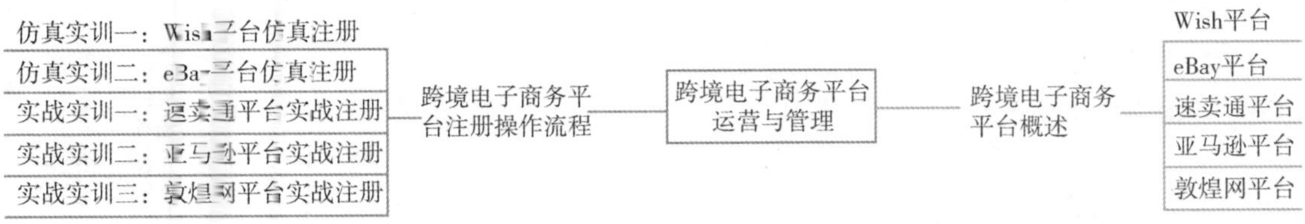

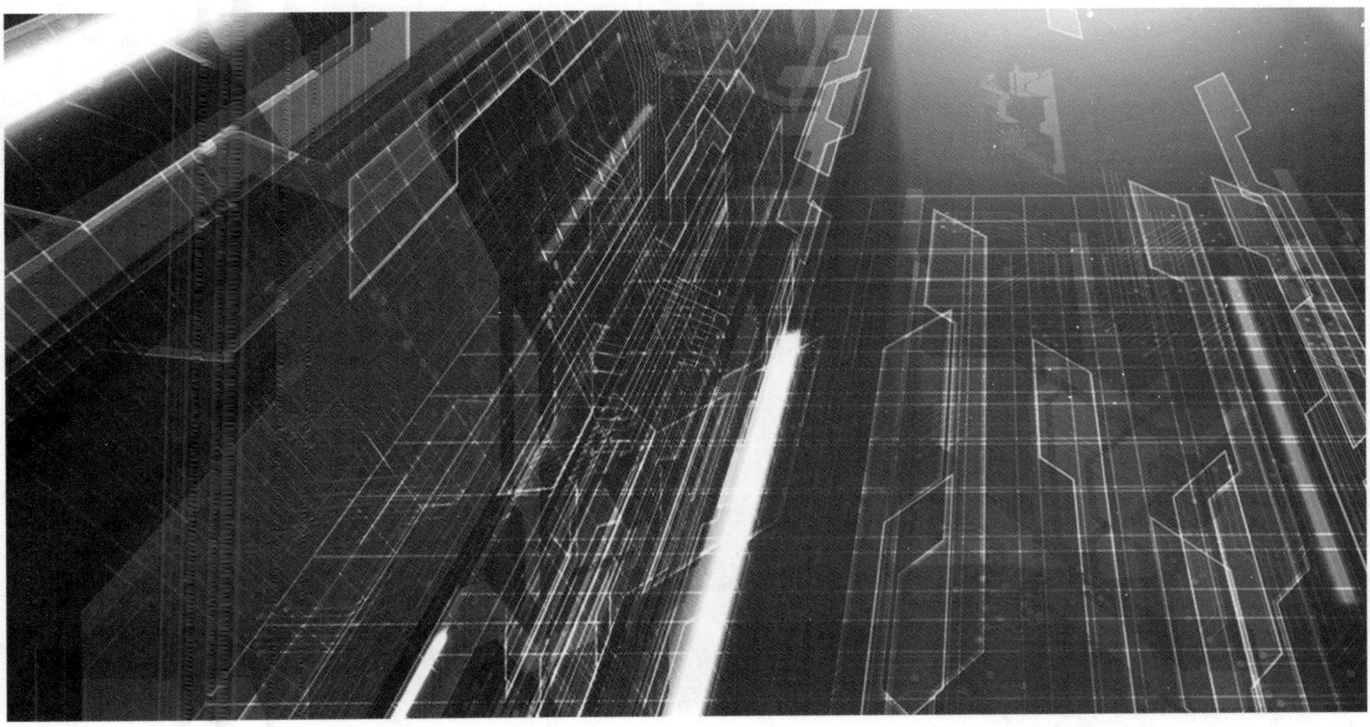

学习情境导入

跨境电商平台成为购买口罩新渠道

2020 年的开场不同寻常，一场新型冠状病毒肺炎席卷了整个中国。自新型冠状病毒肺炎疫情在国内扩散以来，口罩供不应求的问题成为一个难以应付的“并发症”。如果在线下门店和常见电商平台都难以买到口罩，跨境电商平台也是一个可以选择的渠道。

上海市商委副主任刘敏予在 2020 年 1 月 29 日召开的市政府新闻发布会上表示，市商委会同有关部门建立了进口口罩等相关防疫物资的保障机制，上海海关已开通防疫物资的绿色通道，企业正积极利用海外市场的渠道，加快全球采购，加大进口力度，每天都有口罩等防疫物资从国外进口到上海。

多个跨境电商平台也积极组织了口罩、洗手液等物资供应，市民可以上网选择购买，部分跨镜电商平台如图 2-1 所示。

2020 年 3 月，国外疫情进入爆发期，世卫组织宣布“新冠肺炎疫情已经构成全球性大流行”，而随着中国疫情逐步稳定和国内口罩产能的释放，国内口罩又开始通过跨境电商平台供应全球市场。

图 2-1 部分跨境电商平台

学习任务 2.1 跨境电子商务平台概述

1999 年，阿里巴巴成立，拉开了中国跨境电商发展的序幕。最初，阿里巴巴只是互联网上的黄页，将中国企业的产品信息向全球客户展示，定位于 B2B 大宗贸易的信息传播平台。买方通过阿里巴巴平台了解卖方的产品信息，然后双方通过线下洽谈成交，所以当时的大部分交易是在线下完成的。

2000 年前后，少量国人开始在 eBay 和 Amazon 等国外平台尝试跨境电商业务，但并没有形成规模。

2004 年，敦煌网在北京成立，区别于阿里巴巴中国供应商网上黄页的定位，敦煌网侧重于买卖双方在线完成交易，在敦煌网上发生的交易多数是小额 B2B 贸易。

2007 年，兰亭集势成立，兰亭集势是整合国内供应链，以兰亭集势名义向国外销售的 B2C 平台。

2009 年，阿里速卖通成立，速卖通以 B2C 和 C2C 为主要跨境贸易模式。随着速卖通的发展，国内的跨境电商业务开始兴起，很多中小型卖家都开始加入速卖通平台中。几年间，速卖通已迅速赶超其他平台成为国内卖家最集中的跨境电商平台。

除了一些大的跨境电商平台如阿里巴巴国际站、速卖通、eBay、亚马逊、Wish、LAZADA 等牢牢地占据大部分市场份额外，中小型创业公司的平台也已在跨境电商市场觅得突围良机。

目前，跨境电商平台呈现巨头林立与百花齐放共存的局面。其中，进口跨境电商平台，天猫国际、京东全球购、苏宁海外购等传统电商已经牢牢占据大部分市场份额，但蜜芽宝贝、洋码头等平台或通过细分市场发力、或通过率先布局物流等方式，先后斩获上亿美元融资，无论在品牌知名度、销售业绩，还是在服务质量上，都拥有了与巨头相抗衡的能力。

出口跨境电商行业也呈现类似特点。既有速卖通、eBay、亚马逊等老牌电商平台雄踞市场，也有敦煌网、兰亭集势等平台参与竞争，伴随 Wish、小笨鸟等后起之秀的崛起，百花齐放的局面逐渐显现。

2.1.1　Wish 平台

1. Wish 的概述

Wish 是一款基于移动端 App 的商业平台，买家基本完全通过移动端进行浏览和购物，这是该平台与其他电商平台最大的区别。

Wish 于 2011 年 12 月创建于美国，最初只是向用户推送信息，并不涉及商品交易，从 2013 年 3 月起升级为购物平台，同年 6 月推出移动端 App，当年经营收入就超过 1 亿美元，“Wish”logo 如图 2-2 所示。

图 2-2　“Wish”logo

Wish 主要销售服饰，同时也销售美妆、配饰、3C 配件、母婴用品、家居产品等。Wish 平台的设计倾向于随意浏览，该平台 60%以上的用户来自美国和加拿大，其余主要来自欧洲国家。

在促销方面，Wish 会根据买家的行为偏好数据，选择相应的商品信息推送给买家，以促成交易。

根据用户在注册时填写的基本信息，加上后期的浏览、购买行为，该平台会为用户做标签，并且会根据客户的行为不断地更新标签，根据用户多维度的标签推算其可能感兴趣的商品。

Wish 平台淡化了店铺的概念，注重商品本身的区别和用户体验的质量。在商品相同的情况下，以往服务记录好的卖家会得到更多的推广机会。该平台目前没有付费推广，在发展中，Wish 会根据买家的体验来优化产品推送的计算方法。

知识拓展

Wish 发展历程

截至 2017 年 5 月初，Wish 手机应用 App 在全球 27 个国家的购物类 App 中排名第一，在安卓应用商店全类别应用中排名第 7，在美国 App Store 全类别应用中排名第 14。

2017 年 9 月，Wish 与洛杉矶湖人队达成合作协议。

2018 年,Wish 累计向全球超过 3.5 亿的消费者供应了越过 2 亿款商品，月活跃用户超过 9 000 万人，活跃商户有 12.5 万，日出货量峰值达到 200 万单，订单主要来自美国、加拿大、欧洲等全球各地区。

2018 年度全球 App 下载量排行榜显示, Wish 手机应用 App 荣登 2018 年全球购物类 App 下载量排行榜榜首，安装量超过 1.97 亿。

2019 年 10 月 21 日，胡润研究院发布《2019 胡润全球独角兽榜》，Wish 排名第 25 位。

2. Wish 的特点

Wish 拥有与亚马逊等购物网站相同的功能，为买卖双方提供了一个商品交易的平台；Wish 也有 Wanelo 等社交导购网站的功能，可以为用户推荐其可能喜欢的商品；Wish 还有像 Pinterest 等社交图片网站相同的功能，可以向用户展示诸多精美的图片。依托以下 3 个特点，Wish 形成了自己个性化的定位。

（1）与亚马逊、速卖通等跨境电商平台不同的是，Wish 增添了更多娱乐性的元素，用户的黏性更强。

亚马逊、速卖通、eBay 等跨境电商平台都是依靠 PC 端逐渐成长起来的传统电商，重心还是在商品的买卖交易上。Wish 虽然也是为客户提供交易服务的电商平台，但是其注意力更多地集中在移动端的“算法推荐”上，为用户推荐的商品都是用户关注或者喜欢的，实现交易的可能性更大。而且，每一个用户看到的商品信息及在不同时间看到的商品信息都是不同的，这为 Wish 增加了更多神秘性的色彩。

（2）与 Wanelo 等社交导购网站不同的是，Wish 本身就可以进行闭环的商品交易，而不需要依附于其他购物网站。

一般情况下，当用户在 Wanelo 上发现自己喜欢的商品之后，如果产生了购买欲望，就需要跳转到相应的购物网站去购买，这样会在一定程度上影响用户的购物体验。而在 Wish 平台上，用户浏览到自己喜欢的商品，可以直接在站内购买，这样更加方便、快捷。

（3）与 Pinterest 等社交图片网站不同的是，Wish 可以直接提供购买服务。

在 Pinterest 上，用户在浏览图片的过程中发现了自己喜欢的商品，需要到其他购买渠道去购买。而在 Wish 上，用户在浏览到喜欢的商品时，可以直接下单。

3. Wish 的优势和劣势

1）平台优势

（1）良好的本土化支持。

（2）上架货品非常简单，主要运用标签进行匹配。

（3）利润率非常高、竞争相对公平。

（4）精准营销，点对点个性化地推送信息给客户。

（5）客户满意率较高。

（6）通过 Facebook 引流，营销定位清晰。

2）平台劣势

（1）商品审核时间过长，短则 2 个星期，长则 2 个月。
（2）费用较高，平台收取 15%的商品成交费用和 1.2%的提现费用。
（3）物流解决方案不够成熟。
（4）平台的买卖纠纷规则模糊。

4．影响平台排名的因素

影响 Wish 平台排名的因素：标签准确性、产品数量、描述和图片、产品价格。

5．适用商户类型

Wish 平台适合以下商户类型：贸易商、生产企业转型开展 B2C 业务、品牌经销商。

6．Wish 平台规则及店铺运营策略

卖家在 Wish 平台上运营店铺应该遵循以下规则。

1）Wish 卖家必知规则

（1）商家资质要求。
Wish 平台上的商家可以是生产者、零售商、品牌所有者、手工艺者、艺术家等，只要能够生产、制造或拥有批发、零售权利的商家都有资格在 Wish 上销售商品。
（2）禁售商品。
一般情况下，在 Wish 平台上是不允许出售服务类商品的，除了定制的实物产品，比如定制一件礼服或者一幅绘画等，禁止出售无形的或需要通过电子形式发送的商品、实物或者电子购物卡、未经授权的商品、酒精、烟草类商品或者其他类似商品、毒品、吸毒用具、活体动物和非法动物制品、人类遗骸和身体部位（除头发和牙齿）、色情作品、淫秽材料、枪支、武器，以及以仇恨或贬低种族、民族、宗教、性别、性取向为目的的商品和具有相关内容的产品。
（3）客户服务。
遇用户在下单之后询问订单或者修改送货地址、退换货等情况，卖家应该给予及时回复，帮助用户尽快解决问题，如果仅靠商家的能力解决不了可以寻求平台的协助。

2）卖家注册 Wish 规则

（1）卖家在 Wish 平台注册时需要准备相关企业认证资料，比如合法的营业执照、法人身份证、品牌授权书等。
（2）寻找合适的货源和物流渠道，组建一支高效运转的团队，保证平台交易的顺利进行。
（3）充分准备能够满足 Wish 平台需要的产品资料，比如产品图片、文案或者价格等。

3）Wish 选品必知

Wish 平台主要面向移动端客户，其中大部分的卖家都在移动端，大部分用户也是利用自己的碎片化时间（如等公交车、下午茶的时间等）去购物平台上浏览商品。因此，卖家在选品时最好选择那些无须让消费者参考更多数据就可以下决心购买的产品，比如服装服饰、饰品配件、美妆产品、母婴类产品、3C 配件等。
此外，卖家在选择产品时还需要遵循 Wish 平台的卖家规则，对于禁止出售的产品要坚决排除。

4）Wish 上传产品必知

Wish 是一个手机 App 购物平台，因此卖家在上传产品时不能照搬之前在其他 PC 端购物平台上的做法。Wish

平台上采用的产品展示方法也区别于传统的产品展示形式，它基于用户的基本信息和浏览记录为用户贴上“标签”，并通过不断收集用户的信息来更正原有的信息，为用户创造多维度的兴趣标签，并在此基础上结合一定的算法为用户进行精准的产品推荐，提高产品交易的成功率。

卖家在上传产品时一定要注意产品的标题、属性、价格、Tags 标签等问题，以提高产品的曝光率。

2.1.2 eBay 平台

1．eBay 的概述

eBay 创立于 1995 年 9 月 4 日，其创立之初是一个拍卖网站，1997 年正式更名为 eBay。“eBay”logo 如图 2-3 所示，如今 eBay 在销售方式上依然延续了拍卖的模式，这是其与其他平台最大的区别。

图 2-3 “eBay”logo

拍卖和一口价为该平台的主要销售方式。网站根据这两种方式向卖家收取不同的佣金。拍卖模式是卖家通过设定物品的起拍价及在线时间开始拍卖物品，下线时竞拍金额最高者胜出。

如今 eBay 已有 1.471 亿注册用户，有来自全球几十个国家的卖家，每天都有涉及几千个分类的几百万件商品销售，其已成为世界上最大的“电子集市”。位于世界各地的消费者可以通过 eBay 来挑选、购买自己喜欢的产品。

2015 年 4 月 10 日，PayPal 从 eBay 分拆出来，协议规定，eBay 在 5 年内不得推出支付服务，而 PayPal 则不能为实体产品开发自主的在线交易平台。2018 年 7 月 25 日，eBay 终止与长期支付伙伴 PayPal 的合作，宣布与后者的竞争对手苹果和 Square 达成新的伙伴关系，开始接受苹果支付，并通过与 Square 的新协议，为用户提供最高 10 万美元的商业贷款。

目前 eBay 的站点已遍及以下国家：美国、英国、中国、阿根廷、奥地利、比利时、巴西、加拿大、德国、法国、爱尔兰、意大利、马来西亚、墨西哥、荷兰、新西兰、波兰、新加坡、西班牙、瑞典、瑞士、泰国、土耳其等。

知识拓展

eBay 大事记

2014 年 2 月 20 日，eBay 宣布收购 3D 虚拟试衣公司 PhiSix。

2017 年 6 月 6 日，2017 年 BrandZ 最具价值全球品牌百强榜公布，eBay 名列第 86 位。

2018 年 7 月 25 日，eBay 终止与长期支付伙伴 PayPal 的合作，宣布与后者的竞争对手苹果和 Square 达成新的伙伴关系。

2018 年 12 月 20 日，2018 世界品牌 500 强排行榜发布，eBay 位列第 47 位。
2019 年 10 月，2019 福布斯全球数字经济 100 强排行榜发布，eBay 位列第 64 位。
2019 年 10 月，Interbrand 发布全球品牌百强排行榜，ebay 位列第 44 位。

2．eBay 的特点

（1）eBay 的开店门槛比较低，但是需要的材料和手续比较多，比如发票、银行账单等，所以需要对 eBay 的开店规则非常清楚。

（2）在 eBay 平台上开店是免费的，但上架一个产品需要收钱，这跟国内的淘宝有很大的区别。

（3） eBay 的审核周期很长，一开始不能超过 10 个宝贝，而且只能拍卖，需要积累信誉才能越卖越多，因此“出业绩”和“出单”周期会比较长。

（4）遇到投诉则是最麻烦的事情，店铺被封掉在 eBay 平台上是经常发生的事情，所以卖家所卖产品的质量一定要过关。

（5）eBay 操作比较简单，投入不大，适合有一定外贸资源的商家使用。

3．eBay 的优势和劣势

1）平台优势

（1）在 eBay 平台上产品排名相对公平，且能得到平台专业的客服支持。
（2）新卖家可以靠拍卖来增加曝光率。
（3）在 eBay 平台上开店门槛比较低，但规则烦琐，需要仔细研究。

2）平台劣势

（1）买家保护政策强势，遇到买卖争议时平台会偏向买家，卖家损失惨重。
（2）平台的英文界面不友好，上手操作不容易。
（3）在平台上运营费用不低，开店虽然是免费的，但上架商品和商品成交需要收取费用。
（4）严苛的卖家标准（针对假货等商品），遇到投诉会被封店。
（5）审核周期长，需要慢慢积累信誉才能越卖越多，出单周期也长，需要慢慢积累。

4．影响平台排名的因素

影响平台排名的因素：卖家表现、产品数量、更新速度及产品价格。

5．适用商户类型

在 eBay 平台上开店适合以下商户：贸易商、有一定 B2C 经验的生产企业、品牌经销商。

6．eBay 的运营模式

1）提供信息服务

eBay 作为一家网上拍卖网站，开创了一种前所未有的 C2C 商业模式，即消费者对消费者的商业模式。在 eBay 上，买主也可以是卖主，同时 eBay 提供双方交流的平台。和传统营销模式不同，eBay 并不直接参与交易，而是给企业和消费者提供一个平台，为客户提供商务信息或增值服务。通过这个平台，买主和卖主可以获得各自需要的信息，而 eBay 就通过出售这样的信息获利，积少成多，越来越多的企业和个人都进入 eBay 寻找信息，所以 eBay 也获得了丰厚的利润。

2）不仅有二手货还有新品

eBay 网站上有二手货也有新品，二手货以较低的价格卖出，具有极大的价格优势，而新品则是与 eBay 合作的企业第一时间将产品发布在 eBay 网站上。随着新品的激增，商品范围也迅速扩张，eBay 网站上有 15 个大类，150 多个二级分类，500 多个商品细分类，覆盖电脑网络、通信器材、体育器械、居家生活、办公文教等多个商品流通领域。顾客可以根据自己的需要选择二手货或者购买新品。

3）交易方式的变动

随着平台的发展，原有单一的拍卖式交易方式显然已经不能满足需要，eBay 推行的定价销售方式受到了用户的欢迎。定价销售与原来的拍卖销售结合在一起，提供给用户多种服务（无底价竞标、有底价的竞标、定价出售、一口价成交等）选择，满足不同人群的需要。

4）致力于开展个人电子商务

eBay 鼓励个人在网站上开店铺，以会员制的方式收费。中国 eBay 推出的网上个人交易配套服务——“易付通”，在原有的代理服务、定心丸、黑名单、个人交易速递等服务基础上，为用户提供无风险的个人网络交易体验，实现了全面基于网络平台的交易方式。“易付通”解决了网上个人交易的信用问题，以及网上支付和网下物流的困扰。网上成交后，会员只需持银行卡，即可申请“易付通”服务，买家进行网上支付，会有专人送货上门；卖家发货后，如买家签收，平台会将钱汇入卖家账号。可见，“易付通”是由网上支付、线下配送、信用保障所组成的服务平台，不仅省却了见面、付钱的烦恼，打破了地域限制，而且打造了坚实可靠的信用保障体制。

5）物流不自建，采取外部合作方式

eBay 全球购物物流均由第三方物流公司承担。提供单包直发和合包整发两种方式。其优点是成本低，业务多，但缺点也是显而易见的，与亚马逊相比，很多卖家认为亚马逊贵得物有所值，这是因为亚马逊的物流更加快捷和便宜。

2.1.3 速卖通平台

1. 速卖通的概述

速卖通，也称全球速卖通（英文名：AliExpress）创建于 2009 年，正式上线于 2010 年 4 月，是阿里巴巴旗下面向国际市场打造的跨境电商平台，被广大卖家称为“国际版淘宝”。全球速卖通面向海外买家客户，通过支付宝国际账户进行担保交易，并使用国际物流渠道运输发货，是全球第三大英文在线购物网站。

全球速卖通拥有近 20 个语言分站，已覆盖全球 200 多个国家和地区的买家，覆盖服装服饰、3C、家居、饰品等共 30 个一级行业类目；平台在服装服饰、手机通信、鞋包、消费电子、家居等产品类目上具有优势。

知识拓展

2019 速卖通“双 11”战报

全球速卖通（AliExpress）于北京时间 11 月 11 日 16:00（美国西部时间 11 月 11 日 00:00）正式开锣，全球“剁手党”参战天猫双 11。开场仅 13 分钟，其平台产生的交易额即超过去年第一小时交易额。开场 19 小时 29 分 11 秒，平台成交额已超过去年 48 小时的交易额。2019 年全球速卖通“战报”如图 2-4 所示。

为了照顾全球不同时区的剁手党，速卖通依旧延续了为期 48 小时的全球狂欢，让每个时区都可以加入双

11 零点狂欢的大军中。

图 2-4　2019 年全球速卖通“战报”

在俄罗斯、西班牙、法国、意大利、波兰、中东等速卖通全球重点市场，交易同样火爆。开场 1 小时，俄罗斯爆发出同比近 4 倍的惊人增长力，西班牙买家数则是去年同期的 3 倍。沙特阿拉伯买家数同比增幅近 70%；法国 4 小时打破去年全天记录；波兰 36 分钟赶超去年 4 小时成交额；尽管身处西三时区，墨西哥的剁手党们也丝毫没有示弱，当地时间凌晨 2 点开抢后的一个小时中，他们熬夜买下的“宝贝”是去年的近 3 倍。

全球速卖通的核心优势是在全球贸易的新形势下，打造融订单、支付、物流于一体的国际小额批发在线交易平台，让没有外贸经验的人能够轻松实现全球跨境交易。

2．速卖通的特点

速卖通平台的销售模式是 B2B+B2C 垂直类销售，主要针对企业客户，侧重于新兴市场，其 75%的海外市场分布在俄罗斯、巴西、美国、西班牙和土耳其。速卖通是阿里巴巴系列平台产品之一，整个页面操作简单整洁，适合初级卖家上手。另外，阿里巴巴一直有非常好的社区和客户培训体系，可以快速入门。速卖通适合初级卖家，尤其是其产品特点符合新兴市场的卖家，也适合产品有供应链优势、价格优势的卖家。

3．速卖通的优势和劣势

1）平台优势

（1）小订单，大市场。在全球贸易新形势下，买家采购方式正在发生剧烈变化，小批量、多批次正在形成一股新的采购潮流，更多的终端批发、零售商直接上网采购。

（2）低成本，高安全。买卖双方在线沟通，下单支付一步到位，国际快递发送货物，缩短了交易周期。

（3）短周期，高利润。卖家直接向终端零售商和网店供货，流通渠道更短，直接在线支付、收款，拓展了产品利润空间，创造了更多收益。

（4）网站诚信安全体系为交易过程保驾护航，避免货款受骗。

2）平台劣势

（1）价格竞争激烈，宣传推广费用高。

（2）运营政策偏向大卖家和品牌商，早期进入速卖通平台的门槛并不高，导致大量的低端卖家涌入平台，带来卖家的同时也带来了价格的恶性竞争，给平台造成了一些不良的影响。

（3）基本不提供客服业务。

（4）买家对于平台的忠诚度不高。

4. 影响平台排名的因素

影响平台排名的因素：卖家评级、价格、产品销量、产品评级。

5. 适用商户类型

速卖通适合以下商户类型：垂直类贸易商、转型开展B2C业务的生产企业、传统批发商。

2.1.4 亚马逊平台

1. 亚马逊的概述

亚马逊（Amazon）创立于1995年，是美国最大的网络电子商务公司，并且是网络上最早开展电子商务业务的公司之一，其最初只经营书籍的网上销售业务，现在则涉及范围相当广的其他产品，已成为全球商品品种最多的网上零售商和全球第二大互联网企业。亚马逊及其他销售商为客户提供数百万种独特的全新、翻新及二手商品，如图书、影视、音乐和游戏、数码下载、电子、家居园艺用品、婴幼儿用品、食品、服饰、珠宝、健康和个人护理用品、体育用品、玩具、汽车及工业产品等，“亚马逊”logo如图2-5所示。

图2-5 “亚马逊”logo

2019年，亚马逊位列2019年度全球100大最有价值品牌排行榜第3名。

知识拓展

亚马逊成长历程

2016年6月8日，2016年BrandZ最具价值全球品牌百强榜公布，亚马逊名例第7位。

2016年10月，亚马逊列2016年全球100大最有价值品牌第8位。

2017年12月21日，世界品牌实验室（World Brand Lab）编制的2017年度（第十四届）“世界品牌500强”排行榜在纽约揭晓，亚马逊继续保持“季军”位置。

截至当地时间 2018 年 3 月 20 日，亚马逊的市值已经超越谷歌母公司 Alphabet，成为仅次于苹果的全球第二大市值公司。

2018 年 5 月 21 日，2018 年财富杂志发布美国 500 强排行榜，亚马逊名列第 8 位。

2018 年 5 月 29 日，2018 年 BrandZ 最具价值全球品牌百强榜公布，亚马逊名列第 3 位。

2018 年 6 月 20 日，亚马逊官网推出亚马逊全球收款服务。此服务无需外国银行卡或者第三方账户，卖家可以使用本地货币接收全球付款，并直接存入卖家的国内银行账户。

2018 年 7 月 19 日，财富杂志发布世界 500 强排行榜，亚马逊名列第 18 位。

2018 年 9 月 4 日，亚马逊股价一度超过 2 050.50 美元，成为继苹果之后第二家市值破万亿美元的美国公司。

2018 年 12 月 18 日，世界品牌实验室编制的 2018 世界品牌 500 强排行榜揭晓，亚马逊名列第 1 位。

2．亚马逊的定位

亚马逊的核心理念是：以创造长期价值为核心，长远思考才能做到不可能的事。

相对于传统商务局限于销售空间的场地，以消费者直观的实物选择为主的方式，以亚马逊为代表的互联网电子商务突破传统，从更高的层面来揭示企业建设与市场营销的理念和规律。亚马逊通过以客户利益为中心的长期建设，充分发挥了电子商务相比传统商务所具备的信息优势、规模优势和价格优势，以全方位的精细化管理，融合科技创新，提供不断改进的客户服务，构建不断优化和完善的客户体验，并结合强大的云计算能力、丰富的数字出版资源和智能移动终端应用，积极抢占未来发展的先机。

3．亚马逊的优势和劣势

1）平台优势

（1）作为电子商务的鼻祖，亚马逊比其他平台都要早创建，其拥有庞大的客户群和流量优势。

（2）具有强大的仓储物流系统和服务，尤其是在北美、欧洲等地区。卖家只需要负责出售产品，后期的打包、物流、退换货都由亚马逊提供统一的、标准的服务模式，由此产生一些服务费用，包括存储费、配送费和其他服务费用，当然卖家也可以选择自己配送。

（3）站点联动。例如亚马逊欧洲站点只需要有一个国家的账户就可以面向全欧洲市场销售。

（4）提供中文注册界面。

2）平台劣势

（1）对卖家的产品品质要求高，企业最好有研发能力。

（2）卖家必须可以开具发票。

（3）对产品品牌有一定的要求。

（4）手续较其他平台略复杂。

（5）同一台计算机只能登录一个账号。

（6）收款银行账号需要注册自美国、英国等国家。

4．亚马逊的盈利模式

1）把握长尾商机

了解亚马逊的人都知道，亚马逊一开始是卖书的，拥有 310 万的可供图书商品。其长尾理论挑战了 20%重度消费者购买 80%产品的传统营销理论，互联网低成本让 80%的轻度消费者成为利润的重要来源。

2）亚马逊无货源模式

亚马逊不需要自己囤货、备货、发货，通过 ERP 系统上传商品到国外网站。买家下单，卖家采集货源发至亚马逊官方仓库，亚马逊会打理好一切，大大节省了物流、仓储、打包人员的开支。

3）低价批发到产品定制

国外的市场价格要高于国内很多，国内低价批发商的商品，在欧洲站可以高价出售，一单的利润在 30%~50%之间。卖家根据自己选择的站点了解用户的购物信息和购物喜好，主动定制产品，精细化运营以扩大利润。

4）亚马逊 kindle 电子书平台的搭建

亚马逊 kindle 电子书用户已超百万，已完成从卖硬件到靠内容盈利的模式转换。

2.1.5 敦煌网平台

1. 敦煌网的概述

敦煌网是全球领先的在线外贸交易平台，创立于 2004 年，致力于帮助中国中小企业通过跨境电子商务平台走向全球市场，其开辟了一条国际贸易通道，让在线交易变得更加简单、更加安全、更加高效。

敦煌网是国内首个为中小企业提供 B2B 网上交易的网站。它采取佣金制（只在买卖双方交易成功后收取费用），但 2019 年 2 月 20 日起，新卖家一注册便开始交纳费用。根据 Paypal 交易平台的数据显示，敦煌网是在线外贸交易额中亚太地区排名第一、全球排名第六的电子商务网站。敦煌网的吉祥物如图 2-6 所示。

图 2-6 敦煌网的吉祥物

知识拓展

敦煌网的企业文化

敦煌网的使命：促进全球通商 成就创业梦想

敦煌网的愿景：领先的全球中小零售商一站式贸易和服务平台

敦煌网的精神：梦想高远 脚踏实地

敦煌网的价值观：成就客户 团队合作 持续创新 快乐成长 正直诚信 把事做成

敦煌网企业文化——“敦煌味道”宣传图如图 2-7 所示。

图 2-7　敦煌网企业文化——“敦煌味道”宣传图

2．敦煌网的交易模式

在敦煌网，买家可以根据卖家提供的信息来生成订单，可以选择直接批量采购，也可以选择先小量购买样品，再大量采购。这种线上小额批发业务一般使用快递，快递公司一般在一定金额范围内会代理报关。例如，敦煌网与 DHL、联邦快递等国际物流巨头保持密切合作，以庞大的业务量为基础，可使中小企业的物流成本至少下降 50%。一般情况下，这类订单的数量不大，有些可以省去报关手续。以普通的数码产品为例，买家一次的订单量在十几个到几十个不等。这种小额交易比较频繁，不像传统的外贸订单，可能是半年下一次订单，一个订单几乎就是卖家一年的“口粮”。“用淘宝的方式卖阿里巴巴 B2B 上的货物”，是对敦煌网交易模式的一个有趣概括。

学习任务 2.2　跨境电子商务平台注册操作流程

2.2.1　仿真实训一：Wish 平台仿真注册

（1）如图 2-8 所示，在思睿智训跨境电商综合实训平台（思睿智训 ERP）首页，单击跨境电商平台沙盒下的“Wish 沙盒平台”。

图 2-8　Wish 仿真实训图 1

（2）如图 2-9 所示，可输入用户名或电子邮箱地址、密码，登录 Wish 沙盒，无账户则可单击“我还没有账户，现在创建一个”。

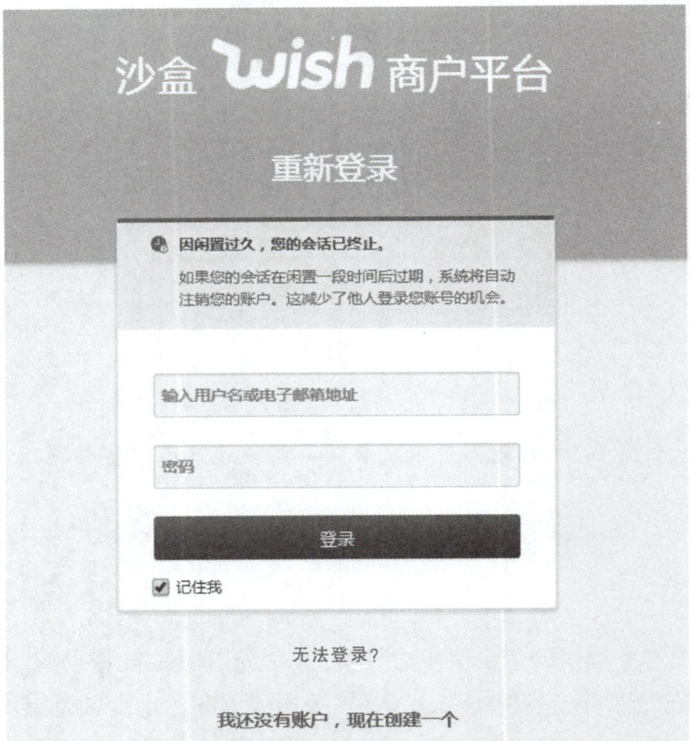

图 2-9 Wish 仿真实训图 2

（3）如图 2-10 所示，填写各项信息并设置账号密码以创建账户。

图 2-10 Wish 仿真实训图 3

（4）如图 2-11 所示，浏览商户服务条款和协议。

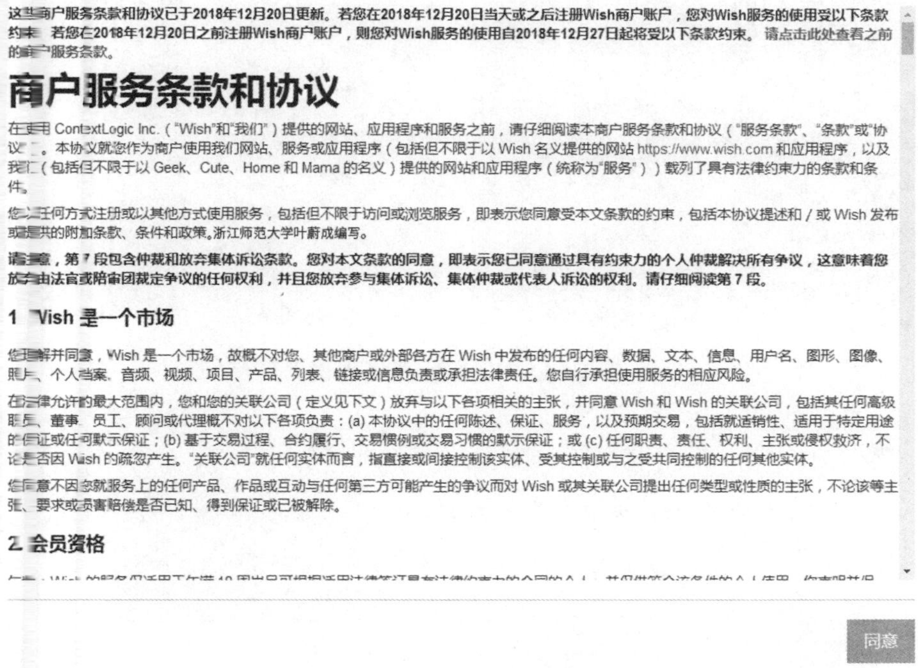

图 2-11　Wish 仿真实训图 4

（5）如图 2-12 所示，同意平台条款，注册成功，跳转至商户后台页面。

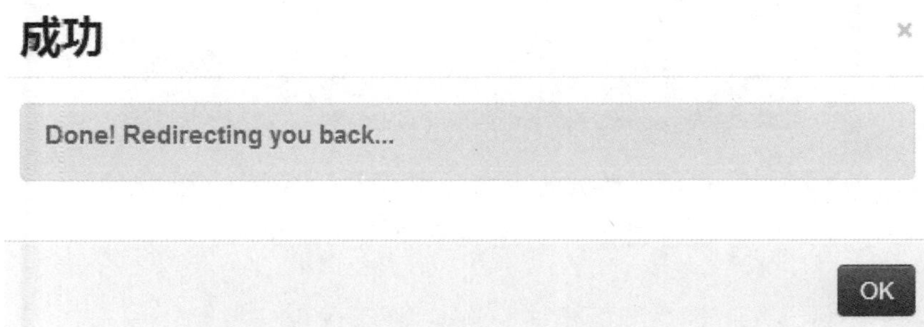

图 2-12　Wish 仿真实训图 5

（6）如图 2-13 所示，进入商户后台页面，至此 Wish 沙盒账户注册完成。

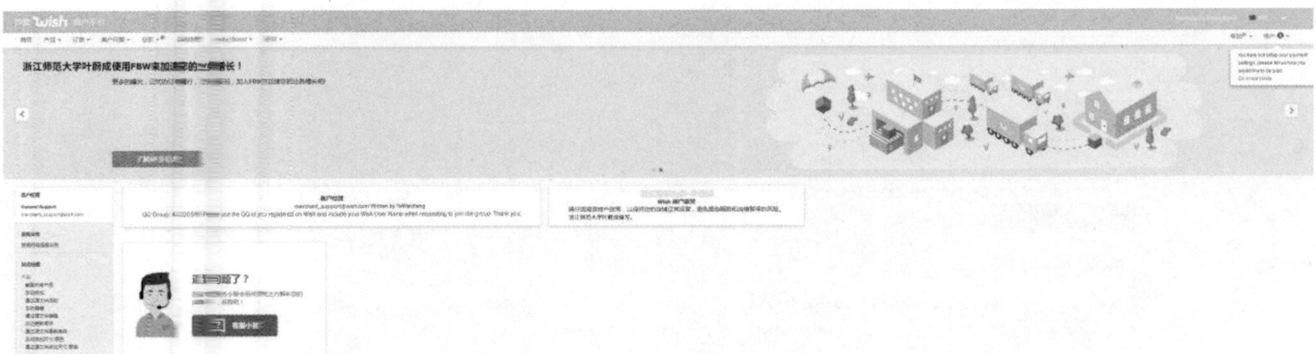

图 2-13　Wish 仿真实训图 6

（7）如图 2-14 所示，返回思睿智训跨境电商综合实训平台首页，单击跨境电商 ERP 沙盒。

图 2-14　Wish 仿真实训图 7

（8）如图 2-15 所示，在登录页面输入账号、密码，登录 ERP 沙盒。

图 2-15　Wish 仿真实训图 8

（9）如图 2-16 所示，系统显示近期系统更新与平台规则变化的弹窗。

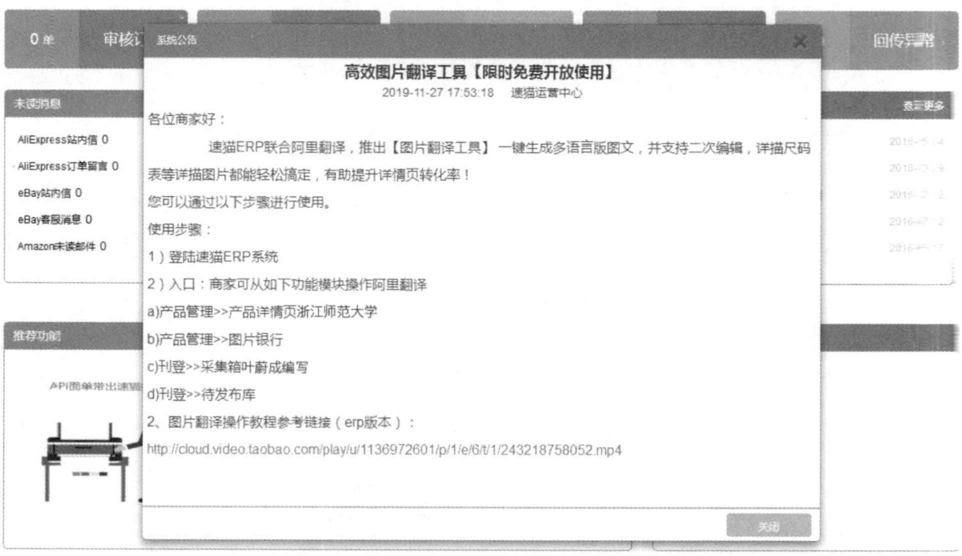

图 2-16　Wish 仿真实训图 9

（10）如图 2-17 所示，在上方导航栏单击“系统配置”，再单击“电商平台账号”。

图 2-17　Wish 仿真实训图 10

（11）如图 2-18 所示，进入绑定店铺界面。

图 2-18　Wish 仿真实训图 11

（12）如图 2-19 所示，进入绑定店铺界面后，首先选择对应的平台与平台类型。

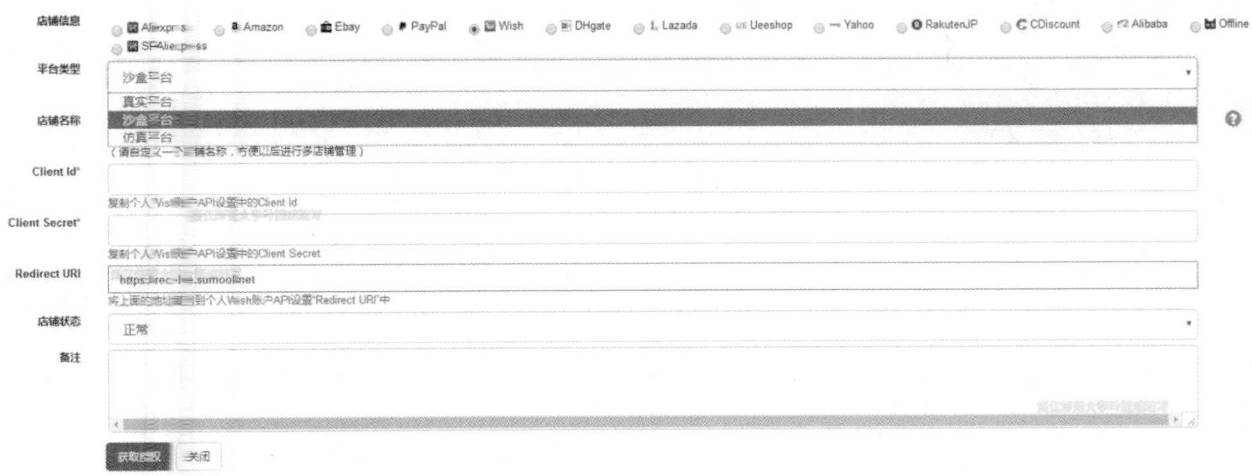

图 2-19　Wish 仿真实训图 12

（13）如图 2-20 所示，为方便 ERP 对各店铺加以区分，为店铺设置名称。

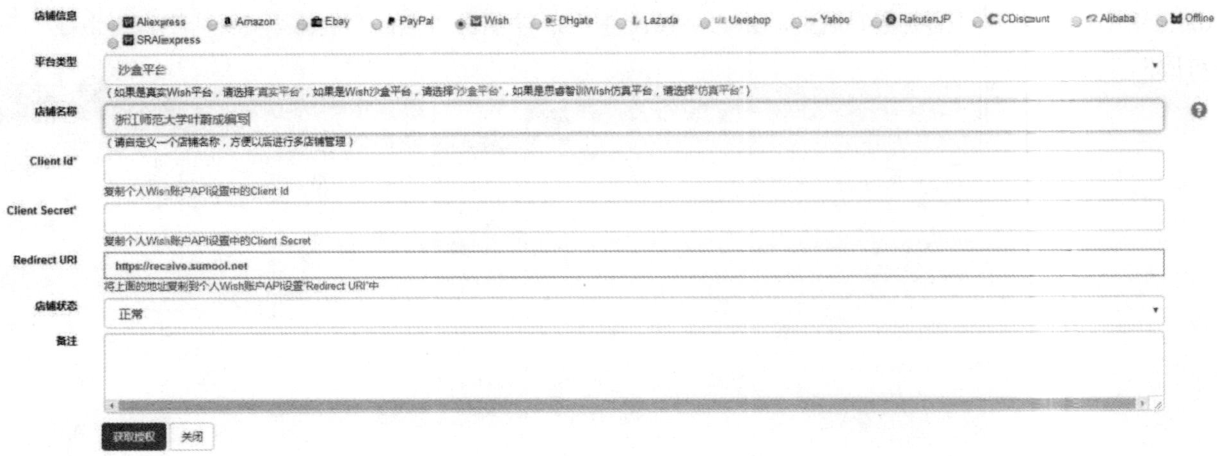

图 2-20　Wish 仿真实训图 13

（14）如图 2-21 所示，复制 ERP 沙盒提供的“Redirect　URI”。

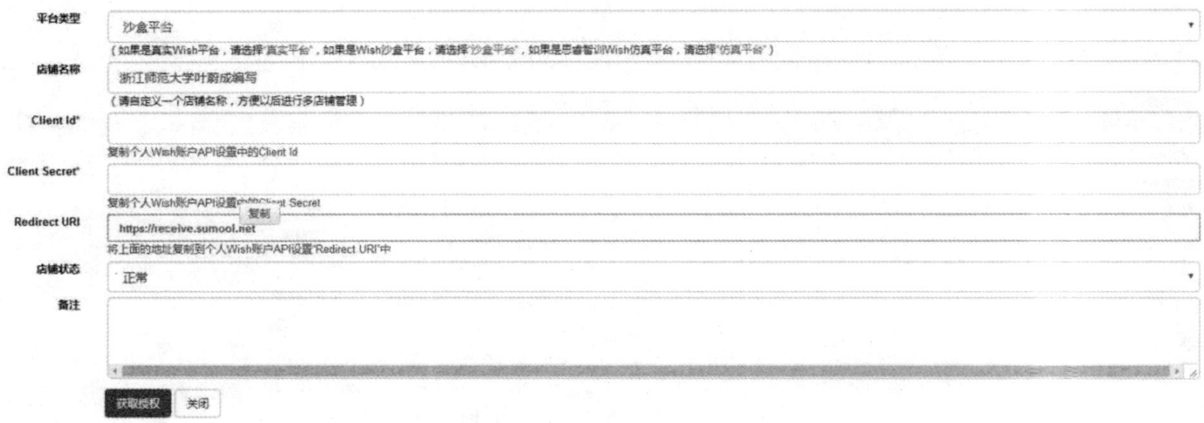

图 2-21　Wish 仿真实训图 14

（15）如图 2-22 所示，回到 Wish 沙盒，进入右上方的“账户-设置”选项。

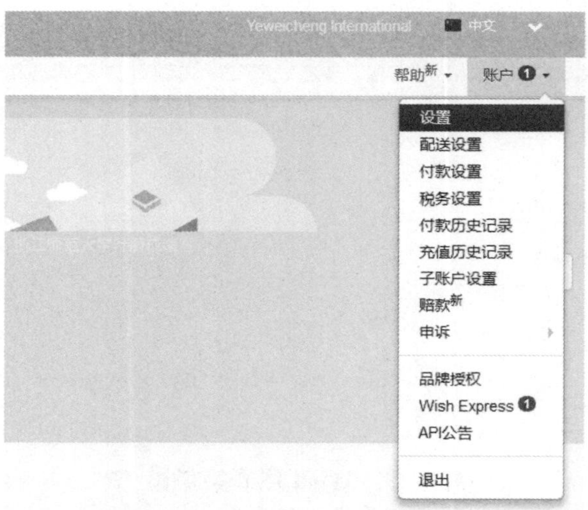

图 2-22　Wish 仿真实训图 15

（16）如图 2-23 所示，页面跳转后选择“API 设置”，设置一个 App Name，并将之前复制的“Redirect　URI”，粘贴至对应的文本框中。

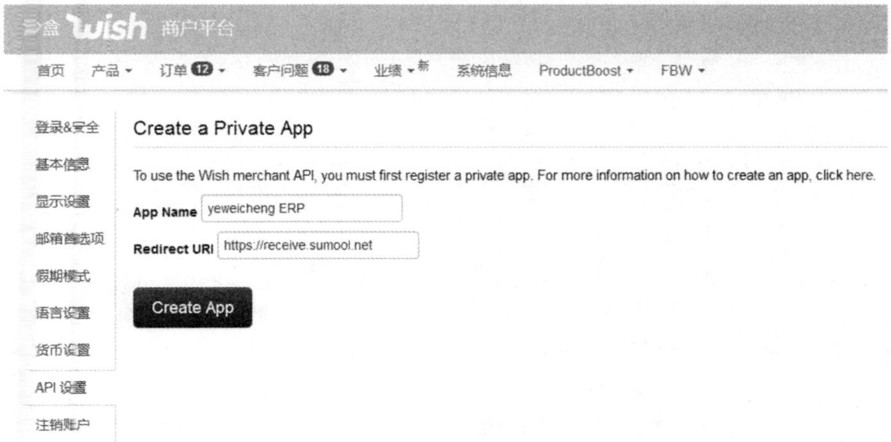

图 2-23　Wish 仿真实训图 16

（17）如图 2-24 所示，单击“Create　App”并在新生成的弹窗中选择确认。

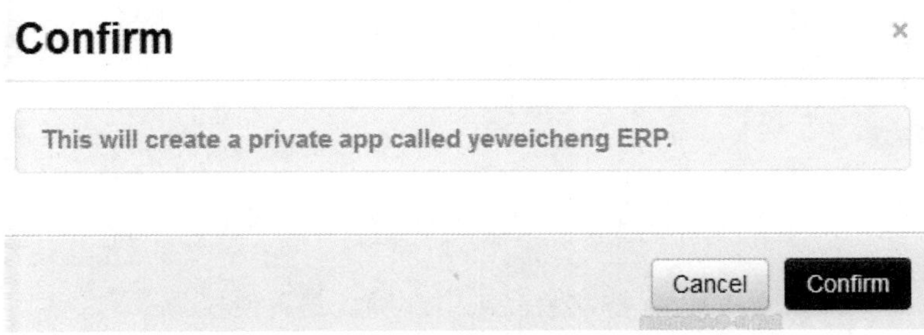

图 2-24　Wish 仿真实训图 17

（18）如图 2-25 所示，复制系统生成的“Client Id”与“Client Secret”。

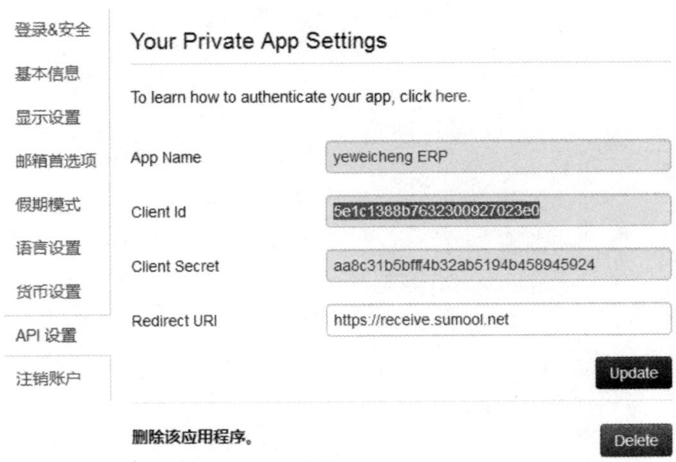

图 2-25　Wish 仿真实训图 18

（19）如图 2-26 所示，返回 ERP 沙盒的店铺绑定页面，将之前在 Wish 沙盒中复制的“Client Id”与“Client Secret”粘贴至对应文本框中。

图 2-26　Wish 仿真实训图 19

（20）如图 2-27 所示，全部信息补充完毕后，单击“获取授权”。

图 2-27　Wish 仿真实训图 20

（21）如图 2-28 所示，页面跳转，Wish 沙盒会要求用户确认是否授权。

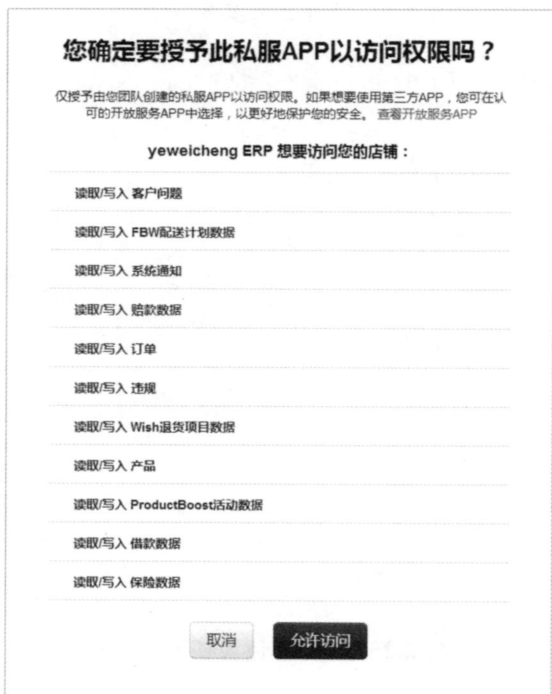

图 2-28　Wish 仿真实训图 21

（22）如图 2-29 所示，单击确认。

图 2-29　Wish 仿真实训图 22

（23）如图 2-30 所示，授权成功。

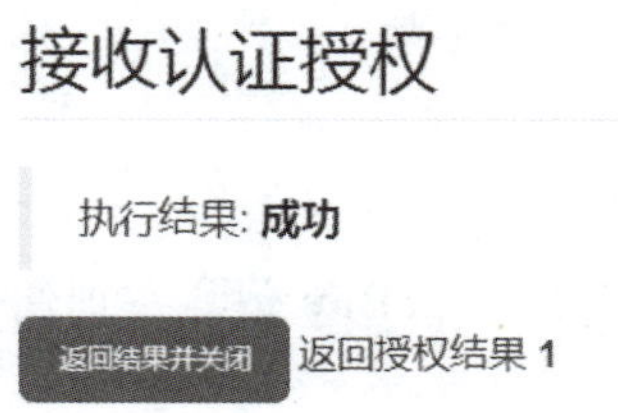

图 2-30　Wish 仿真实训图 23

（24）如图 2-31 所示，可在“电商平台账号”页面查看已完成绑定店铺的信息。

图 2-31　Wish 仿真实训图 24

（25）如图 2-32 所示，可从已绑定店铺后方的“编辑”按钮进入，对绑定店铺的信息进行编辑，对已过期的绑定店铺进行重新授权。

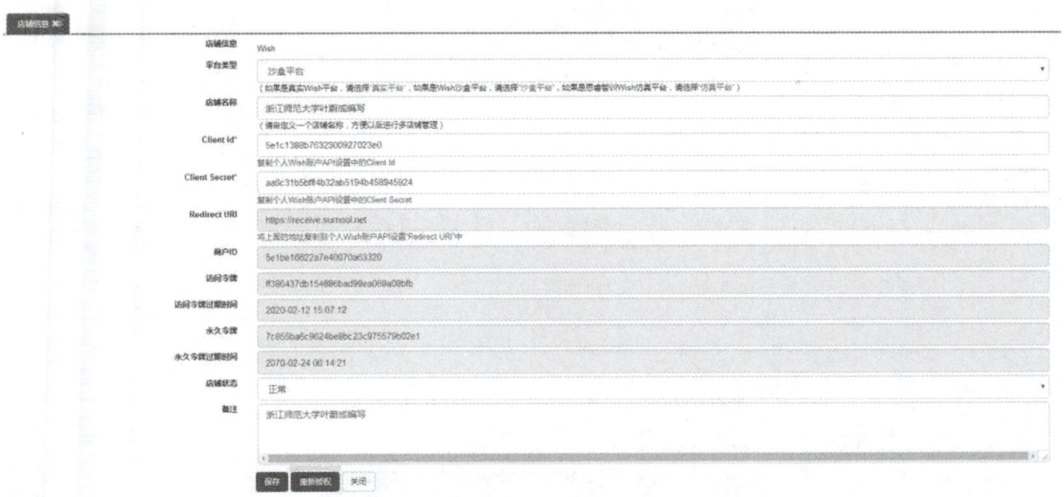

图 2-32　Wish 仿真实训图 25

2.2.2 仿真实训二：eBay 平台仿真注册

（1）从跨境电商综合实训平台首页进入“eBay 沙盒注册”，如图 2-33 所示，可使用 eBay 开发者账号 srzxtest0609，密码@srzxtest0609 登录系统。

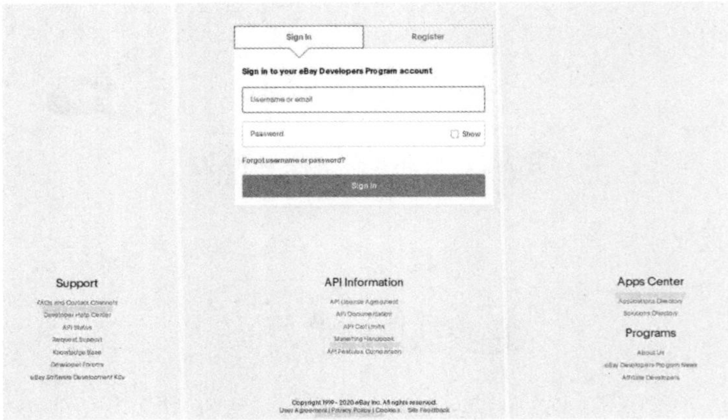

图 2-33　eBay 仿真实训图 1

（2）如图 2-34 所示，在注册页面填写各项信息。

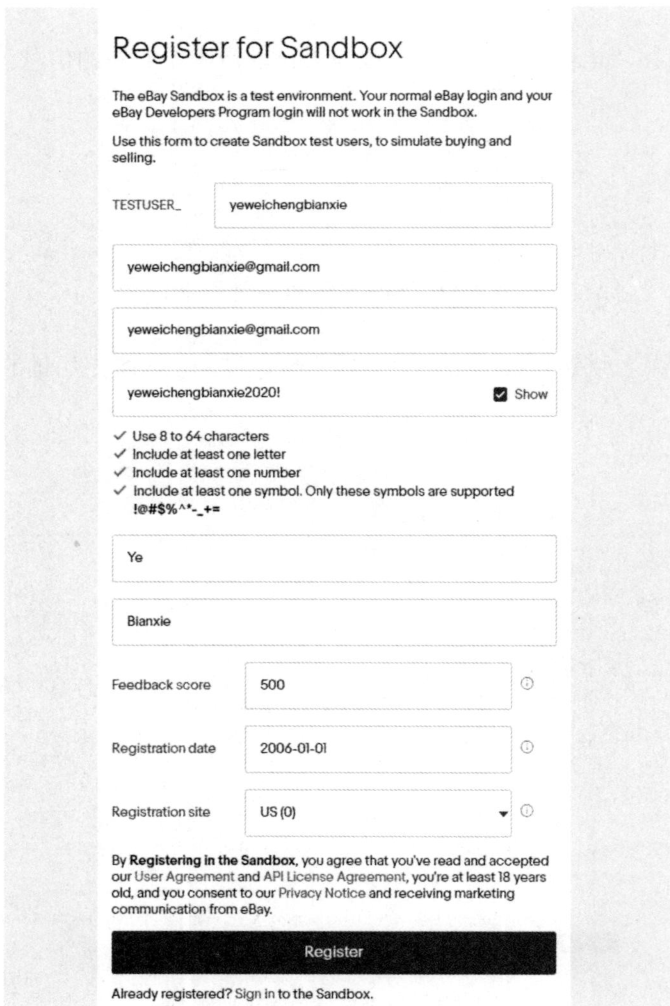

图 2-34　eBay 仿真实训图 2

（3）如图 2-35 所示，全部信息填写完毕后，进行注册确认。

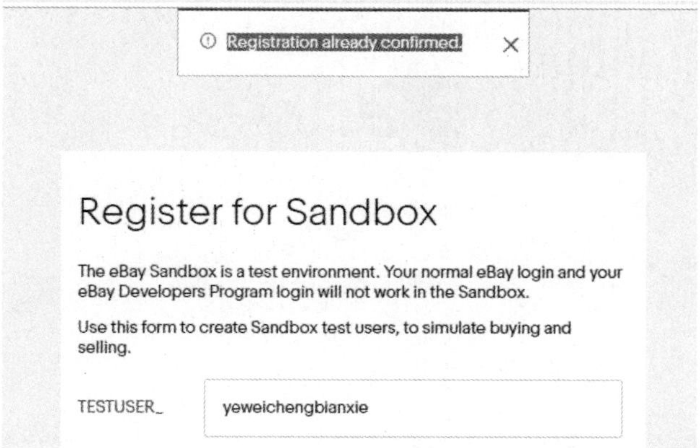

图 2-35　eBay 仿真实训图 3

（4）如图 2-35 所示，注册完成后，可通过新注册的账号、密码登录“eBay 沙盒平台”。

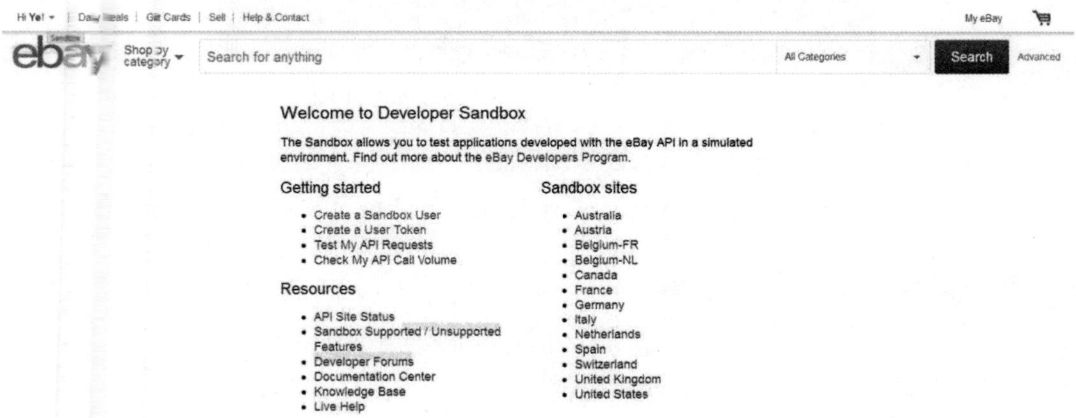

图 2-36　eBay 仿真实训图 4

（5）如图 2-37 所示，选择 eBay 沙盒店铺绑定，为方便 ERP 对各店铺加以区分，为店铺设置名称，完成后单击“获取授权”。

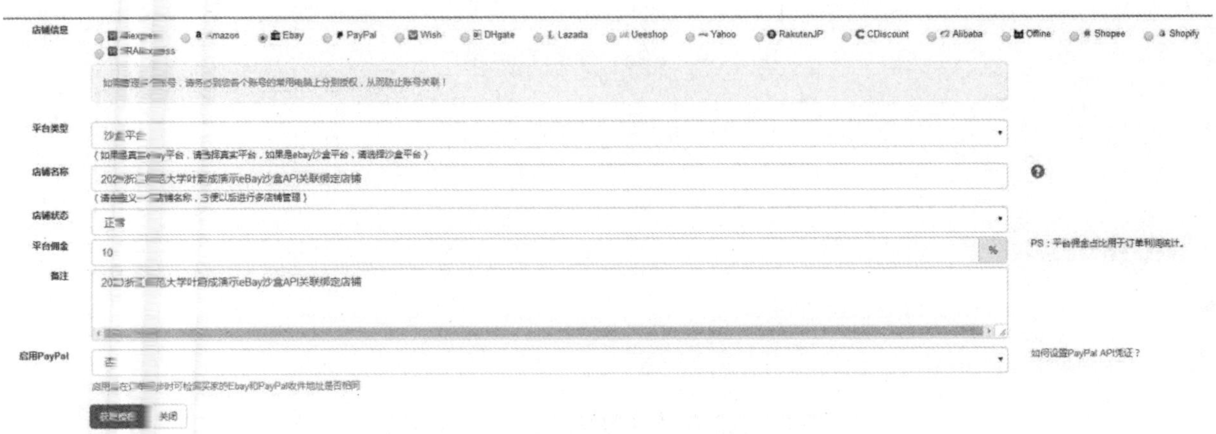

图 2-37　eBay 仿真实训图 5

（6）如图 2-38 所示，页面跳转，系统要求验证密码。

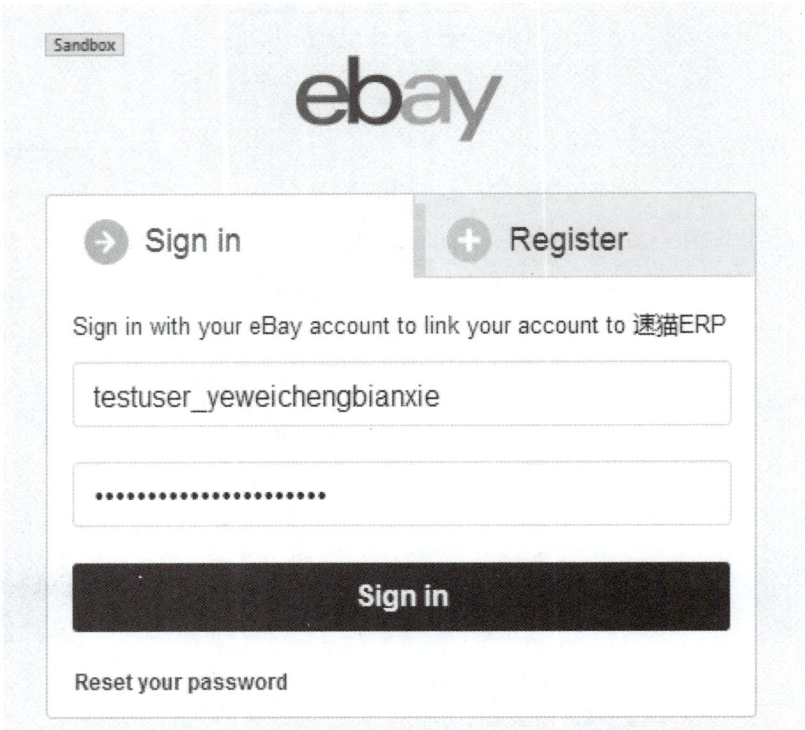

图 2-38 eBay 仿真实训图 6

（7）如图 2-39 所示，eBay 沙盒会要求确认是否与 ERP 沙盒进行绑定，单击“Agree”进行确认。

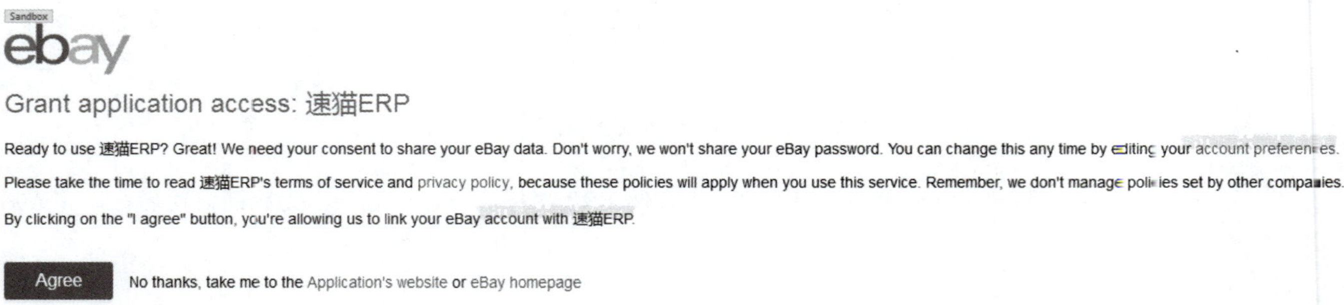

图 2-39 eBay 仿真实训图 7

（8）如图 2-40 所示，系统提示 eBay 沙盒与 ERP 沙盒已成功绑定。

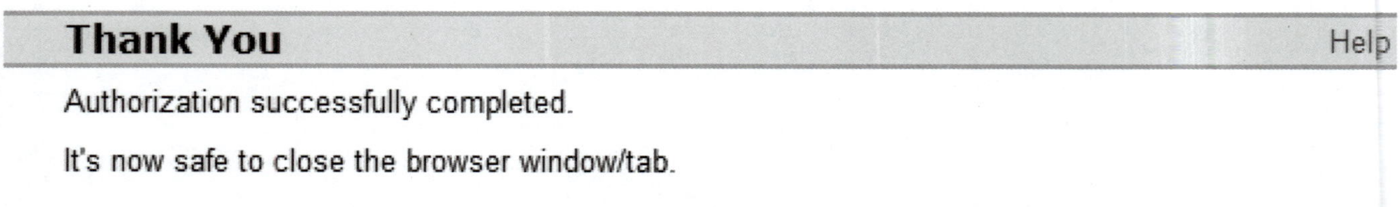

图 2-40 eBay 仿真实训图 8

（9）如图 2-41 所示，回到 ERP 沙盒“店铺信息”页面，页面会弹出窗口提示获取授权的结果，单击获取授权成功”。

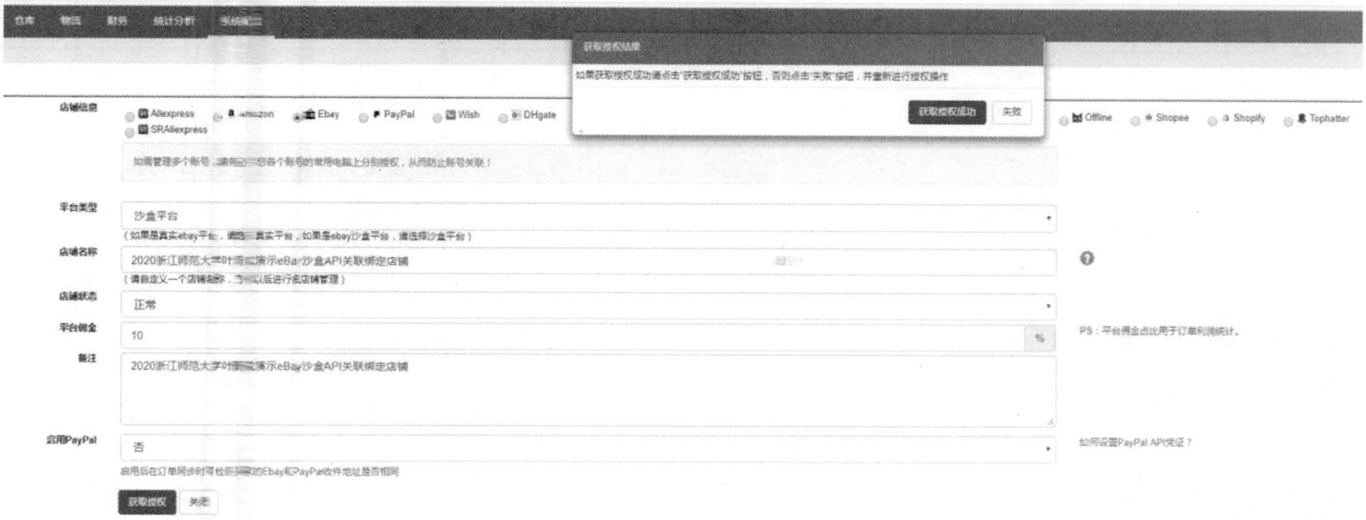

图 2-41 eBay 仿真实训图 9

（10）如图 2-42 所示，系统提示确认绑定成功，可从已绑定店铺后方的“编辑”菜单进入，对绑定店铺的信息进行编辑。

图 2-42 eBay 仿真实训图 10

2.2.3 实战实训一：速卖通平台实战注册

（1）如图 2-43 所示，登录 SRExpress 平台，从上方“Seller Center-中国卖家入驻”选项进入账户注册页面。

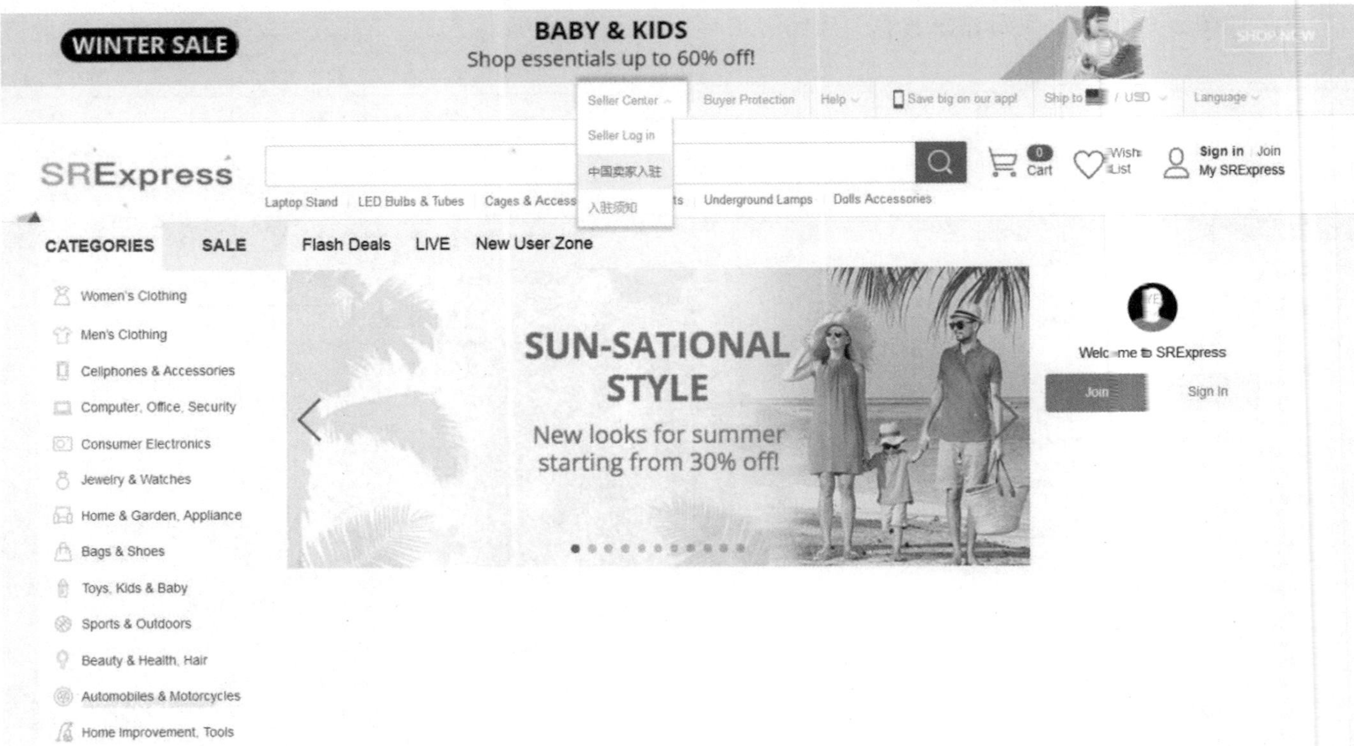

图 2-43 速卖通实战实训图 1

（2）如图 2-44 所示，进入页面后，验证注册邮箱。

图 2-44 速卖通实战实训图 2

（3）如图 2-45 所示，按要求填写各项信息，设置登录密码。

图 2-45　速卖通实战实训图 3

（4）如图 2-45 所示，信息提交后页面跳转，显示账号已注册成功，之后需完成速卖通实名认证。

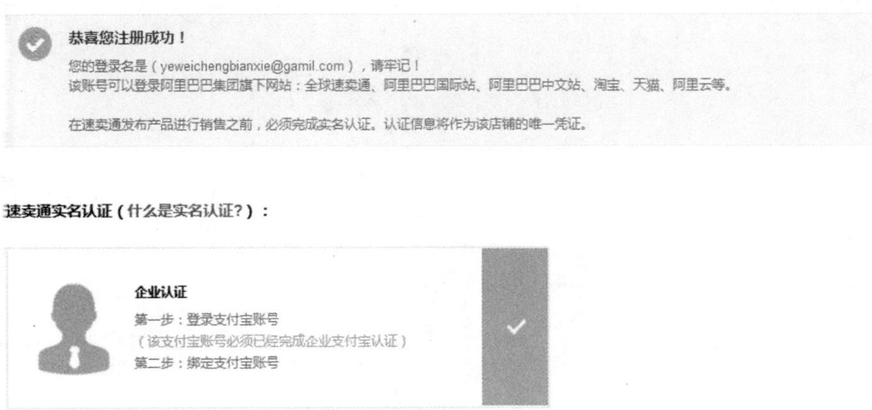

图 2-46　速卖通实战实训图 4

（5）如图 2-47 所示，单击进入实名认证后，需先完成账户登录验证，输入账户名与密码登录。

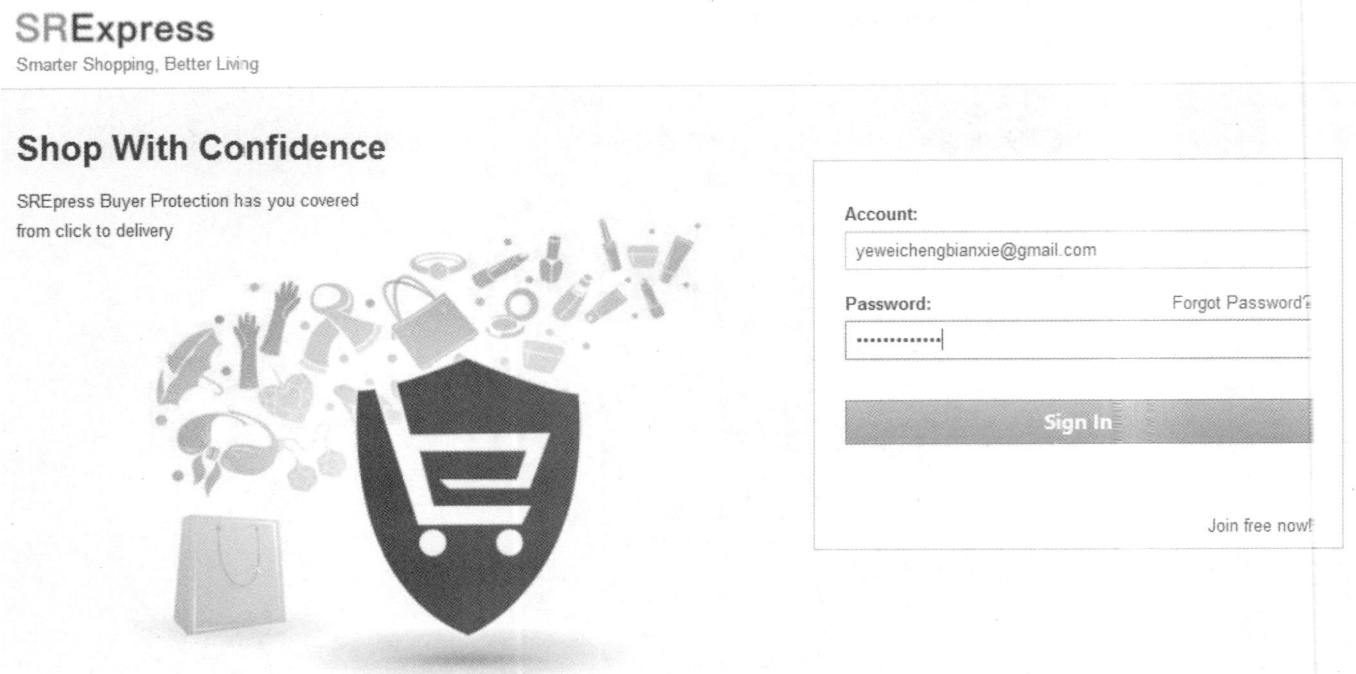

图 2-47 速卖通实战实训图 5

（6）如图 2-48 所示，进入 SRExpress 商户后台，单击“我要开店”。

图 2-48 速卖通实战实训图 6

（7）如图 2-49 所示，设置店铺名称。

图 2-49　速卖通实战实训图 7

（8）如图 2-50 所示，设置店铺名称后页面跳转，浏览行业类目招商准入规则，并单击“我要入驻”。

图 2-50　速卖通实战实训图 8

（9）如图 2-51 所示，浏览速卖通商户服务协议，同意并签署协议。

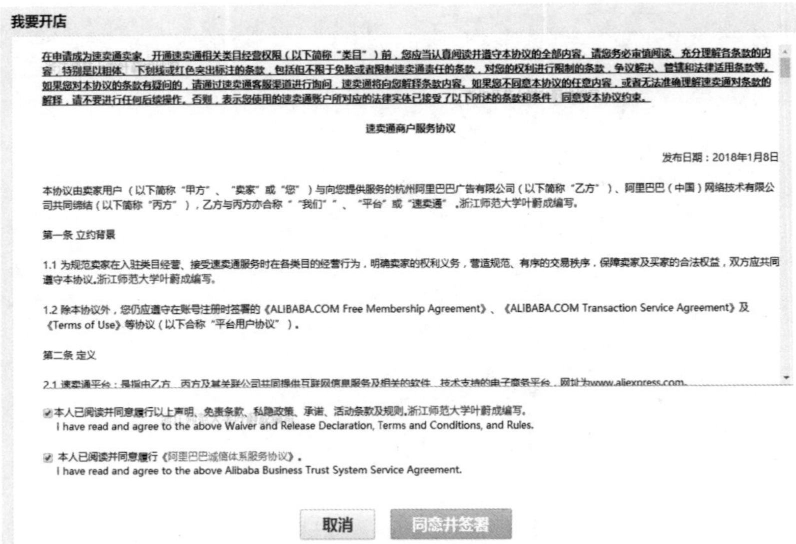

图 2-51　速卖通实战实训图 9

（10）如图 2-52 所示，选择需要入驻的类目。

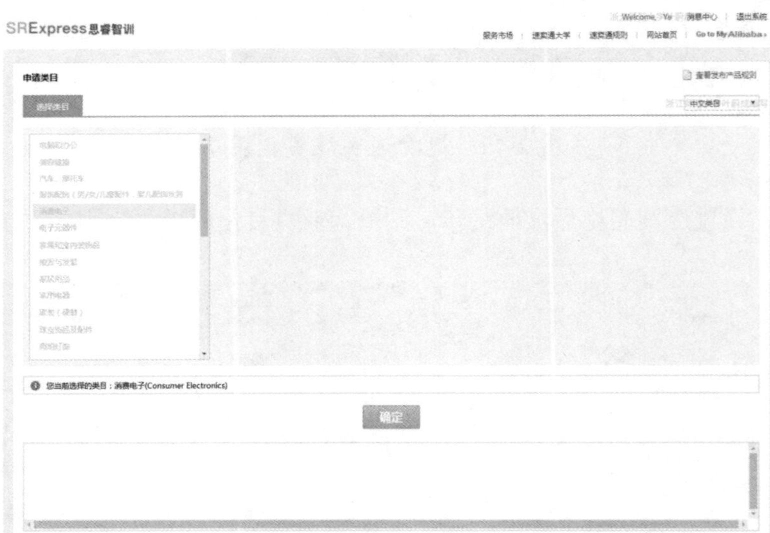

图 2-52　速卖通实战实训图 10

（11）如图 2-53 所示，系统提示“您的类目申请已经成功！”。

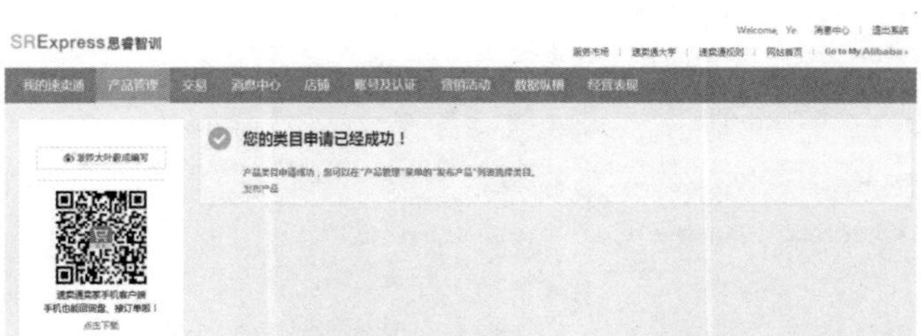

图 2-53　速卖通实战实训图 11

（12）如图 2-54 所示，完成后续的申请认证，在上方导航栏单击“账号及认证-更多”进入设置 API 关联。

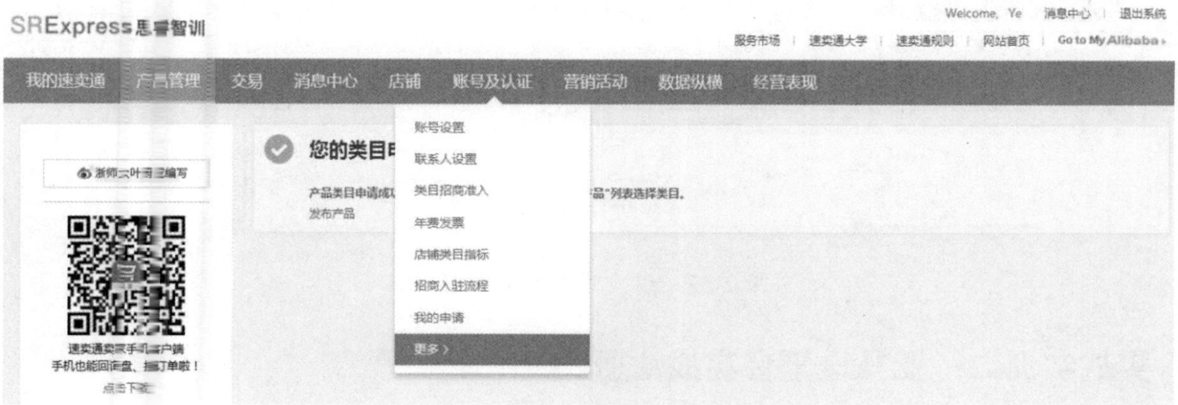

图 2-54　速卖通实战实训图 12

（13）如图 2-55 所示，在账号及认证页面选择进入“API 设置”选项，复制“店铺名称”与“Token”。

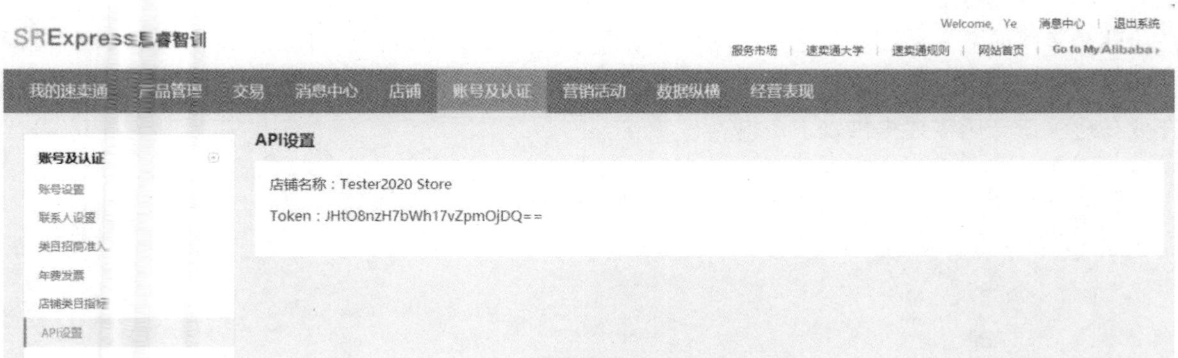

图 2-55　速卖通实战实训图 13

（14）如图 2-56 所示，返回 ERP 沙盒“系统配置-电商平台设置-电商平台账号-店铺信息”页面，将“店铺名称”与“Token”两项信息粘贴至对应的位置并保存。

图 2-56　速卖通实战实训图 14

（15）如图 2-57 所示，完成绑定的店铺可在“电商平台账号”页面查看及编辑。

图 2-57 速卖通实战实训图 15

2.2.4 实战实训二：亚马逊平台实战注册

1．中国亚马逊注册

对于中国卖家来说，在亚马逊上注册卖家账号主要有自注册和全球开店两种方式。

1）自注册

自注册就是传统的直接通过亚马逊注册网页注册亚马逊卖家账户。目前，中国公民个人身份和中国企业身份都可以在亚马逊注册开店。亚马逊登录页面如图 2-58 所示，亚马逊注册页面如图 2-59 所示。以亚马逊北美站点为例，在亚马逊注册开店需要提供以下资料。

图 2-58 亚马逊登录页面

图 2-59 亚马逊注册页面

（1）计算机网络、手机号（此前没有注册过亚马逊账号）。亚马逊注册信息填写如图 2-60 所示。

图 2-60　亚马逊注册信息填写

（2）注册信息提交后，打开注册时填写的邮箱，找到亚马逊发送的验证码，将该码填入亚马逊邮箱验证页面（见图 6-61）。

图 2-61　亚马逊邮箱验证页面

（3）如图 2-62 所示，同意卖家协议。

图 2-62　同意卖家协议

（4）如图 2-63、图 2-64 所示，填写卖家信息。

图 2-63 填写卖家信息（1）

图 2-64 填写详细信息（2）

（5）如图 2-65 所示，通过电话进行验证。

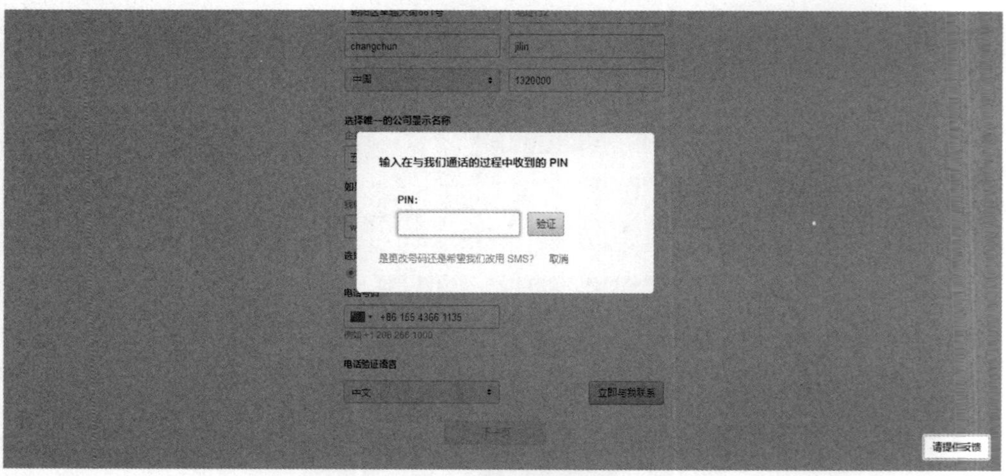

图 2-65 通过电话进行验证

验证成功后，卖家信息注册成功。

2）全球开店

全球开店是亚马逊官方针对中国卖家的一种开店方式，于 2012 年年初正式引入中国。它只是亚马逊的一个项目名称而已，并不是说开通一个账号就可以在亚马逊各个国家站点销售，注册亚马逊卖家账号不管是通过全球开店还是自注册方式，都需要分站点注册。

全球开店的卖家入驻平台需要提供电子邮箱地址，卖家个人或者公司的名称、地址、联系方式、可以以美元结算的双币信用卡，以及电话号码等资料。

（1）亚马逊全球开店（北美站点）资质审核资料。

使用这种方式开店需要对公司和其他一些内容进行审核。亚马逊全球开店（北美站点）需要提供的卖家资质审核资料如下。

公司法定代表人身份证明有以下要求。

①身份证明上的姓名必须与营业执照上法定代表人的姓名一致。

②提供正反两面的彩色照片 / 扫描件，不接受黑白复印件。

③图片必须清晰可读。

④身份证明应在有效期内。

营业执照有以下要求。

①提供彩色照片 / 扫描件，不接受黑白复印件，图片必须清晰可读。

②营业执照距离过期日期应超过 60 天。

③营业执照上的地址必须与在卖家平台填写的“business address”一致。

如果是内地的公司卖家，上传银行对账单不做强制性要求，卖家可选择上传或放置空白文档。如果卖家有多个副本，需要将它们合并到一个文件中进行上传。如果是香港的公司卖家，需要再提交一份证明文件，表明此董事为该公司的实际董事，并将此证明文件同本人身份证明一起提交。

（2）亚马逊全球开店（欧洲站点）审核。

根据欧洲监管机构的有关要求，亚马逊需要对包括英国、法国、德国、西班牙、意大利等在内的欧洲国家开店的卖家进行身份核实（简称 KYC 审核）。

2．美国亚马逊注册

（1）如图 2-66 所示，进入美国亚马逊首页，选择进入“免费注册”。

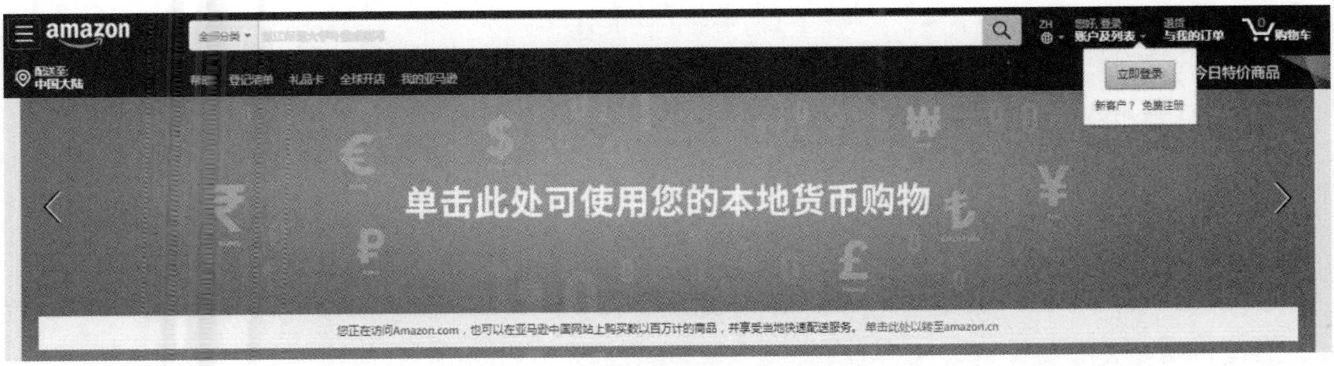

图 2-66　美国亚马逊注册实训图 1

（2）如图 2-67 所示，设置账户名称与密码等信息。

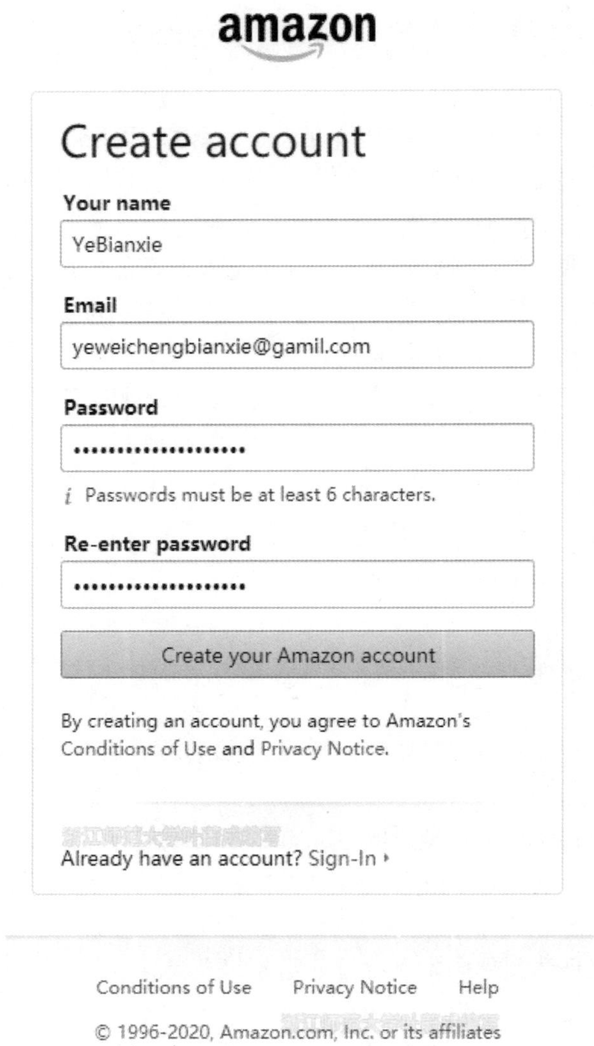

图 2-67 美国亚马逊注册实训图 2

（3）如图 2-68 所示，通过邮箱验证的方式创建账号。

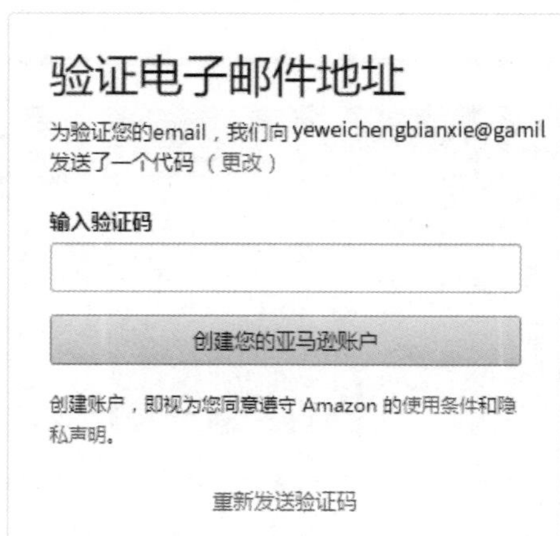

图 2-68 美国亚马逊注册实训图 3

（4）如图 2-69 所示，注册成功，进入美国亚马逊首页，单击上方的“全球开店”。

图 2-69　美国亚马逊注册实训图 4

（5）如图 2-70 所示，页面跳转，单击“立即开店”进入填写开店申请信息页面。

图 2-70　美国亚马逊注册实训图 5

（6）如图 2-71 所示，按要求填写经营者所在的国家或地区、商业类型及其他信息。

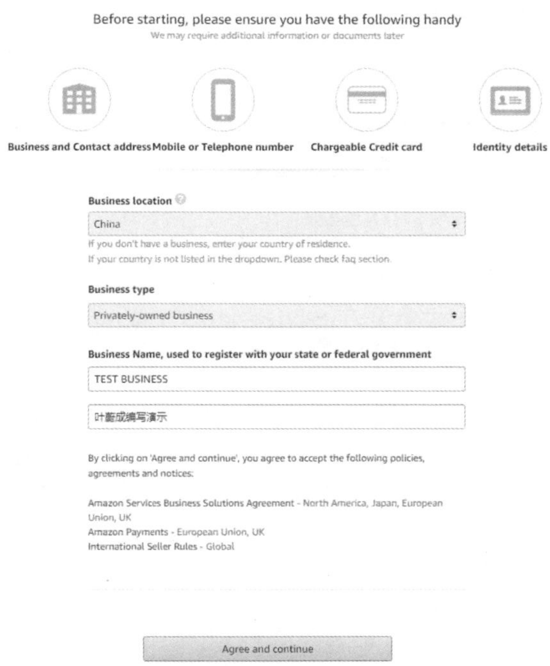

图 2-71　美国亚马逊注册实训图 6

（7）如图 2-72 所示，补充公司信息并完成短信验证后进入下一页。

图 2-72　美国亚马逊注册实训图 7

（8）如图 2-73 所示，根据开店的商城选择需要提交的详细信息。

图 2-73　美国亚马逊注册实训图 8

（9）如图 2-74 所示，填写信用卡和银行账户信息用于支付服务费用，并完成后续的店铺验证。

图 2-74　美国亚马逊注册实训图 9

（10）如图 2-75 所示，完成开店申请并通过审核后，来到卖家中心页面，单击右侧导航栏中的“设置-用户权限”。

图 2-75　美国亚马逊注册实训图 10

（11）如图 2-76 所示，进入“用户权限”页面，单击“访问‘开发人员凭证’”，获取密钥。

图 2-76　美国亚马逊注册实训图 11

（12）如图 2-77 所示，进入开发者中心后，选择进入获取 MWS API 访问密钥。

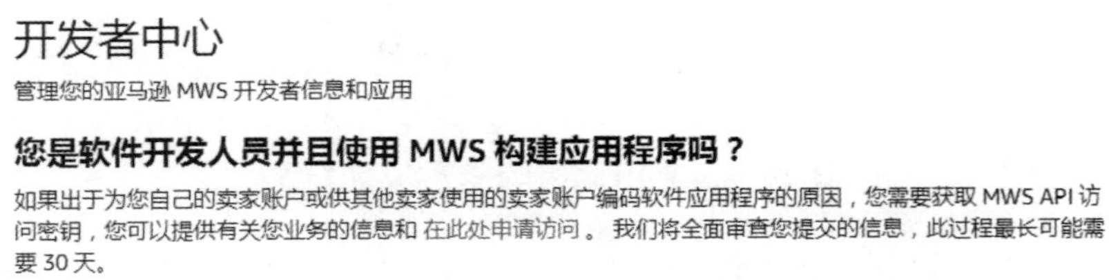

图 2-77　美国亚马逊注册实训图 12

（13）如图 2-78 所示，选择进入 MWS 开发人员注册和评估表单，单击“立即访问 Appstore”。

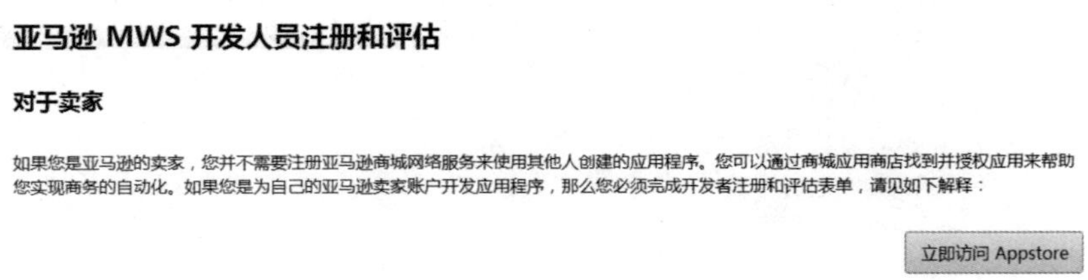

图 2-78　美国亚马逊注册实训图 13

（14）如图 2-79 所示，在商城应用商店里选择“电子商务解决方案连接器”。

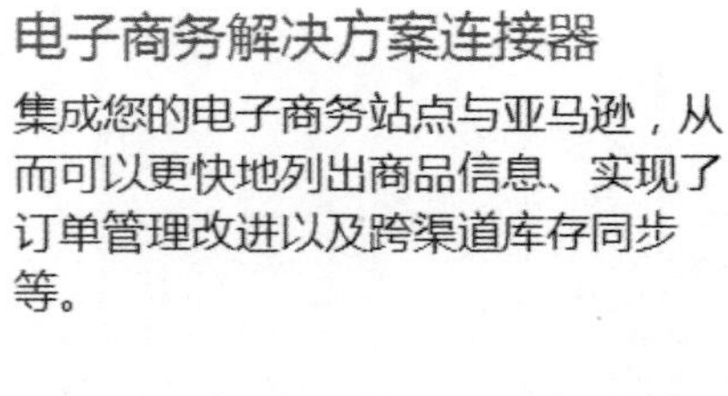

图 2-79　美国亚马逊注册实训图 14

（15）如图 2-80 所示，进入“sumool Erp”一项。

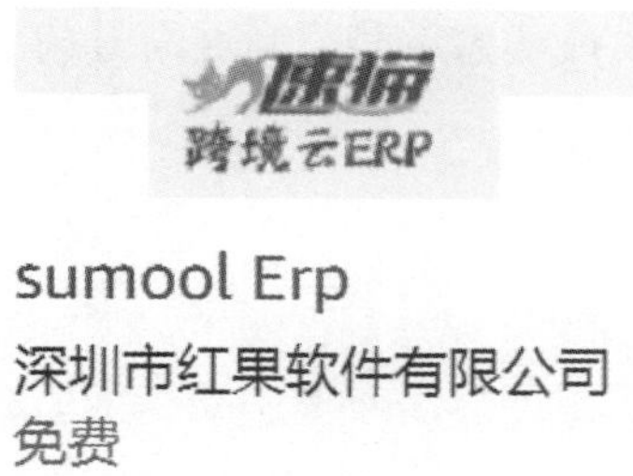

图 2-80　美国亚马逊注册实训图 15

（16）如图 2-81 所示，进入 sumool Erp 页面，单击“现在授权”，访问卖家数据。

图 2-81　美国亚马逊注册实训图 16

（17）如图 2-82 所示，跳转至开发者页面，单击“下一页”。

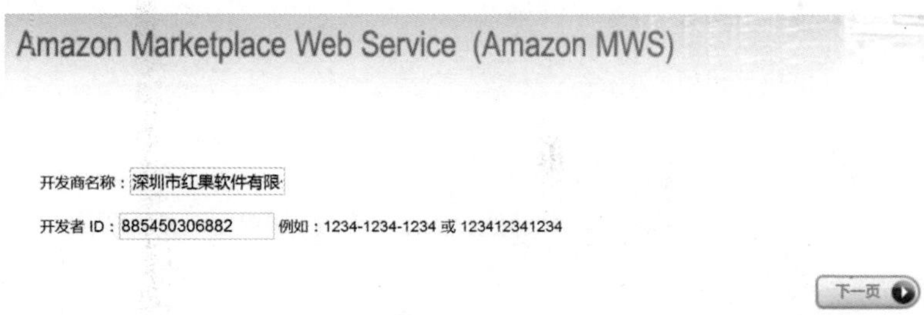

图 2-82　美国亚马逊注册实训图 17

（18）如图 2-83 所示，勾选授权，单击“下一页”。

图 2-83　美国亚马逊注册实训图 18

（19）如图 2-84 所示，至此，系统会生成卖家编号、商城编号与 MWS 授权令牌等信息，将这些信息复制保存用于之后的店铺绑定。

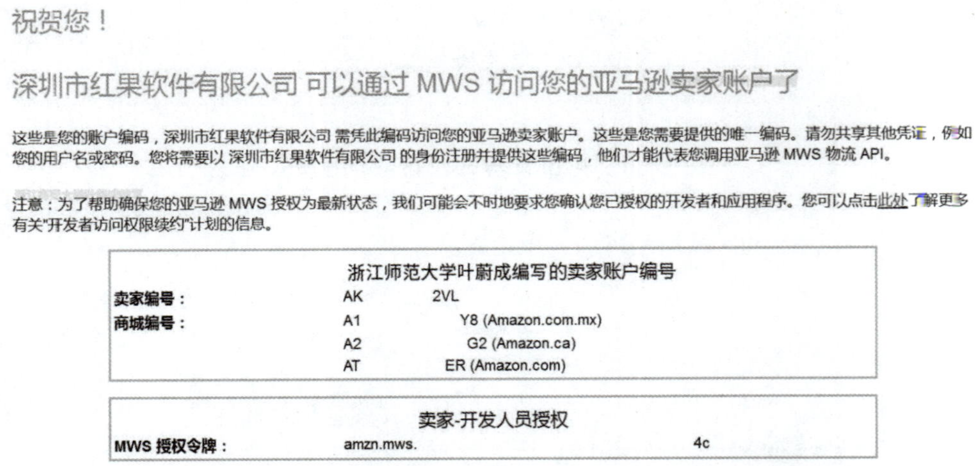

图 2-84 美国亚马逊注册实训图 19

（20）如图 2-85 所示，选择 Amazon 店铺绑定，为方便通过 ERP 多平台、多店铺管理时对各店铺加以区分，为店铺设置名称，填写卖家编号、MWS 授权令牌等信息，完成后单击“授权并保存”。

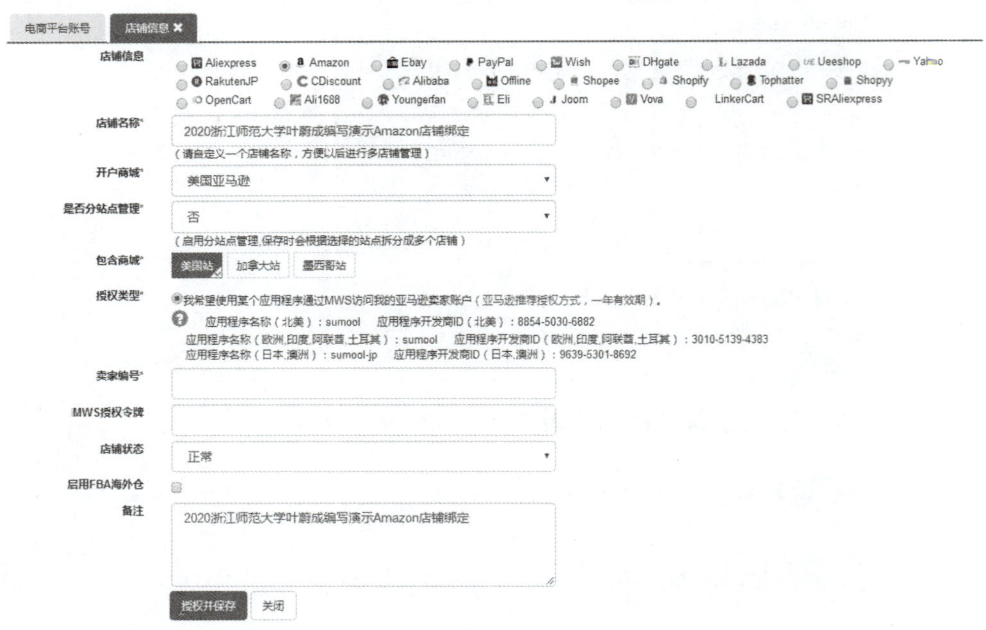

图 2-85 美国亚马逊注册实训图 20

2.2.5 实战实训三：敦煌网平台实战注册

1. 敦煌网注册

（1）进入敦煌网卖家首页（https://seller.dhgate.com/），界面可全中文操作，非常便利。如图 2-86 所示，单击左上角的“轻松注册”按钮或页面下方中间的“轻松注册”按钮。敦煌网的注册只需要三步：填写信息、激活账号、注册成功。

图 2-86　敦煌网卖家首页

（2）如图 2-87 所示，认真阅读并同意 DHgate.com 供应商服务协议。

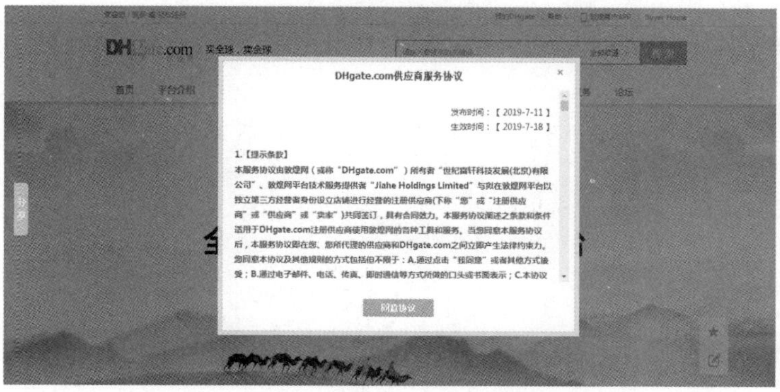

图 2-87　敦煌网供应商服务协议

（3）如图 2-88 所示，在打开的页面中根据平台要求，填写账户信息，主要包括用户名、登录密码、手机号码和常用邮箱等。

图 2-88　填写账户注册信息

（4）填写商户基本信息并提交后，单击“提交注册信息并继续”按钮，如图 2-89 所示，注册界面会显示“请进行手机验证和邮箱验证操作后激活账户”。如图 2-90 所示，激活处理后，敦煌网账号就注册成功了。

图 2-89　敦煌网账号激活

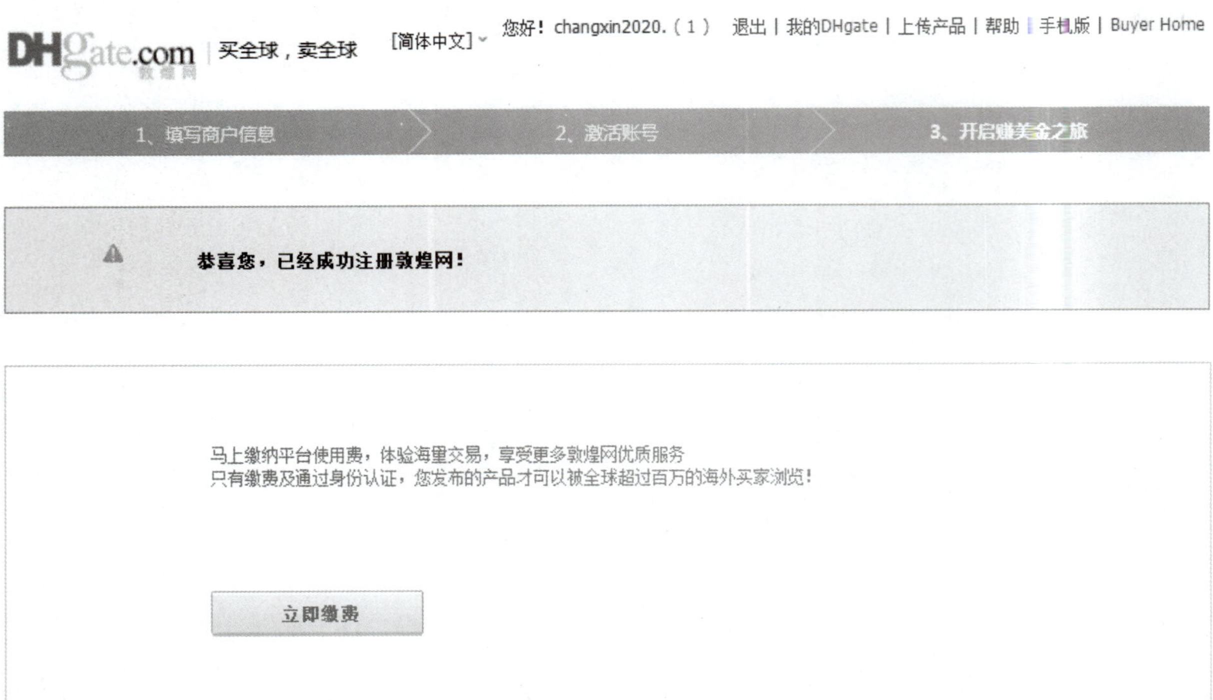

图 2-90　账户注册成功

（5）如图 2-91 所示，敦煌网账号注册成功后，需要缴纳平台使用费，才能进行身份认证。

图 2-91　平台使用费

2. 电子商务 ERP 软件绑定

（1）如图 2-92 所示，登录敦煌网首页，单击左上方“登录”选项。

图 2-92　敦煌网实战实训图 1

（2）如图 2-93 所示，进入账号登录页面，若已经注册过账号，可输入用户名、密码进行登录，若未注册账号，可单击“马上注册”进入开设商户账号界面。

图 2-93　敦煌网实战实训图 2

（3）如图 2-94 所示，浏览供应商服务协议并选择同意协议。

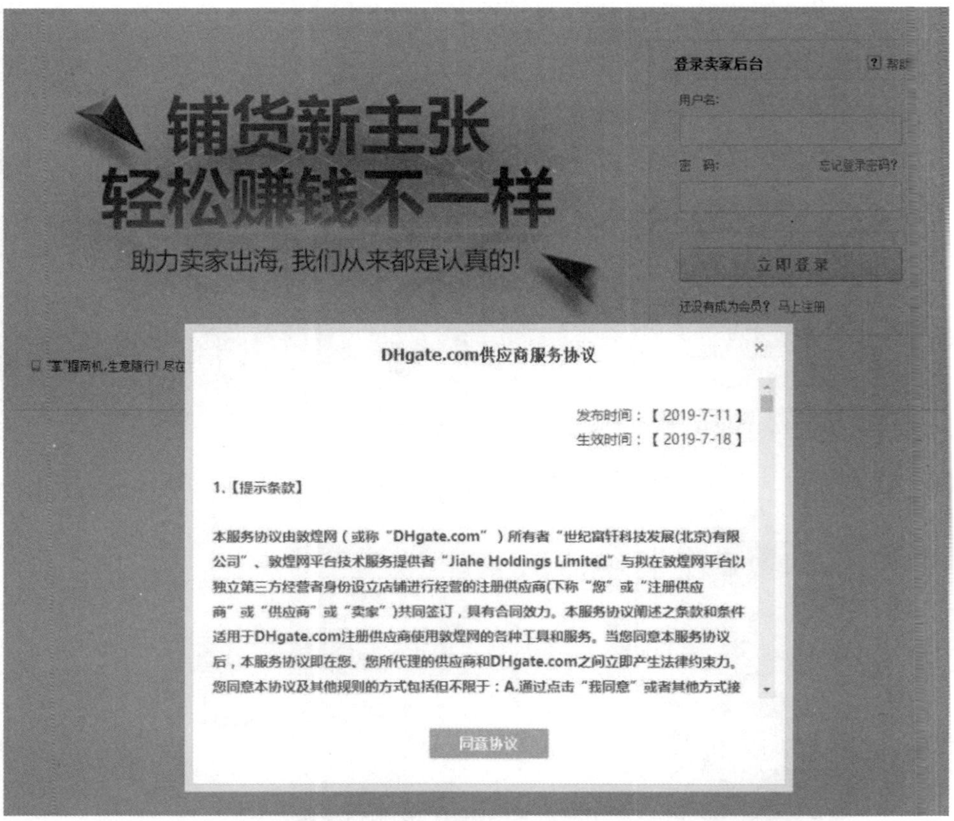

图 2-94　敦煌网实战实训图 3

（4）如图 2-95 所示，填写各项信息，并提交。

图 2-95　敦煌网实战实训图 4

（5）如图 2-96 所示，通过邮箱与手机验证码激活账号。

图 2-96　敦煌网实战实训图 5

（6）如图 2-97 所示，通过手机验证码与邮箱验证完成账号激活后，系统提示已经注册完成，需要缴纳费用。

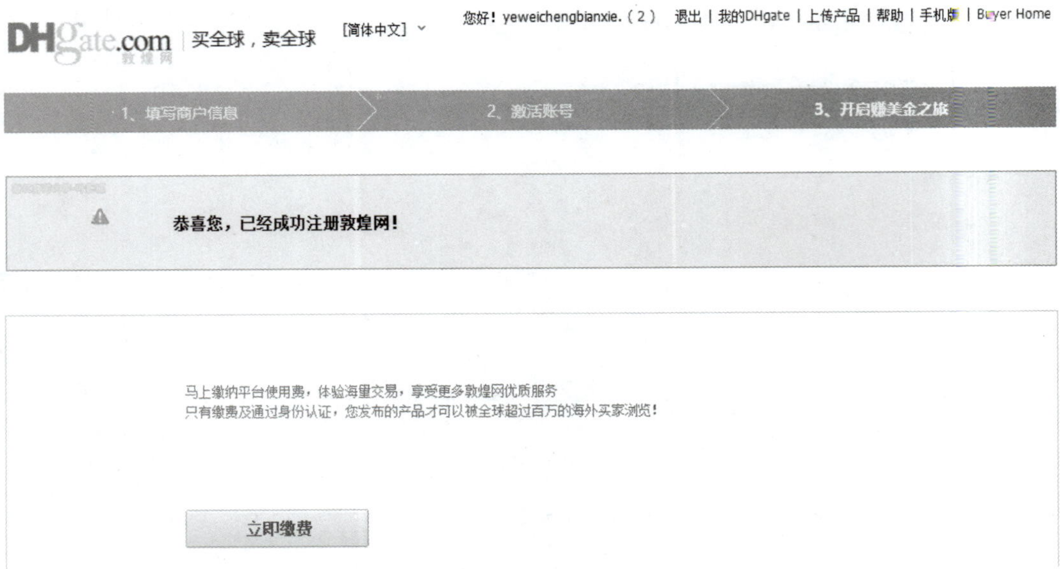

图 2-97　敦煌网实战实训图 6

（7）如图 2-98 所示，选择 DHgate 店铺绑定，为方便 ERP 对各店铺加以区分，为店铺设置名称，完成后单击“获取授权”。

图 2-98　敦煌网实战实训图 7

（8）页面跳转后，如图 2-99 所示，输入敦煌网用户名与密码进行登录。

图 2-99　敦煌网实战实训图 8

（9）如图 2-100 所示，登录并同意授权。

图 2-100　敦煌网实战实训图 9

（10）如图 2-101 所示，授权成功。

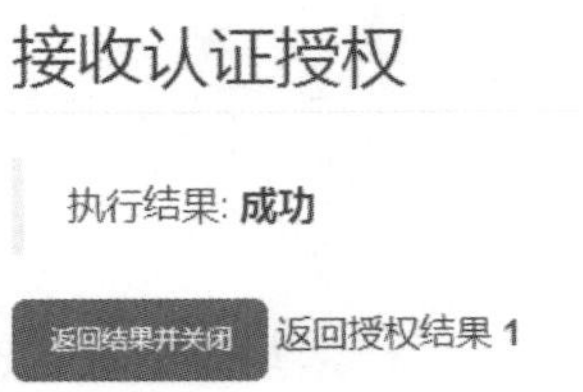

图 2-101　敦煌网实战实训图 10

（11）如图 2-102 所示，绑定敦煌账号后，ERP 沙盒“店铺信息”会显示详情。

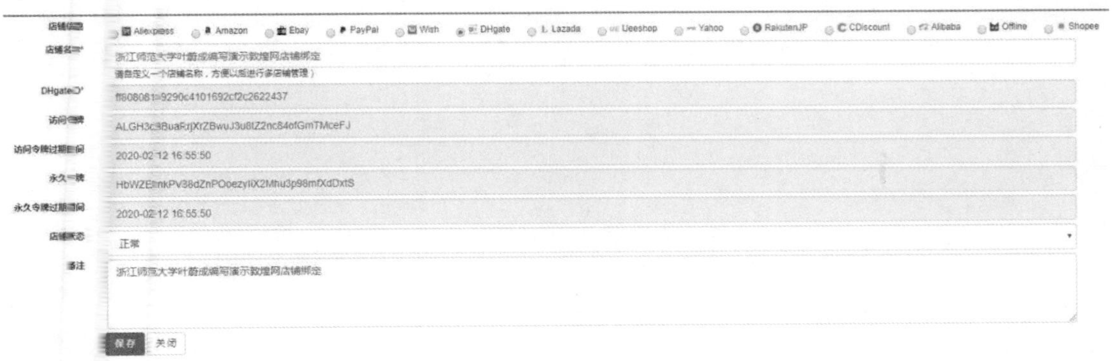

图 2-102　敦煌网实战实训图 11

（12）如图 2-103 所示，可在“电商平台账号”页面查看已完成绑定店铺的信息。

图 2-103　敦煌网实战实训图 12

【学习项目检测】

1. 名词解释

（1）Wish 平台

（2）全球速卖通平台

（3）敦煌网平台

（4）eBay 平台

（5）亚马逊平台

2. 简答题

（1）简述 Wish 的特点。

（2）简述 eBay 的劣势。

（3）简述全球速卖通的核心优势。

（4）简述亚马逊的定位。

（5）简述敦煌网的交易模式。

【学习项目评价】

学习完本学习项目后，请根据自己的学习所得，结合下表所列内容进行学习效果评价。

评价内容	评价方式			评价等级
	自评	小组评议	教师评议	
课前预习本学习项目相关知识、相关资料				A.充分 B.一般 C.不足
认识主要跨境电子商务平台				A.充分 B.一般 C.不足
掌握 Wish、eBay 注册仿真实训操作				A.充分 B.一般 C.不足
掌握速卖通、亚马逊和敦煌网注册实战实训操作				A.充分 B.一般 C.不足
参加教学中的讨论和实训，积极完成相关任务				A.充分 B.一般 C.不足
善于和同学合作				A.充分 B.一般 C.不足
学习态度，完成作业情况				A.充分 B.一般 C.不足
总评				

【学习项目总结】

随着国内从事跨境电商的卖家不断增多，卖家们也在不断尝试新的平台，拓展新的渠道，从国内跨境电商平台到 Amazon、ebay 等国外电商平台，再之后又新增了 Wish 平台。跨境电商行业的蓬勃发展，渠道和平台的不断增多，经营模式和创意也是层出不穷，跨境电商行业已成为当代热门行业。

目前主流跨境电商平台有 Wish、eBay、速卖通、亚马逊、敦煌网等，它们之间的优势和特点也各不相同。通过对本项目的学习，主要实现对 Wish、eBay、速卖通、亚马逊、敦煌网等主要跨境电子商务平台的基本认知，同时本项目还介绍了各平台注册的步骤。通过对这些内容的介绍，希望可以提高大家的跨境电商基础运营技能。

学习项目 3 跨境电子商务平台选品与发布

项目任务书

学习项目 3 任务书见表 3-1。

表 3-1 学习项目 3 任务书

任务编号	分项任务	职业能力目标	知识要求	参考学时
学习任务 3.1	跨境电子商务平台选品	了解跨境电子商务平台选品	1.跨境电子商务店铺的定位 2.跨境电子商务选品 3.跨境电子商务进货渠道 4.跨境电子商务产品定价	4
学习任务 3.2	跨境电子商务产品发布与刊登	了解跨境电子商务产品发布与刊登	1.跨境电子商务产品发布流程 2.选择正确的类目 3.填写完整的属性 4.编写标题和关键词 5.上传产品图片 6.制作详情页	4
学习任务 3.3	跨境电子商务选品与发布实训	掌握跨境电子商务选品与发布技能	1.产品采集与刊登管理 2.产品管理	4

学习重点、难点

重点

- 跨境电子商务平台选品；
- 跨境电子商务平台产品发布与刊登。

难点

- 运用跨境电子商务平台选品与发布的相关知识分析问题、解决问题。

本项目思维导图

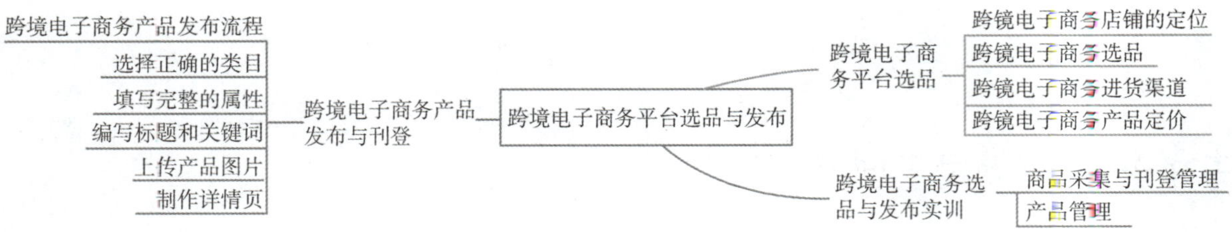

学习情境导入

从“爆款”的角度分析亚马逊平台选品方向

跨境电商正逐渐摆脱价格战和同质化竞争的初级阶段，朝着品牌化和移动端的方向发展。这样的发展趋势让大家更加注重选品，注重商品的质量和品牌的打造。

有这样一个实例，一个自有品牌，在亚马逊上线后，第一个月收入 75 762.35 美元。很多人会惊讶，确定是第一个月收入就如此之多？是的，第一个月，收入 7.5 万多美元，折合人民币 50 多万！

这 7.5 万多美元不是销售额，而是纯利润。这个实诚的店主还说了，这一个月 7.5 万多美元其实还是在有限制因素的情况下卖出的。因为最开始在亚马逊销售，自己也不确定可以卖出多少产品，所以后来两种最畅销的产品缺货了。

赚到这么多利润，他的产品只有 10 种。其中 6 种是自制玩具，2 种是自制工艺品，2 种是家庭厨房用品。

大家都想选一款别人没有卖、竞争比较小的“爆款”产品，但难度是非常高的。

学习任务 3.1　跨境电子商务平台选品

3.1.1　跨境电子商务店铺的定位

跨境电子商务店铺的定位是一个最容易被新商家忽视的市场策略问题，作为跨境卖家，必须清楚卖哪款产品，买家的诉求是什么，竞争对手的不足在哪里，店铺的特色在哪里，以及自身的优势在哪里。跨境电子商务店铺的定位就是要解决上述问题。

定位理论，由美国营销专家于 20 世纪 70 年代提出。定位理论认为定位使得店铺和产品与众不同，从而能建立鲜明的品牌特征，成为某个类别的代表品牌。他们认为定位包含三个方面的内容：首先是目标定位，按照市场需求处理好自身与竞争对手在目标市场上的位置关系；其次是产品定位，从产品属性方面入手，处理好企业与竞争对手的现有产品在目标市场上的各自位置关系；最后是竞争定位，为了占领更大的目标市场，卖家自身应该提供何种具有特色的产品和服务，以击败竞争者，使企业立于不败之地。

跨境电子商务店铺的定位应该在相同的细分市场中，通过挖掘买家的核心需求、审视竞争对手的劣势和明确自身优势这三个要素进行定位，将自身提供的价值放在这三个圈的交集中，选择突出的、与众不同的产品或服务，从而塑造产品或服务形象，再把这种形象有效地传播给买家。跨境电子商务店铺定位的三要素如图 3-1 所示。

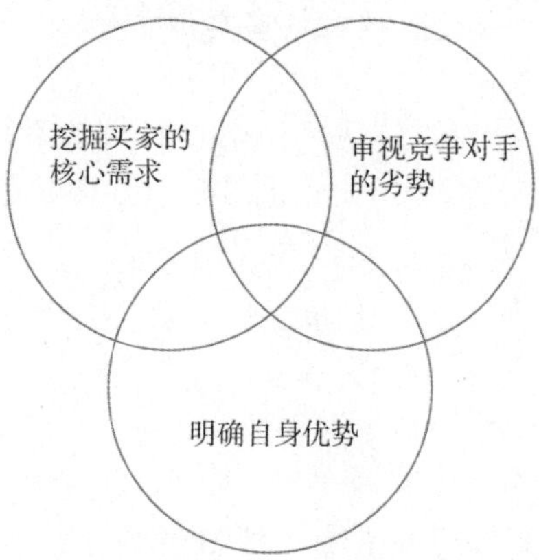

图 3-1　跨境电子商务店铺定位的三要素

1. 挖掘买家的核心需求

在互联网的大背景下，买家需求呈现差异化、分散化的趋势。网络买家在线购物的心态大致有两类：第一类买家由于工作压力大、生活节奏快，为节约时间和成本，对产品的独特性要求不高，但是对价格变动相对敏感，例如他们常在网上订购日常生活用品。第二类买家利用休闲时间在网上“冲浪”，希望通过购物带来乐趣，以满足求新心理。这类买家对价格不敏感，购买的都是一些与自己的兴趣爱好相一致的个性化产品。电子商务环境下的买家较传统买家而言更易于接受新的思想和事物，特别是跨境电商买家来自全球不同地区，其文化背景、消费习惯的不同，使得他们在购买过程中越来越注重产品的差异性，要求所购买的产品与其消费习惯和爱好保持一致，强调特性、突出个性，以展示自己的个性和与众不同的品位。与传统市场的集中性不同，网络消费较为分散，在网络消费过程中，消费的决策时间短，消费需求差异大，购买次数多，但每次购买的金额相对较小，购买的选择性强，需求品的替代性较大，需求弹性大。

知识拓展

欧洲市场的消费喜好分析

英国市场

英国是世界上主要的贸易国家之一，也是联合国安理会五大常任理事国之一，英国人非常具有绅士风度，无论在生活中还是工作中，都非常温文尔雅。同时英国人的计划性很强，特别看重礼仪，在产品选择上比较关注细节，追求产品的质量，英国实体市场如图 3-2 所示。

图 3-2　英国实体市场

近几年以来，英国电商市场快速发展，网络下单和支付规模在不断刷新以往的记录。据统计，有 80%以上的英国网民在网络上有过多次购物的行为，这个比例在西方国家中是非常高的。

开发英国市场的中国跨境商家，可以按照英国消费者的习惯、喜好、风俗文化、消费特征等条件进行本地化的运营，了解英国的历史和节日，在这方面策划相应的活动，会取得意想不到的效果。

法国市场

法国消费者一般会在网站上直接搜索自己想要的产品，准确、全面和富有吸引力的产品信息能够更有效地吸引他们，他们的网购目的性相对而言比较强，很多时候都是确定了想要购买什么产品才去网上进行购买，法国实体市场如图 3-3 所示。

图 3-3　法国实体市场

法国网上购物群体的年龄主要集中在 25～40 岁之间，女性客户多于男性客户，因为法国旅游业很发达，所以很多法国消费者购买的产品都与旅游、文化和服务有关，当然也有一些法国人购买 3C、服装、美容类的产品。

在法国，银行卡在线支付是主流的在线支付方式，法国人很少使用其他的支付方式。当然 PayPal 是个例外，它在法国在线支付市场上大行其道，是除银行卡在线支付外的第二大支付方式。

德国市场

一说到德国，我们都会想到德国人的工匠精神，以及他们的严谨和专业，也正是由于这些优秀的品质，才让德国出现了 2000 多个世界名牌，出现了宝马、奔驰、奥迪这样享誉世界的德系汽车品牌。德国实体市场如图 3-4 所示。

图 3-4　德国实体市场

德国本土的产品已经足够优秀了，所以外国的产品要想在德国市场上立足，就要在品质上精益求精，才能得到德国人的认可。同时德国电子商务市场的退货率很高，将近 50%，这与德国的法律和他们的消费习惯有关。德国的法律规定网购时，消费者可以将不影响二次销售的商品在 14 天内退回，而德国人也经常会购买多个颜色或者尺码的产品，在比较后将不满意的那部分退掉。

德国人的消费观念相对理性，基本不会冲动消费，购买奢侈品的人比较少，相对于外在的追求，他们更注重的是生活的品质。此外，德国人很看重节日，每当重大节日时都会跟朋友互赠礼物，借此联络和增强感情。

意大利市场

意大利人喜欢在决定购买前将目标商品存到购物车，倾向于把购物车当成愿望清单来用，但他们并不一定会购买购物车内商品，意大利实体市场如图 3-5 所示。

图 3-5 意大利实体市场

意大利市场的独特性在于，他们在线上购买的服务类商品（娱乐休闲类商品）比实物商品要多。

俄罗斯市场

俄罗斯被视为中国出口商品的重要市场之一。据可靠数据显示，俄罗斯消费者的线上购物习惯已经养成，线上消费人群占人口的比重在64%以上。其中，年轻消费群体具有巨大的购买力。俄罗斯实体市场如图 3-6 所示。

图 3-6 俄罗斯实体市场

俄罗斯市场和中国市场是一个高度互补的市场，其国内的重工业和轻工业比例严重失衡，他们对日常消费品的进口需求很大，这其中包括服装、鞋子、电子产品、配饰等。这给中国的跨境卖家带来了机遇，目前俄罗斯市场的容量和规模还是很大的。

这几年，俄罗斯市场在不断发生变化，变得更加包容和开放了，这让中国的卖家在俄罗斯市场拥有了进一步拓展的可能性，比如设立一些办事机构，或者寻找一些当地的合作伙伴进行渠道的开拓。

2. 审视竞争对手的劣势

对定位观念最大的误解在于卖家以为定位只是对自己而言的，其实这并不全面。定位就是为了创造竞争优势。所谓竞争优势，简单来说就是卖家比竞争对手使用更为有效率的方法为顾客创造价值。

在跨境电子商务中，由于买家是通过电商平台接触、了解产品的，店铺的设计对用户的情感影响较为深刻。由于网络的开放性，我们可以非常容易地在几大跨境电商平台上，搜索所在行业的大卖家，应认真分析这些大卖家的优势和劣势。大卖家忽略的地方就是我们可以大有作为的市场。找到同类产品中竞争对手的劣势，再针对其劣势反其道而行之，这样提炼出来的卖点和优势自然会带来事半功倍的效果。

3．明确自身优势

一家跨境电子商务店铺要在平台中的众多店铺中脱颖而出，必须要有自己的优势。这些优势可以体现在以下方面。

1）价格优势

以价格为出发点进行定位，靠价格打动、吸引顾客。用一些低价商品来引流，以低价商品拉动高价商品销售。图 3-7 所示的跨境电子商务店铺的“闪电交易”页面，以低价作为跨境电子商务店铺的卖点，吸引那些对价格非常敏感的买家。

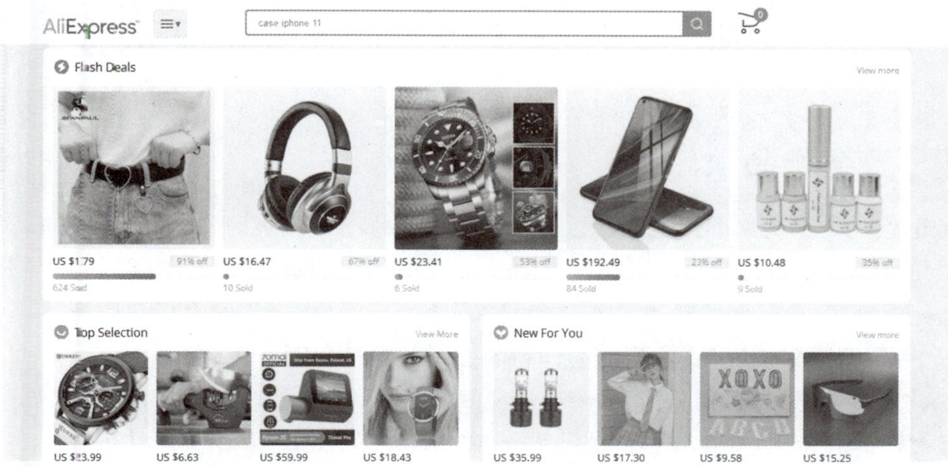

图 3-7　跨境电子商务店铺的“闪电交易”页面

2）专业优势

以优质、专业的服务为出发点来进行定位，通过自己的专业和耐心来留住顾客。如果以专业优势作为店铺的卖点，通常情况下，店铺经营的产品要集中在某一个领域，充分利用页面来展示专业性。比如，真皮革、无人机等类别的高客单价的商品，不体现店铺的专业性，就不能取信于买家，所以体现专业性可以为客户提供可延续的、品质稳定的商品，可以在产品标题中展示这种专业特征，便于客户搜索。

同时，跨境店铺的专业性还体现在店铺本身是工贸一体的，有工厂支持。在店铺中可以展示工厂的设计能力、加工能力、加工条件等。

3）特色优势

从商品的特色出发，吸引对此商品感兴趣的群体，激发他们的购买欲望。如果以特色优势作为自己的定位点，商家需要将自己产品的差异性展现给买家，从而吸引这批追求新、奇、特产品的买家。如某款 3D 打印 T 恤就是为了吸引一批喜欢摇滚的年轻人而设计的。

4）附加优势

以情感需求为出发点，发掘顾客的情感需要，跟顾客做朋友，吸引顾客二次购买。还可以通过提升服务来提高附加值，通过强调商品品牌来增加附加值，跟顾客打感情牌，表明自己是把顾客的利益放在第一位的。

通过对上述定位三要素的分析，卖家就可以确定自己的跨境电子商务店铺的基本定位，明确自己店铺所针对的目标市场，分析目标市场买家的购买习惯，从而确定到底做什么行业，以及主打产品的品质和价格。确定目标市场后，还需要考察目标市场客户的消费习惯。

知识拓展

店铺定位分析小案例

张明明同学通过细致的前期调查，发现团队中有几位同学对3C产品非常感兴趣。同时学校周边就有一个华中地区最大的3C卖场，可以非常便利地获得最新的3C产品，补货也比较方便，不会出现断货的情况。此外，通过网上调研和在海外留学的同学所做的调查都表明，巴西、俄罗斯的年轻人对中国的3C产品有浓厚的兴趣，需求量也比较大，他们追求新奇特的产品，并且对价格非常敏感，中国的低价产品对他们有很大吸引力。而目前在速卖通和敦煌网从事3C的买家比较多，呈现供需两旺的情景。综合上述信息，张明明给自己的店铺做了如下定位：从事3C行业，主要目标客户群为国外追求新奇特的年轻人，以及被中国低价3C产品吸引的年轻人，主要的目标市场为巴西、俄罗斯等新兴国家市场。

资料来源：刘春光，李念. 跨境电子商务实务. 北京：电子工业出版社，2016.

3.1.2 跨境电子商务选品

跨境电子商务的选品是指卖家选择适合目标市场需求的产品，即卖家在把握买家需求的同时，要从众多备选产品中选出质量、价格和外观最符合目标市场需求的产品。由于需求和供应都在不断地变化，所以选品也是一个无休止的过程。

首先要选择适宜跨境销售的商品。适宜跨境销售的商品往往符合如下基本条件。

（1）体积较小，方便以快递方式运输，可降低国际物流成本。

（2）附加值较高，价值低过运费的单件商品不适合单件销售，可以大批量出售，以降低物流成本占比。

（3）具备独特性，在线交易业绩佳的商品需要独具特色，才能不断刺激买家的购买。

（4）价格较合理，在线交易价格若高于产品在当地市场的价格，就无法吸引买家在线下单。

在跨境电子商务店铺开设前，主要的选品方式为站外选品，站外选品主要分为主动选品和被动选品。

1. 主动选品

主动选品是通过对目标市场的了解或者对某个行业的了解，主观地去选择产品，主动选品的步骤如下。

1）目标市场分析

可以详细了解目标市场的四季天气变化情况，目标市场人群的饮食习惯、业余爱好及消费习惯等。

知识拓展

美洲市场的消费者消费喜好分析

出口跨境电商商家面对的是国外消费者，是否能够了解这些消费者的消费心理、消费习惯、消费取向对于中国卖家卖好产品、开发产品有着至关重要的意义。北美、南美的买家都有哪些特点？不同市场的差异又有哪些？

北美市场

北美市场是中国跨境电子商务的主要市场，其中美国是世界上最大的电子商务市场之一，在线买家数量众多，在线消费能力极强，市场容量非常大。美国人不但极少储蓄，而且很多人都会办理几张信用卡进行超前消费，这也使得美国成了全球最大的消费品市场，美国实体市场如图3-8所示。

因为历史的原因，美国存在大量的移民，他们来自不同的国家和地区，拥有不同的文化习俗，所以他们对市场上的各种商品拥有很强的接受度，非常愿意尝试和购买新产品，只要产品的质量和品质确实不错，他们就会记住这个牌子，在有需要的时候进行重复购买。

图 3-8　美国实体市场

美国市场非常重视商标和专利，中国的跨境卖家千万不要在这方面铤而走险，如果在当地建立了仓库或是售后点，还要注意环保、税务、劳工等方面的问题。美国电商的最大节日营销节点都集中在下半年，比如圣诞节、网购星期一、黑色星期五等，这些节日是美国电商平台的销售旺季，合计销量能够占到全年销售额的三分之一以上。

南美市场

南美共有十几个国家和地区，大部分属于发展中国家，总人口在 5.7 亿左右，是跨境电商的一个新兴市场。随着当地互联网普及程度的日益提高，南美的跨境消费群体也在不断增长，一些年轻的南美消费者的消费能力很强，移动化购物的比例也在提高。

南美人并不倾向于将资金进行储蓄，这种习惯与中国人不同，所以这也给中国的跨境卖家带来了一定的商机。只是南美的物流始终处在相对落后的状态，即便是南美洲最大的国家巴西，也只是主要的物流通路比较完善，枝干物流通路较差。

作为世界人口大国之一，巴西近几年在支付和物流方面的基础建设正在逐步完善，基于这一点，其潜在的市场红利还是有被进一步挖掘的可能性，根据目前的数据调查，巴西人对手机和平板电脑的需求量相对较大。

2）节假日分析

以圣诞节为例，在圣诞节来临之前，商家都在开发针对圣诞节的产品。圣诞节之前，西方国家的消费者会大量地采购圣诞产品来装饰家庭、商超、餐饮店等。如跨境电商商家在圣诞节来临前可以开发一些服装、道具等。节假日产品大多都会选择提前一个月开发及上架，因为买家需要提前准备，此外物流也需要时间。针对这些因素，我们选品的方向就会更加明确。

3）季节分析

冬天来临前，商家就要开发保暖产品，如帽子、手套、围巾等；夏季来临前可开发降温产品，如迷你风扇、笔记本冰垫、散热器等。

4）生活习惯分析

可根据目标市场人群的生活习惯来开发产品。比如在美国，年龄在 18~ 65 岁的成年人中，有 60%的人属于户外爱好者，针对这一群体，可以开发泳衣、球网、护目镜、手电筒、帐篷灯等产品。同时还要考虑目标客户的特殊需求，比如服装类产品，需要对目标国家的气候、喜好、尺码都非常熟悉，并且能够熟知各个国家尺码的换算。主动选品还可以使用大量的站外工具。由于条件的限制，大部分出口跨境电商商家无法做到出国考察。这时候进行海外市场分析就要依靠数据分析，可以灵活运用各种分析工具，全面掌握销售趋势的变化情况。

知识拓展

亚非市场的消费者消费喜好分析

日本市场

大部分的日本消费者会选择在亚马逊和乐天这样的大型电商平台进行购物，只有极少部分日本人会在谷歌等搜索引擎上搜索商家。日本消费者很少选择独立的小型购物平台。

日本网上购物的支付方式主要为信用卡和网银支付，目前使用手机上网的人数已经超过了使用台式计算机上网的人数，所以日本消费者也会经常使用手机进行网上购物。实际上，诸多新型支付方式在全球普及以前，日本人就已经开始使用 NFC 等创新型的支付方式了，以 NTT DOCOMO 为代表的移动运营商，也在手机支付产业链中占据了重要的地位。

日本人口数量为 1.3 亿左右，几乎每个人都持有信用卡，互联网普及率高达 81%，网络消费意愿非常强，只要中国的跨境卖家有针对性地选择产品，筛选出好的渠道，就有可能在这块大蛋糕上分得一杯羹。

韩国市场

韩国的网速多年位居世界第一位，约有 80%的人活跃在网络上，而且他们当中的大部分人都会网购，网上购物市场非常发达。相对于其他网络设施比较落后和网购习惯尚处于培养阶段的国家而言，韩国市场相对容易进入一些。

韩国女性人口在 2 500 万以上，是跨境网购消费的主要群体，女性服装、美妆、饰品等，都是很受欢迎的产品。不过韩国人的在线支付方式比较封闭，一般只使用韩国国内银行的银行卡。

印度市场

印度市场还处在一个起步阶段，但增长速度很快，和中国不同的是，它的 PC 互联网时代非常短暂，随着智能手机的普及，已经向移动互联网时代转型了，使用手机购物的人群比例在逐渐增加。印度实体市场如图 3-9 所示。

图 3-9 印度实体市场

目前印度的互联网用户数量已达到 3 亿，但在线购物的比例还不到 1%，他们比较青睐的商品有中国的服饰、鞋帽、化妆品及消费类电子产品等，中国制造的优势在这里发挥得淋漓尽致。

东南亚市场

东南亚人口众多，是一个典型的多语种区域，语种在 10 种左右，中国跨境卖家想要开拓东南亚市场，多语种的跨境电子商务运作就变得非常重要。东南亚本土电商发展较好，比如 Lazada 就很受欢迎，目前 Lazada 已被阿里巴巴集团收购。东南亚实体市场如图 3-10 所示。

东南亚市场的互联网买家大部分都是基于移动端的，其移动端的交易比例在 62%以上，因此进军东南亚市场，适应当地移动消费群体的习惯和需求是很重要的。当前东南亚市场是一个非常具有前景和吸引力的消费市场，未来的增长空间值得期待。

图 3-10　东南亚实体市场

中东市场

中东的人口基数庞大，市场广阔，消费者的平均年龄很小，因此适合年轻人的产品在当地较为畅销，比如电子产品、玩具等。

中东地区的居民由于互联网的普及率高，跨境网购行为较为频繁，尤其是当地的产油国，物资缺乏但很富裕，这促进了他们对网购的热情，中国的跨境卖家只要利用好这份热情，就能够在中东市场上大有可为。

非洲市场

非洲人口众多，其中南非和尼日利亚的电子商务发展水平居于非洲领先位置，它们都被视为非洲重要的新兴市场，当地越来越多的居民已经开始尝试跨境购物。

非洲市场在基础设施和物流网络等方面的建设还不是很完善，可以选择的物流方式非常有限，当前非洲的一些国家正在这质方面进行改善，相信随着跨境电子商务的持续发展，非洲中产阶级的日益增长，非洲将步入一个全新的跨境购物时代。

非洲消费者和俄罗斯消费者一样，对互联网支付的安全性持有不信任的态度，因此在非洲消费者的网购行为中，货到付款是非常普遍的支付方式，从这个层面来说，非洲的电商之路仍需要很长一段时间的培养。

2. 被动选品

被动选品是指深入研究并分析目前跨境电商平台上的在销产品的特点，借此来确定自己所销售产品的特性。简单地说，商家首先考察其他大卖家的哪些产品近期销量比较好，然后从自己所了解的供应市场上找同样的产品，订样回来后上架销售。

卖家可以通过首页的分类，进入其感兴趣或者较熟悉的产品类目的页面，这时可以看到该类别下的很多款产品，这个页面可以显示产品的销量或者评论数量，选择销量或者评论数量较高的单击进去。同时，如果该页面显示的销量或者评论数非常高，我们可以初步断定该店铺是大卖家，可以进入其店铺中，参考店铺内各个分类销量靠前的产品。分析其产品名称和描述，同时为了避免品牌投诉，要看产品上是否有品牌 logo，如果有就可以找到相应的供应商，从供应商处了解详情，或者通过搜索引擎，搜索该产品的信息。如果是品牌产品，能够从厂商拿到授权，自然就不会受到限制。如果不是品牌产品，就可以从本地或者网络上寻找合适的同类产品的供应商。同时，当发现一款很有潜力的产品时，还可以搜索相关、相近的关键词，延伸出一些相关产品，由点及线、由线及面。

跨境店铺的选品并没有一定的条框或者规则，也没有永远的热销产品。“人无我有，人有我优，人优我专”是卖家应该谨记的一条准则。很多情况下，当别人的产品与你的产品类型发生“碰撞”时，除了打价格战之外，还可以选择提升产品的格调，达到买家心理最期待的性价比。而当产品竞争已经白热化到将利润空间挤压到几乎为零时，那么“恋战”就显得并不明智，卖家反而可以另寻他路，寻找新的利润增长点。

3.1.3 跨境电子商务进货渠道

目前，国内的进货渠道主要有三种：线下批发市场、线上批发市场，以及与工厂合作。

1．线下批发市场

根据卖家所在的地区，从当地或周边区域的批发市场进货，批发市场的商品较多，品种齐全，有很大的挑选余地，可以做到货比多家。从线下批发市场进货这种方式适合零基础和想试水外贸的卖家。如果想成为单一品类的卖家，那么可以在周边找专业性较强的批发市场。如果想要多品类经营，可以在周边找大的多品类批发集散地。

从线下批发市场进货的优点最明显的就是可以货比三家，面对面地讨价还价，并且这种进货方式很安全。大家可以看到实物，拿货容易、货源稳定。这种进货方式的缺点是进货价格相对其他两种方式较高，因为这些批发商往往是商品流通渠道中的中间环节，并且如果需要很大批量的进货，线下批发市场很可能无法满足这种需求。

2．线上批发市场

这种方式就是从线上的购物网站采购，例如从淘宝、1688 等综合性的网站采购，也可以从单一行业的批发网站采购。这种方式适合兼职的卖家。其优点是足不出户就可以完成进货，操作灵活，不受时间、地域、产地等方面的限制。其缺点是不能见到实物，很难从图片中看出实际产品的质量，退换货比较麻烦，并且在物流过程中容易出现破损等情况，不适合一些易损产品。

3．与工厂合作

这种方式主要是从工厂进货，与工厂建立合作关系。可以在当地寻找工厂进行合作，也可以从信息类网站寻找工厂信息，用这种方式寻找货源时，最好要对工厂进行实地考察。与工厂合作这种方式适合有一定的贸易基础、希望长远发展且对产品需求量大的卖家。

与工厂合作的优点主要体现在价格方面。另外，工厂可以根据特殊要求进行定制。如果和工厂建立起稳固的合作关系，对于货源的稳定性也将有所保障。

与工厂合作的缺点是个人卖家初期因为需求量小，所以很难实现和工厂合作。如果直接和工厂合作比较困难，可以先和一些一级代理商进行固定的合作，争取到一个比较好的进货价格。

3.1.4 跨境电子商务产品定价

1．价格构成

跨境电子商务产品的价格包含三个方面：采购价、各种费用和利润，用公式表示如下。

价格=（采购价−费用+利润）/ 银行外汇买入价

其中，采购价为从产品供应平台或从工厂采购的成本，可含税（增值税，如能提供增值税发票，可享受退税）。费用主要包括跨境物流费用及目的地的国内物流费用、平台交易费用（推广、佣金）、关税及其他费用（如包装费等）。利润可根据产品的实际情况、竞争者的价格及市场情况确定合理的利润率。

2．定价计算

实例：AQ 小铺从淘宝平台采购了一批移动电源，单价为 100 元人民币，经查询得知，运往越南的运费为 12 元人民币，平台收取的佣金为成交价格的 5%，推广费用为成交价格的 3%。假设当日的外汇买入价为 7 元人民币兑 1 美元。假定预计的利润率为 20%，分析一下价格应为多少？

价格=成本+运费+平台佣金+推广费用+利润

价格=100+12+价格×5%+价格×3%+价格×20%

价格= (100+12) / (1−5%−3%−20%) =155.56 元人民币=（155.56 / 7）美元= 22.22 美元

3．定价方法

1）认真研究市场价格

很多产品的价格已经相当透明，作为卖家，对自己经营的产品的价格要敏感。卖家可以通过对比平台相同产品的价格来定价；完全没有相同的产品时，可以寻找类似产品，比如相同材质或者相同款式的产品，参考其价格；如果在平台上完全找不到同类产品，建议将利润率控制在 20%左右。全球速卖通平台的价格是美元，没有做过外贸的卖家须尽快熟悉汇率换算方法。

2）根据买家特点定价

跨境店铺的主要买家如果是实体店的中小批发商或零售商，他们的特点是库存量小、产品订购频繁、产品专业性不强，一般都是几条产品线同时经营，比较看重转售利润空间，在意卖家的专业性和售后服务。根据这类买家的特点，小巧轻便的产品可以打包销售、免运费。跨境平台卖家的批发定价一般要比国外市场单价至少低 30%，这 30%既包括买家转售的利润空间，又包括买家在国外转售产品的基本成本。对于其他类型买家，也要根据其特点来确定价格。

3）借鉴平台产品类目中同类产品的价格

这种方式最直接、简单，但它的弊端是不同质量的产品具有一样的价格，如同样的玩具，材质不同，价格相差很多，买家购买后容易造成纠纷。因此，卖家需要了解某类商品不同档次产品在市场上的价格，通过搜索选项找出该产品价格从高到低的排序。当设置多个库存保有单位（stock keeping unit,SKU）时，可以把出单最少的设为最低价。出单少，略微亏，但是当买家按价格从低到高排序时，最低价就有可能计入买家的排序列表，成为店铺的引流款。

4．定价策略

跨境电商的产品价格可以分为上架价格、销售价格和成交价格。上架价格（listing price，LP）是指产品在上传的时候所填的价格。销售价格（discount price，DP）是指产品在店铺折扣下显示的价格。成交价格（order price，OP）是指用户在最终下单后所支付的价格。上述价格间的联系如下。

上架价格=采购价+费用+利润

销售价格=上架价格×折扣率

成交价格=销售价格－营销优惠（满立减、优惠券、卖家手动优惠）

1）“狂人”策略

“狂人”策略是指卖家研究同行业卖家的同质产品的销售价格，确定行业最低价，以最低价减去5%～15%为产品销售价格。用销售价格倒推上架价格，不计得失确定成交价。

①上架价格=销售价格 / (l—15%)。此策略可以用重金打造爆款，简单、粗暴、有效，但不可持续，风险较大。

②上架价格=销售价格 / (1—30%)。此策略略微保守一些，可以通过后期调整折扣来让销售价格回到正常水平。

两种定价思路都可以在15%折扣下平进平出或者略亏，以打造引流爆款。

2）稳重策略

稳重策略是通过计算产品的成本价，根据成本价+利润来确定产品的销售价格。产品的销售价格确定后，根据店铺营销的安排，确定上架价格。

知识拓展

上架价格计算

实例： 产品成本是3美元，按照速卖通目前的平均毛利润率(15%)，还有固定的速卖通成交佣金费率5%，以及部分订单产生的联盟费用5%，计算销售价格。

销售价格=[3 / (1－0.05－0.05)] / (1－0.15) =3.92（美元）

其中，5%的联盟佣金并不是所有订单都会产生的，但考虑到部分满立减、店铺优惠券等营销投入，以5%作为营销费用，基本相差不大。当然，这其中还可以加入丢包及纠纷损失的投入，按照邮政小包1%的丢包率来算，又可以得到：

销售价格=[3 / (1－0.05－0.05－0.01)] / (1－0.15)=3.97（美元）

得到销售价格后，需要考虑该产品是作为活动款还是作为一般款来销售。

假如作为活动款，那么，按照平台通常活动折扣的要求40%来计算：

上架价格=销售价格 / (1－0.4)，平时打40%折扣，活动最高可以打50%折扣。

作为一般款销售，上架价格=销售价格/(1－0.3)，平时打30%折扣。建议折扣参数不低于15%，因为平台大促所要求的折扣大部分情况下不低于50%，因为折扣过大容易产生虚假折扣的嫌疑。而根据速卖通官方的统计，折扣在30%左右，是买家最钟情的折扣，属于合理预期范围。对于50%折扣的活动要求，基于上述定价的模式，基本上相当于平出，不会亏本或者略亏，假如客户购买两个及两个以上，卖家就可以赚到一笔。

思考： 假设张明明的某个产品成本为150美元，速卖通的佣金费率为5%，联盟推广费率为5%，售后服务产生的费用约为1%，产品计划参加平台活动，预计折扣率为30%，请思考，产品的上架价格为多少比较合适。

资料来源： 刘春光，李念. 跨境电子商务实务.北京：电子工业出版社，2016.

学习任务3.2 跨境电子商务产品发布与刊登

3.2.1 跨境电子商务产品发布流程

不同跨境电子商务平台的产品发布操作方法不尽相同，但都需要进入上传产品页面，进行产品类目选择，填写产品基本属性，设置产品标题，选择关键词，上传产品图片，填写产品定价等销售信息，制作商品详情页，设置商品包装，核定运费信息等操作。跨境电商产品发布流程如图 3-11 所示。

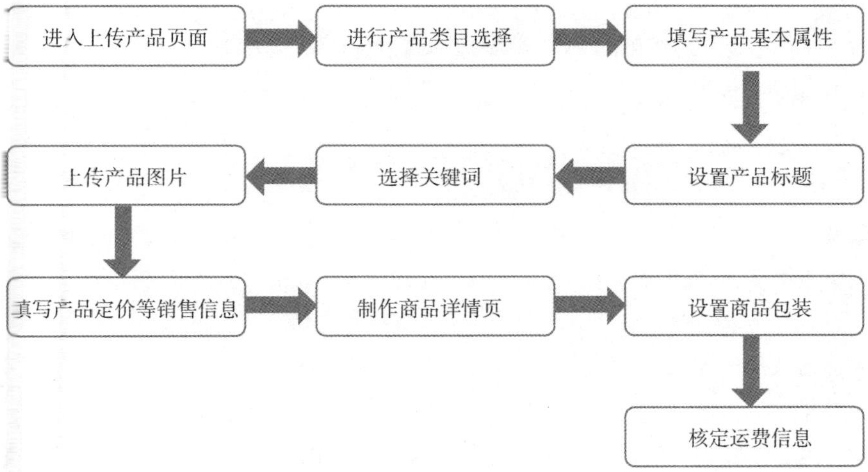

图 3-11 跨境电商产品发布流程

3.2.2 选择正确的类目

类目是跨境店铺的主要流量来源之一，国外的买家可以通过首页的类目进行产品的筛选。比如，客户想要挑选一件连衣裙，就可以通过首页的"女装—连衣裙"这样的类目来进行筛选。女装类目如图 3-12 所示。

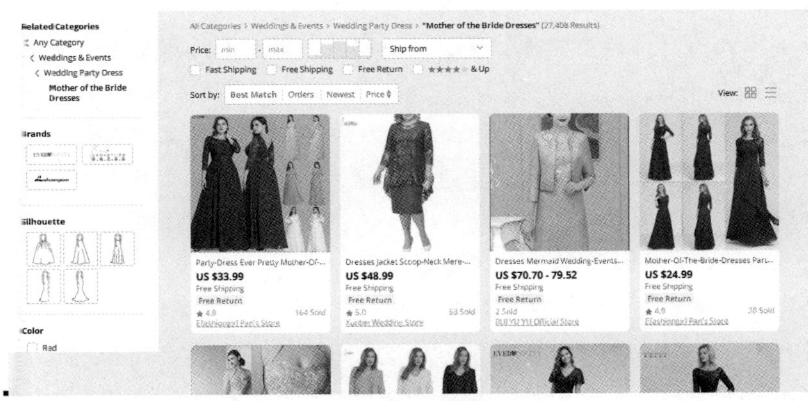

图 3-12 女装类目

为商品选择正确类目的具体操作步骤如下。

（1）要对各个平台的各层类目有所了解，知道自己所售商品，从物理属性上来讲应该放到哪个大类目下，如准备销售手机壳，应知道它是属于手机大类下的。

（2）可在线上通过商品关键词查看此类商品的展示类目，作为参考。

（3）根据自己需要发布的商品逐层查看推荐类目层级，也可以使用商品关键词搜索推荐类目，从而在类目推荐列表中选择最准确的类目，发布时要注意正确填写商品的重要属性。

实际中经常出现类目错放的情况。一般情况下，类目错放有两种情况。

（1）有意的类目错放，是指有意将发布商品时选择的类目与商品实际类目不符以"骗取"曝光的行为，这种行为叫作类目错放搜索作弊行为。为了保障卖家间的公平竞争，平台将对这种恶意行为进行打击和处罚。

（2）无意识类目错放，导致这种情况的原因是卖家对平台和类目结构了解得不够深入。例如，客户想挑选连衣裙，但卖家错把商品发布到了男装的类目下，不管其他信息如何完善，客户也无法搜索到，这会直接影响交易的达成。

知识拓展

你的亚马逊平台类目是如何选择的呢？

在亚马逊上开店，上传产品是必备的步骤，只有产品在被正确上传之后，才能够得到展现机会，而在上传产品的时候卖家们就会遇到一个类目选择的问题，那么大家的亚马逊类目是如何选择的呢？是选择大类目还是小类目呢？

在很多有关亚马逊开店的经验分享帖子中我们可以看到，对于亚马逊类目的选择，很多大卖家会推荐大家去优先选择小类目，因为小类目的竞争要比大类目低，通过选择亚马逊小类目可以让卖家们的产品更容易得到展现。

在亚马逊类目的排名上，大家可以通过工具看到自己产品的具体排名，有不少的卖家发现自己的产品在好几个类目上都能够拥有排名，比如说一件男士T恤产品，在衣服鞋类这个大类目的排名是400多名，在男士商品下的排名是100多名，在男士T恤这个小类目下的排名是10多名。当然这个答案也是很好理解的，毕竟大类目下的产品多，要知道，男士服装，女士服装，女士配饰等，这些都是属于衣服鞋类这个类目下的，为此想要在这个类目下得到好的排名，就需要和这些各种各样的服装，鞋帽产品去竞争，同时，在男士T恤这个更小的类目里面自然不会有女士的连衣裙等产品，那么在排名上就不需要和这些产品进行竞争了。

大家在进行亚马逊类目选择的时候怎么选比较好呢？

其实有一些类目，比如说，即使是护肤品这种很小的类目，里面的竞争也是异常激烈的。卖家们在面对亚马逊类目选择的时候，往往以为只有产品在大类目下拥有好的排名才能拥有好的销量，在小类目下的排名并没有什么太大的用途，很多时候这样的想法并不合理。

对于卖家们来说，大家在为自己的产品选择类目的时候，可以先看看这些类目下的搜索结果有多少，然后大家需要对类目有一个基础的了解。

（1）产品是从大类目到小类目进行细分的，也就是说，在我们上传产品的时候，大家先选择大类目，然后再选择小类目，其实我们的产品不仅会在小类目下进行排名，也同样会在大类目下进行排名，由于大类目的竞争更大，所以我们的产品不那么容易展现。

（2）类目越细，里面的产品越少，产品少，排名更容易，但是大家一定要为我们的产品选择相关的小类目，而不是去找一个偏门的、不相关的小类目去进行产品的展示，这是不利于产品被展现的。

对于亚马逊类目如何选择这个问题，很多卖家会建议大家从选择小类目开始，因为小类目可以让我们的产品更快出现排名，得到展现的机会，与此同时也有卖家分析说，大类目上的排名是产品综合实力的表现，只有当你的产品拥有了足够好的销售数据之后，才有机会取得高的排名，为此在小类目上积累订单，是产品在大类目下拥有好排名的基础。

亚马逊类目选择很重要，类目是影响销量的因素之一，而亚马逊上的小类目也同样具有不错的销售机会，卖家们不可只盯住大类目而忽视小类目。

3.2.3 填写完整的属性

1．产品属性的重要性

（1）可以多方位、多角度地提高买家浏览量，提升产品售出率。60%的买家会利用属性及属性值来缩小其想要的产品的范围，因此，属性的填写要专业、完备。

（2）获取平台主题推广流量。例如，上传产品时选择节日属性：Halloween。在万圣节来临时，平台会整体促销万圣节主题产品，主题产品包含相关服装、首饰、宠物用品、家庭装饰用品等，这样平台会通过万圣节这一属性来集合相关产品。只有填写了相对应属性的产品才有机会获得此类推广页面的流量。

（3）可以减少沟通成本，降低纠纷退款率。以鞋为例，在上传产品时如果不填写尺寸这一属性，买家购买时，看中款式就下单，将会导致卖家无法发货，需要进行多次沟通。通常会出现线上沟通不畅或者时间拖延的问题，导致纠纷退款等情况。设置完备的购买属性，将有效地避免这个问题。

2．产品属性的填写

大多数跨境电商平台（如速卖通）的后台产品属性包含两个方面，即系统定义的属性和自定义属性，系统定义的属性根据行业类目的不同而不同。为了优化产品的属性设置，系统属性填写率最好为100%，否则会影响产品的曝光率。绿色双号标记的为关键属性，红色星号标记的为必填属性。

以速卖通平台为例，允许添加10个自定义属性，这可以更全面地设置产品的属性，比如颜色、尺寸等。属性和属性值会显示在产品最终页，方便买家更好地了解产品信息。完整、正确地填写产品属性可以大幅度提高搜索时的命中率和曝光率，买家也可以借此全面地了解产品，也可以根据某些属性对产品进行筛选。

注意，在填写时　用红色“*”标注的属性是必填的。在选择品牌时，应仔细核对产品的品牌，以避免产品的侵权问题。自定义属性应最好与系统属性不同，这样可以增加属性的搜索率和曝光率。

卖家所添加的自定义属性是产品特征的补充说明，对产品的说明越详尽，越有利于买家下单。自定义属性同样会展示到产品最终页。这样，可以减少交易中很多不必要的沟通，有利于交易顺利完成。

3.2.4　编写标题和关键词

1．标题和关键词设置原则

（1）相关关键词要与类目属性相关，关键词要与商品标题相关。

（2）关键词的选择策略：长尾关键词中包含二级关键词。二级关键词中包含顶级关键词。

（3）标题的制定策略：营销关键词+意向关键词+属性卖点词+主关键词+长尾关键词。

知识拓展

长尾关键词

长尾关键词（long tail keyword）是指网站上的与目标关键词相关的非目标关键词，即可以带来搜索流量的组合型关键词。

长尾关键词的特征是比较长，往往由2～3个词组成，甚至是短语，存在于内容页面，除了内容页的标题，还存在于内容中。搜索量非常少，并且不稳定。长尾关键词带来的客户，转化为网站产品客户的概率比目标关键词高很多，因为长尾词的目的性更强。存在大量长尾关键词的大中型网站，其带来的总流量非常大。例如，目标关键词是服装，其长尾关键词可以是男士服装、冬装、户外运动装等。长尾关键词基本属性是：可延伸性、针对性强，范围广。长尾关键词是长尾理论在关键词研究上的延伸。“长尾”具有两个特点：细和长。细，说明长尾是份额很少的市场，在以前这是不被重视的市场；长，说明这些市场虽小，但数量众多。众多的微小市场累积起来就会占据市场中可观的份额——这就是长尾的思想。

2．标题的设置技巧

（1）通常标题主要由三部分组成：核心词、属性词和流量词。其中，核心词是行业热门词，影响排行，影响点击率；属性词包括长度、颜色、材质、功能、配置、款式等，而流量词则是实际带来流量的词。

（2）标题的设置要符合买家的搜索习惯。设置标题的目的就是为了让买家发现，所以买家习惯搜索的词，就是卖家需要的词，这些词就是标题的重要组成部分，也就是我们常提到的关键词。

（3）标题设置时需要简洁、清晰、完整。填写标题时切忌中心词的罗列、堆叠，可以多设置热搜属性词；标题尽量不要用符号分割；品类词尽量放在后面，最重要的关键词放在品类词前面，标题中同一个单词只能用一次。速卖通的产品标题可以设置 128 个字符，而敦煌网的产品标题可以设置 140 个字符。

（4）标题慎用“Free Shipping”。店铺设置全球免邮费时，标题中可以出现“Free Shipping”字样，如果店铺只是设置对部分国家免邮费，则不建议填写免邮费，否则会被判定为“运费作弊”。

知识拓展

跨境电商如何精准定位关键词？跨境卖家挖掘关键词的 5 大技巧

做电商的都知道关键词的重要性，关键词选得好，能让客户搜到我们的产品，能增加流量，有了流量，订单自然就来了。关键词选得不好，没有流量，又怎么会有订单呢？今天就跟大家一起来探讨一下关键词的找法，以及怎么去设置关键词。

关键词有以下几种找法。

（1）竞争对手的标题：其实标题里藏着很多的关键词，而且一般产品的核心关键词都会放在标题里，还有重要的属性词，可以复制 10 家以上的竞争对手的标题放在 google 翻译上，研究他们标题上的关键词及属性词，这些都可以作为自己的关键词来用。

（2）充分利用好下拉框：下拉框推荐的词一般都是根据客户的搜索习惯列出来的，这些词是可以作为我们的关键词来用的，但是要注意的是，不是每个词都可以用，我们需要去验证。还有放在搜索框的词要“多变”，才能衍生出更多的词出来。

（3）重现“reviews”：多看看竞争对手的“review”，其实“review”里面藏着关键词。“review”是客户写出来的，客户的写法是符合当地客户的表达习惯的，所以能在“review”里找到的关键词是比较优质的。

（4）类目词：类目词有两种，一种是亚马逊搜索页面左边的类目词，另一种是竞争对手“listing”详情页面的类目排名的类目词。这类词属于“大词”，“大词”意味着流量高，但是精准度不会太高，需要我们权衡，同时不是每一个类目词都可以用，我们需要验证其与产品的相关度。

（5）要善于利用关键词工具，这里向大家推荐几款关键词工具。

https://www.google.com/trends/?hl=zh-CN

http://www.keywordtooldominator.com/k/amazon-keyword-tool

https://www.scientificseller.com/zh/

http://www.merchantwords.com/

以上是常用的找关键词的方法，关键词找到了，其摆放的位置也是有讲究的，每一行前面位置的权重是相对高一些的，我们需要根据实际情况将热词、精准词进行位置的排序，这个需要大家在实践中多多研究。

3.2.5 上传产品图片

图片对于电商的重要性不言而喻，而衡量图片优劣的关键在于：点击率和转化率。

1. 准备产品图片

很多卖家通常会直接从网上下载图片作为自己的产品图片，但网上找来的图片一般有水印，而且很多图片会禁止下载和进行“外链”。此外，还有可能涉及侵权的问题，一旦由于“盗用图片”的原因被投诉到平台，卖家就有可能受到扣分或者降权等处罚。所以，有些卖家也会使用数码相机精心拍摄，用 Photoshop 软件处理细节，这样往往更能赢得买家的青睐。单张图片的大小要控制在 200 KB 以下，最好使用统一的图片尺寸，600 像素×450 像素的产品图片就足以吸引买家的眼球，但不同平台对图片尺寸的要求也会略有差别，如速卖通中对主图的格式要求为 JPEG，文件大小在 5 MB 以内，像素最好设置为 800 像素×800 像素。

2．确定图片数量

一般来说，不同平台对图片数量的要求也不同，如速卖通允许一个商品可以有 6 张产品图片，敦煌网允许上传 8 张产品图片。在图片银行功能推出后，卖家可以将产品图片同时引用到产品详细描述中，这样国外的买家在查看卖家的产品文字描述时，也能同时对照图片查看产品的细节部分；将产品图片引用到产品详细描述中的另一个好处是，买家无须逐一单击图片，直接通过鼠标下滑即可看到所有图片，方便了买家的操作。

3．确定图片排列方式

产品图片描述要遵守整体功能描述、细节展示、使用效果图和包装图的顺序。这个顺序符合买家的浏览习惯，看起来也比较舒服。首图尽量让产品展示得充分、美观、有质感，展示产品的正面、反面、侧面。图片的背景最好为纯色，简洁明了。另外，除首图外，其余主图可以作为产品细节图，以便买家更清晰地了解产品。

3.2.6　制作详情页

详情页由文字、图片、视频构成，向买家介绍产品属性、使用方法等详细情况。其最主要的作用就是完成订单、实现转化。产品详情页包括广告区、关联营销区和产品广告图区、产品实拍图区、店铺信息图区。

优质的详情页是由一系列图片构成的，要重视视觉营销的作用。简单来说，好的详情页就是转化率高的详情页。买家希望关于产品的一切信息都能够在详情页中找到，要让买家拿出看悬疑剧的好奇心来看详情页，而且要让买家“欲罢不能”。好的详情页能让买家不用咨询客服、没有任何顾虑下单完成转化。

衡量详情页的优劣有三个标准：转化率、页面停留时间和访问深度。

下面就详情页各组成部分的制作进行介绍。

1．广告区

在广告区可以上传视频，用以进行产品宣传，视频可以从多个维度向买家展示产品的特性。

2．关联营销区

详情页的最上面是放置关联营销产品信息的“模块”，也就是说，买家进入详情页后，在其浏览该产品前，先向其推荐本店其他产品，增加其进入其他页面的可能性，引导流量。防止其因为看了产品后没有兴趣，立刻关闭页面而离开店铺。

在这个区域，可以放置一些美观的广告图、海报图；放置一些重要的、想告诉买家的信息，比如节假日会延迟发货，这样的信息同样可以在这里以红色标出，告知买家。同时，这里还可以放置一个非常重要的东西——关联营销图，比如，在这里放置买家可能会感兴趣的三个产品等。最后，可以放置一张引导买家去店铺首页的图片。

3．产品广告图区

产品广告图区可以放置产品的广告图、多 SKU 介绍、产品属性、产品卖点、真假对比等。这个部分和第一部分的区别在于，第一部分是对店铺“打广告”，这个部分主要是对产品“打广告”。比如一款产品有不同的颜色，可以将不同颜色的产品进行展示。

4．产品实拍图区

产品实拍图区可以放置产品的实拍图、细节图。如果是首饰、衣服，则可以放置佩戴图、使用图、买家分享图等。总之，就是要在真实的基础上做到美观、有吸引力。视觉不是越漂亮越好，而是应该有一个限度。如果为了增加订单，刻意把图做得极其吸引人，超过了产品本身所能达到的效果，就会影响好评率，因小失大。

5．店铺信息图区

店铺信息图区可以放置一些和产品本身关系不大，但是和交易有关的信息。比如是否赠送小礼品、支持哪些付款方式、支持哪些物流方式、公司介绍、公司实拍图等。

学习任务 3.3　跨境电子商务选品与发布实训

3.3.1　商品采集与刊登管理

1．刊登管理

本书以思睿智训跨境电商综合实训平台（思睿智训 ERP）为例进行商品采集与刊登管理的介绍。

目前思睿智训 ERP 支持 Wish、eBay、速卖通、亚马逊、阿里巴巴国际站、敦煌网等超过 20 个跨境电商平台商品的采集与刊登。

1）商品采集

在产品刊登前，需要先对产品进行采集，系统支持单品采集和店铺采集。

单品采集功能支持：淘宝、速卖通、1688、天猫、京东、eBay（主站）、亚马逊（美国站）、Wish 等。

店铺采集功能支持：淘宝、速卖通、1688、天猫、京东、eBay（主站）、亚马逊（美国站）等。

2）商品目录

新建产品目录（可以设置二级或三级目录等），对产品进行分类。在导航栏的“产品-产品目录”页面新建产品目录如图 3-13 所示。

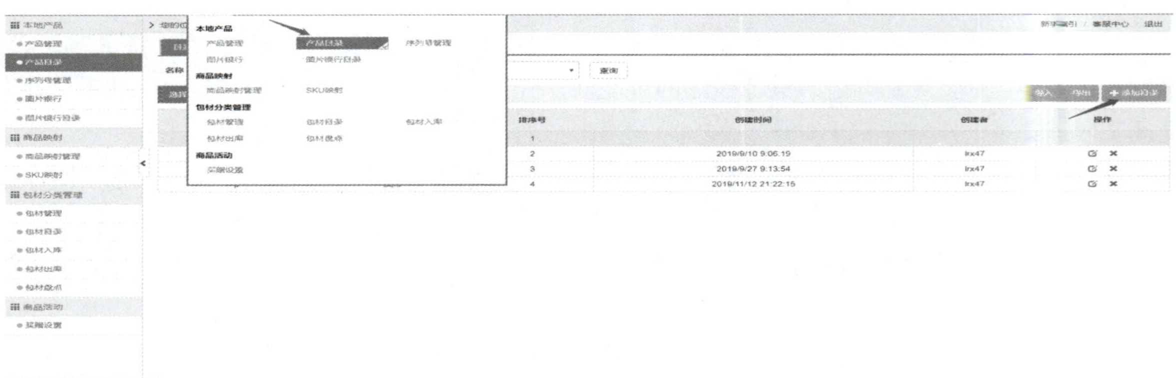

图 3-13　在导航栏的“产品-产品目录”页面新建产品目录

3）根据商品采集

用户根据商品来采集信息有两种方式。

方法一：将要采集的商品链接粘贴到“商品采集”文本框中，一个采集链接占一行，可多个商品、多个平台一起采集。若采集成功则会出现“采集成功”字样。在文本框中粘贴商品的链接如图 3-14 所示。

方法二：安装采集插件，在要采集的商品页面单击鼠标右键，选择采集此产品即可。

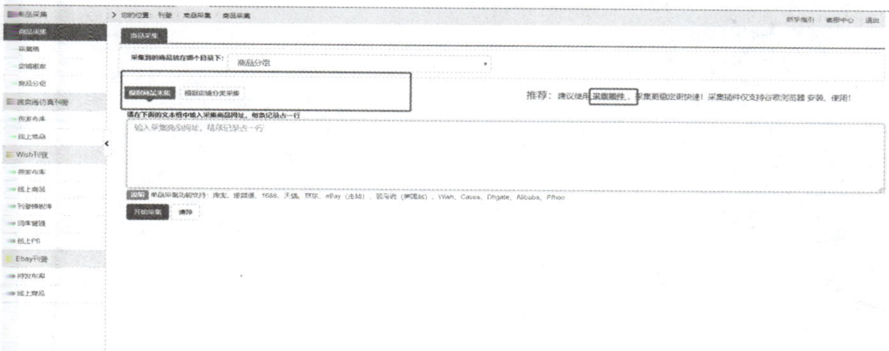

图 3-14　在文本框中粘贴商品的链接

若成功则会出现“采集成功”字样。采集成功如图 3-15 所示。系统默认根据商品来采集信息。

图 3-15　采集成功

4）根据店铺采集

用户可以根据店铺来采集一个店铺下某一类目录下的产品，这样可以更快速地进行信息采集。同样可以使用输入网址和采集插件两种方式进行采集。

先选择“商品分类”，再单击“按店铺采集”，然后输入采集店铺商品分类网址。按店铺采集如图 3-16 所示。

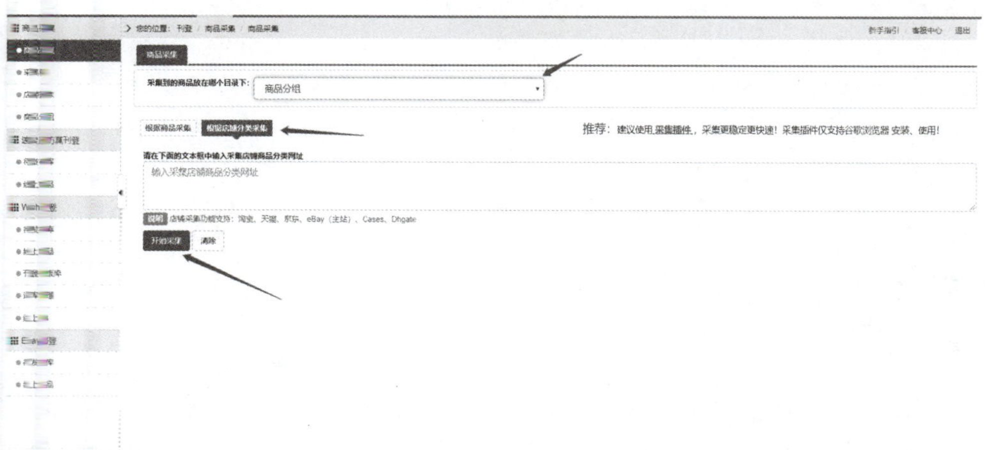

图 3-16　按店铺采集

5）采集箱

如图 3-17 所示，采集下来的商品会进入采集箱，这些商品可以进行认领和转为本地。“认领”表示直接认领到各个平台，可以认领到多个平台的多个店铺，认领后的商品会进入“待发布库”。“转为本地”表示直接转为本地产品，作为本地产品进行维护，转为本地后的产品会进入“本地产品”下。认领商品所属的平台与店铺如图 3-18 所示。

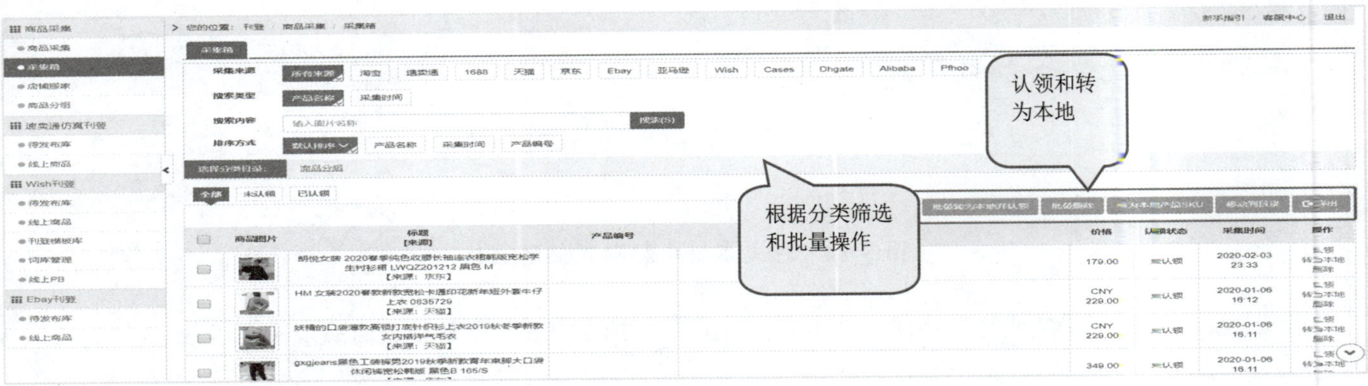

图 3-17　为采集箱中的产品完成认领

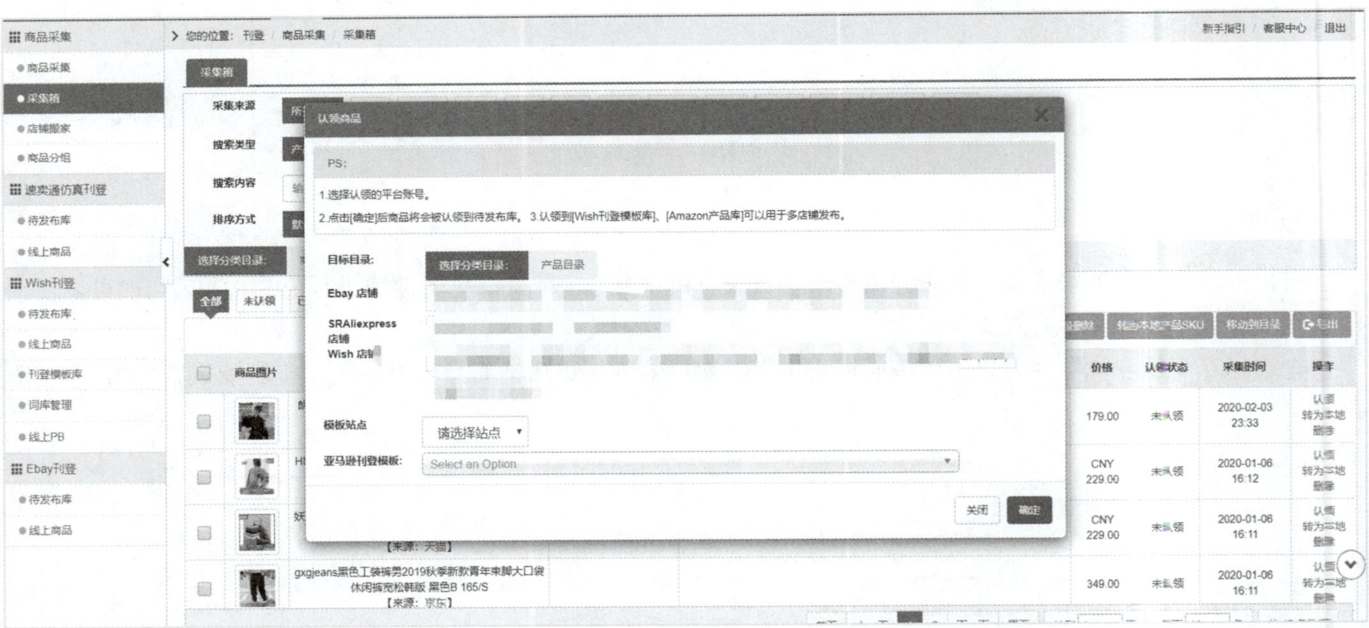

图 3-18　认领商品所属的平台与店铺

2．Wish 刊登

1）词库管理和刊登模板库

为了避免 Wish 关联，系统做了词库管理和刊登模板库，能够有效地避免刊登导致的关联现象。用户可以在【词库管理】中对标题、描述、标签建立词集，词集不能为中文，且每两个词之间用英文的逗号隔开，设置词集管理，避免 Wish 关联如图 3-19 所示。

图 3-19 设置词集管理，避免 Wish 关联

进入刊登模板库编辑产品，产品来源可以有以下几种：新增、从本地产品选择、导入。下面以新增为例进行说明。Wish 平台的产品可以编写“产品标签”（不能大于 10 个），含“*”为必填项，设置商品标签如图 3-20 所示。

图 3-20 设置商品标签

其中父 SKU 可以自动生成，用户可以自己设置规则，系统会根据规则生成 SKU，一般由以下四部分组成：目录编码、SKU 连接符、自增长长度和业务员编码，设置商品父 SKU 编码如图 3-21 所示，自动生成 SKU 功能如图 3-22 所示。

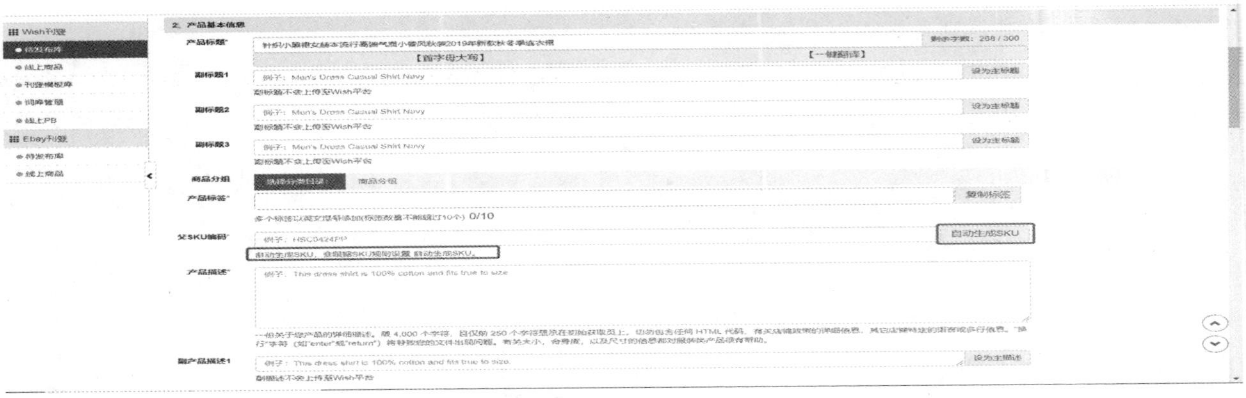

图 3-21 设置商品父 SKU 编码

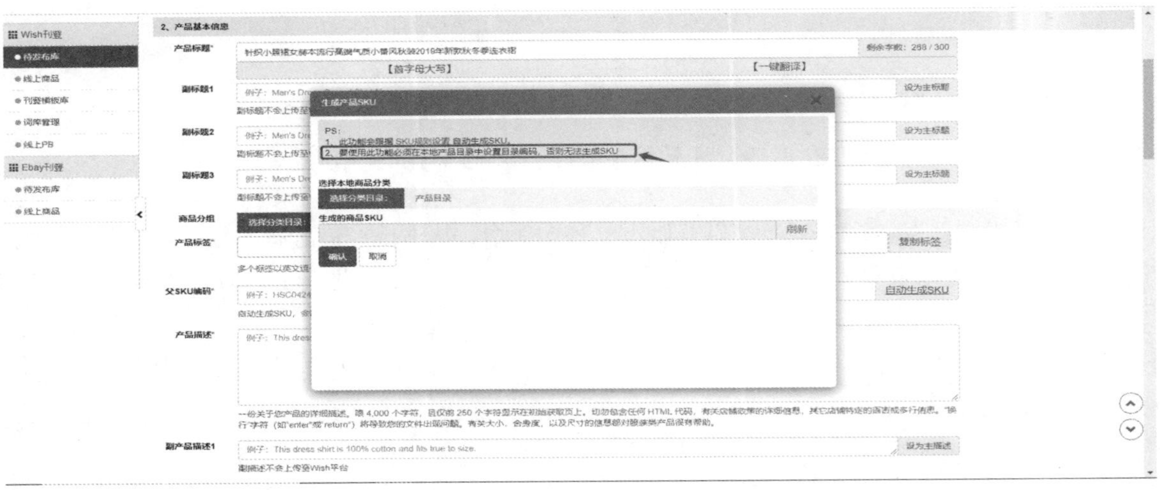

图 3-22 自动生成 SKU 功能

在刊登模板库中编辑好信息后，便可以刊登到多店铺，选择词库及主图、父 SKU 等生成到待发布库，多店铺刊登设置如图 3-23 所示。其中，建议售价、零售价、运费、库存都是可以设置浮动值的。

图 3-23 多店铺刊登设置

2）待发布库

从刊登模板库进入待发布状态的产品，会在“待发布库”中显示，并且主图、SKU 等会按照规则生成，将处于“待发布库”中的商品刊登至平台如图3-24所示。

待发布状态的产品可以二次编辑和复制到草稿箱，编辑完成的产品就可以批量刊登了，若刊登成功，会进入已刊登状态；如失败，则会进入“发布失败”页面，发布失败的产品，可以根据错误提示再次编辑，进行发布。

图 3-24　将处于“待发布库”中的商品刊登至平台

3）线上商品

已经刊登至Wish店铺的商品，可以同步至ERP进行查看和部分信息修改，现在支持对单个产品信息的修改（除SKU），以及批量启用、禁用、修改库存、修改价格、删除和移动目录等操作，对线上商品情况进行监视与操作如图3-25所示。目前系统能够同步“已审核”“审核中”“审核不通过”的产品。

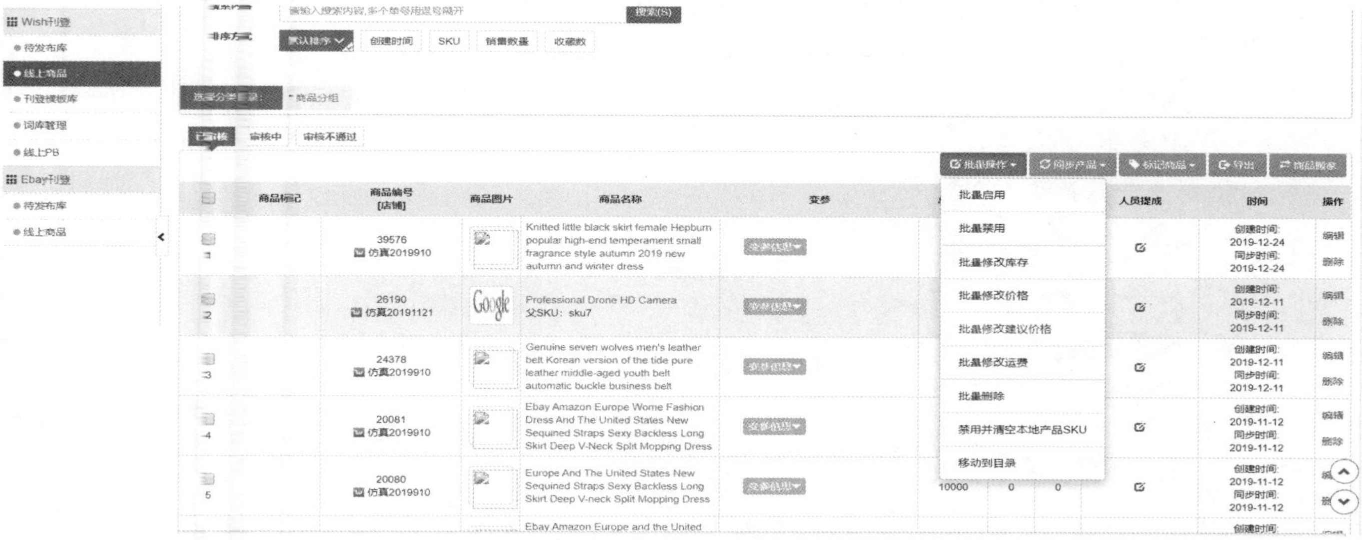

图 3-25　对线上商品情况进行监视与操作

3．eBay刊登

1）线上商品

eBay沙盒平台的商品可直接同步到ERP沙盒中，系统会自动同步，同时也可以单击“高级同步选项”进行手动同步，若需要系统同步，在“系统配置-商品同步设置”中启用配置项“以后台服务方式同步线上商品”，设置后，系统每天会自动同步一次线上商品，每次只会同步 30 天内有变更的产品。eBay 沙盒系统支持对商品进行批量下架、批量编辑及批量删除，同时也支持导出商品信息。对 eBay 线上商品进行批量下架、编辑或删除如图 3-26 所示。

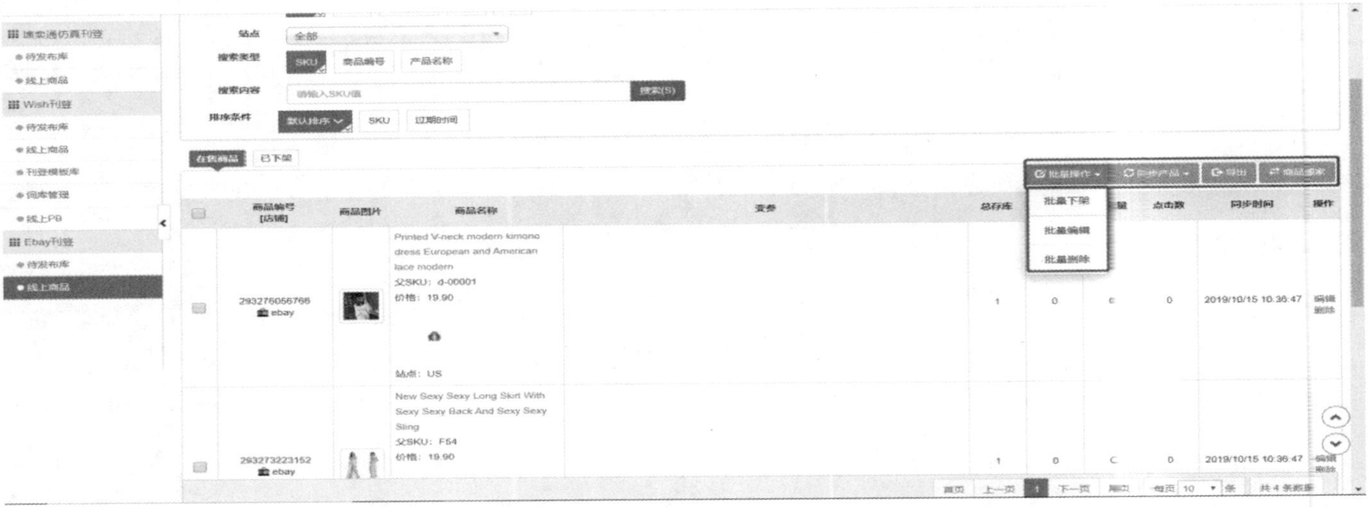

图 3-26　对 eBay 线上商品进行批量下架、编辑或删除

2）待发布库

eBay 沙盒的待发布库产品，可以是从采集箱认领的产品，也可以是直接新增或者从本地产品中选择的产品，通过采集箱认领或新增产品如图 3-27 所示。同时，可以对待发布库的产品进行批量操作，对编辑好的产品支持定时刊登。待发布状态的产品可以二次编辑和复制到草稿箱，编辑完成的产品就可以批量刊登了，若刊登成功，会进入“已刊登”页面；如失败，则会进入“发布失败”页面，发布失败的产品，可以根据错误提示再次编辑，进行发布。

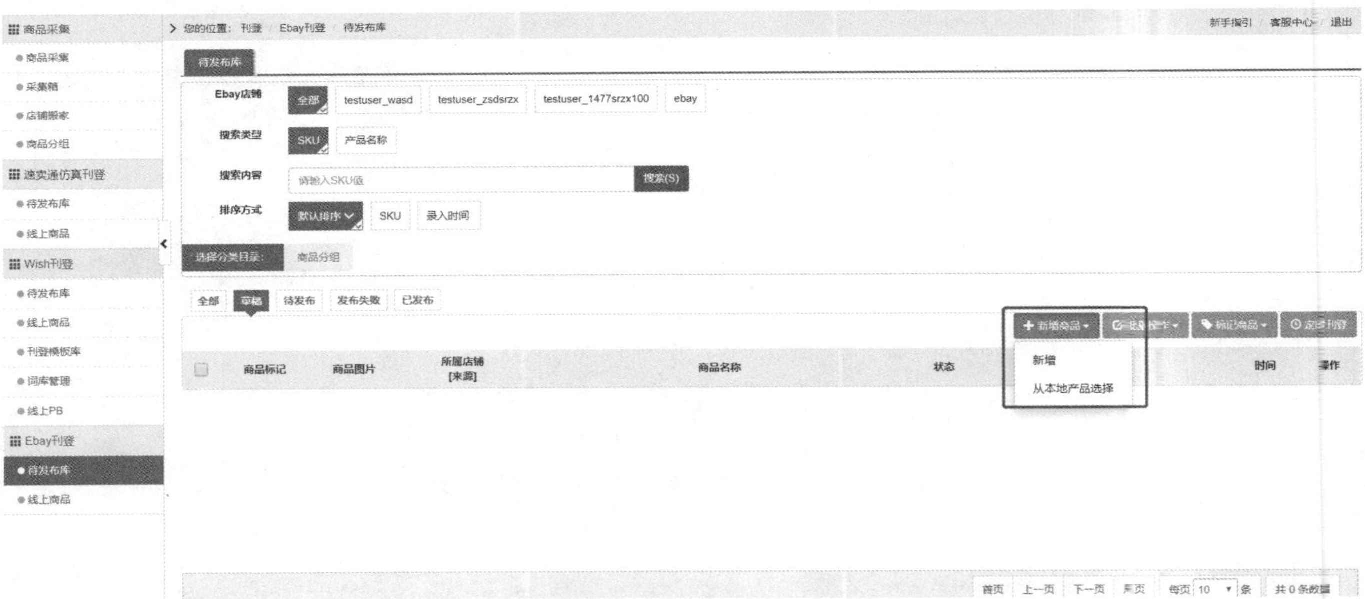

图 3-27　通过采集箱认领或新增产品

4．速卖通刊登

1）待发布库

在待发布库中可以编辑要刊登的产品，刊登产品的来源主要有以下三种：采集箱中认领、从本地选择、新增。下面以采集箱中认领为例进行说明。

第一步：采集箱中认领的产品会进入“待发布库”的草稿箱页面，对要进行刊登的产品进行编辑，可单击“草稿-编辑”，进入产品编辑页面，对“草稿箱”中的产品信息进行编辑如图 3-28 所示。

图 3-28　对“草稿箱”中的产品信息进行编辑

第二步：进入编辑页面，编辑“目录”“产品名称”“SKU”等，选择“产品分组”“属性”等，其中带“*”为必填项，产品分组可以在“刊登-速卖通刊登-商品分组”中按店铺进行同步，产品图片最多选择 6 幅，编辑产品的名称、SKU 分类、分组等各项信息如图 3-29 所示。

图 3-29　编辑产品的名称、SKU 分类、分组等各项信息

第三步：速卖通支持移动端（手机 App）描述，此部分内容会在买家用手机浏览时呈现；编辑完商品信息后，单击保存到“待发布库”，将产品信息编辑完后，可以在待发布库中批量刊登；如果需要调整，也可进行“编辑”。

编辑商品详情如图 3-30 所示。

图 3-30　编辑商品详情

2）橱窗推荐和关联营销

用户可以在【橱窗推荐】页面同步橱窗状态，查看橱窗使用情况；在【关联营销】页面同步关联营销，也支持自定义营销模块，设置橱窗推荐与关联营销如图 3-31 所示。

图 3-31　设置橱窗推荐与关联营销

5. 亚马逊刊登

1）待发布库

亚马逊刊登和速卖通刊登的商品来源和操作方法类似，下面以新增商品为例说明。

第一步：单击“新增”，在弹出的窗口中选择“店铺”“国家”“商品分类”“分类类型”，商品分类有搜索的功能，单击“确认”，通过“新增商品”功能进入，设置产品分类信息如图 3-32 所示。

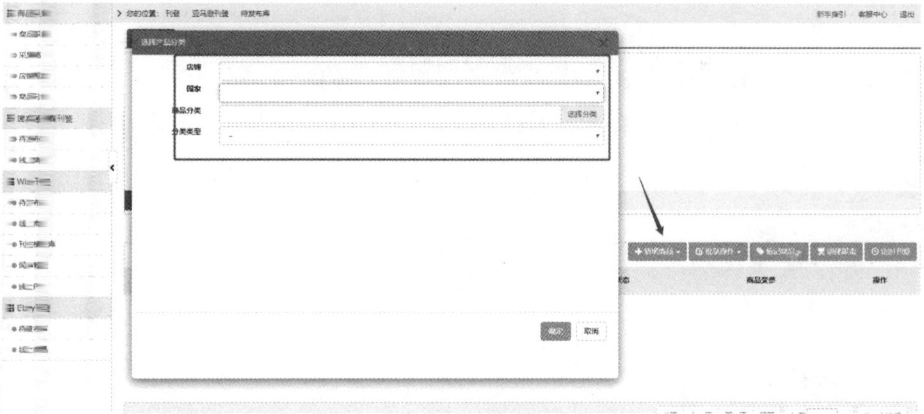

图 3-32　通过“新增商品”功能进入，设置产品分类信息

第二步：进入产品编辑的页面，完善“产品名称”“SKU 编码”“产品 ID”等信息，保存到待发布库。由于亚马逊接口限制，刊登商品速度比较慢，系统会每隔 5 分钟更新一次发布状态。完善产品分类信息如图 3-33 所示，完善产品各项信息如图 3-34 所示。

图 3-33　完善产品分类信息

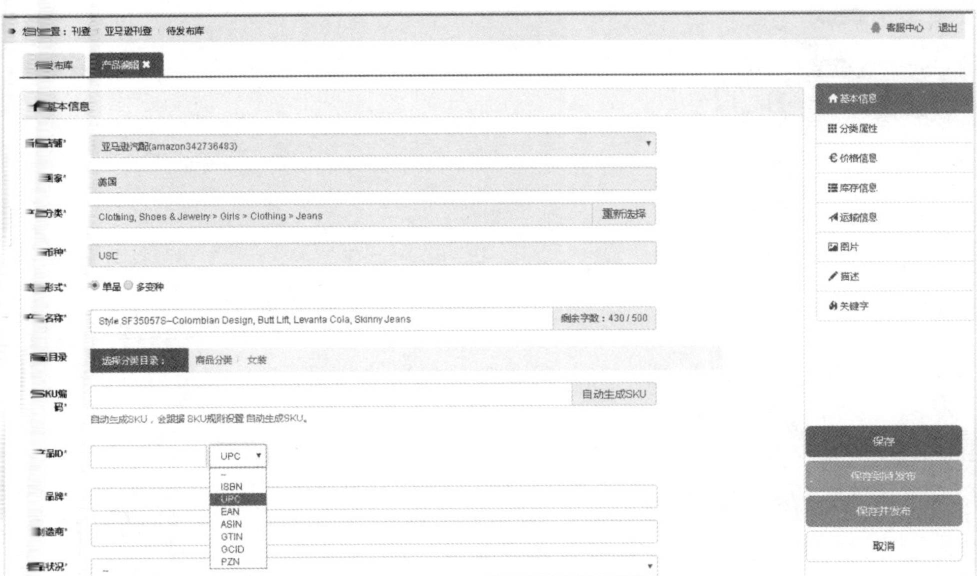

图 3-34　完善产品各项信息

2）线上商品

亚马逊的商品分为“卖家自定配送（MFN）”和“亚马逊物流配送（AFN）”，设置配货方式如图 3-35 所示，在此页面可以进行库存、零售价、促销价、促销日期的批量编辑，当然，也可以逐个地编辑。

图 3-35　设置配货方式

6. 敦煌网刊登

1）产品相册

敦煌网平台店铺里商品的图片信息都可以同步至系统中，在此页面可以查看同步后的图片，在对即将刊登的产品进行编辑时，选择商品的图片，可以从产品相册进行选择。同步敦煌网图片相册如图 3-36 所示。

图 3-36　同步敦煌网图片相册

2）商品分组

敦煌网平台的商品分组操作与产品相册类似，同样也是可以将敦煌网平台的商品分组同步至系统中，在商品分组页面进行查看。同步敦煌网店铺内分组信息如图 3-37 所示。

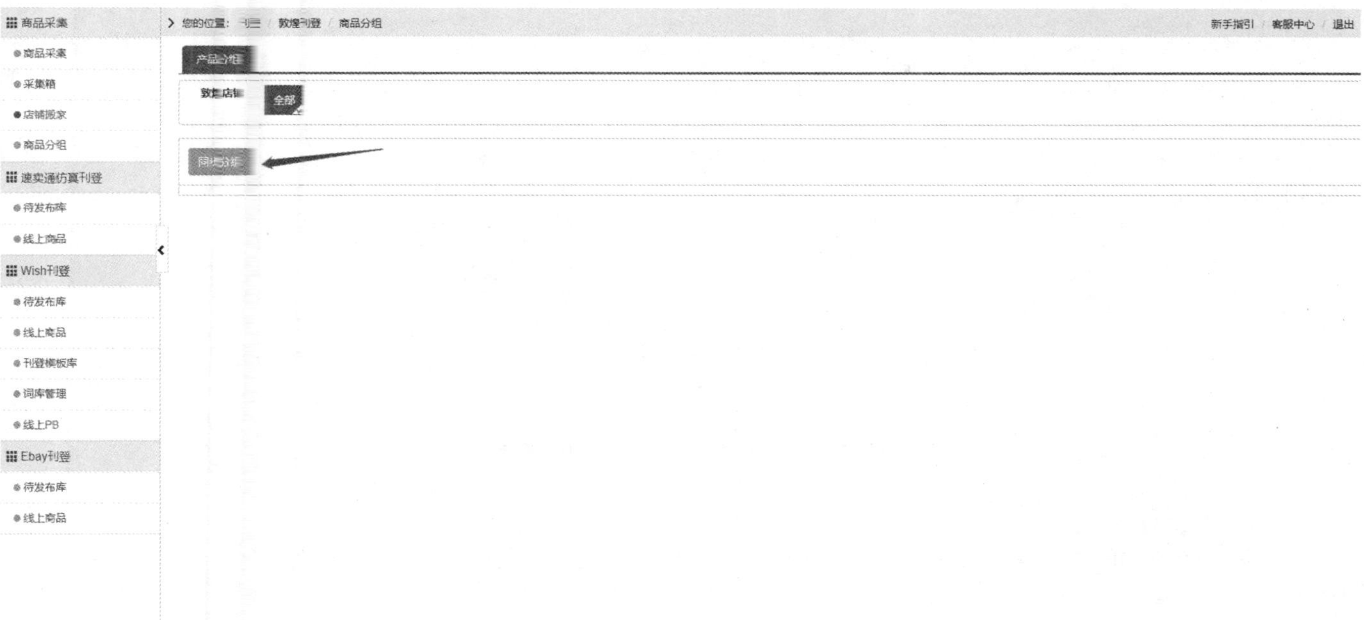

图 3-37 同步敦煌网店铺内分组信息

3）待发布库

用户可以通过待发布库对产品进行编辑，完善产品的基本信息，其中包括产品的分类、编码、属性及库存等信息。产品来源路径包括商品采集、从本地产品选择，以及新增。以下以从采集箱认领产品到待发布库进行说明。

（1）刊登产品的编辑。

从采集箱中认领的产品都会进入“待发布库-草稿”页面，可对要进行刊登的产品进行编辑。在“待发布库-草稿”页面编辑产品信息如图 3-38 所示。完善产品相关信息，包括：“商品目录”“产品名称”“父 SKU 编码”等，其中带“*”为必填项，产品图片最多添加 8 张；若是有品牌资质的，还可以对品牌资质进行同步，前提是品牌资质申请审核成功之后才能对其进行同步。上传图片、编辑商品信息如图 3-39 所示。

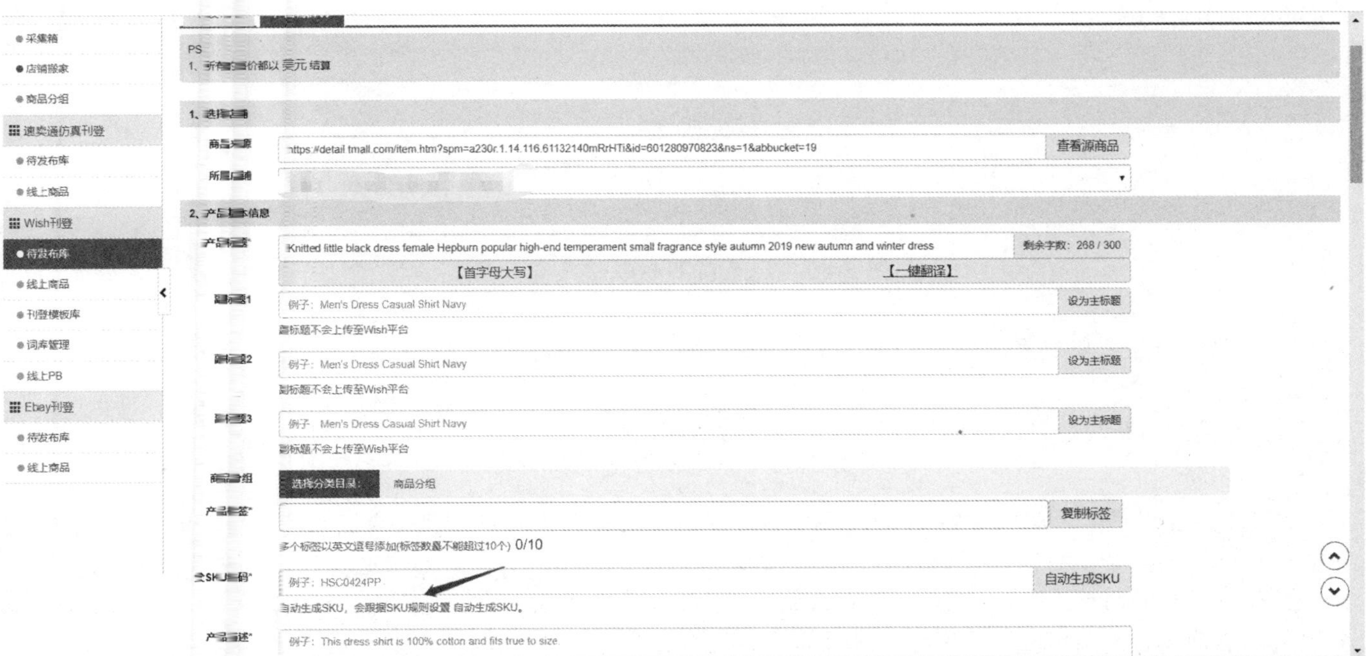

图 3-38 在“待发布库-草稿”页面编辑产品信息

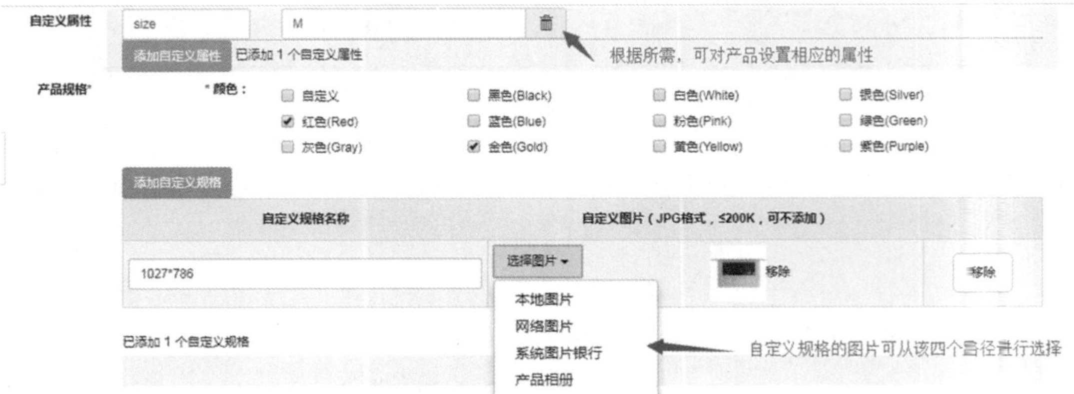

图 3-39　上传图片、编辑商品信息

（2）产品参数设置。

① 产品的价格区间设置。设置商品参数信息与价格如图 3-40 所示。

a．统一设置价格。

对同一产品不同属性 SKU 统一设置价格，当购买的数量≥2，可以对价格设置相对应的折扣。

b．分别设置价格。

对同一产品不同属性 SKU 分别设置价格，当用户购买不同颜色的产品，价格取值为卖家所设置的值；当购买的数量≥2，可以对产品设置优惠价格（注：该产品价格不包括产品的佣金）。

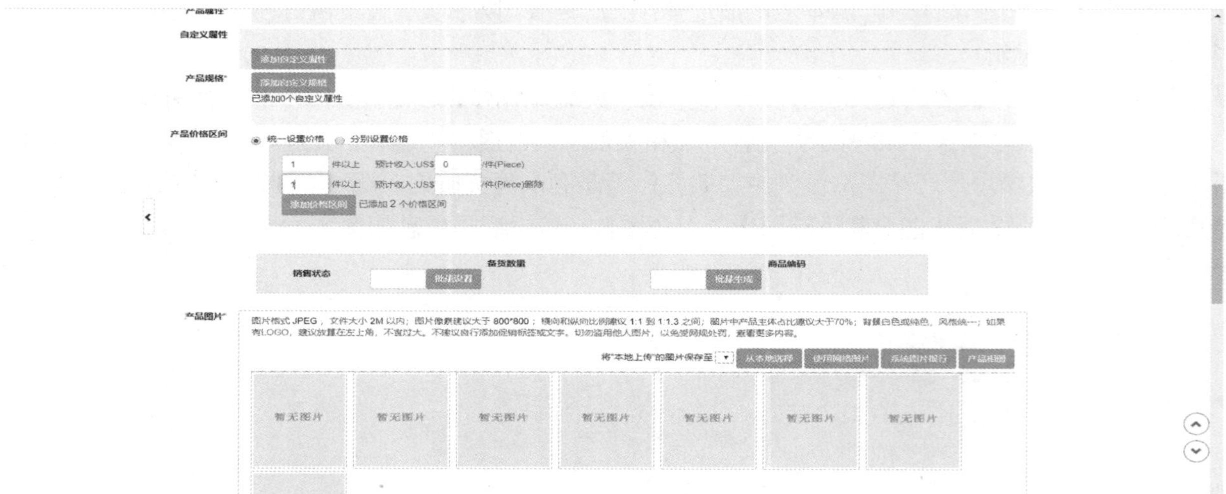

图 3-40　设置商品参数信息与价格

② 产品的备货数量设置。设置库存与备货信息如图 3-41 所示。

a．有备货

完善产品的备货数量及备货期，有备货的产品备货期≤4 天。

b．待备货

即该产品目前库存为 0，无备货的产品需要在 1～60 个工作日内发货，编辑完商品信息后，单击“保存”按钮到“待发布库”，将产品信息编辑完后，可以在待发布库中批量刊登；如果需要调整，也可进行“编辑”。

完善了产品基本信息之后，可将该产品添加到本地产品及映射到本地产品，保存及映射完成之后可在本地产品及 SKU 映射页面进行查看，直接完善线上与本地产品的映射关系，大大提升了效率。设置包装、尺寸、运费等信息如图 3-42 所示。

图 3-41　设置库存与备货信息

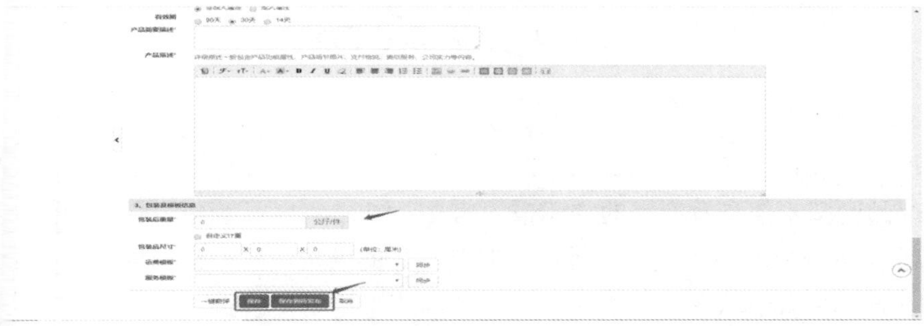

图 3-42　设置包装、尺寸、运费等信息

4）线上商品

敦煌网平台的商品可直接同步到 ERP 沙盒中，系统会自动同步，同时也可以单击“高级同步选项”进行手动同步，若需要系统自动同步，在“系统配置-商品同步设置”中启用配置项“以后台服务方式同步线上商品”，设置后，系统每天会自动同步一次线上商品，每次只会同步 30 天内有变更的产品。ERP 沙盒系统支持对单个商品进行编辑，也支持批量进行修改商品属性、批量下架等操作，若需查看商品的详情，可将商品进行导出，以方便查看。修改线上商品的有效期与属性等如图 3-43 所示。

图 3-43　修改线上商品的有效期与属性等

3.3.2　产品管理

1．产品管理

产品管理能够管理系统中所有的本地产品，并且能完善产品的报关信息及物流属性。

1）添加产品

在系统中添加产品，即手动添加库存产品。在“产品-产品管理”菜单下，系统支持添加普通产品、多属性产品、组合产品、线上产品转本地产品及按店铺转本地产品。将线上商品转本地产品的前提是在“系统配置-订单模块设置”菜单下，将【启用SKU管理】设置为“是”。启用SKU管理如图3-44所示。

图 3-44　启用 SKU 管理

①添加普通产品。

普通产品：一个产品的属性值是唯一的；在系统“产品-产品管理”菜单下，在【添加产品】菜单下选择【添加普通产品】，完善产品的基本信息及产品的物流报关信息；同时，也可为该产品添加图片。图片信息可来源于本地计算机、网络地址及系统中的图片银行；最后，完善产品的供货信息，设置供应商的最小采购量等。

第一步：选择添加产品的类别（见图3-45）。

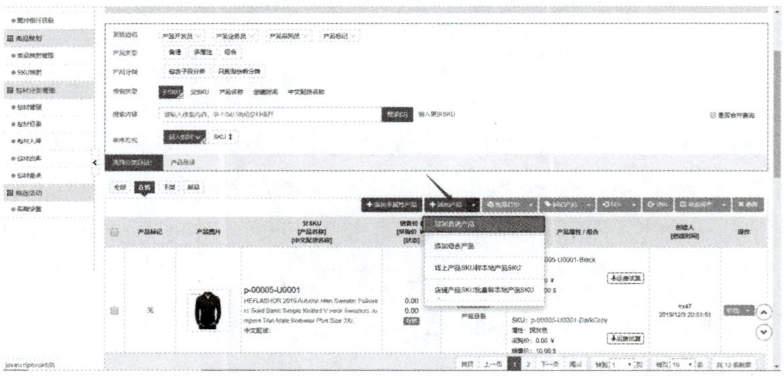

图 3-45　选择添加产品的类别

第二步：完善产品的基本信息（见图3-46）。

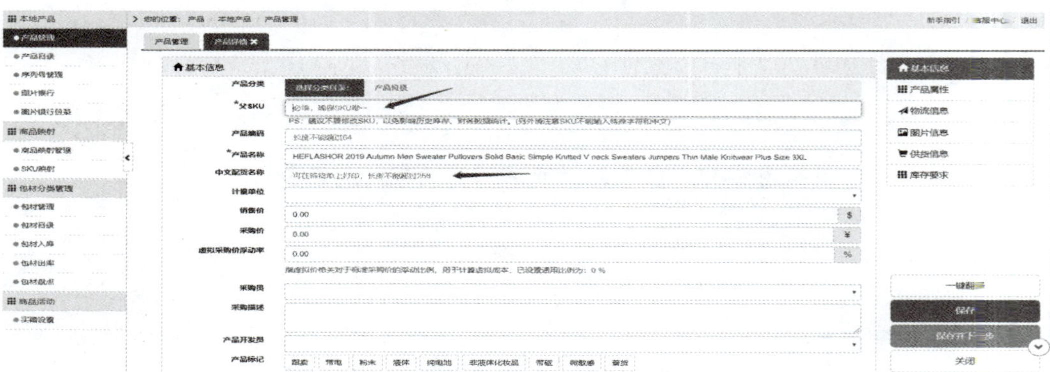

图 3-46　完善产品的基本信息

第三步：完善物流信息（见图3-47）。

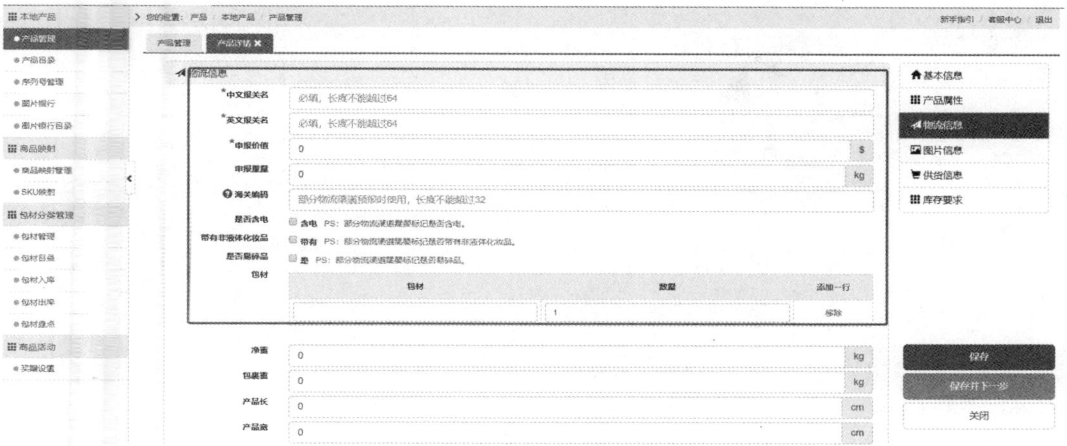

图 3-47　完善物流信息

第四步：完善图片信息（见图 3-48）。

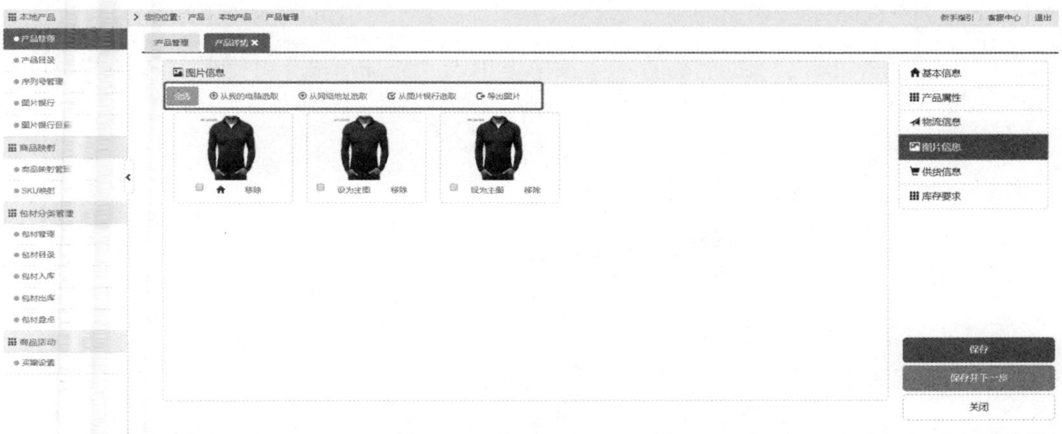

图 3-48　完善图片信息

第五步：添加并选择产品的供应商（见图 3-49），供应商的信息来源于“采购-供应商管理”菜单中所添加的供应商信息。

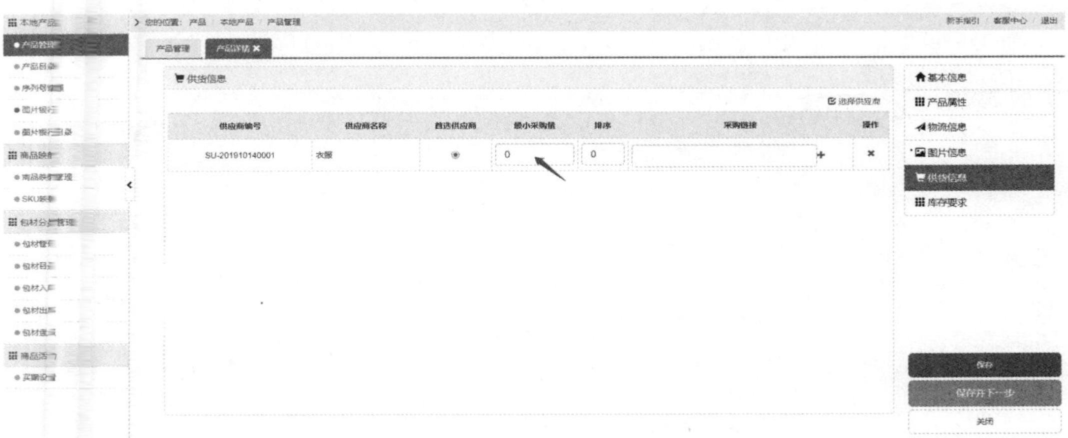

图 3-49　添加并选择产品的供应商

第六步：完善库存设置（见图 3-50），最后保存。

图 3-50 完善库存设置

②添加多属性产品。

多属性产品：产品的属性不唯一，可为多个值。添加多属性产品大体与添加普通产品类似，不同之处在于多属性产品多了“产品属性”。

第一步：如图 3-51 所示，在“产品-产品管理”菜单下单击“添加产品”，选择“添加多属性产品”，完善产品的基本信息，并单击“下一步”。

图 3-51 在添加多属性产品页面完善产品基本信息

第二步：如图 3-52 所示，单击【添加属性】菜单，输入属性，再为该属性添加属性值，生成 SKU 列表。

图 3-52 添加产品属性

③添加组合产品。

组合产品：将两种及两种以上不同的产品组合、搭配起来售卖。

第一步：如图 3-51 所示，在“产品-产品管理”菜单下单击“添加产品”，选择“添加多属性产品”。完善产品的基本信息，并单击“下一步”。

第二步：如图 3-53 所示，单击【选择产品】，选择产品来进行组合，完成组合产品设置。

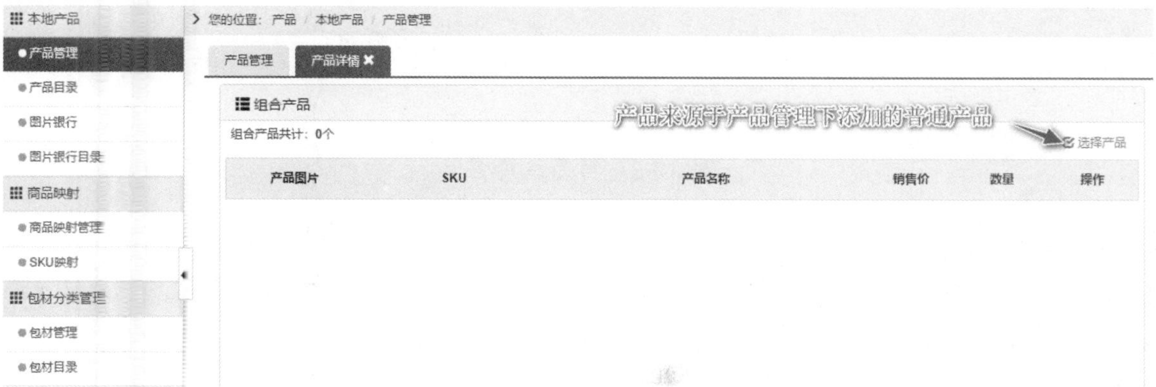

图 3-53　设置组合产品

④线上产品转本地产品。

将各个平台店铺上的产品转到本地。

第一步：如图 3-54 所示，在“产品-产品管理”菜单下单击“添加产品”，选择“线上产品转本地产品”。根据不同平台的店铺，筛选出要转换的产品至本地产品管理中，单击【确定】。

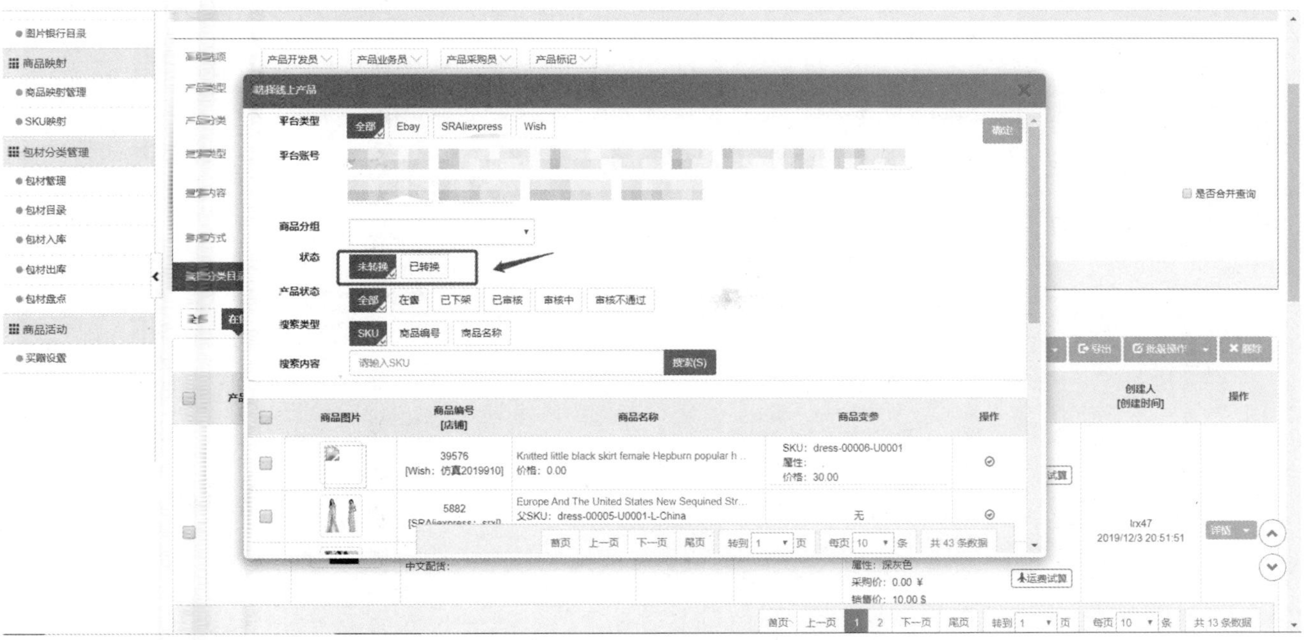

图 3-54　选择需要转为本地产品的商品信息

第二步：如图 3-55 所示，选择产品所要存放的分类，单击“开始转为本地产品”。

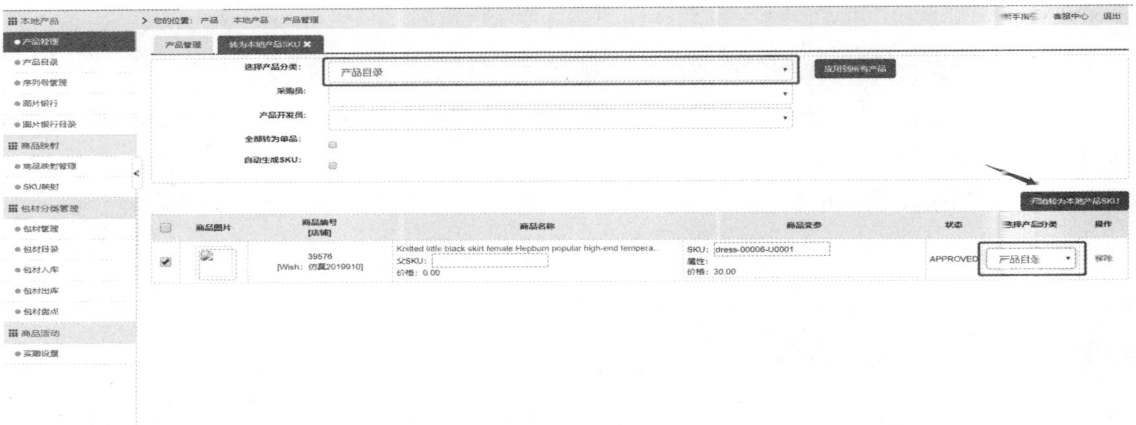

图 3-55 转为本地产品

⑤店铺转本地产品。

如图 3-56 所示，将各个平台店铺下的产品直接转到本地，在系统“产品-产品管理”菜单下，在【添加产品】菜单下选择【按店铺转本地产品】，再通过不同平台下的店铺转为本地产品。

图 3-56 店铺转本地产品

2）导入产品

第一步：如图 3-57 所示，在“产品-产品管理”页面下，单击【导入】下的【导入产品】。

图 3-57 导入产品

第二步：如图 3-58 所示，下载系统的模板，填写模板上需要填写的信息，将此文档直接寻入系统即可。

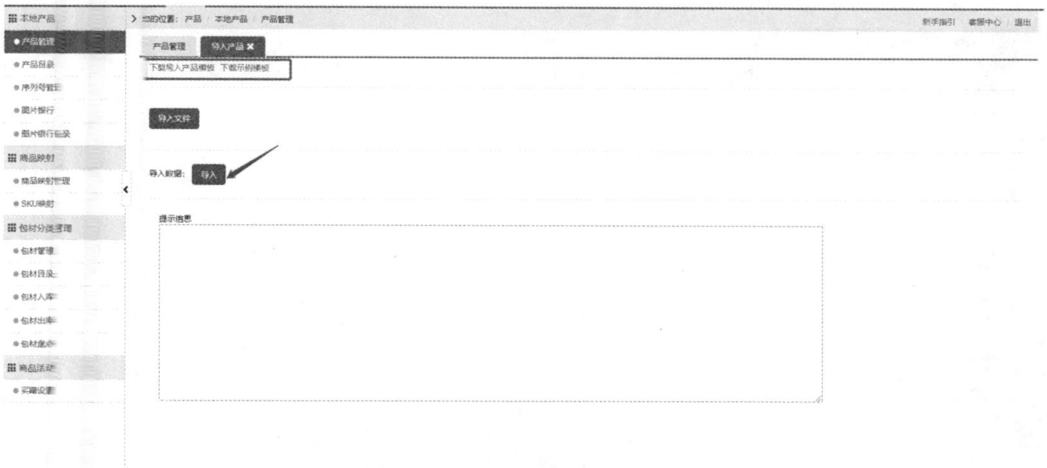

图 3-58　按模板导入产品数据

3）导入产品包材

包材指的是产品的包装方式。

第一步：如图 3-59 所示，在“产品-产品管理”页面下，单击【导入】下的【导入产品包材】。

图 3-59　在“产品-产品管理”页面导入产品包材

第二步：如图 3-60 所示，下载导入的模板，填写 SKU 值与包材信息（包材信息必须已经存在于系统中），单击【导入】。

图 3-60　按模板导入产品包材信息

4）批量打印

如图 3-61 所示，在“产品-产品管理”页面的【批量打印】下勾选需要打印的产品，选择需要打印的标签标识。

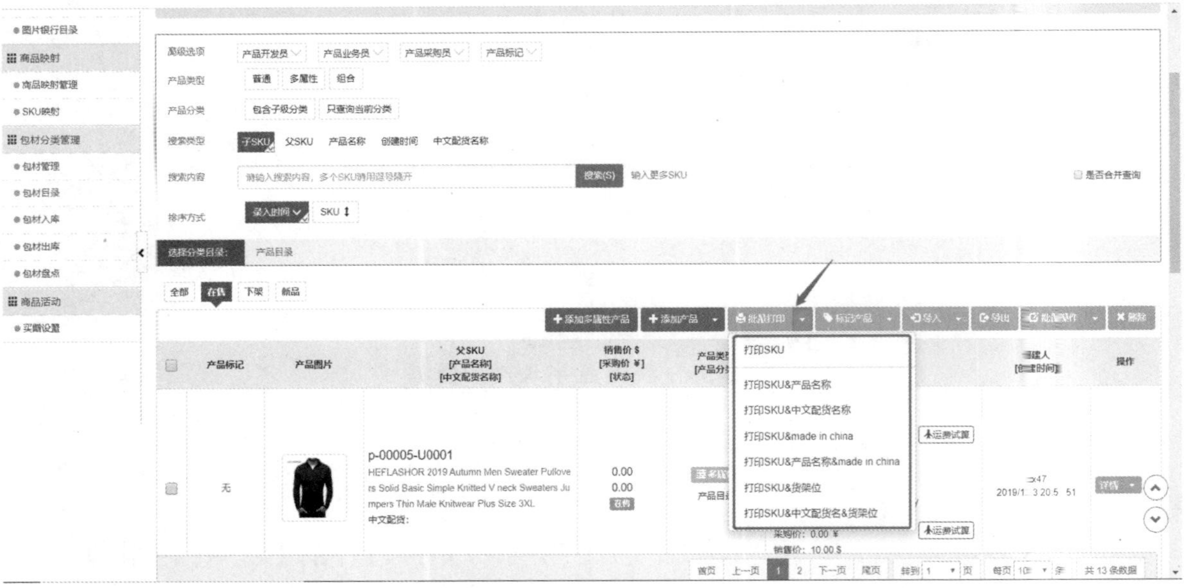

图 3-61　批量打印需要的标签标识

5）标记产品

如图 3-62 所示，产品标记用于对产品进行明显的标注，以方便进行区分、管理。先勾选要标记的产品，然后单击标记。

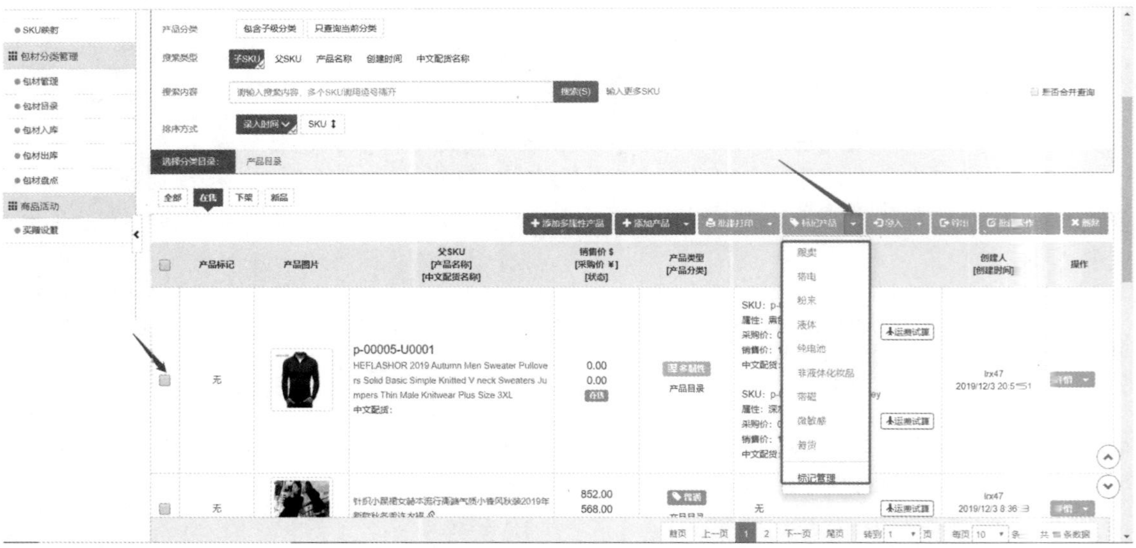

图 3-62　对产品进行标记

6）添加标记

如图 3-63 所示，在“产品管理”菜单单击【标记产品】按钮，首先单击【标记管理】进入标记设置页面，或打开“系统配置-标记设置”菜单，对产品设置不同的标记，单击【添加标记】填写标记名称、颜色、排序，最后保存。

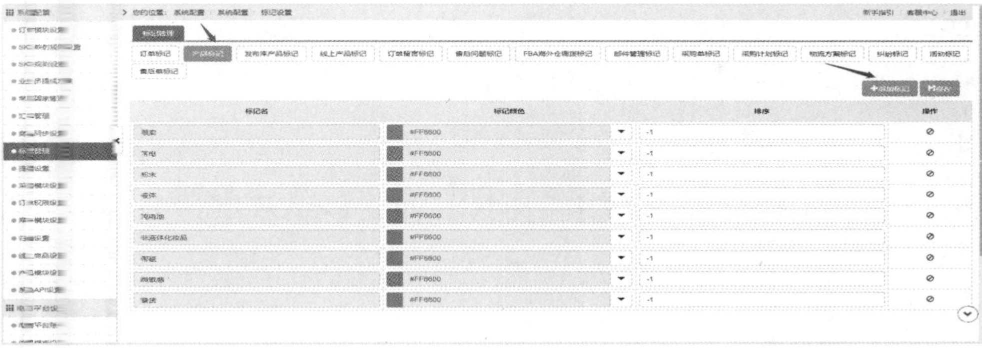

图 3-63　为产品添加标记

7）批量操作

如图 3-64 所示，对本地产品进行批量修改、复制及匹配图片等操作。

图 3-64　对产品进行批量操作

2．产品目录

产品目录是对本地产品进行分类，以方便区分、管理。

如图 3-65 所示，在“产品-本地产品-产品目录”下，单击【添加目录】，完善目录的名称、编码，以及所属的上级目录等信息，单击【保存】即可。

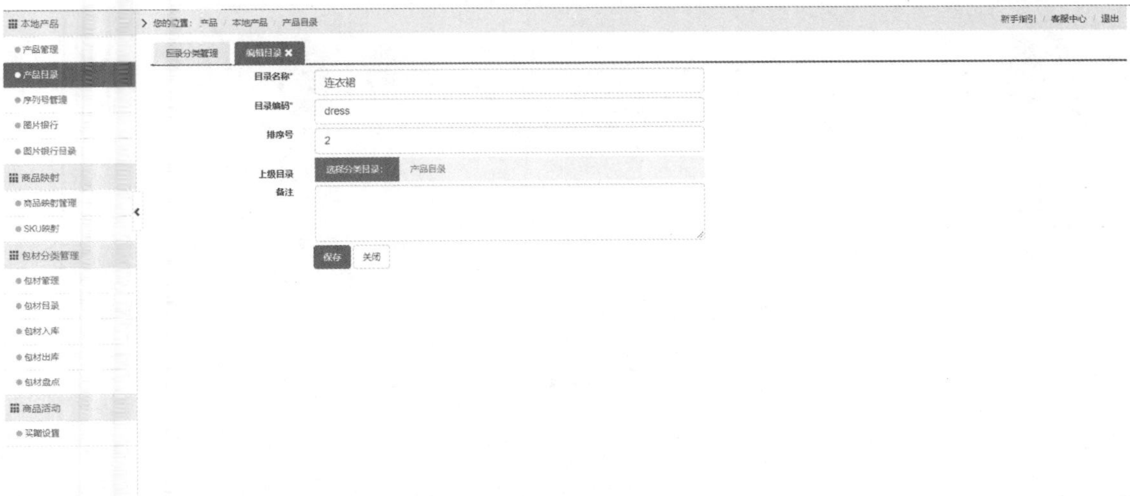

图 3-65　添加产品目录

3. 图片银行

图片银行是思睿智训 ERP 提供的图片存储空间，方便对常用的图片进行存储及管理。

1）导入网络图片

如图 3-66 所示，在“产品-本地产品-图片银行”菜单下，单击【导入网络图片】，下载系统所提供的模板，填写模板上的信息，上传文档至系统。

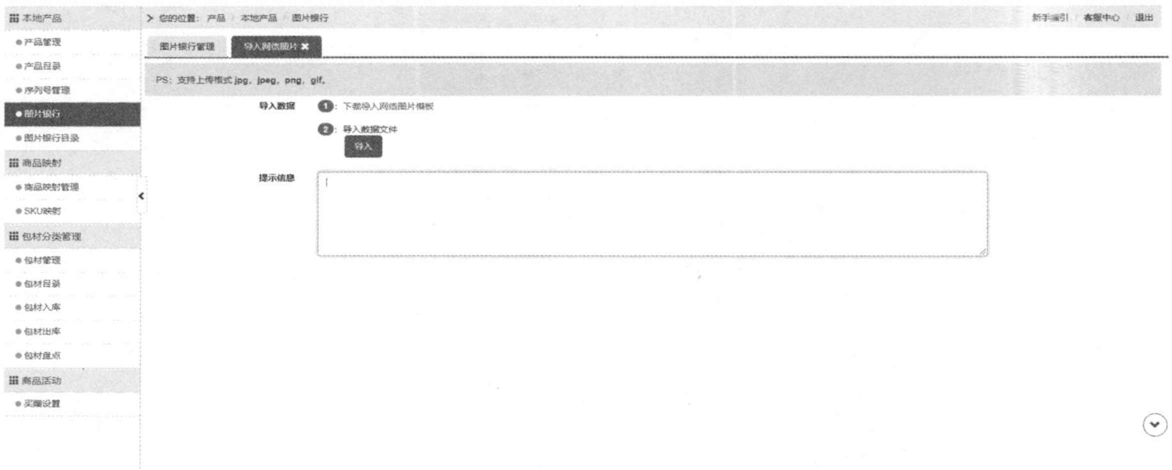

图 3-66 通过“图片银行”管理图片

2）图片上传

（1）本地上传。

如图 3-67 所示，要直接将本地计算机上的图片上传至系统中，可在“图片银行”菜单下单击【图片上传】，选择【本地上传】，直接将图片拖拽至此，上传即可。

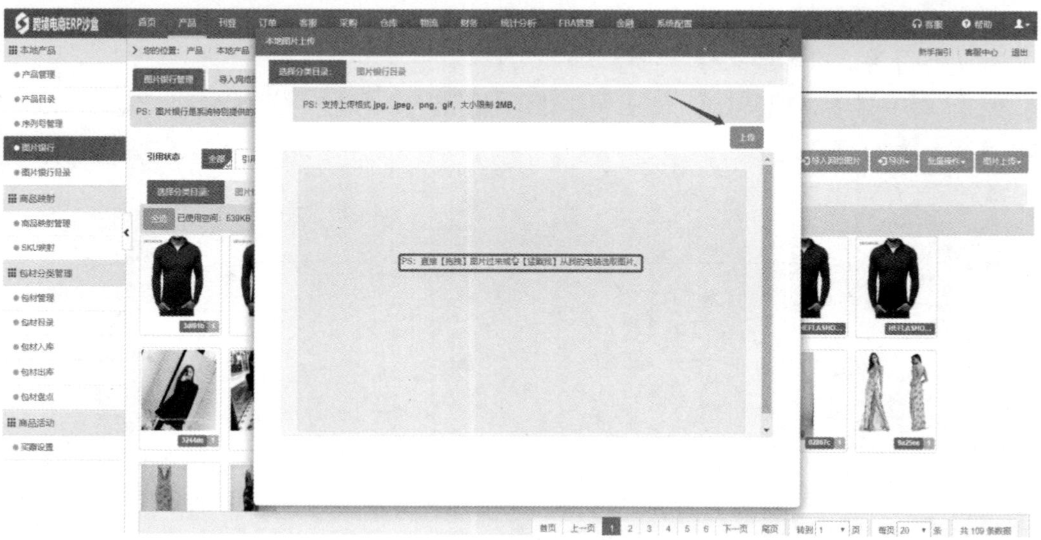

图 3-67 上传本地图片

（2）网络上传。

如图 3-68 所示，在“图片银行”菜单下单击【图片上传】，选择【网络上传】，直接输入要上传图片的网址，要输入多个网址时，直接用回车换行即可。

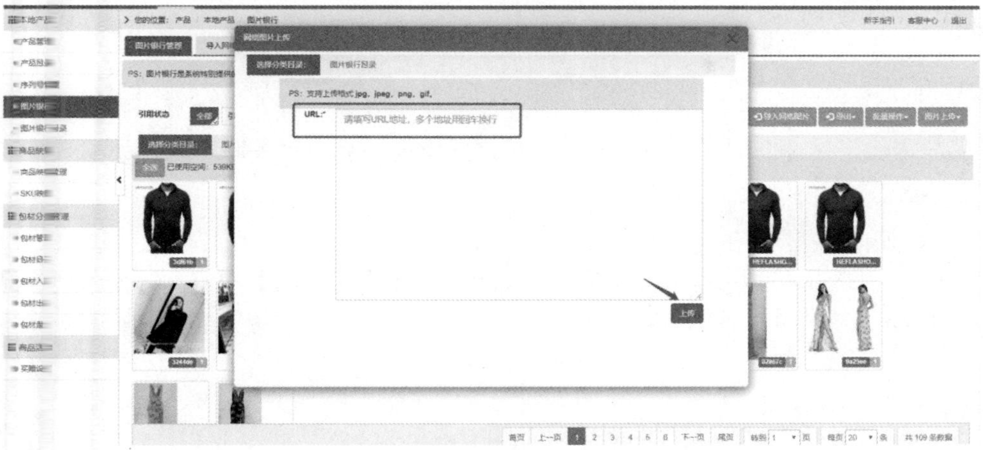

图 3-68　上传网络图片

（3）批量上传

如图 3-69 所示，将本地计算机上的图片进行压缩后，直接上传至系统，压缩文件的大小不能超过 200 MB。

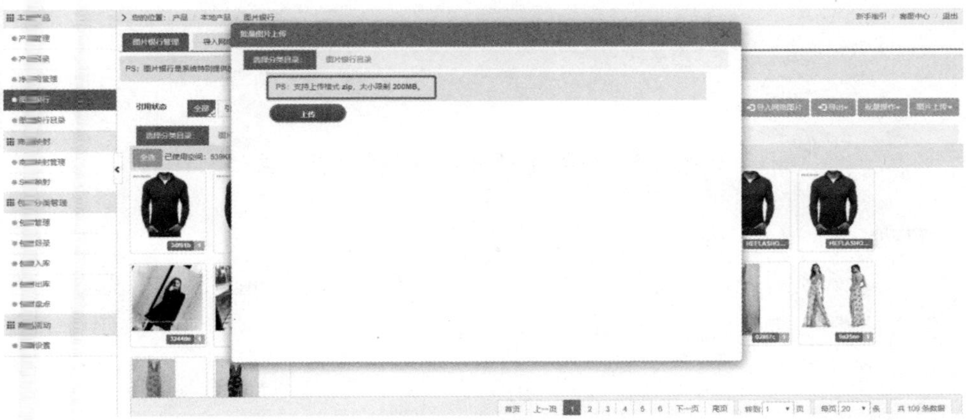

图 3-69　批量上传图片

3）图片银行目录

图片银行目录供在图片银行存储图片时使用，以方便管理。

如图 3-70 所示，在“图片银行”菜单下，单击【添加目录】，完善目录的名称、编码等信息，最后保存。

图 3-70　编写图片银行目录

4. 商品映射

1）SKU 映射

将线上的商品与本地产品建立映射关系，同步订单，线上商品会自动关联本地产品。一个本地产品 SKU 可以对应多个线上商品 SKU。

（1）添加 SKU 映射。

如图 3-71 所示，在“产品-商品映射-SKU 映射”菜单下，单击【添加】按钮，输入本地产品 SKU 与要对应的商品 SKU，最后保存。

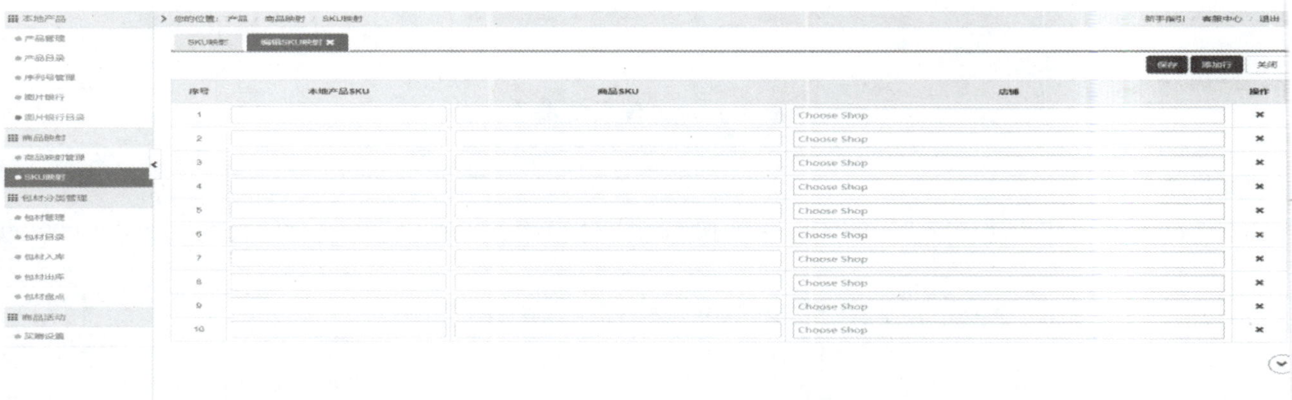

图 3-71 设置本地产品 SKU 映射关系

（2）导入 SKU 映射。

如图 3-72 所示，下载系统所提供的模板，完善本地产品 SKU 与线上商品 SKU 信息，上传至系统，在 SKU 映射列表处会生成一条新的映射记录。

图 3-72 按模板导入 SKU 映射关系

2）商品映射管理

线上店铺有订单的商品会在此列表中展示，商品 SKU 与产品库 SKU 建立映射关系，订单商品会自动匹配本地产品，与本地产品建立映射关系。

（1）自动映射：线上商品没有与本地产品库 SKU 建立映射关系的，会自动建立映射关系。如图 3-73 所示，在“产品-商品映射-商品映射管理”菜单下，单击【待确认】，筛选出没有建立映射关系的商品，单击【自动映射】，系统会自动匹配线上商品与本地产品的映射关系，单击【确认映射】，确认本地与平台的映射关系。

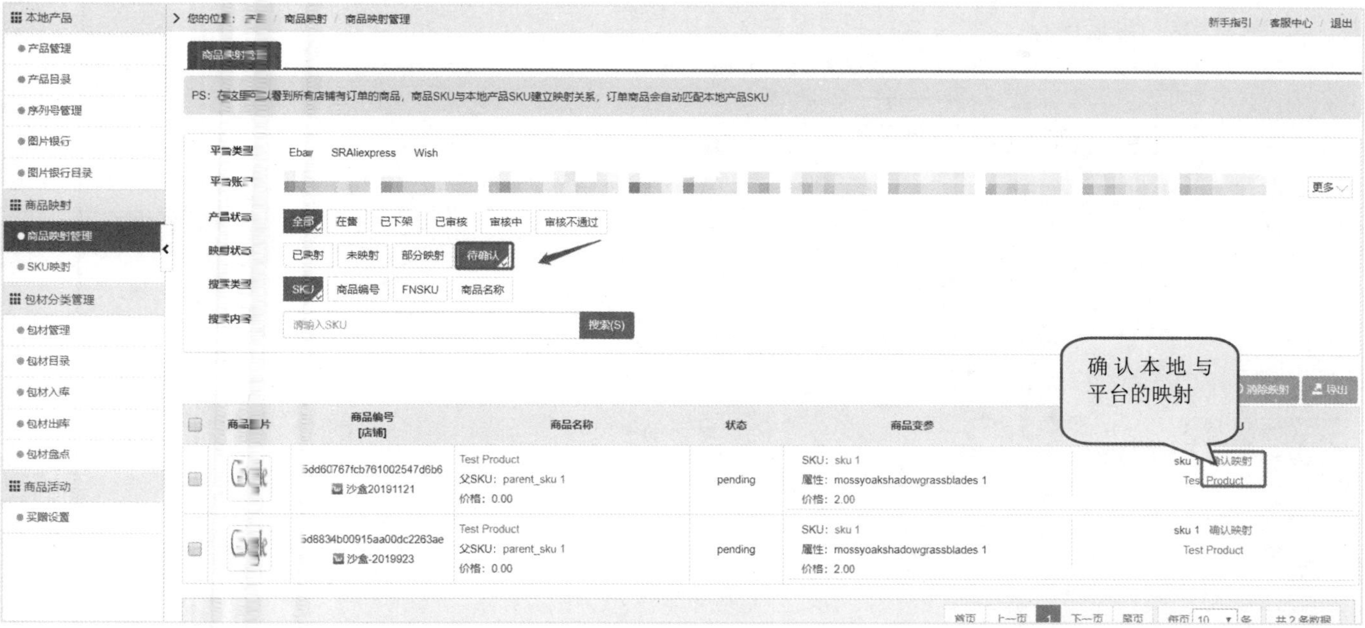

图 3-73　确认线上与线下产品的映射关系

（2）重新同步：如图 3-74 所示，再次同步线上的商品信息，与产品库 SKU 建立映射关系，勾选线上商品，单击【重新同步】。

图 3-74　再次同步线上的商品信息，与产品库 SKU 建立映射关系

5. 包材管理

1）包材目录

包材目录供添加包材时使用，以方便管理。

添加目录：如图 3-75 所示，在“产品-包材分类管理-包材目录”菜单下，单击【添加目录】，完善目录的名称、编码等信息，最后保存。

图 3-75 编写包材目录信息

2）包材管理

添加包材：如图 3-76 所示，在“产品-包材分类管理-包材管理”菜单下，单击【添加包材】，完善包材的名称、价格、供应商等信息，最后保存。

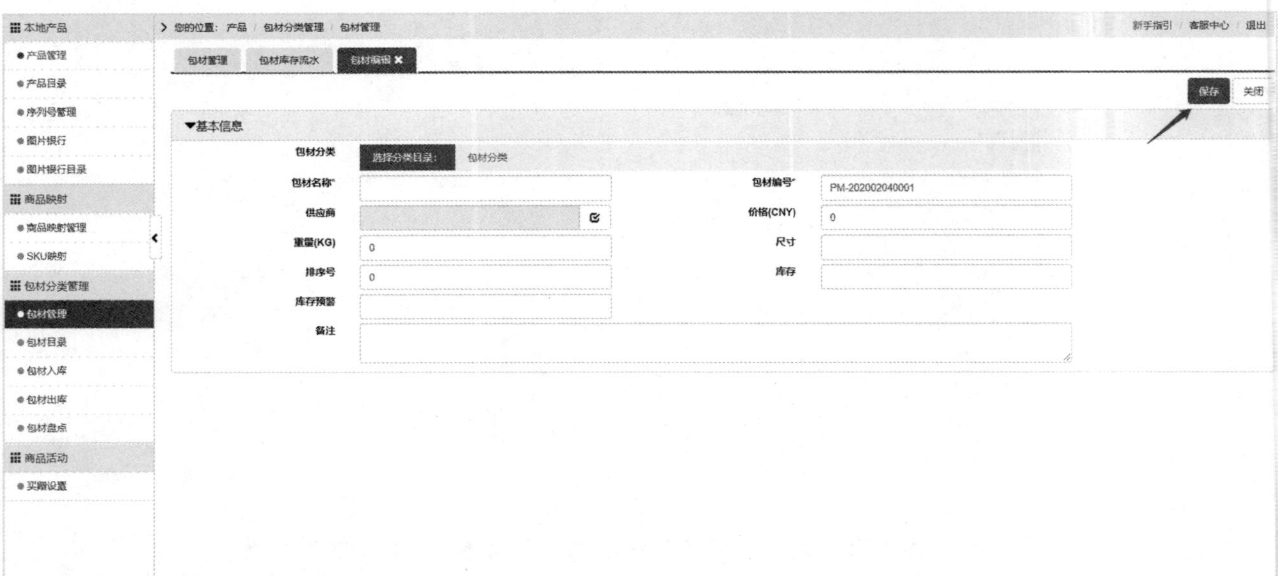

图 3-76 对包材信息进行编辑

【学习项目检测】

1．名词解释

（1）定位

（2）跨境电子商务选品

（3）稳重策略

（4）长尾关键词

（5）多属性产品

2．简答题

（1）简述跨境电子商务店铺定位的要素。

（2）简述一家跨境电子商务店铺要在平台中的众多店铺中脱颖而出，需要具备哪些优势。

（3）简述主动选品和被动选品的区别。

（4）简述跨境电子商务进货渠道。

（5）简述详情页的组成部分。

【学习项目评价】

学习完本学习项目后，请根据自己的学习所得，结合下表所列内容进行学习效果评价。

评价内容	评价方式			评价等级
	自评	小组评议	教师评议	
课前预习本学习项目相关知识、相关资料				A.充分 B.一般 C.不足
熟悉跨境电子商务的选品流程				A.充分 B.一般 C.不足
熟悉跨境电子商务平台产品发布与刊登流程				A.充分 B.一般 C.不足
掌握跨境电子商务选品与发布技能				A.充分 B.一般 C.不足
参加教学中的讨论和实训，积极完成相关任务				A.充分 B.一般 C.不足
善于和同学合作				A.充分 B.一般 C.不足
学习态度，完成作业情况				A.充分 B.一般 C.不足
总评				

【学习项目总结】

跨境电商平台的选品与发布是卖家开启跨境贸易之旅的一个重要环节。首先，卖家要对自己的店铺进行定位，选择一个合适的行业，并确定自己的目标市场和目标客户，明确自身的优势，确定到底是走高价的高端路线还是走低价的平民路线，同时还要确定店铺的风格。其次，卖家需要对商品的进货渠道有所把握，避免出现断货或者商品质量无法保证等情况的出现。之后，卖家需要针对平台的各种促销活动确定商品的定价，采取合适的定价策略。接下来，卖家就可以在各类跨境电商平台上利用平台后台提供的各类工具，进一步对选品工作进行细化操作。按照所注册平台的要求发布产品，在发布产品的时候，要特别注意类目的选择，防止出现类目错放的现象。同时，要按照要求填写商品的属性、关键词和标题栏，还要精心准备商品的图片，以激起买家的购买欲望。

学习项目 4　跨境电子商务物流管理

项目任务书

学习项目 4 任务书见表 4-1。

表 4-1　学习项目 4 任务书

任务编号	分项任务	职业能力目标	知识要求	参考学时
学习任务 4.1	跨境电子商务物流概述	了解跨境电子商务物流	1.物流概述 2.跨境电子商务物流	1
学习任务 4.2	跨境电子商务采购管理	了解跨境电子商务采购	1.跨境电子商务采购的相关概念 2.跨境电子商务采购的特征和流程	1
学习任务 4.3	跨境电子商务仓储管理	了解跨境电子商务仓储	1.跨境电子商务物流仓储概述 2.跨境电子商务库存的作用与库存控制方法	1
学习任务 4.4	跨境电子商务物流模式与海外仓	了解跨境电子商务物流模式与海外仓	1.跨境电子商务物流模式选择 2.跨境电子商务海外仓	2
学习任务 4.5	跨境电子商务供应链管理	了解跨境电子商务供应链	1.跨境电子商务供应链管理概述 2.跨境电子商务供应链设置	1
学习任务 4.6	跨境电子商务物流沙盒仿真实训	了解跨境电子商务物流沙盒仿真实训	1.采购管理实训 2.仓库管理实训 3.物流中心实训	4

学习重点、难点

重点

- 跨境电子商务物流相关知识；
- 跨境电子商务物流采购和仓储。

难点

- 跨境电子商务物流模式与海外仓选择；
- 跨境电子商务供应链设置。

本项目思维导图

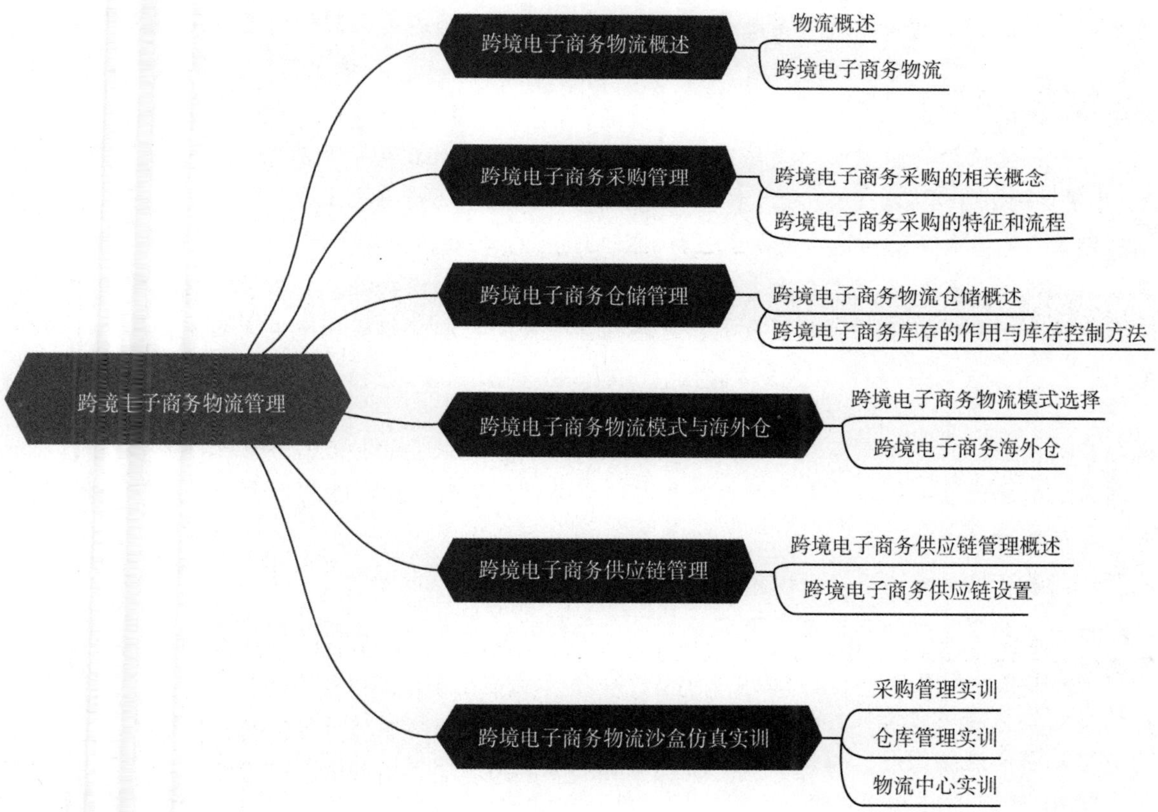

学习情境导入

2020 出口电商变更将至，新一轮跨境物流洗牌在即

当国人沉浸在“双 11 全民购物节”的狂欢中时，大洋彼岸的“黑五”“网一”“圣诞季”及“元旦季”等节日促销即将轮番上演，一场跨境电商旺季激战正在酝酿中……依照往年旺季情形，相信不少卖家殷切希望能在旺季“一夜爆单”，但同时，也在担忧旺季物流这个隐患。

那么，跨境电商物流市场目前到底存在哪些问题，未来会有什么样的发展趋势呢？

物流作为订单成交的最后一环，其重要性不言而喻，但当前跨境物流还存在诸多问题。聚众国际董事长欧阳锋表示：“现阶段，跨境电商物流行业的发展，存在三个很重要的阻碍因素，包括运力供不应求、运输成本高及运输周期长。”

运力供不应求：跨境电商物流运力资源供不应求，是跨境电商行业发展一直存在的问题。到了旺季，航空货运需求急剧上升，实际的航空运力满足不了需求，从而出现仓位紧张、运费上涨、航班延误，以及卖家不能按时出货等问题。

运输成本高：业内人士粗略估计，跨境电商物流成本在整个交易成本中的比重占到 30%~40%，而中国跨境电商卖家在交易过程中的物流成本要比这个比例还高，货物从国内运往国外需要经历国内物流、国内海关、国际运输、国外海关，以及国外物流等几个环节，尤其是在清关环节，跨境电商物流面临较高的操作难度和风险，这会增加物流的无形成本。

除此之外，根据前段时间国家邮政局召开的新闻发布会透露，2020 年至 2025 年间，出口国际小包终端费将较 2019 年累计增长 164%，这意味着，今年跨境电商物流成本还将再次上涨。

运输周期长：跨境电商贸易本身就加长了物流产业链，货物在清关环节增加了物流时间，并且国外一些国家的基础设施比较落后，上述因素都会导致跨境物流相比完善的国内物流，货物运输所耗费的时间周期更长。

除了上述三个问题外，清关、各国政策、可追踪性差等，也都是阻碍跨境电商物流发展的瓶颈。

跨境物流行业将面临洗牌

越来越多的企业，正是看到跨境物流行业“机会大”“增速快”的特点，开始大踏步涉足跨境物流行业，这其中包括传统的物流企业、跨境电商平台、国内电商平台，甚至一些跨境电商卖家和“三杆子打不着”的企业，都开始拓展跨境物流业务。

未来跨境物流市场的核心竞争优势有三个关键点。

（1）“最后一公里”的派送问题，要解决好这个问题，必须合理配置海外仓资源。

（2）快速清关。

（3）航空仓位及海运仓位的长期保有量。

谁能够完美解决这些问题，谁就能从激烈的市场竞争中脱颖而出。

当然，2020 年，中国出口电商卖家面临的不仅是物流行业的洗牌，包括平台、商标、金融等多个方面都将迎来新一轮的变革，海外市场的变动也将会直接影响卖家来年的整体战略布局。

学习任务 4.1　跨境电子商务物流概述

4.1.1　物流概述

1. 物流概念

物流是物品从供应地到接收地的实体流动过程。物流将运输、储存、装卸、搬运、包装、流通加工、配送、信息处理等基本功能实施有机结合。物流的起点是“供应地”，终点是“接收地”。只要是符合这个条件的实体流动过程都可以看成是物流，这充分表明了物流的广泛性。运输、储存、装卸、搬运、包装、流通加工、配送、信息处理等是物流所包含的功能要素，对于这些功能要素，物流要做的事情是“实施有机结合”。

2. 物流的特点

现代物流与传统物流的区别，主要在于现代物流有了计算机网络和信息技术的支撑，并应用了先进的管理技术和组织方式，将原本分离的商流、物流、信息流和采购、运输、仓储、代理、配送等环节紧密联系起来，形成了一条完整的供应链。

1）系统化

系统化是现代物流最主要的特点，物流的科学形态就是建立在系统化基础之上的。把各个独立的活动组合成一个物流系统，需要系统化的组织技术和装备技术。系统化技术在物流领域广泛应用，是构筑物流生产力的主体技术。

2）网络化

物流系统化的一个重要形式是物流网络化。物流资源地域分散的特点，要求其必须成为一个网络才能够贯通起来；物流需求地域分散的特点，也要求物流能够通过网络的形式将用户联系起来。铁路、公路、水运等都要形成网络才能覆盖广大的经济区域，它们之间又需要形成综合性的网络才能使物流过程得以优化。

3）精益化

后工业化社会，随着工业生产领域出现的轻、薄、短、小的发展趋势，派生了多批次、小批量、多品种的物流需求。与过去大批量生产相适应的大宗物流形式，在多数情况下，越是接近末端，当渠道变得细而密时，就越会出现成本迅速增高和效率迅速降低的情况。因此，物流的组织方式和运作方式必然要发生变革，以适应“多批次、小批量、多品种”的需求。

4）信息化

信息化最能体现现代物流的特点。在物流全球化、远程化、精益化的背景下，对于时刻处于流动状态的物流活动，要想对它进行有效的控制和管理，使它成为系统性的活动，就必须依靠信息技术的支持。

4.1.2　跨境电子商务物流

1. 跨境电子商务物流的重要性

跨境物流的发展必须打破行业桎梏，资源共享，携手供应商，为实现更好的经济效益进行调整，这样才能有效、快速地促进跨境电子商务的发展。要提高跨境物流和跨境电子商务的工作效率和质量，要重视以下问题。

（1）成本问题。一些跨境电子商务企业建立了自己的物流体系，但是在国际物流上还是依靠第三方来实现。在物流本土化的过程当中，还需要加强与目的地国本土物流企业的合作，其中海外仓就是典型代表。不能局限于以往产业链的发展模式，要做到有利于缩短时间、降低成本、减少货物损失等，要作出有利于现状的调整，这才是对现状更好的创新。

（2）通关问题。每个国家对各种物品的限制和具体的规定条款不一样，所以造成具体通关环节耗时较多。同时在市场经济高速发展的今天，跨境电子商务应该采用多种物流方式相互合作的方式来应对各种问题，形成规模化的跨境物流产业链。针对不同的国家，采用不同的物流形式，一来节约运输时间，二来也能规避由于海关条款的不同带来的麻烦。多种物流方式结合的形式是推动跨境物流和跨境电子商务发展的重要手段之一。

（3）有效结合跨境电商和跨境物流。只有两者相互沟通和结合才能收到更好的经济效益。在条件允许的情况下，两者形成战略合作关系，通过产业链的整合，跨境物流和跨境电子商务可以共同开发，通力合作，共同获得经济效益。企业和企业之间取长补短，在求同存异中谋求发展，获得双赢。在当下的网络时代，人们对于服务行业的要求越来越高，跨境电子商务和跨境物流双方应当把握经济的发展方向，放下各自的“规则”，才能更好地协同发展。

2. 跨境电子商务物流的特点

1）跨境电子商务物流系统范围的广泛性

跨境电子商务物流系统不仅具有物流本身的复杂功能要素（如运输、存储、包装、配送等），而且还要面对不同国家、不同地区错综复杂的不断变化的各种因素。国际物流涉及广阔的地域空间和诸多内外因素，需要较长的时间，操作过程难度较大，且要面临较大的风险。

2）跨境电子商务物流的复杂性

跨境物流的复杂性主要是由各国之间经济、技术、政策、自然环境、管理方法、文化等差异造成的。在经济与科学技术水平限制下，各国的物流技术和基础条件参差不齐，甚至有些技术根本无法应用，这将影响跨境物流的整体布局。不同国家标准不同，也加大了国际“接轨”的困难，因而使跨境物流系统难以建立。不同的政策和法律环境，使得跨境物流更加复杂，也将给跨境物流的开展带来困难。自然环境的优劣程度对跨境物流业务有重大影响，如地形、天气温度、人口密度等都将影响到国际物流的方式。

3）跨境电子商务物流的高风险性

国际物流的顺利运作，离不开物流的标准化。如果没有统一的标准，国际物流水平就很难提高。国际物流所涉及的内外因素更多，所需要的时间更长。这些因素带来的直接后果是难度和复杂性的增加，风险性随之增大。

学习任务 4.2 跨境电子商务采购管理

4.2.1 跨境电子商务采购的相关概念

1. 跨境电子商务采购

跨境电子商务采购也称跨境网上采购，是指通过建立电子商务交易平台，发布采购信息，或主动在网上寻找供应商、寻找产品，然后通过网上洽谈、比价、网上竞价实现网上订货，网上支付货款，最后通过物流进行货物的配送，完成整个交易过程。跨境电商全流程需要采购、供应、配送、电子支付、售后服务等环节的衔接和配合，任何环节出问题都可能影响跨境电商的发展。

2．商品编码

商品编码也称为商品代号、商品编号，是指赋予某种产品的一个或一组有序的符号排列，以便于人工或计算机识别商品和处理商品。商品编码在跨境电商采购中具有极其重要的意义，商品编码的科学性，直接影响跨境电商采购流程。

3．采购计划

采购计划指跨境电商采购人员在了解市场供求情况、掌握电商经营特点和物料消耗规律的基础上，对计划期内的物料采购活动所做的预见性安排和部署。

4．采购订单

采购订单指跨境电商采购人员根据采购计划，向供应商提出的关于采购业务的正式的、最终的确认单据。

5．采购追单

采购追单指跨境电商采购人员根据采购订单，对采购的材料及产品进行追踪，处理从下单到收到所购材料及产品过程中遇到的各种问题，如质量、数量、期限等。跨境电商采购追单也称为采购订单追踪。它是贯穿跨境电商采购流程始终的一项工作，是指订单发出后，由采购人员对供应商的原材料采购、生产、质检、交货，以及物流商的货物运输、仓储、配送等进行全程监控的过程。

6．采购到货处理

采购到货处理指跨境电商采购人员对收到的采购材料进行各种处置，包括到货准备、到货清点、到货检验、到货上架等。

4.2.2　跨境电子商务采购的特征和流程

1．跨境电子商务采购的特征

1）库存周转速度快

跨境电商采购过程中，即时响应用户需求，降低库存，提高物流速度和库存周转率，使电商企业由“为库存而采购”转变为“为订单而采购”。

2）多批次、少批量、快速响应

跨境电商采购要提高库存周转速度，就必须做到多批次、少批量和快速反应。这样，就对供应商提出了更高的要求，增加了供应商的生产成本。

3）采购的广泛性

所有的供应商都可以向采购方投标，采购方也可以调查所有的供应商。这样，可以扩大供应商范围，产生规模效益。

4）采购的互动性

跨境电商采购的过程中，采购方与供应商可以通过电子邮件或网络聊天等方式进行实时信息交流，既方便又迅速，而且成本较低。

5）采购效率高

跨境电商采购的过程中，可以突破时间和空间的束缚，有效地收集、处理和应用采购信息。

6）采购的透明性

跨境电商采购的过程中，应实现采购过程的公开、公平、公正，杜绝采购过程中的腐败。将采购信息在网站公开，由计算机根据设定好的标准自动完成供应商的选择，有利于实现实时监控，使采购更透明、更规范。

7）采购流程的标准化

按规定的标准流程进行采购，可以规范采购行为，减少采购过程中的随意性行为。

8）采购管理向供应链管理转变

采购方可以及时将数量、质量、服务、交货期等信息通过电子商务网站或电子数据交换（EDI）传送给供应方，并根据需求及时调整采购计划，使供方严格按要求提供产品。

2．跨境电子商务采购的流程

1）编制采购计划

采购计划是企业进行采购的基本依据。企业应根据采购需求、资金状况、采购时机等编制合理的采购计划并严格执行。

2）选择供应商

可以通过网络将采购计划信息传输给供应链中的供应商，并要求他们执行。对于非供应链中的供应商，采购部门可以将这些供应商编成“一览表”，从质量好、价格低、货物交付及时、服务周到的供应商中进行选择。

3）商务谈判

在同选中的供应商进行谈判的过程中，要做到知己知彼，明确下列问题：希望得到什么?对方要求什么?能做出什么样的让步使谈判成功?

4）签订采购合同

谈判成功之后就是签订采购合同，对双方的权利、义务，以及对违规方的处理办法进行明确。

5）货物通关

涉及从境外采购商品的，还要考虑通关问题。

6）货物上架销售

货物上架后，顾客在线选择商品并支付，接下来就进入境内的配送等环节。顾客收到货物之后进行验收，并在线上进行交易确认。在跨境电商采购中，电子支付安全是跨境电子商务的关键问题。

学习任务 4.3 跨境电子商务仓储管理

4.3.1 跨境电子商务物流仓储概述

1．仓库的种类

从传统管理的角度看，仓库在物流系统中是承担保管功能的场所，是物流网络中以储存为目的的节点。从现代物流的观点看，大型、多功能的仓库往往作为区域分拨基地，是区域内物流运作的中心。仓库按不同的标准可进行不同的分类，企业可根据自身的条件选择自建或租用不同类型的仓库。

1）按仓库的用途分类

（1）自有仓库。自有仓库是指各企业为了保管本公司的物品（原料、半成品、产成品）而建设的仓库。
（2）营业仓库。按照相关条例取得营业许可，保管他人物品的仓库称为营业仓库。
（3）公共仓库。国家或公共团体为了公共利益而建设的仓库称为公共仓库，即为公共事业服务的仓库。

2）按仓库的建筑结构分类

（1）平房仓库。平房仓库是指建筑物是平房，结构简单，有效高度一般不超过 5~6 米的仓库。
（2）多层仓库（或称楼房仓库)。仓库为两层以上的建筑物，由钢筋混凝土建造的仓库是多层仓库。仓库楼房各层间依靠垂直运输机械联系，也有的楼层间以坡道相连，称为坡道仓库。
（3）高层货架仓库（或称立体仓库)。高层货架仓库属于平房结构，但棚顶很高，内部设施层数很多（设置 10 层以上托盘）。
（4）散装仓库。散装仓库是指专门保管散粒状或粉状物资的容器式仓库，如装谷物、饲料、水泥等的仓库。
（5）罐式仓库。以各种罐体为储存库的大型容器仓库，如球罐库、柱罐库等。

3）按技术处理及保管方式分类

（1）普通仓库。普通仓库一般是指具有常温保管、自然通风功能（无特殊功能）的仓库。
（2）冷藏仓库。具有制冷设备，并有良好的保温、隔热性能以保持较低温度的仓库，称为冷藏仓库。冷藏仓库是专门用来储存冷冻物资的特殊仓库。
（3）恒温仓库。具有保持一定温度和保湿功能的仓库称为恒温仓库。
（4）危险品仓库。保管危险品并能对危险品起一定防护作用的仓库，称为危险品仓库。

4）按仓库的功能分类

现代物流管理力求进货与发货同期化，使得仓库管理从静态管理转变为动态管理，仓库的功能也随之发生改变。现代物流仓库按其功能可分为以下类型。

（1）集货中心。将零星货物集中成批量货物称为“集货”。集货中心可设在生产总量很大、每个生产点产量有限的地区。只要这一地区某些产品总产量达到一定的数量，就可以设置这种有“集货”作用的物流节点。

（2）分货中心。将大批量货物分成批量较小的货物称为“分货”。分货中心是主要从事分货工作的物流节点，企业可以将一些大包装或散装的货物运到分货中心，在这里按照客户需求进行分装，从而降低运输费用。

（3）转运中心。转运中心的主要工作就是承担货物在不同运输方式之间的转运。它可以进行两种运输方式之间的转运，也可以进行多种运输方式之间的转运。使用的交通工具主要有卡车、火车、轮船、飞机等。

（4）加工中心。加工中心的主要工作就是进行流通加工。设置在供应地的加工中心主要进行以物流为主要目的的加工，设置在消费地的加工中心主要进行以促进销售、强化服务为主要目的的加工。

（5）配送中心。配送中心是从事配送业务的物流场所或组织，一般应符合如下要求：主要为特定的用户服务；配送功能比较健全；具备完善的信息网络；业务的辐射范围较小；多品种、小批量；以配送为主，储运为辅。

（6）物流中心。物流中心是从事物流活动的场所或组织，一般应符合如下要求：主要面向社会服务；物流功能齐全；具备完善的信息网络；配送的辐射范围大；少品种、大批量；存储、吞吐能力强；物流业务统一经营和管理。

2．库存的定义和分类

库存指处于储存状态的物品。广义的库存还包括处于制造加工状态和运输状态的物品。库存控制是在保障供应的前提下，使库存物品的数量最少所进行的有效管理的技术经济措施。换句话说，库存控制既要防止缺货、避免库存不足，又要防止库存过量，避免发生大量不必要的库存费用。库存控制在物流过程中有举足轻重的地位，国外有些物流学者甚至把物流管理定义为对静止或运动库存的管理。

库存可从几个方面来分类。从生产过程的角度可将库存分为原材料库存、零部件及半成品库存、成品库存三类。从库存物品所处状态可将库存分为静态库存和动态库存。静态库存指长期或暂时处于储存状态的库存，这是人们一般意义上认识的库存概念。实际上广义的库存还包括处于制造加工状态或运输状态的库存，即动态库存。处于制造加工状态的库存指正处于加工状态及为了生产的需要暂时处于储存状态的零部件、半成品或成品。运输状态的库存指处于运输状态或为了运输的目的而暂时处于储存状态的物品。

从经营过程的角度可将库存分为以下 6 种类型。

1）经常库存

在正常的经营环境下，企业为满足日常需要而建立的库存称为经常库存。这种库存随着每日的需要不断减少，当库存降低到某一水平时（如订货点)，就要进行订货来补充库存。这种库存补充是按一定的规则反复进行的。

2）安全库存

安全库存指为了应对不确定因素（如大量突发性订货、交货期突然延期等)而准备的缓冲库存。

3）季节性库存

季节性库存指为了满足特定季节中出现的特定需要（如夏天对空调机的需要)而建立的库存，或指对季节性出产的原材料（如大米、棉花、水果等农产品)在出产的季节大量收购所建立的库存。

4）促销库存

促销库存指为了应对企业的促销活动产生的预期销量增加而建立的库存。

5）投机库存

投机库存指为了避免因货物价格上涨造成损失或为了从商品价格上涨中获利而建立的库存。

6）积压库存

积压库存指因物品品质变坏，不再有效用的库存，或因没有市场销路而卖不出去的商品的库存。

如果从是否盈利来划分，库存还可以分为经营性库存和非经营性库存，后者又叫国家储备，主要是为了应对自然灾害和战争，如国家粮食储备库存。

4.3.2 跨境电子商务库存的作用与库存控制方法

1．库存的作用

1）平衡供求关系

长时期的市场供求关系表现可能比较平衡，但由于原材料的数量变化，或者货物价格的变化，或者市场政策的变化都会导致供求在时间和空间上的不平衡，这要求企业能够保持适当库存数量避免市场震荡。在某一时期内，如季节、节假日，市场供求关系也可能会失去平衡，这主要是由于市场需求量骤然上升，生产供给能力一时跟不上，此时，企业仍须有充足的货源以迅速满足市场需要。

2）稳定生产

对于生产企业来说，外部需求的不稳定性和内部生产的均衡性是矛盾的，为了解决这一矛盾，拥有适当的库存是十分必要的，可以防止生产中断。同时，适量的库存可以实现规模经济，会降低生产成本，提高市场竞争能力，树立企业信誉和品牌。

3）促进物流系统合理化

企业设定库存时，考虑到货物在物流系统中的各项费用，应尽力合理选择有利地址，减少原材料至仓库、产成品从仓库至客户的运输费用，这样不仅节约费用，还可以节省时间。

4）平衡优化供应链

在供应链管理环境下，库存不再作为维持生产和销售的措施，而是作为一种供应链的平衡机制，通过简化供应链和经济控制论等方法解除薄弱链来寻找总体平衡。物流供应链上的所有要素应同步，以减少无效作业，做到采购、运输、库存、生产、销售，以及供应商、用户的供应系统一体化，促进物料与产品的有效流动，追求物料通过每个配送渠道的最高效率，以杜绝生产与流通过程的各种浪费。

库存的作用显而易见，但库存的作用在传统的管理中往往被过分夸大，掩盖了生产经营中存在的严重问题。如废品率和返修品率过高的问题、现场管理混乱的问题、供应商原材料质量的问题、供应不及时的问题、生产计划安排不当的问题、需求预测不准的问题，等等。因此，库存控制的目的就是在满足顾客服务要求的前提下通过对企业的库存水平进行控制，力求尽可能降低库存水平、提高物流系统的效率，以增强企业的竞争力。

2．库存控制方法

1）定量订货方式

定量订货方式是指当库存量下降到预定的最低的库存数量（订货点）时，按规定数量（一般以经济订货批量为标准）进行订货补充的一种库存管理方式。当库存量下降到订货点 R 时，企业马上按预先确定的订货量 Q 发出订单，经过提前期 L（提前期或前置期：从发出订货单到收到货物的时间间隔）收到订货，库存水平上升。可见，定量订货方式的关键在于确定订货点 R 和定货量 Q。

2）经济订货批量

经济订货批量通过平衡采购进货成本和保管仓储成本，以实现总库存成本最低的最低订货量。

由以上定义可知，总库存成本=采购进货成本+保管仓储成本。采购进货成本是指随着采购次数变动而变动的费用，包括差旅费、通信费、业务费等。采购进货成本与采购批量成反比例关系，因为每采购一次，就要花费一次采购成本。当在一定时间内采购总量一定时，每次采购的批量大，采购的次数少，采购成本就低。反之，采购批量小，采购次数多，采购成本就大。

保管仓储成本包括搬运费、资金占用利息费、商品损耗费等，它同采购批量成正比例关系。因为当该商品的销量均匀时，每次采购批量大，平均库存量就大，因而付出的保管仓储成本就高；反之，采购批量小，平均库存量小，需要支付的保管仓储成本也小。

在采购过程中，既不能不考虑采购成本的节约，也不能不考虑保管仓储成本的节约，应当力求使二者之和最小。相应的，能使两种成本之和最小的批量也就是经济采购批量。

3）定期订货方式

定期订货方式是按预先确定的订货间隔时间进行订货补充的一种库存管理方式。

4）ABC 分类管理

ABC 分类管理就是将库存物品按品种和占用资金的多少分为特别重要的库存（A 类）、一般重要的库存（B 类）和不重要的库存（C 类）三个等级，然后针对不同等级分别进行管理与控制。

学习任务 4.4　跨境电子商务物流模式与海外仓

4.4.1　跨境电子商务物流模式选择

跨境电子商务物流配送，是指配送企业利用当前最为先进的计算机技术和现代化硬件、软件设备，以及先进的管理方法，根据社会需求和广大客户的要求，对货物进行分类、编配、整理、分拣等工作，必须在规定时间内，将货物送到指定地点，使广大客户及时收到自己在网上订购的商品。

1. 邮政物流

1）中邮小包

中国邮政小包（中邮小包）又称邮政航空小包，是中国邮政开展的一项国际邮政小包业务，包含挂号、平邮两种服务。中国邮政挂号小包每单需加收 8 元挂号费，并提供网上跟踪查询服务。中邮小包有量和体积限制，其包裹重量在 2 kg 以内（到阿富汗为 1 kg 以内）。中邮小包对体积的规定如下。

非圆筒货物：长 + 宽 + 高≤90 cm，单边长度≤60 cm。

圆筒形货物：直径的两倍 + 长度≤104 cm，单边长度≤90 cm。

中邮小包的时效为 12～60 天，到土耳其、新西兰等国家较快（12～15 天）；到加拿大、西班牙等国家较慢（30～45 天）；到巴西等南美国家非常慢。中邮小包运费经济，可以送达全球各个邮政网点，国内中邮货代服务发达，有折扣优惠。通过邮政包裹通道，可以最大程度避免关税，但是中邮小包运输时间长，丢包率高，丢包后赔偿慢，且赔偿成功率不高。

2）中邮大包

中国邮政大包（中邮大包）除指航空大包外，还包括水路运输大包。中邮大包可寄达全球 200 多个国家，价格低廉，清关能力强，对时效性要求不高而稍重的货物，可选择使用此方式发货。中邮大包限重 30 kg（部分国家限重 10 kg）。中邮大包成本低，尤其是该方式以首重 1 kg，续重 1 kg 的计费方式结算，价格比 EMS 低，且和 EMS 一样不计算体积重，没有偏远附加费，较商业快递有绝对的价格优势。中邮大包运单操作简单、方便，但是，中邮大包有妥投速度慢，查询信息更新慢等弊端。

2. 商业快递

国际商业快递主要有 FedEX、UPS、DHL、TNT 等国际快递巨头。

1）FedEX

FedEX 即联邦快递，是全球最具规模的快递运输公司。FedEX 单件最长边不能超过 274 cm，最长边加其他两边的长度的两倍不能超过 330 cm；一票多件（其中每件都不能超过 68 kg），单票的总重不能超过 300 kg，超过 300 kg 需提前预约。FedEX 适合走 21 kg 以上的大件，到南美洲的价格较有竞争力；时效较快，一般 3～7 天可到达；网站信息更新快，覆盖网络全，查询方便，但是 FedEX 价格贵，需要考虑货物体积重，收取偏远附加费。

2）UPS

UPS 即联合包裹服务公司，在 1907 年作为一家信使公司成立于美国西雅图，全球总部位于美国佐治亚州亚特兰大市。UPS 每个包裹最大长度为 270 cm，每个包裹的最大尺寸：长度+周长=330 cm，周长=2×（高度+宽度）。

其包裹最大重量为 70 kg。UPS 国际快递包裹一般不送超过重量和体积的包裹，对超过规定的快递包裹，将收取超长附加费人民币 378 元。UPS 国际快递速度快，一般 2～4 日可以送达；运送范围广，可送达全球 200 多个国家和地区；网站信息更新快，遇到问题可及时解决，但是，其计体积重，运费较贵，有时会收偏远附加费和进口关税。

3）DHL

DHL 又称敦豪国际快递公司，是德国邮政全资子公司，总部设在布鲁塞尔。DHL 对大部分国家的包裹有体积重量要求，单件包裹的重量不超过 70 kg，单件包裹的最长边不超 1.2 m。

DHL 在西欧、北美线路上有优势，适合走小件，可送达网点比较多；时效快，一般 2～4 个工作日可送达，网站信息更新快，遇到问题解决速度快。DHL 快递价格高，适合发 5.5 kg 以上的货物；对托运货物的限制比较严格；物品描述需要填写实际品名和数量，不接受礼物或样品申报。

4）TNT

TNT 集团总部设于荷兰，是国际四大商业快递公司之一。TNT 单件包裹重量不能超过 70 kg，三边长度分别不能超过 240 cm、150 cm、120 cm。TNT 速度快，全程时效一般在 3～7 个工作日，通关能力强，但是，TNT 价格较高，算体积重，收偏远附加费。

4.4.2　跨境电子商务海外仓

1．海外仓概述

海外仓，即在跨境电商买家所在国家建设存储仓库。海外仓模式是利用跨境电商销售平台的大数据，分析未来一段时间可能的销售量，然后所售货物先用普通国际贸易的海运或空运方式运至存储仓库，待到客户下单后直接从该存储仓库寄送到买家手中的模式。卖家先将货物通过空运、海运、快递方式存储到国外仓库，当买家有需求时，卖家可以第一时间做出快速响应，及时通知国外仓库进行货物的分拣、包装，提升了物流响应时间。这种模式可以确保货物安全、准确、及时、低成本地到达终端买家手中。目前海外仓模式包括：跨境电商平台自建的海外仓，专业物流公司建设的海外仓，跨境电商卖家探索建立的海外仓三种类型。

海外仓储费用包括头程费用、仓储及处理费用、本地配送费用。头程费用就是货物从中国到海外仓库产生的运费；仓储及处理费用，即货物储存在海外仓和处理当地配送业务时产生的费用；本地配送费用指对商品进行本地配送产生的本地快递费用。

海外仓的优点包括：派送时效快，买家下订单后，卖家就指示海外仓库将货物以国内快递的速度送达买家处，给买家良好的购物体验；同时，可以降低成本，大批量的货物以海运等方式运往海外仓，可以极大地减少头程运费，降低成本。海外仓的不足：货物提前放在海外仓会增加海外仓储的费用，若销售数量控制不好，产品滞销，则海外仓的成本急剧上升，反而增加了经营成本。

2．物流运费

国际快递运费计算方法如下。

1）计费重量单位

特快专递行业一般以每 0.5 kg 为一个计费重量单位。

2）首重与续重

特快专递货品的寄递以第一个 0.5 kg 为首重（或起重），每增加 0.5 kg 为一个续重。

3）实重与体积重量（材积）

实重是指需要运输的一批物品包括包装在内的实际总重量；当需寄递物品体积较大而实重较轻时，因运输工具（飞机、火车、船、汽车等）承载能力及能装载物品体积所限，采取量取物品体积折算成重量的办法来核算的重量，称为体积重量或材积。体积重量大于实际重量的物品称为轻抛物。

4）计费重量

按实重与体积重量两者的定义及国际航空货运协会规定，货物运输过程中计收运费的重量是按整批货物的实际重量和体积重量两者之中的较高者来计算的。

5）包装费

一般情况下，快递公司免费包装，提供纸箱、气泡等包装材料，如衣物等物品，不需要特别的包装就可以发运，但一些贵重、易碎物品，快递公司还是要收取一定的特殊包装费用的。

学习任务 4.5 跨境电子商务供应链管理

4.5.1 跨境电子商务供应链管理概述

1. 供应链管理的概念

供应链管理指利用计算机网络技术全面规划供应链中的商流、物流、信息流、资金流等，并进行计划、组织、领导与控制。它是在 20 世纪 80 年代后期由咨询业界提出来的，其一经提出，便得到管理业界的广泛关注。供应链管理将企业管理者的目光从传统的关注企业内部管理扩大到关注整条产业链的管理，使人们认识到，现在企业间的竞争，是供应链与供应链之间的竞争。

2. 供应链管理的特征

1）供应链管理是一种基于流程的集成化管理模式

传统的管理以职能部门为基础，往往由于职能矛盾、利益冲突及信息分散等原因，各职能部门无法完全发挥其潜在效能，因而很难实现最优的整体目标。供应链管理则是一种纵横的、一体化经营的集成管理模式，它以流程为基础，以价值链的优化为核心，强调供应链整体的集成与协调，通过信息共享、技术扩散、资源优化配置和有效的价值链激励机制等方法来实现经营一体化。

2）供应链管理是全过程的战略管理

供应链上各环节不是彼此分割的，而是环环相扣的一个有机整体，因此，从总体上考虑，如果只依赖部分环节的信息，则会由于信息的局限或失真，导致决策失误、计划失控、管理失效。

3）供应链管理以最终客户为中心

不管供应链的链节企业有多少种类型，也不管供应链是长还是短，供应链都是由客户需求驱动的，企业创造的价值只能通过使客户满意并产生利润来衡量，只有客户取得成功，供应链才得以存在、延续和发展。

4）供应链管理提出了全新的库存观

传统的库存管理思想认为，库存是维系生产或销售的必要措施，它保护生产、流通和市场，避免其受到上游企业或下游企业在供需方面的影响，因而企业与其下游企业之间在不同的市场环境下只是实现了库存的转移,整个社会库存量并未减少。

5）供应链管理采取了新的管理方法

诸如用总体综合方法代替接口的方法，接触最薄弱链寻求总体平衡的方法，简化供应链防止信号堆积、放大的方法，用经济控制论实现控制的方法等。

3. 供应链管理的程序

1）分析市场竞争环境

分析市场竞争环境就是识别企业所面临的市场特征，寻找市场机会。企业可以根据波特模型的原理和方法，通过市场调研等手段，对供应商、用户、竞争者进行深入研究;企业也可以通过建立市场信息采集监控系统，开发针对复杂信息的分析和决策技术。

2）分析顾客价值

所谓顾客价值是指顾客从产品或服务中所期望得到的所有利益，包括产品价值、服务价值、人员价值和形象价值等。供应链管理的目标在于不断提高顾客价值。因此，营销人员必须从顾客价值的角度定义产品或服务的具体特征，而顾客的需求是驱动整个供应链运作的原动力。

3）确定竞争价值

从顾客价值出发找到企业产品或服务定位之后，企业管理人员要确定相应的竞争战略。根据波特的竞争理论，企业获得竞争优势有三种基本战略形式：成本领先战略、差别化战略，以及目标市场集中战略。

4）分析本企业的核心竞争力

供应链管理注重的是企业核心竞争力，强调企业应专注于核心业务，建立核心竞争力，在供应链上明确定位，将非核心业务外包，从而使整个供应链具有竞争优势。

5）评估、选择合作伙伴

供应链的建立过程实际上是一个合作伙伴的评估、筛选和甄别的过程。选择合适的对象（企业）作为供应链中的合作伙伴，是加强供应链管理的重要基础。

6）供应链企业运作

供应链企业运作的实质是以物流、服务流、信息流、资金流为媒介，实现供应链的不断增值。具体而言，就是要注重生产计划与控制、库存管理、物流管理和采购信息技术支撑体系这四个方面的优化与建设。

7）绩效评估

供应链节点企业必须建立一系列评估指标体系和度量方法，反映整个供应链运营绩效的评估指标主要有产销率指标、平均产销绝对偏差指标、供应链总运营成本指标、产品质量指标等。

4.5.2　跨境电子商务供应链设置

1. 跨境电子商务供应链设计的基本要求

1）客户优先

客户是供应链中唯一真正的资金流入点，任何供应链都只有唯一的一个收入来源——客户，因此，供应链的设计要考虑客户优先的原则。客户服务由客户开始，也由客户终止，客户最能感受到供应链中复杂的、相互影响的效应。供应链的设计必须具有高度柔性和快速响应能力，才能够满足客户的现实需求和潜在需求。

2）定位明确

供应链由原材料供应商、制造商、分销商、零售商、物流与配送商，以及消费者组成。一条富有竞争力的供应链要求组成供应链的各成员都具有较强的竞争力，不管成员为整个供应链做了什么，都应该是专业化的，专业化就是优势。无论企业在供应链中处于主导地位，还是从属地位，都必须明确自己在供应链中的定位优势。根据自己的优势来确定自己的位置，并据此制定相关的发展战略，对自己的业务活动进行适当的调整和取舍，着重培养自己的业务优势，保证以自己的优势业务参与供应链。只有这样，企业才有可能在供应链中被认可，并与其他企业合作，最终实现共赢。

3）防范风险

由于受到自然和非自然因素的影响，供应链的运作实际上存在着不确定性，从而使企业面临着一定的风险。例如，由于不确定因素的影响，市场需求总是变化的，具有不稳定性，所以，每个节点企业都必须保持一定的库存。为了达到为客户服务的目标，必须保持足够的库存（也就是安全库存），这样即使上游过程出现问题，也不至于影响客户。在供应链的设计中，应该对各种风险因素进行度量和说明，了解各种不确定性因素对系统所产生的影响，并制定相应的防范措施。

4）量力而行

供应链的建立与运行是一个十分复杂的工程，它要求企业必须具备较强的经济实力、较高的决策水平和熟练的供应链运作技巧。企业应根据自己的实际情况，对于建立什么样的供应链、自己在其中的地位和作用、供应链未来运作的预期状况等问题，做出理性的判断并量力而行，使未来的供应链运作能够在自己的掌控之中。只有这样，企业才有可能达到供应链设计和实施的目的。

2．供应链设计的基本内容

1）供应链合作伙伴选择

每一个供应链都包括从采购、供应、生产到仓储、运输、销售等多个环节的多家供应商、制造商和零售商，以及专门从事物流服务的多家企业，供应链成员囊括了为满足客户需求、从原产地到消费地、直接或间接相互作用的所有公司和组织。

2）网络结构设计

整个网络结构由供应链成员、成员间的联系和供应链工序连接方式三方面组成，网络本身体现供应链成员和成员间的相互关系。

3）组织机制和管理程序

供应链的组织机制和管理程序是保证供应链有效运营的关键。由于供应链涉及多家企业的多个业务环节，而这些企业都是独立的市场经济主体，在管理上自成体系，要实现供应链的无缝衔接，各个独立的企业必须在相关环节上达成一致。

4）供应链运行基本规则

供应链上的节点企业之间的合作是以信任为基础的。信任关系的建立和维系，除了需要各个节点企业的诚信之外，还必须遵循供应链运行的基本规则。

3．跨境电子商务供应链优化

1）成立跨境电子商务平台联盟统一向境外品牌商议价

境内中小跨境电子商务企业议价能力弱，不能直接与境外供货商签约的主要原因还是需求分散和需求规模不够。成立跨境电子商务平台联盟能提升议价能力。

2）突破传统思维与境外卖方进行思维互换

目前跨境进口平台上采取自营模式的电商，90%是通过中间商采购的，中小跨境电商议价能力弱，难以与境外品牌商直接签署供货合同。大型跨境进口平台采购量大，议价能力强，却也很难与品牌商签约，原因很多，比如文化差异、账期问题等，境内电商普遍存在拖欠供应商货款的现象，但是境外企业却坚决要求不能欠账。因此，跨境进口电商要想与境外品牌商取得货源上的协调、对接，需要适应不同的商业经营风格、不同的文化、不同政治体系下的思维方式，这确实还有很长的一段路要走。

3）做好大数据分析，实行精准营销

与大数据平台合作，及时掌握消费者的个人信息和交易信息，掌握目标人群的需求和关注点，掌握消费者的消费心理和消费习惯，开展有针对性的精准营销活动。

学习任务 4.6　跨境电子商务物流沙盒仿真实训

本书以思睿智训跨境电商综合实训平台（思睿智训 ERP）为例，进行跨境电子商务物流沙盒仿真实训的介绍。

4.6.1　采购管理实训

1．采购相关设置

在“系统配置-系统配置-采购模块设置”菜单中进行与采购相关的设置。不同的配置对应不同的采购流程。启用采购单审核如图 4-1 所示。

图 4-1　启用采购单审核

（1）系统默认不启用采购单审核，因此，在“采购-采购单管理-采购单”的页面中创建采购单成功之后，采购单状态就变为“等待到货”，如果是从“采购-采购单管理-采购计划”的页面创建的采购计划，确认计划无误之后，单击【生成采购单】，采购单状态一样会变为“等待到货”。当采购状态为“等待到货”时，采购单就是处于采购中的采购单，这一状态下的采购单是不能修改采购信息的，如有错误只能作废。

（2）当启用了采购单审核，在“采购-采购单管理-采购单”的页面中创建采购单并保存之后，需要先确认并提交采购单（见图 4-2），然后再审核采购单信息，无误之后直接单击【审核通过】，有问题的话，单击【驳回】并填写驳回原因，采购员可以再次修改采购单信息，然后再提交。根据采购单具体情况判断是通过还是驳回如图 4-3 所示。

图 4-2　确认并提交采购单

图 4-3　根据采购单具体情况判断是通过还是驳回

2．选择采购产品价格

（1）系统默认采购产品价格是默认价格，默认价格首先取供应商报价中对该产品的报价，如果没有供应商报价则取产品管理中填写的采购价，如果没有设置产品采购价则取库存平均价，以上三个都没有时取“0”。设置之后在生成采购单或是生成采购计划时，系统会按这个设置自动带出产品的采购单价。选择采购产品价格如图 4-4 所示。

图 4-4　选择采购产品价格

（2）当采购产品价格取供应商价格时，系统会从“采购-供应商管理-SKU 报价”的页面中找到这个产品对应的最新报价，采购产品价格取供应商价格如图 4-5 所示，如果在此页面中没有这个产品的报价，则生成的采购计划或是采购单的采购成本为“0”。

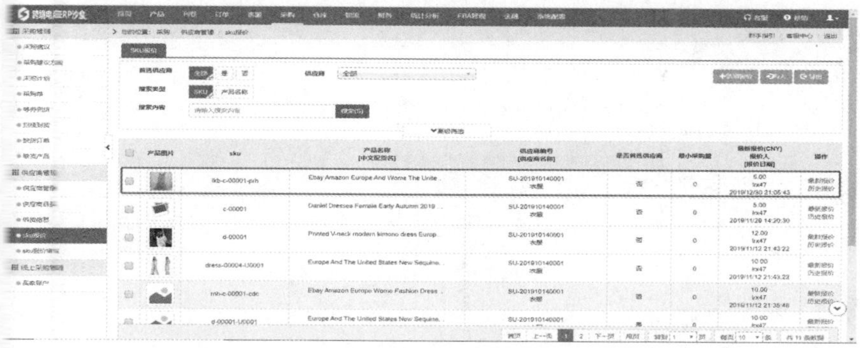

图 4-5　采购产品价格取供应商价格

（3）当采购产品价格取标准采购价时，系统会从“产品-本地产品-采购管理”页面中取产品的采购价，如果产品管理中没有填写采购价，则生成的采购计划或采购单的采购成本为“0”，采购产品价格取标准采购价如图 4-6 所示。

图 4-6　采购产品价格取标准采购价

（4）当采购产品价格取库存平均价时，系统会从“仓库-库存报表-库存清单”页面中取产品的库存平均价，如果产品没有库存和库存平均价，则生成的采购计划或采购单的采购成本为“0”，采购产品价格取库存平均价如图 4-7。

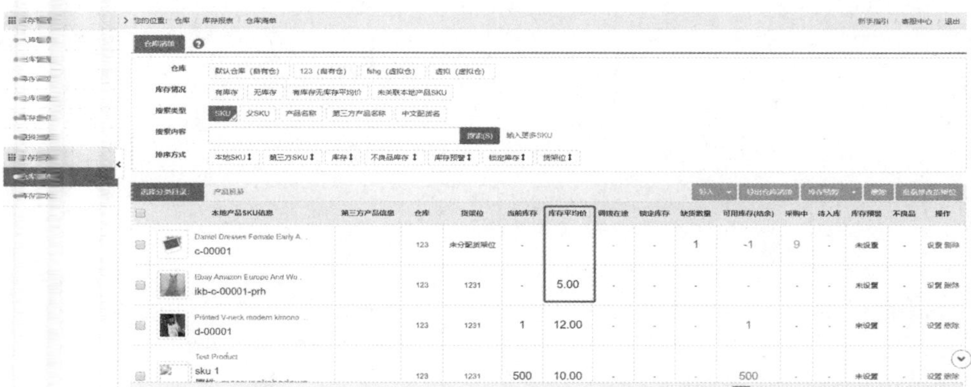

图 4-7　采购产品价格取库存平均价

3．采购需求来源

设置采购需求来源如图 4-8 所示。

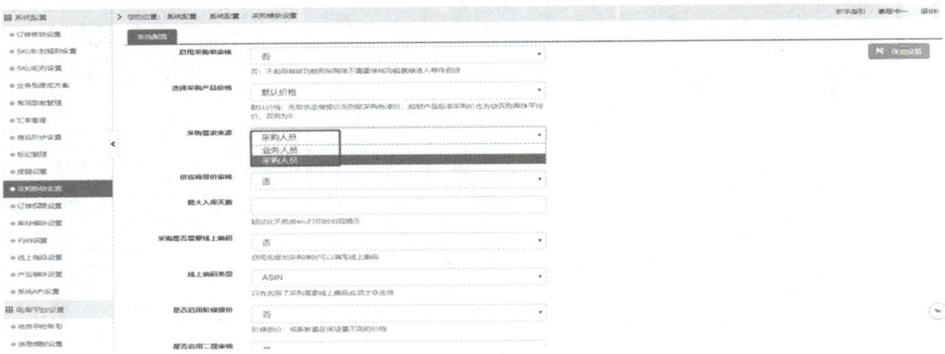

图 4-8　设置采购需求来源

（1）当采购需求来源选择由采购人员提出，在“采购-采购单管理-采购计划”页面新增采购计划时可以查看产品库存情况及历史报价等信息，查看并设置采购信息如图 4-9 所示。

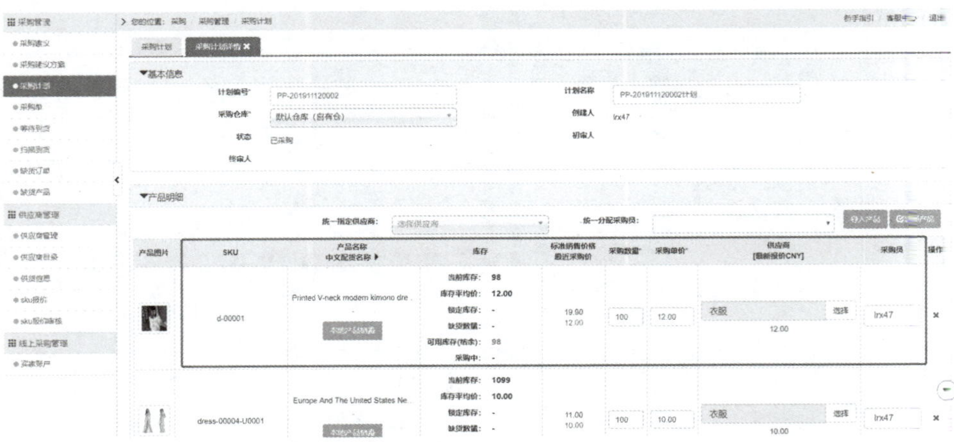

图 4-9　查看并设置采购信息

（2）当采购需求来源选择由业务员提出时，在“采购-采购单管理-采购计划”页面新增采购计划时只能查看产品信息，编辑采购计划如图 4-10 所示。

图 4-10　编辑采购计划

4．供应商报价审核

供应商报价审核如图 4-11 所示。

图 4-11　供应商报价审核

（1）系统默认不启用供应商报价审核，这样在“采购-供应商管理-SKU 报价”的页面中添加报价之后，系统会直接保存此数据。在新建采购单时修改了采购单价，入库之后修改后的数据一样会保存在报价中。

（2）当启用了供应商报价审核，在“采购-供应商管理-SKU 报价”的页面中添加报价之后，数据会自动跳转到“采购-供应商管理-SKU 报价审核”的页面中，审核通过之后，此数据才可以在“采购-供应商管理-SKU 报价”的页面中查看。

4.6.2　仓库管理实训

1．仓库管理

库存管理即对管理系统中所有订单的库存、出入库及库存调拨的详细信息的管理。

（1）入库管理。

入库单的来源包括：采购入库、盘盈入库、调拨入库及其他入库。

①采购入库。

采购商品到货入库后，在入库管理处会生成一条入库单。在“采购-采购管理-采购单”菜单下，创建采购单，完善采购单的基本信息，最后保存。对新采购的产品进行入库操作如图 4-12 所示。

图 4-12　对新采购的产品进行入库操作

②盘盈入库。

盘盈入库的产品会显示在“库存盘点”下增加的盘点单列表中，产品盘盈入库如图 4-13 所示。

③调拨入库。

调拨入库的产品会显示在“库存调拨”下增加的调拨单列表中，产品调拨入库如图 4-14 所示。

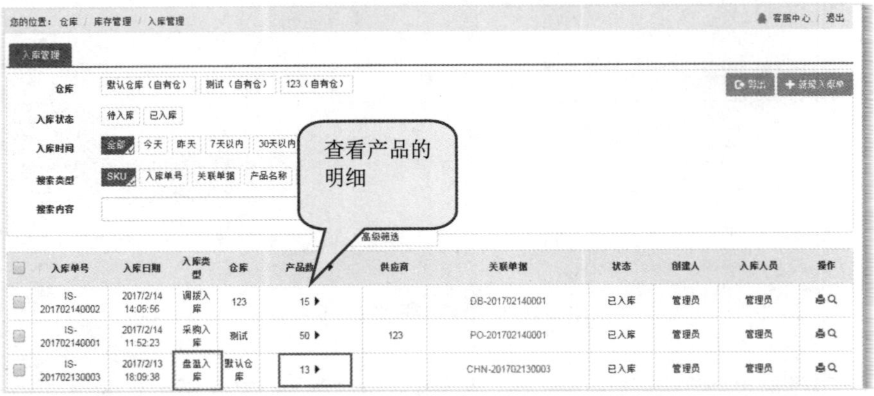

图 4-13 产品盘盈入库

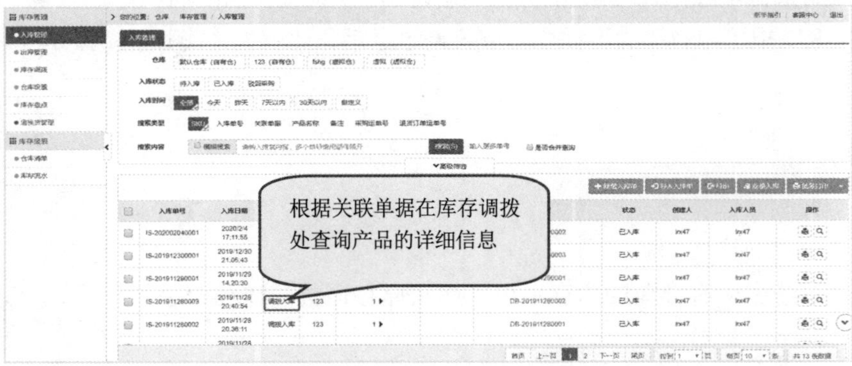

图 4-14 产品调拨入库

④其他入库。

其他入库也即新添加的入库单。添加入库单：在“仓库-库存管理-入库管理”菜单下，单击【新增入库单】，完善入库单基本信息，选择要入库的产品，最后单击【入库】。手动设置产品入库如图 4-15 所示。

图 4-15 手动设置产品入库

（2）出库管理。

出库单的来源包括：销售出库、盘亏出库、调拨出库及其他出库。

①销售出库。

销售出库单的信息来源于订单的产生，当订单配货成功后，系统会自动扣减库存，在列表中会显示订单的出库信息。产品销售出库如图 4-16 所示。

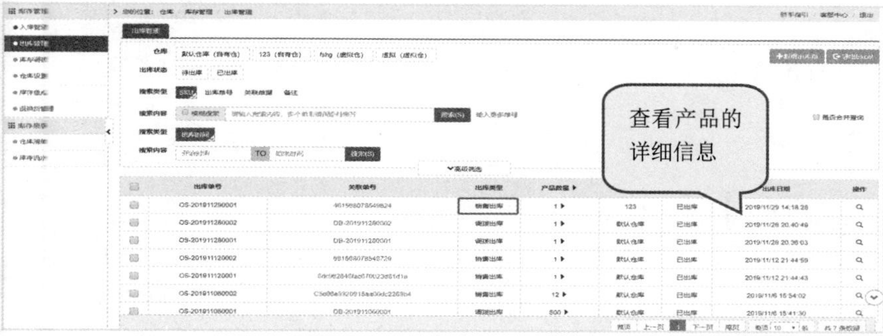

图 4-16　产品销售出库

②盘亏出库。

盘亏出库的产品会显示在“库存盘点”下增加的盘点单列表中。产品盘亏出库如图 4-17 所示。

图 4-17　产品盘亏出库

③调拨出库。

调拨出库的产品会显示在“库存调拨”下增加的调拨单列表中。产品调拨出库如图 4-18 所示。

图 4-18　产品调拨出库

④其他出库。

添加出库单：在“仓库-库存管理-出库管理”菜单下，单击【新增出库单】，完善出库单基本信息，选择要出库的产品，最后单击【出库】。手动设置产品出库如图 4-19 所示。

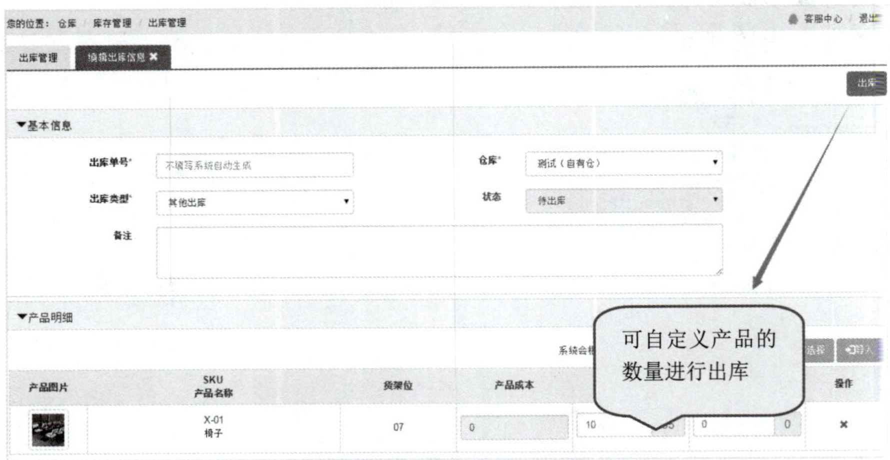

图 4-19　手动设置产品出库

（3）库存调拨。

将 A 仓库的产品调入 B 仓库中的操作步骤如下。

①在“仓库-库存管理-库存调拨”菜单下，单击【新增调拨】，新增调拨操作如图 4-20 所示。

图 4-20　新增调拨操作

②完善调拨单的基本信息，选择调入、调出的仓库及调拨的数量，单击【确认出库】。完善调拨信息如图 4-21 所示。

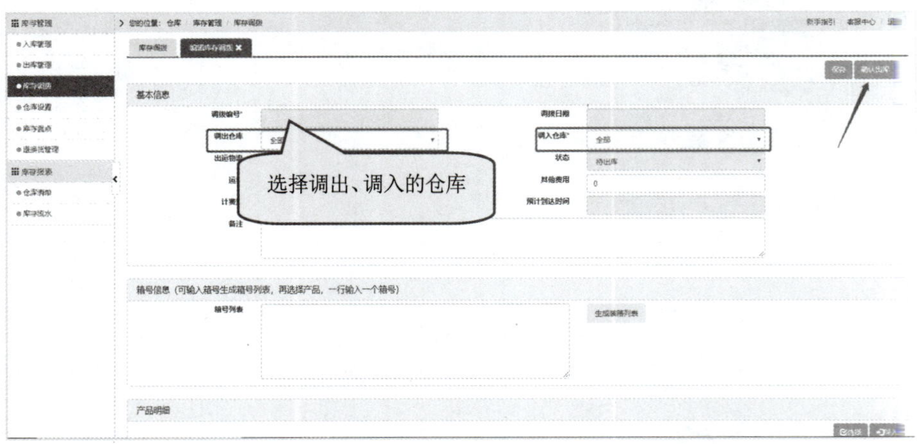

图 4-21　完善调拨信息

（4）仓库设置。

仓库设置包括设置仓库的货架位、基础信息及地址等信息。

①添加仓库：在“仓库-库存管理-仓库设置”菜单下，完善仓库的基本信息。最后单击【保存】。添加仓库信息如图 4-22 所示。

图 4-22　添加仓库信息

②地址设置：单击“仓库设置-地址设置”，完善物流揽件与寄件地址如图 4-23 所示。

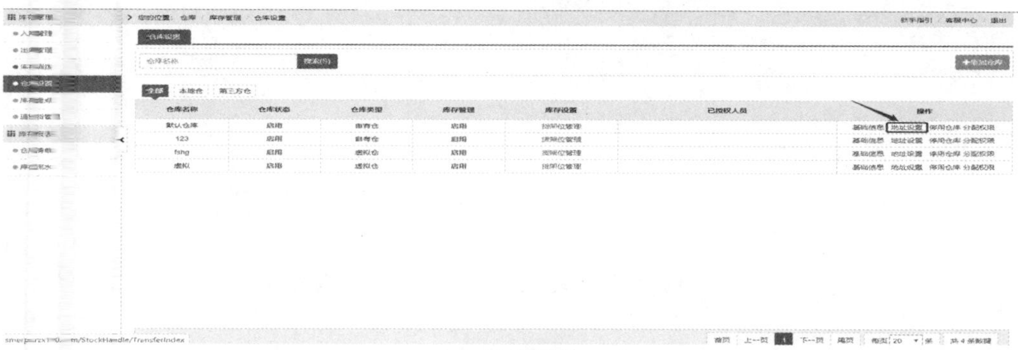

（a）物流揽件

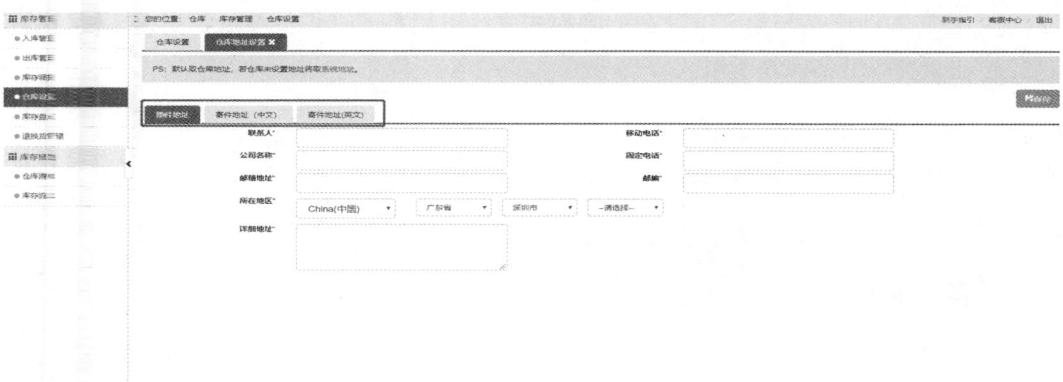

（b）寄件地址

图 4-23　完善物流揽件与寄件地址

（5）库存盘点。

库存盘点是查看库存的盘盈、盘亏及盘平等情况。

①在“仓库-库存管理-库存盘点”菜单下，单击【新建盘点】，新增库存盘点计划如图 4-24 所示。

图 4-24　新增库存盘点计划

②选择需要进行盘点的产品的 SKU，最后单击【完成盘点】。选择需要盘点产品的 SKU 并完成操作如图 4-25 所示。

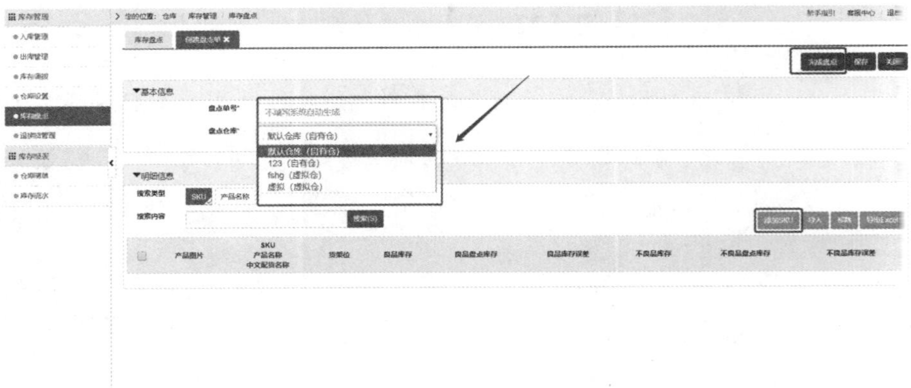

图 4-25　选择需要盘点产品的 SKU 并完成操作

2．库存报表

（1）导入映射：建立本地产品与第三方产品的映射关系，下载系统提供的模板，完善模板上的信息，上传至系统。选择需要导入的仓库如图 4-26 所示。

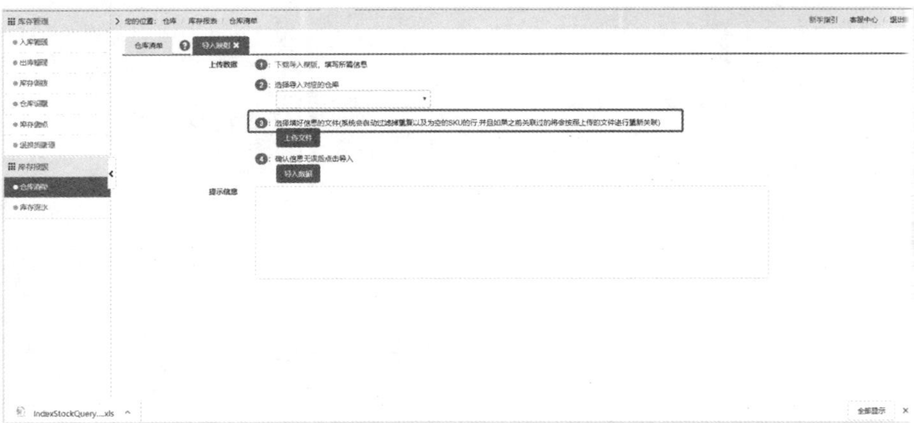

图 4-26　选择需要导入的仓库

（2）导入货架位：下载系统提供的模板，完善模板上的信息，上传至系统。导入货架位信息如图 4-27 所示。

图 4-27　导入货架位信息

（3）设置库存预警：可以对仓库设置安全天数、备货频率及头程交期，当商品的库存不足时，会促发报警，系统会提前进行备货。在“仓库-库存报表-仓库清单”菜单下，单击【库存预警】，勾选要设置库存预警的商品，单击【保存】。设置库存预警如图 4-28 所示。

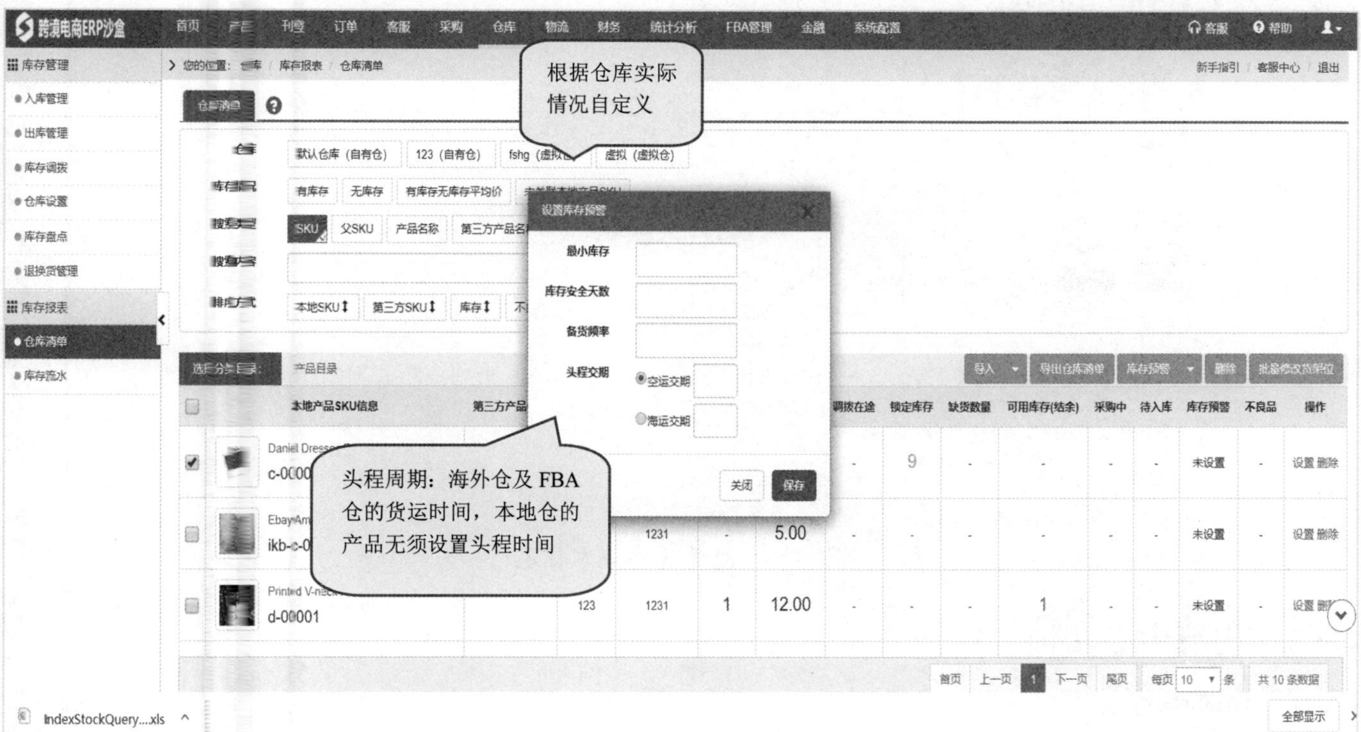

图 4-28　设置库存预警

（4）导入库存预警：与设置库存预警类似，此处可以通过 Excel 表格直接上传至系统，以完善安全库存天数、备货频率及头程交期时间。导入库存预警设置如图 4-29 所示。

图 4-29　导入库存预警设置

3．库存流水

库存流水详细记录库存出入库、锁定库存、可用库存等的明细。

入库：采购到货数量及盘盈增加的库存会在此处显示。

出库：销售商品后，库存会随之减少。

锁定库存：订单产生，配货成功后，系统会自动锁定库存。

在“仓库-库存报表-库存流水”菜单下，可以根据“入库”“出库”“SKU”来筛选要查看的库存明细。查看库存流水信息如图 4-30 所示。

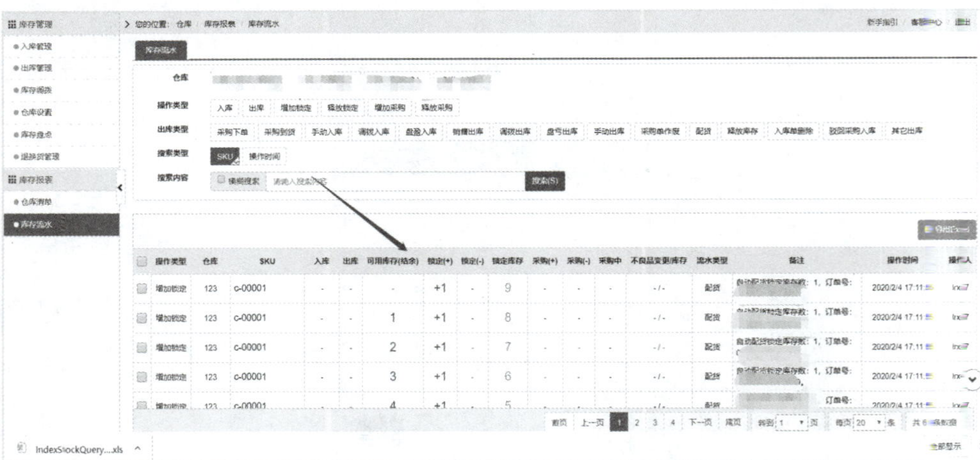

图 4-30　查看库存流水信息

4.6.3　物流中心实训

1．物流中心

1）物流商

第一步，添加物流并启用，在“物流-物流设置-物流商”菜单，单击【添加物流商】按钮进入“思睿智训物流中心”，查找并添加物流商；添加物流商之后，单击【状态】按钮启用物流商，并进行编辑，启用物流商如图 4-31 所示。

图 4-31　启用物流商

第二步，打开物流沙盒并登录，单击【授权信息】。在物流商处获取授权信息如图 4-32 所示。复制授权码如图 4-33 所示。将之前物流商提供的授权码粘贴至 ERP 沙盒“Token”文本框中如图 4-34。

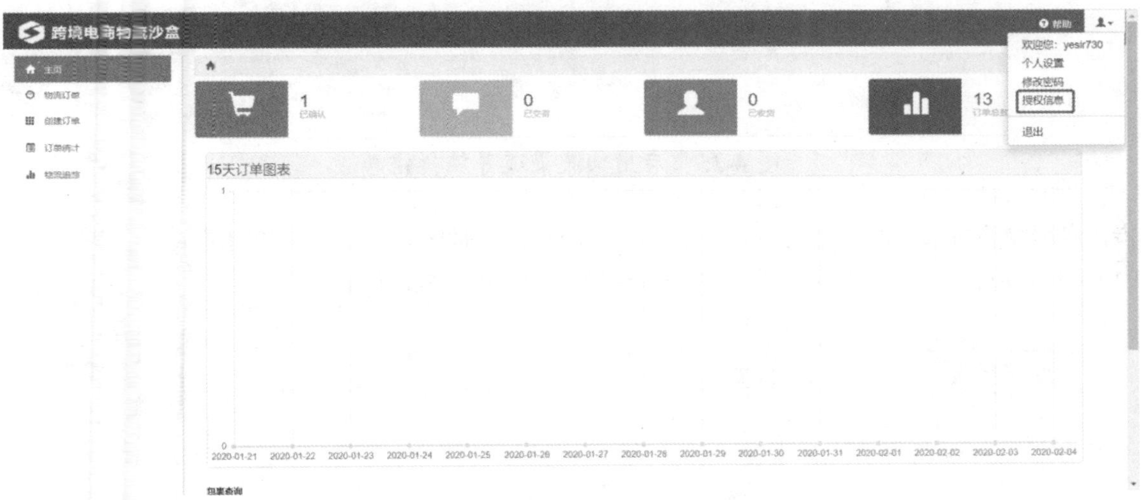

图 4-32　在物流商处获取授权信息

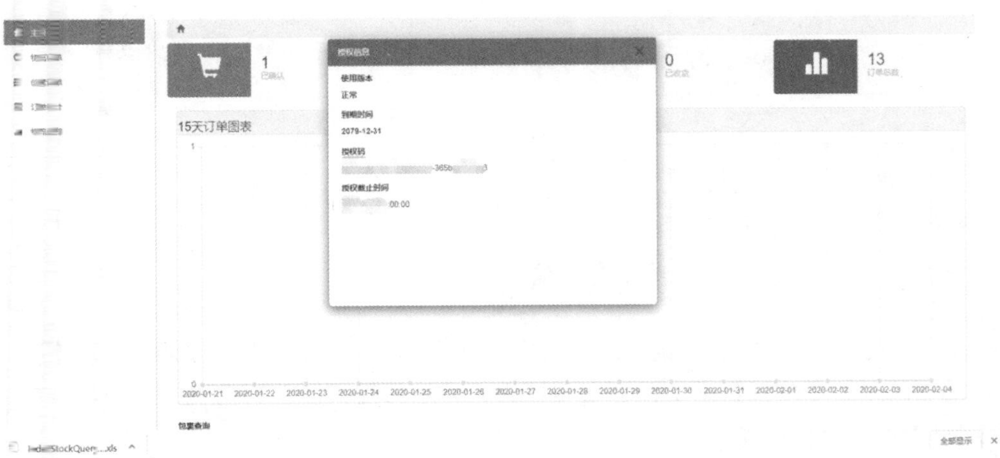

图 4-33　复制授权码

图 4-34　将之前物流商提供的授权码粘贴至 ERP 沙盒“Token”文本框中

第三步，在物流方式中，启用所需要的物流渠道，单击【编辑】，启用物流渠道并编辑信息如图 4-35 所示。

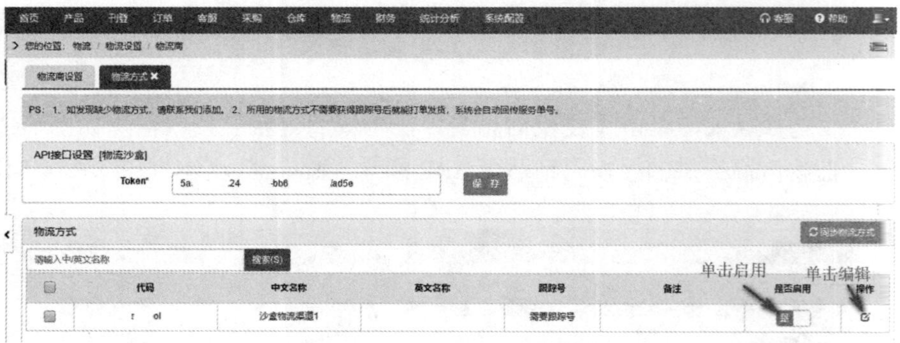

图 4-35　启用物流渠道并编辑信息

第四步，启用物流方式，并根据实际业务情况进行配置，正确填写基本信息和对应的平台映射，发货时系统会将平台映射中的物流方式上传到平台。编辑物流渠道信息如图 4-36 所示。

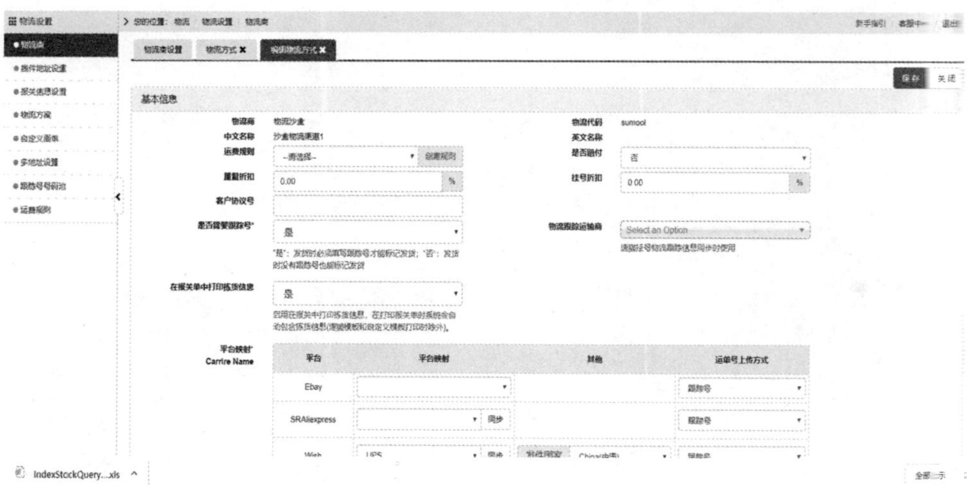

图 4-36　编辑物流渠道信息

第五步，设置物流方式对应的地址标签，包括面单、报关单、拣货单，单击【选择模板】进入模板市场，设置面单模板如图 4-37 所示。卖家根据业务需要选择适合自己的模板，此处可选择“物流沙盒模板”，如果系统现有的模板无法满足需求，可自定义模板。

图 4-37　设置面单模板

2）揽件地址信息

在“物流-物流设置-揽件地址设置”菜单填写揽件地址、寄件地址（中文）、寄件地址（英文），最后单击【保存】，设置揽件与寄件地址如图 4-38 所示。

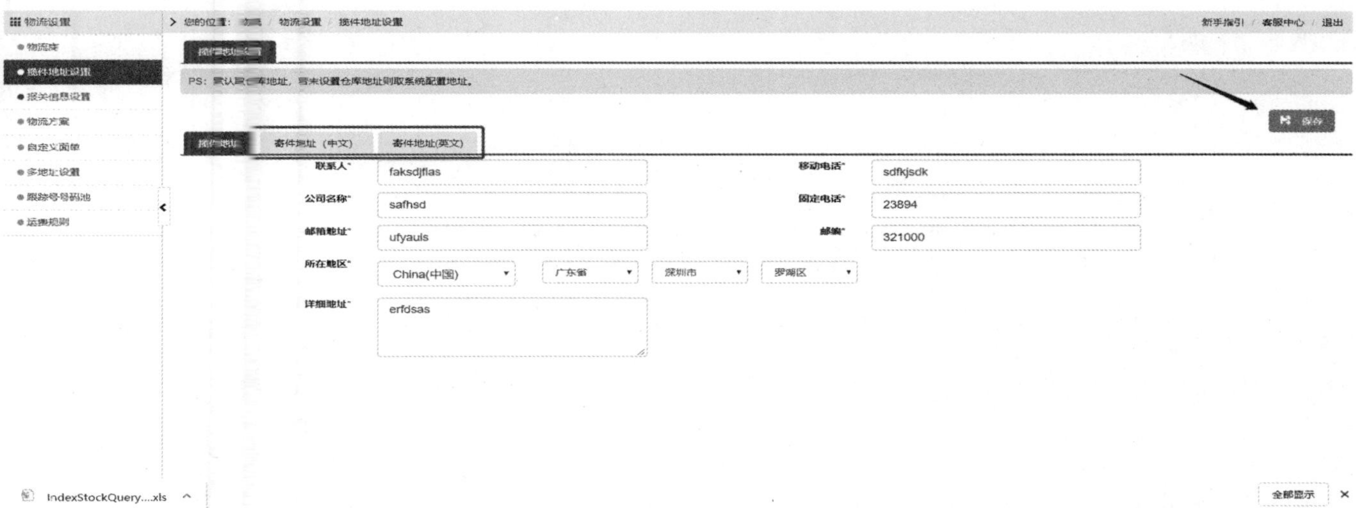

图 4-38　设置揽件与寄件地址

3）报关信息设置

设置报关的申报商品、申报价值、申报国家、申报重量等报关信息，并设置默认报关信息。

在“物流-物流设置-报关信息设置”菜单中进行相关操作。完善报关信息设置如图 4-39 所示。

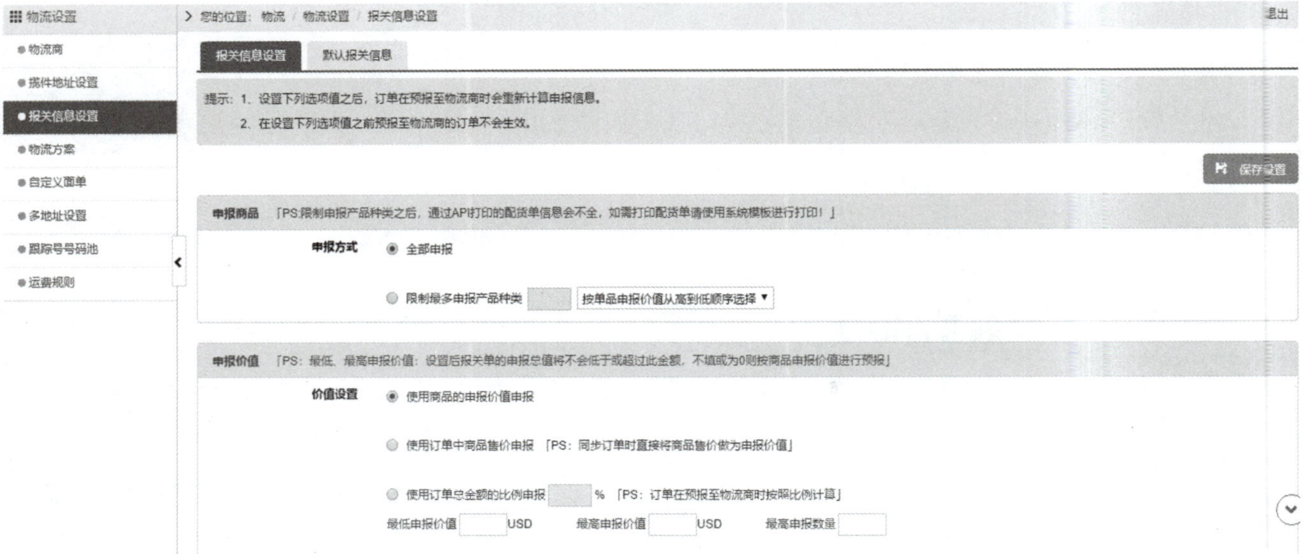

图 4-39 完善报关信息设置

4）物流方案

系统自动分配物流需要先制定方案，根据具体的条件设定对应的规则自动进行匹配。

在“物流-物流设置-物流方案”菜单中，通过设置店铺、订单金额、预估重量、收件人国家、指定物流方式、商品数量、商品 SKU、产品标记等条件，添加物流方案，完善物流方案。智能选取快捷、经济的最优物流方案如图 4-40 所示。

图 4-40 智能选取快捷、经济的最优物流方案

5）自定义面单

卖家根据业务需要制定面单模板，如果系统现有的模板无法满足需求，可进行自定义模板操作。在“自定义面单”菜单单击【新增模板】按钮进行自定义，或者找到现有模板中比较接近的，通过复制模板功能复制出来后，再进行编辑修改，添加自定义面单模板如图 4-41 所示。

图 4-41　添加自定义面单模板

6）跟踪号号码池

卖家对接的物流商没有启用 API 对接时，可设置号码池进行物流自动分配。

第一步，新增号码池。

点击【新增号码池】，进入编辑号码池页面，填写号码池名称、备注。新增物流跟踪号号码池如图 4-42 所示。

图 4-42　新增物流跟踪号号码池

第二步，导入、扫描物流跟踪号。

通过 Excel 导入、扫描单号两种方式添加物流跟踪号。导入、扫描物流跟踪号如图 4-43 所示。

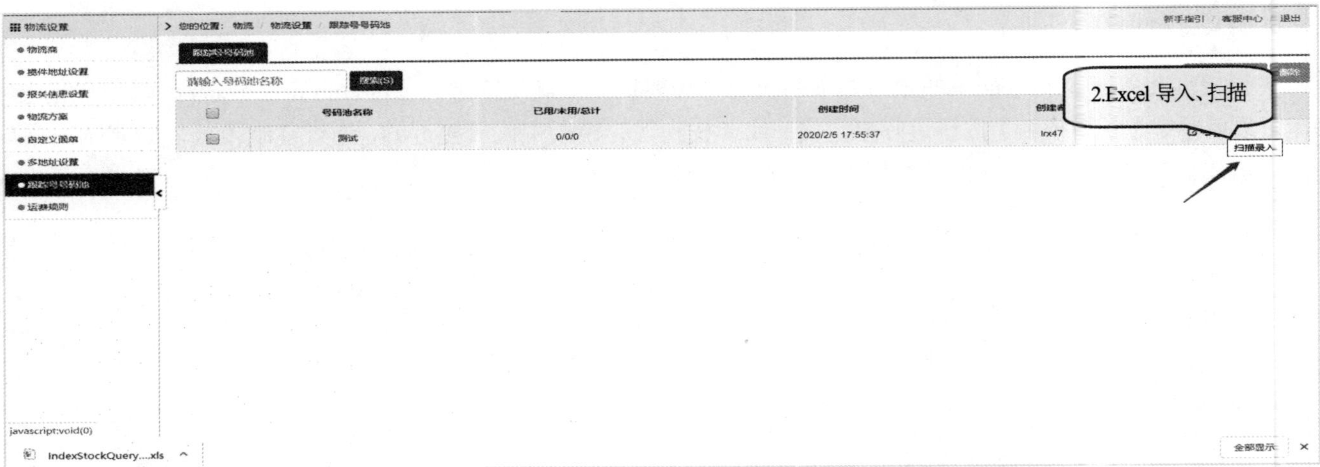

图 4-43 导入、扫描物流跟踪号

第三步，启用号码池。

在“物流商”菜单中查找“自定义物流商”，先启用“需要跟踪号”，再选择添加好的号码池。启用完成设置的号码池如图 4-44 所示。

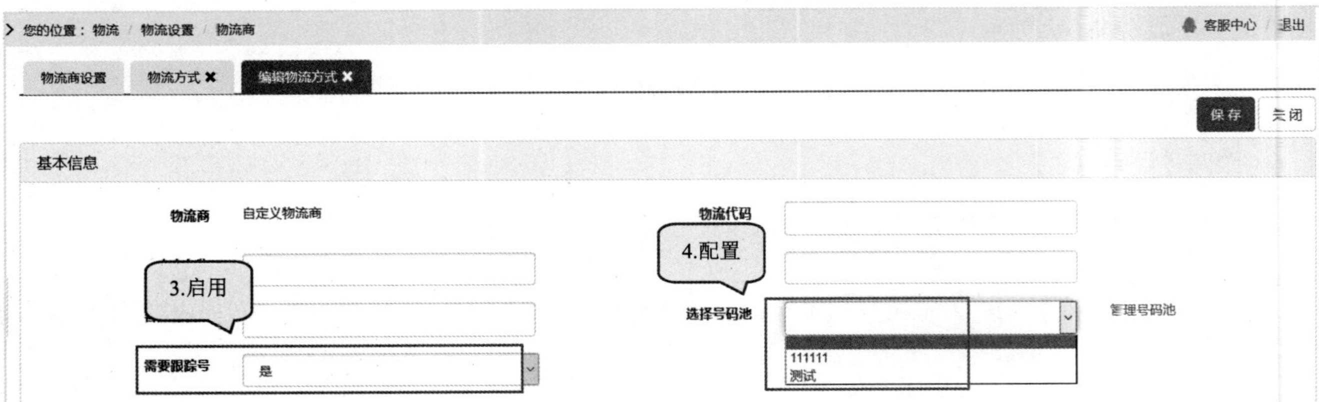

图 4-44 启用完成设置的号码池

【学习项目检测】

1．名词解释

（1）物流

（2）跨境电子商务采购

（3）库存

（4）海外仓

（5）供应链管理

2．简答题

（1）跨境电子商务采购的主要特征是什么？

（2）库存的作用是什么？

（3）跨境电子商务供应链设计的基本要求是什么？

【学习项目评价】

学习完本学习项目后，请根据自己的学习所得，结合下表所列内容进行学习效果评价。

评价内容	评价方式			评价等级
	自评	小组评议	教师评议	
课前预习本学习项目相关知识、相关资料				A.充分 B.一般 C.不足
了解跨境电子商务物流相关知识				A.充分 B.一般 C.不足
了解跨境电子商务仓储、采购、海外仓、供应链知识				A.充分 B.一般 C.不足
进行跨境电子商务物流沙盒实训				A.充分 B.一般 C.不足
参加教学中的讨论和实训，积极完成相关任务				A.充分 B.一般 C.不足
善于和同学合作				A.充分 B.一般 C.不足
学习态度，完成作业情况				A.充分 B.一般 C.不足
总评				

【学习项目总结】

跨境电子商务物流是跨境电子商务全流程中重要的一环。跨境电子商务物流管理的好坏，关系到跨境电子商务整体运营水平。本项目从跨境电子商务物流概念入手，对跨境电子商务采购管理、仓储管理、物流模式与海外仓、供应链管理等知识进行了系统阐述，最后介绍了跨境电子商务物流沙盒仿真实训。

学习项目 5　跨境电子商务支付与结算

项目任务书

学习项目 5 任务书见表 5-1。

表 5-1　学习项目 5 任务书

任务编号	分项任务	职业能力目标	知识要求	参考学时
学习任务 5.1	跨境电子商务支付与结算概述	了解跨境电子商务支付与结算概况	1.跨境电子商务支付与结算的概念 2.跨境电子商务支付与结算的现状与前景分析	1
学习任务 5.2	跨境电子商务支付与结算方式	掌握跨境电子商务支付与结算方式	1.国际信用卡支付 2.网上信用证支付 3.国际电汇	2
学习任务 5.3	跨境电子商务支付与结算平台	了解跨境电子商务支付与结算平台	1.国内的跨境电子商务支付与结算平台 2.国外的跨境电子商务支付与结算平台 3.跨境电子商务第三方支付与结算平台	2
学习任务 5.4	跨境电子商务支付与结算分析	掌握跨境电子商务支付与结算分析方法	1.跨境电子商务支付与结算技术分析 2.跨境电子商务支付与结算安全措施 3.跨境电子商务支付与结算风险防范	1

学习重点、难点

重点

- 跨境电子商务支付与结算的概念；
- 跨境电子商务支付与结算平台。

难点

- 跨境电子商务支付与结算方式；
- 跨境电子商务支付与结算分析。

本项目思维导图

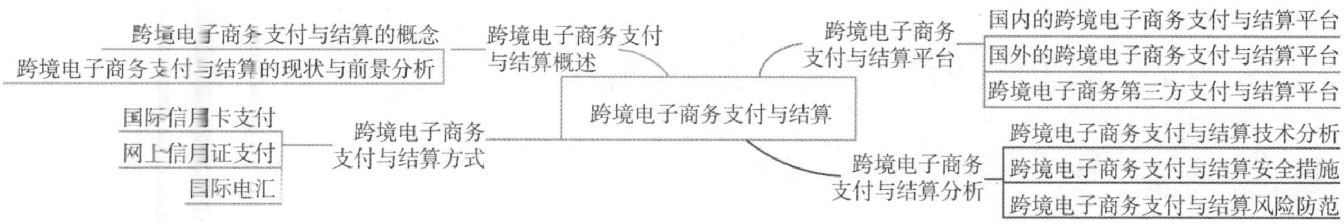

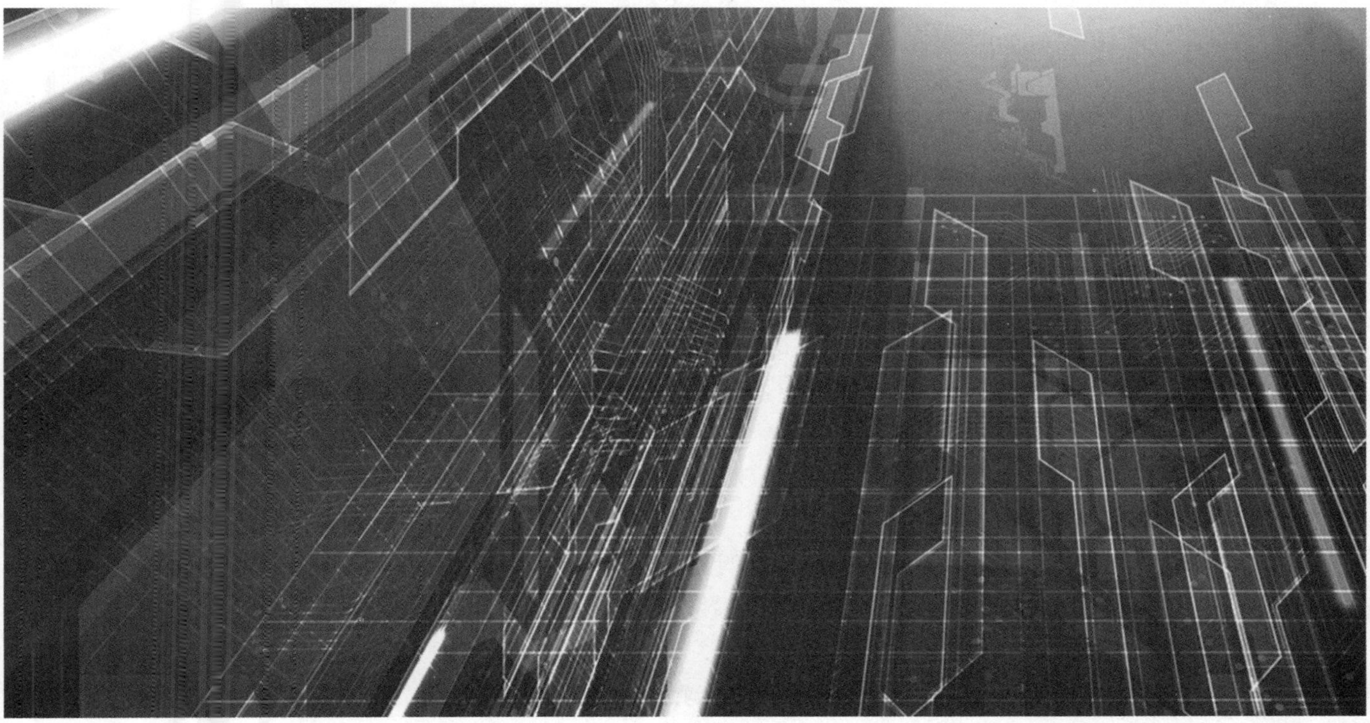

学习情境导入

跨境电子支付与国际货币

跨境电子支付作为信用货币流通中的一个重要环节，对于促进人民币国际化有非常重要的作用。货币国际化的一般过程主要是现代货币五种职能中“国际货币”职能的延伸。

从职能方面来说，国际货币在私人部门与政府职能部门承担着记账单位、交易媒介和价值储存三大功能。跨境电子支付与这三种功能均密切相关。货币国际化的过程一般是从结算货币、投资货币到储备货币。

跨境电子支付主要与私人和官方部门中的交易媒介、记账单位两大功能有较紧密的联系。第三方支付平台通过跨境电子支付功能将私人部门与官方部门的“交易”“记账”两大职能联系起来，共同构筑跨境人民币贸易结算的新平台，因此有必要对跨境电子支付的相关知识进行梳理。

学习任务 5.1 跨境电子商务支付与结算概述

5.1.1 跨境电子商务支付与结算的概念

1. 跨境支付与结算定义

跨境支付与结算是指在国际经济活动中的当事人以一定的支付工具和方式，清偿因各种经济活动而产生的国际债务，并产生资金转移兑换的行为。它通常是国际贸易中发生的、由履行金钱给付义务当事人履行义务的一种行为。

2. 跨境支付与结算的特征

跨境支付与结算伴随着商品进出口而发生，它有以下特点。

（1）跨境支付与结算产生的原因是国际经济活动引起的债权债务关系。

（2）跨境支付与结算的主体是国际经济活动中的当事人。国际经济活动中的当事人的含义依据不同的活动而定。如在货物买卖中，当事人是指双方营业地处在不同国家（地区）的人，且有银行参与。

（3）跨境支付与结算是以一定的工具进行支付的。跨境支付与结算的工具一般为货币与票据。一方面，由于国际支付当事人一般是跨国（地区）的自然人、法人，而各国（地区）所使用的货币不同，这就涉及货币的选择、外汇的使用，以及与此有关的外汇汇率变动带来的风险问题；另一方面，为了避免直接运送大量货币所引起的各种风险和不便，就涉及票据或凭证的使用问题，与此相关的是各国（地区）有关票据或凭证流转的一系列复杂的法律问题。

（4）跨境支付与结算以一定的支付方式来保障交易的安全。在国际贸易中，买卖双方通常从自身利益考虑，总是力求在货款收付方面能得到较大的安全保障，尽量避免遭受钱货两空的损失，并想在资金周转方面得到某种融通。这就涉及如何根据不同情况，采用国际上长期形成的汇付、托收、信用证、PayPal 等不同的支付方式，以处理好货款收付中的安全保障和资金融通问题。

（5）跨境支付与结算的收付双方通常处在不同的货币圈，是异地结算中的特殊情况。

（6）由于收付双方处在不同的法律制度下，受到相关法律的限制，不能把一方的通行情况施行于对方，而只能采用国际结算的统一惯例为准则，协调双方之间的关系，并相互约束。

（7）国际支付与结算必须以收付双方都能接受的货币为支付结算货币，为了支付方便和安全，一般采用国际通行的结算货币，如美元、欧元、英镑等，特殊情况也有例外。

（8）跨境支付与结算主要通过银行为中间人进行支付结算，以确保支付过程安全、快捷、准确、保险及便利。

（9）由于跨境支付与结算一般以不同于支付双方本国（地区）的货币为支付结算货币，所以结算过程有一定的汇兑风险。跨境电商支付与结算如图 5-1 所示。

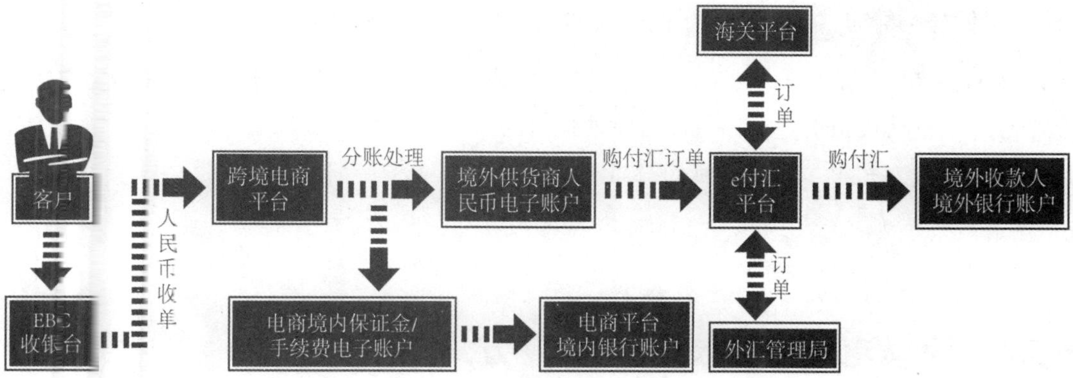

图 5-1　跨境电商支付与结算

5.1.2　跨境电子商务支付与结算的现状与前景分析

1．跨境电子商务支付与结算现状分析

（1）第三方支付机构众多。

（2）自营 B2C 跨境电子商务平台的支付方式主要采用国内持牌第三方支付机构为平台换汇。

（3）小额跨境 B2B 贸易直面众多海外小商家，跨境支付与结算成本大为降低。

（4）第三方跨境支付机构普遍持有外汇和人民币支付牌照。

（5）第三方支付机构更加适应新兴跨境电子商务小额、高频的需求。

（6）手续费和支付解决方案是第三方跨境支付的主要收入来源。

2．跨境电子商务支付与结算前景分析

1）第三方跨境支付结算服务将逐渐摆脱单一通道模式

第三方跨境支付经过近年来的发展，特别是国家外汇管理局和中国人民银行“发牌”以后，正在逐步打通市场渠道，从最初的提供单一的基础通道服务，到满足跨境贸易平台中更多的需求，部分厂家开始和跨境产业链中的服务机构合作，从出口退税，到报关的“三单合一”，再到跨境仓储物流解决方案，争取解决跨境贸易中存在的普遍性难题。

2）行业规范化加速，第三方跨境支付结算行业发展潜力巨大

（1）平台层：经过多年的发展，跨境电子商务平台逐渐朝着正规化方向发展，交易规模不断扩大，在培养稳定消费群体的同时，平台运营日趋成熟。

（2）政策层：监管部门不间断地对国内跨境贸易进行调研，其中，最关键的支付和物流支持政策密集出台，加快了行业规范化发展进程。

（3）消费层：在消费升级的带动下，国内消费者对跨境商品需求日渐增加，海淘规模、跨境旅游 / 购物规模、出国留学人数连创新高。

（4）机构层：第三方支付机构经过前期的市场培育，正在逐渐摆脱仅作为支付通道的地位，各家开始打造专属的行业解决方案，在逐渐掌握更多客户的基础上，进行差异化运营。

3）小额 B2B 跨境支付结算或将成为下一个行业“蓝海”

传统集装箱跨境贸易由于积压资金多、风控压力大，正在被以在线交易为核心，便捷、及时的跨境电子商务小额批发及零售业务取代。第三方支付基于大数据、云计算，更加适应小额 B2B 贸易要求的小额、快捷、灵活的支付模式和风控需求。

4）传统跨境支付与结算方式和跨境电子商务支付与结算方式互补共存

传统国际贸易 B2B 的市场主导地位暂时不会改变，同样，传统跨境支付与结算方式仍会在市场中占据重要地位。新的跨境电子商务模式和平台的出现，会促使传统跨境支付与结算方式进行改革。市场中，传统跨境支付与结算方式和跨境电子商务支付与结算方式将互补共存。

学习任务 5.2 跨境电子商务支付与结算方式

5.2.1 国际信用卡支付

1. 国际信用卡概念

国际信用卡是一种银行联合国际信用卡组织签发给那些资信良好的人士并可以在全球范围内进行透支消费的卡片，同时该卡也被用于在国际网络上确认用户的身份。

许多银行都有国际信用卡业务，但要注意在申请信用卡前应先了解银行的信用卡风险条款，遇信用卡丢失、被盗等情况应立即联系银行挂失。

2. 信用卡简述

国际发卡组织的会员（银行）发行的信用卡在该组织的特约商户内都可以签账，这种卡称为国际信用卡。众所周知，三大国际发卡组织分别是 Visa、Master、JCB。其中以 Visa 的市场占有率最高、其次是 Master。

通常国际信用卡以美元作为结算货币，国际信用卡可以进行透支消费（先消费后还款）。国内的各大商业银行均开办了国际信用卡业务，可以很方便地在银行柜台办理申请信用卡手续。国际信用卡内的存款是没有利息的。

3. Visa 简介

Visa 是国际发卡组织，也是全球支付技术公司，其连接着全世界 200 多个国家和地区的消费者、企业、金融机构和政府，促进人们更方便地使用数字货币，代替现金或支票。Visa 拥有并管理 Visa 的品牌及基于 Visa 品牌的一切支付产品。

同时，作为全球市场占有率最高的信用卡品牌，Visa 卡可在世界各地 2,900 多万个商户交易点受理，并能够在 180 万台自动提款机提取现金。全球流通的 Visa 卡超过 18.5 亿张，足以证明 Visa 是最受欢迎的支付品牌。Visa 提供种类繁多的产品，满足各种付款和生活所需。

5.2.2 网上信用证支付

信用证结算方式是银行信用介入国际货款结算的产物。信用证支付方式将进口商履行付款责任转为由银行来履行，以此保证出口商可以安全迅速地收到货款；信用证还可以保障进口商在支付货款时即可得到代表货物所有权的货运单据。它在一定程度上解决了进出口商之间互不信任的矛盾，同时，也为进出口双方提供了资金融通的便利，因此，信用证被广泛应用于国际贸易之中，以致成为当今国际贸易中的一种主要的结算方式。

信用证，是指银行根据进口人（买方）的请求，开给出口人（卖方）的一种保证承担支付货款责任的书面凭证。在信用证内，银行授权出口人在符合信用证规定的条件下，以该行或其指定的银行为付款人，开具不得超过规定金额的汇票，并按规定随附装运单据，按期在指定地点收取货款。

1．信用证支付的一般程序

（1）进出口双方当事人应在买卖合同中，明确规定采用信用证方式付款。

（2）进口人向其所在地银行提出开证申请，填具开证申请书，并交纳一定的开证押金或提供其他保证，请银行（开证银行）向出口人开出信用证。

（3）开证银行按申请书的内容开立以出口人为受益人的信用证，并通过其在出口人所在地的代理行或往来行（统称通知行）把信用证通知出口人。

（4）出口人在发运货物，取得信用证所要求的装运单据后，按信用证规定向其所在地行（可以是通知行、也可以是其他银行）议付货款。

（5）议付行议付货款后即在信用证背面注明议付金额。

2．网上信用证相关当事人

信用证涉及的当事人较复杂，主要包括以下几个当事人。

1）开证申请人

开证申请人，又称开证人，是指向银行申请开立信用证的人，即进口商或实际买主。如由银行自己主动开立信用证，则没有开证申请人。

2）开证行

开证行，是指接受开证人委托开立信用证的银行，一般为进口地的银行。

3）受益人

受益人，是指信用证中所指定的有权使用该证的人，一般为出口商或实际供货人。通常，受益人是信用证下货票的出票人、货物运输单据的托运人。

4）通知行

通知行，是指受开证行委托，将信用证或信用证修改书通知受益人的银行。通知行通常是出口地银行，是开证行在出口国的代理人。它只证明信用证的真实性，并不承担其他义务。

5）保兑行

保兑行，是指根据开证行请求在信用证上加具保兑的银行。保兑行在信用证上加具保兑后，即对信用证独立负责，承担必须付款或议付的责任。

6）议付行

议付行，是指买受人或贴现受益人按信用证限定提交汇票或单据的银行。信用证中指定特定银行为议付行的，称为限制议付信用证；可由任何银行议付的信用证为公开议付信用证，或称自由议付信用证。在信用证业务中，议付行通常以受益人的指定人或汇票的善意持有人的身份出现。因此，当付款人拒付时，议付行对出票人（出口商）享有追索权。

7）付款行

付款行，是指信用证上规定的汇票付款人，在多数情况下，就是开证行。付款行也可以是接受开证行委托代为付款的另一家银行。

信用证支付流程如图 5-2 所示。

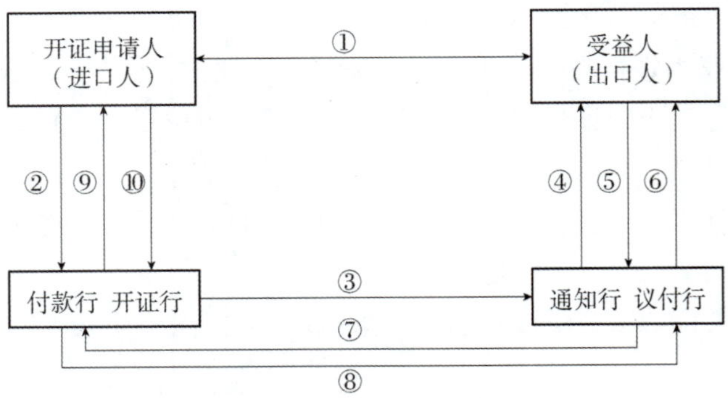

图 5-2　信用证支付流程

5.2.3 国际电汇

1．国际电汇概述

国际电汇是汇出行应汇款人的申请，拍发加押电报或电传给在另一国家的分行或代理行（汇入行），指示其支付一定金额给收款人的一种汇款方式。

2．国际电汇方式的基本程序和手续

（1）汇款人填写电汇申请书，交款给汇出行，取得电汇回执。

（2）汇出行发给汇入行加押电报或电传，并将电报证实书寄给汇入行，以便核对电文。

（3）汇入行收到电报，核对密押相符后，缮制电汇通知书，通知收款人取款。

（4）收款人持通知书一式两联到汇入行取款，须在收款人收据上盖章，交给汇入行，汇入行凭此付汇款。

（5）汇入行将付讫借记通知寄给汇出行，完成一笔电汇汇款。

国际电汇方式收款较快，但手续费较高，因此只有在金额较大时或比较紧急的情况下，才使用国际电汇。此外，用电报通知时，资金在递时间很短，汇出银行能占用资金的时间很短，有时甚至根本不能占用资金。

3．国际电汇所需时间及其操作流程

1）国际电汇所需时间

国内只有全国联网的银行才可以实时划账。各个银行收取的手续费不同，中国工商银行为 1%，最高不超过 50 元，中国农业银行为 0.5%，最高不超过 50 元，跨行不另收费。

同行与不是同行是有差别的，具体时间在汇款时可以咨询银行。时间长短与汇款时选择普通或加急等都有关系（手续费也会有所差别）。

2）国际电汇操作流程

电汇时，由汇款人填写汇款申请书，并在申请书中注明采用电汇 T/T 方式。同时，将所汇款项及所需费用交汇出行，取得电汇回执。汇出行接到汇款申请书后，为防止因申请书中出现的差错而耽误或引起汇出资金的意外损失，汇出行应仔细审核申请书，发现问题及时与汇款人联系。

汇出行办理电汇时，根据汇款申请书内容以电报或电传向汇入行发出解付指示。电文内容主要有：汇款金额

及币种、收款人名称、地址或账号、汇款人名称、地址、附言、头寸拨付办法、汇出行名称或 SWIFT 系统地址等。为了使汇入行证实电文内容确实是由汇出行发出的，汇出行在正文前要加列双方银行所约定使用的密押。

汇入行收到电报或电传后，即核对密押是不是相符，若不符，应立即拟电文向汇出行查询。若相符，即缮制电汇通知书，通知收款人取款。收款人持通知书一式两联向汇入行取款，并在收款人收据上签章后，汇入行即凭此解付汇款。如果收款人在汇入行开有账户，汇入行往往不缮制汇款通知书，仅凭电文将款项收入收款人账户，然后给收款人一份收账通知单，也不需要收款人签具收据。

最后，汇入行将付讫借记通知书寄给汇出行。

电汇中的电报费用由汇款人承担，银行对电汇业务一般均当天处理，不占用邮递过程的汇款资金，所以，对于金额较大的汇款，多采用电汇方式。

学习任务 5.3 跨境电子商务支付与结算平台

5.3.1 国内的跨境电子商务支付与结算平台

1．支付宝

1）支付宝跨境电子商务支付与结算的优势

（1）方便快捷。

无论是境内消费者在境外消费，还是境内消费者在跨境电子商务平台上购买境外商品，都可以通过支付宝付款。即便是境内用户跨境付款给境外商家或境外用户跨境支付给境内商家，都可以通过支付宝国际汇款实现，非常方便快捷。

（2）覆盖面广。

截至 2018 年 3 月，中国境内公民能在境外 36 个国家和地区的数十万家商户里使用支付宝付款并即时退税。境内消费者也能在众多的境外跨境电子商务平台上购物时通过支付宝付款给境外商家。支付宝也支持多种常见外币的国际汇款。

（3）资金到账快。

境外实体店支付宝扫码付款、境外跨境电子商务平台支付宝购物付款都可以实现实时到账，即便是支付宝国际汇款，也能够实现短时间到账，几乎等同于实时到账。在境外购物的退税，也能实现快速退税。

（4）安全。

大部分中老年人习惯使用现金，但现金的使用存在诸多问题。首先，我国境内兑换外币有一定的限额，难以满足所有消费需求。其次，消费者无论是在境内还是境外兑换外币都将承担一定的手续费，从而提高了消费成本，消费积极性在一定程度上受到抑制。此外，出门带大量现金很不安全。相对于现金，刷卡消费虽然更为安全，但跨境刷卡消费仍需承担一定的手续费，并且需要输入密码和签字，交易程序相对复杂。在网上通过银行卡结算时往往还需通过手机接收验证码来完成支付，这就需要消费者开通与银行卡绑定的手机号的境外通信功能，而很多消费者在出境旅游前并未考虑这一点，且开通此项功能也需要一定的成本，这也给境外在线支付造成了困难。

传统支付手段给商业交易带来的种种壁垒需要通过创新加以解决，而支付宝作为第三方支付平台，其扫码支付功能及指纹密码锁功能为用户提供了安全快捷的支付解决方案，可减少境内游客在境外旅游消费的成本，使交易更加便利可靠。“支付宝”logo 如图 5-3 所示。

图 5-3 “支付宝”logo

2）支付宝跨境电子商务支付与结算的风险

（1）法律风险。

支付宝移动支付是近年来新兴的支付方式，这一领域的国内法律法规及国际公约还不够完善，跨境的移动支付将面临一系列法律风险，其中一个重要的问题就是账户资金安全的法律风险由谁承担，而针对不同的安全问题，其相应的安全保障责任分配也不尽相同，适用的法律管辖权也将有所差异。

（2）黑客风险

支付宝移动支付是依托移动网络和智能手机共同完成的，其本身的账户资金安全并不能得到百分之百的保证，因为移动网络仍然可能遭受黑客入侵，从而导致资金被盗。

（3）用户个人风险。

支付宝跨境支付的场景往往是境内用户在境外旅游消费或在境内付款给境外商家，这种支付场景相对匆忙，用户对自己的身份证件、账户密码及智能手机保管不善也容易造成账户资金的被盗。

2. 微信支付

1）微信跨境电子商务支付与结算的费用

一般来说，用户在境外支持微信付款的商户消费及用户在跨境电子商务平台上使用微信付款时，都没有手续费，或者收取少量手续费，汇率按照实时汇率计算。

2）微信跨境电子商务支付与结算的流程

用户在境外支持微信付款的商户消费时，只需要登录微信并出示付款二维码，商家扫码即可完成付款，流程相对简单。

（1）如图 5-4 所示，手机下载微信 App 并注册。

（2）如图 5-5 所示，在首页中单击“我”，进入“我的”界面。

图 5-4 手机下载微信 App 并注册

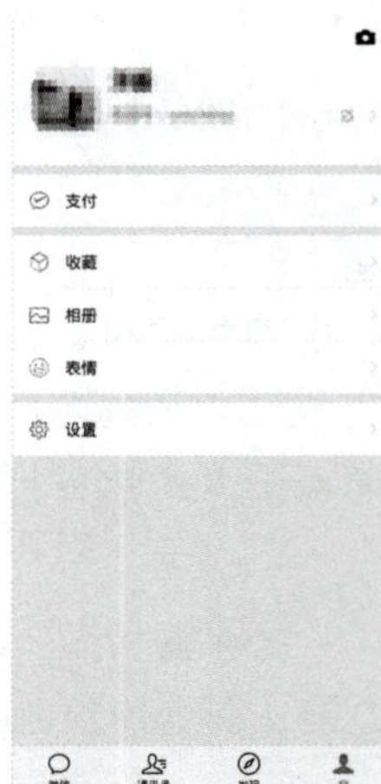

图 5-5 在首页中单击“我”，进入“我的”界面

（3）如图 5-6 所示，单击“钱包”，进入“钱包”界面。

图 5-6　单击“钱包”，进入“钱包”界面

（4）如图 5-7 所示，单击“⊕”，选择“收付款”。

图 5-7　单击“⊕”，选择“收付款”

（5）随后便会出现向商家付款的二维码，出示给商家扫描即可完成付款。

5.3.2　国外的跨境电子商务支付与结算平台

1．PayPal 平台概述

PayPal（纳斯达克股票代码:PYPL）于 1998 年 12 月由 Peter Thiel 及 Max Levchin 建立，是一个总部在美国加利福尼亚州圣荷塞市的在线支付服务商。

PayPal 也和一些电子商务网站合作，成为它们的货款支付方式之一，但是用这种支付方式转账时，PayPal 收取一定数额的手续费。2018 年 12 月，世界品牌实验室发布《2018 世界品牌 500 强》榜单，PayPal 排名第 402 位。“PayPal” logo 如图 5-8 所示。

图 5-8　“PayPal” logo

2．PayPal跨境电子商务支付与结算的优缺点

1）优点

（1）全球用户。

PayPal在全球202个国家和地区拥有2.2亿多用户，已实现在24种货币间进行交易。

（2）品牌效应强。

PayPal在欧美的普及率极高，是全球在线支付的代名词，强大的品牌优势能让网站轻松吸引众多的境外客户。

（3）资金周转快。

PayPal独有的即时支付、即时到账的特点，让用户能够实时收到境外客户发送的款项，同时最短仅需3天即可将账户内的款项转账至境内的银行账户，及时、高效地帮助商家开拓境外市场。

（4）安全保障高。

完善的安全保障体系，丰富的防欺诈经验，业界最低的风险损失率（仅0.27%，不到使用传统交易方式的1/6），确保了用户交易的顺利进行。

（5）小额业务成本低。

在收付款业务上的成本优势明显，无注册费用、无年费，手续费仅为传统收款方式的1/2。

2）缺点

（1）大金额业务成本高。

当进行大金额业务时，如1万美元以上时，通过PayPal付款的手续费较高。

（2）欺诈风险。

如果客户对收到的商品不满意，可以要求退款，少部分人会利用这个规则进行欺诈，卖家面临的风险损失较大。

（3）资金冻结。

PayPal支付容易产生资金冻结的问题，给商家带来不便。这和PayPal相对偏袒买家利益是分不开的。

（4）不易登录。

中国用户在登录PayPal时，大部分时候比较容易登录，但有时也比较难登录，这和PayPal的服务器在美国有一定的关系。

3．PayPal与支付宝的差异

（1）PayPal是全球性的，其规定的通用货币为加元、欧元、英镑、美元、日元、澳元这6种货币。支付宝则以人民币结算。

（2）PayPal采取会员等级制度，对高级账户会收取手续费，当然利益保障也更完善，而支付宝则不存在这一机制。

4．PayPal费率

（1）PayPal现有的收费体系旨在鼓励卖家使用PayPal，随着卖家交易额的增大，会给卖家一定的返利。

（2）PayPal最新更新的收费标准是交易金额的1.5%+0.3美元（中国境内的交易），交易金额的（3.4%～4.4%）+0.3美元（跨境交易）。中国用户如果使用集中付款方式，则收费最多为1美元。只有高级用户才可以使用集中付款方式。

（3）针对不同商家账户，PayPal将设置不同的收费标准（根据交易额）。所有每月通过PayPal收到3 000美元以上的PayPal用户，都可以申请成为PayPal的商家用户。

（4）享受商家收费标准的用户仍可以享受高级用户的收费标准，也可以申请新的收费标准。

（5）用户享受何种优惠收费标准将根据每月的交易额而定。

（6）在获得认证后，单笔付款的最高限额为10 000美元。另外，单笔付款的最低限额为0.01美元。

5. MoneyGram 平台概述

1）MoneyGram 平台简介

MoneyGram（速汇金业务），是一种个人间的环球快速汇款业务，可在十余分钟内完成由汇款人到收款人的汇款过程，具有快捷、便利的特点。速汇金是与西联相似的一家汇款机构。速汇金在国内的合作伙伴是：中国银行，中国工商银行，交通银行，中信银行。我国是外汇管制国家，国外公司给国内公司汇款需要有汇款的理由，不能随便汇款。

“MoneyGram” logo 如图 5-9 所示。

图 5-9　“MoneyGram” logo

2）MoneyGram 平台优势

（1）汇款速度快。

在速汇金代理网点（包括汇出网点和解付网点）能够正常受理业务的情况下，速汇金汇款在汇出后十几分钟即可到达收款人账户。

（2）收费合理。

①速汇金的收费采用的是阶梯收费标准，在一定的汇款金额内，汇款的费用相对较低。

②无其他附加费用和不可知费用：无中间行费，无电报费。

③可事先通过网上查询手续费：用户通过 MoneyGram 的网站，单击左侧的“How to send money”，然后单击右侧的“How much”，输入汇款金额即可知道要付多少手续费。

（3）手续简单：汇款人无须选择复杂的汇款路径，收款人无须先开立银行账户，即可实现资金划转。

如果汇美元支取人民币，此业务为结汇业务，无论境内个人还是境外个人，何种事项的结汇，每人每年凭本人有效身份证件可结汇等值 5 万美元（含），即不再限制单笔结汇金额，只要当年不超过等值 5 万美元即可。

所以当客户汇了一笔“MoneyGram”的时候，只须问客户要：

①汇款密码（八位数）；

②汇款人名；

③汇款人姓。

然后到相关合作银行的当地支行，在专门的“MoneyGram”柜台，他们会提供一张收款表格，填上客户及本人的相关资料，带上本人的身份证件就可以取到钱了。

（4）速汇金国际有限公司（MIL）负责美洲以外的全球事务，其总部在英国伦敦，在全球主要城市下设超过 20 个区域办公室。

5.3.3　跨境电子商务第三方支付与结算平台

1. 互联网金融支付

广义的互联网金融支付是指用户通过桌面电脑、移动终端等设备，依托互联网发起支付指令，实现货币资金转移的行为，其主要有电子银行支付和第三方支付等形式。

所谓跨境第三方支付机构，就是和国内外各大银行签约，独立于商户和银行，具备一定实力和信誉保障的，为商户和消费者提供支付结算服务的跨境第三方独立机构。

跨境第三方支付是现代金融服务业的重要组成部分，也是国内外互联网经济高速发展的底层支撑力量和进一步发展的推动力。一些信息服务企业兴办的支付平台也已经开始崭露头角，跨境第三方支付作为新技术、新业态、新模式的新兴产业，具有广阔的市场前景。

跨境第三方支付通过在买家、卖家之间引入第三方的模式，为买卖双方提供了支付信用担保，已经在互联网金融支付方面占据了主导地位，比如国内的支付宝、财付通、银联在线、快钱、中金支付等；国外的 PayPal、Western Union 等。

严格意义上的支付组织类型只有两类：金融机构类支付组织及非金融机构类支付组织。金融机构类支付组织主要是指银行类机构，其代表支付工具是国内外各家银行的网银，而非金融机构支付组织是指众多的跨境第三方支付公司，其代表性支付工具有支付宝、财付通、快钱、银联在线、PayPal、Western Union 等。

2．跨境电子商务第三方支付系统

1）跨境电子商务第三方支付及其系统的概念

第三方支付，指一些和国内外各大银行签约，具备一定实力和信誉的第三方独立机构提供与银行支付结算系统接口的交易支持平台的网络支付模式。

第三方支付系统，指通过计算机、通信和信息安全技术，在商家和银行之间建立连接，实现消费者、金融机构及商家之间货币支付、资金划拨、查询统计服务的一个系统。

2）跨境电子商务第三方支付系统的基本构成

（1）客户：拥有银行账户和第三方支付系统账户的买方。

（2）商家：拥有银行账户和第三方支付系统账户的卖方。

（3）支付网关：银行金融网络系统和 Internet 网络之间的接口，用于第三方支付系统处理商家支付信息和顾客的支付指令。

（4）支付平台：在线支付服务平台，是买卖双方交易过程中的“中间人”，提供信用担保并在交易后提供相应的增值服务。

（5）网络银行系统：以信息技术和互联网技术为依托，通过 Internet 向用户提供开户、销户、资金转账、查询、对账等金融服务的新型银行机构。

3）跨境电子商务第三方支付系统的功能

第三方支付系统的功能是在保障互联网安全的基础上提供在线支付服务，是买卖双方交易中的“资金管家”，向交易双方提供信用担保、资金划拨、查询实时信息，以及银行增值业务等功能。

（1）信用担保。

跨境第三方支付系统为交易双方提供信用担保，在交易的过程中充当资金“管家”，让交易流程能顺利进行，避免网上风险，解决网络交易的信用危机问题。维护双方的权益，防止交易双方中的抵赖行为。

（2）资金划拨。

跨境第三方支付系统在交易双方之间建立一个安全、有效、便捷、快速的资金划拨方式，保证物流、资金流和信息流正常流动，提高网上交易成交量。

（3）查询实时信息。

跨境第三方支付系统向客户和商家提供实时动态信息查询服务。

（4）银行增值业务。

第三方支付系统与多家银行合作，提供统一的应用接口和金融创新业务服务。在支付手段上为客户提供更多选择，使消费者能够随时、随地通过互联网享受银行业务服务。

知识拓展

中国银联的线上支付业务

我国线下支付领域的“老大”——中国银联，即将发起对线上支付的猛攻。

中国银联在官方网站宣布将与苹果合作，在中国推出 Apple Pay。苹果公司 CEO 蒂姆·库克当天上午也在新浪微博上传了一个 6 秒的短片，演示通过苹果手机实现线下移动支付“就这么简单”，确认了与中国银联的合作。当天中午，中国银联还宣布与 Samsung Pay 将实现同样的合作。

《中国经营报》记者获悉，其实不止 Apple Pay 和 Samsung Pay，Android 阵营的华为 Pay 等，也将成为中国银联的合作伙伴。

中国银联股份有限公司一位人士告诉记者，银联正在打造线下移动支付业务闭环，在 B 端，也就是商户端，银联与合作伙伴一起发动了互联网 POS 运动，即将线下商户使用的传统 POS 机更换为支持银联 NFC“云闪付”的智能 POS；在 C 端，通过与苹果、三星、华为等手机巨头合作，手机用户只需将银联卡账户与内置在手机中的 Apple Pay，Samsung Pay，华为 Pay 客户端绑定，即可在应用场景中通过靠近智能 POS 机，实现一“闪”而付。

接近中国银联的人士表示，随着 O2O 的快速发展，以支付宝和微信支付为代表的扫码支付在线下场景中的应用越来越广泛，中国银联的主打产品是基于 NFC 支付的“云闪付”。力争在移动支付时代与支付宝、微信支付“三分天下”。“中国银联”logo 如图 5-10 所示。

图 5-10　“中国银联”logo

学习任务 5.4　跨境电子商务支付与结算分析

5.4.1　跨境电子商务支付与结算技术分析

1．远距离支付结算

1）远程支付

最广义的远程支付，是指支付人不在支付现场而成功进行支付操作的一类支付方式。远程支付可以通过发送支付指令（如网银、电话银行、手机支付、短信支付等）或借助支付工具（如通过邮寄、汇款）来进行支付操作。与之相对应的是现场支付或近场支付，即支付人需要抵达支付现场进行支付操作。

远程支付通常要通过各类网络进行，这一类远程支付统称为网络支付。网络可以是互联网，也可以是通信网、电视网，甚至是电力网。远程支付目前主要是通过互联网支付来进行的。远程支付如图 5-11 所示。

图 5-11 远程支付

互联网支付必然要借助各类人机交互终端来连接到网络，按照终端的不同可以区分为桌面电脑和手机，分别对应于桌面在线支付和移动在线支付。随着科技的发展，终端的界限日渐模糊，各类型终端日渐融合，终端之间的差异会越来越小。

2）基于短信方式的支付流程

国内提供基于 SMS 移动支付的典型企业是中国工商银行，中国工商银行在 2004 年正式在全国范围内推出基于短信方式的手机银行服务，为个人网上银行用户提供增值服务。

在以金融机构为主导的移动支付运营模式中，用户必须将手机原有的 SIM 卡换成用户识别应用工具（sim tool kit，STK）卡，STK 卡与 SIM 卡一样都能够在普通手机上使用，但是 STK 卡具有更高的存储量，能够运行应用软件。基于 STK 卡的支付方式与基于 SMS 的移动支付流程相似。中国银行、中国建设银行、招商银行等都曾提供过 STK 手机银行，但在随后的发展中，多数都被其他类型的手机银行所代替。

3）基于 WAP 方式的支付

无线应用协议（wireless application protocol，WAP）是在数字移动电话、Internet 及其他个人数字助理机 PDA、计算机应用之间进行通信的开放性全球标准，由一系列协议组成，用来实现无线通信设备的标准化。WAP 将移动网络和 Internet 及企业的局域网紧密地联系起来，提供了一种无地域限制的移动增值业务。WAP 服务是一种手机直接上网服务，通过手机 WAP“浏览器”浏览 WAP 站点，可享受新闻浏览、股票查询、邮件收发、在线游戏、聊天等多种应用服务。通过这种技术，无论用户身在何地、何时，只要通过 WAP 手机，即可享受无穷无尽的网上信息资源。

4）支付宝钱包

支付宝钱包是国内外领先的移动支付平台，属于手机 App 应用。支付宝 2003 年出现，长期的发展几乎覆盖了所有的支付场景，满足用户随时随地支付的需求，用户已经养成习惯，形成了行业壁垒，所以即使受到微信支付的冲击，支付宝在国内第三方移动支付市场的份额仍然居于领先地位。

5）微信支付

微信支付是由腾讯公司知名移动社交通信软件微信及第三方支付平台财付通联合推出的移动支付创新产品，也属于手机 App 应用。其以微信 App 为载体和入口，用户只需在微信中关联一张银行卡，并完成身份认证，即可将装有微信的智能手机变成一个全能钱包，支付过程简便、流畅。

6）银联的 App 支付应用

银联主要提供网站形式、App 形式的移动在线支付。通过手机浏览器访问 mpay.Unionpay.Com，即可迅速进行话费充值、信用卡还款等银联手机支付服务。通过该网站可以下载 App 形式的应用——“银联随行”（定位于银联手机支付的大众版），提供银行卡账户管理、信息查询、金融自助、便民支付、远程购物等服务。客户端采用业界最高标准的安全保障机制，保证支付安全。其具有同时支持多银行卡账户；无须开通网银即可支付；

LBS 定位折扣优惠；支持 100 多家银行支付消费等特点。

2．近距离支付结算

1）近场支付

近场支付是指移动终端通过实体受理终端在交易现场以联机或脱机方式完成交易处理的支付方式，也被称为现场支付。一般是指用户在购买商品或服务时，即时通过移动通信终端向商家进行支付，支付的处理在现场进行。现场支付的接入手段主要是使用 POS（RFID）机，利用移动终端与 POS 机之间的射频信号完成信息交互。现场支付可使用的支付账户主要是电子钱包、非金融支付机构交易账户等。近场支付如图 5-12 所示。

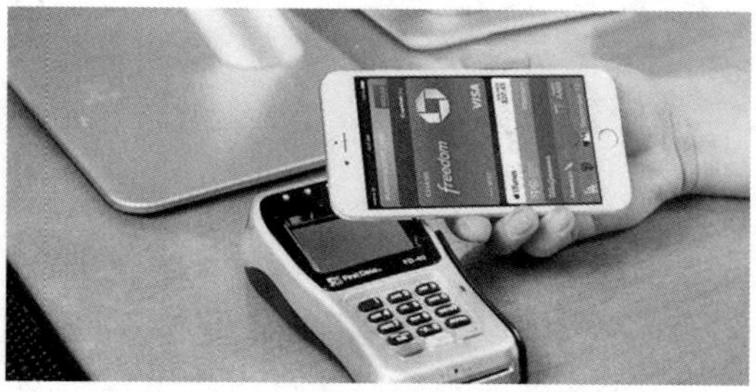

图 5-12 近场支付

近场支付在交易方式、硬件等方面拥有更高的安全性，且在应用场景方面所受限制少、使用频率更高，在使用上更具便捷性。

2）红外线支付

红外线是一种光线，是波长为 750 nm～1 mm 的电磁波，由于它的波长比红色光（750 nm）还长，超出了人眼可以识别的（可见光）范围，所以是不可见光。

红外线支付是目前比较成熟的一种非接触式移动支付技术。红外线传输是一种点对点的无线传输方式，传输对象间不能离得太远，要对准方向，且中间不能有障碍物，几乎无法控制信息传输的进度。目前红外线应用于移动支付主要是在日本和韩国。

3）蓝牙支付

蓝牙技术是一种短距离无线通信技术，利用蓝牙技术，能够有效地简化掌上电脑、笔记本电脑和移动电话等移动通信终端设备之间的通信，也能够成功地简化以上这些设备与互联网的通信，从而使这些现代通信设备与互联网之间的数据传输变得更加迅速、高效，为无线通信拓宽道路，使得各种信息化的移动便携设备都能无缝地实现资源共享。蓝牙技术是由爱立信、诺基亚、东芝、IBM 和英特尔等五家世界知名大公司在 1998 年联合推出的一项无线网络技术，以 WLAN 的 IEEE 802.11 标准技术为基础，采用分散式网络结构及快跳频和短包技术，支持点对点及点对多点通信，使用全球通用的 2.45 GHz 无线频带。其数据速率为 1 Mbps，采用时分双工传输方案实现全双工传输。系统设计通信距离为 10 cm～10 m，如增大发射功率，其距离可长达 100 m。

4）RFID 支付流程

RFID 即射频识别技术，是 20 世纪 90 年代开始兴起的一种自动识别技术，其通过特定频率的射频信号自动识别目标对象并获取相关数据。与传统识别方式相比，RFID 技术不需要直接接触、不需要光学可视、不需要人工干预即可完成信息输入处理，操作方便、快捷。

目前，RFID 技术正在取代蓝牙、红外线等技术成为非接触式移动支付的主流技术标准。基于 RFID 的非接触式移动支付，只要在手机上加装 RFID 芯片，就可以在拥有 RFID 终端的商家进行类似交通一卡通模式的消费。

目前近距离移动支付中的典型代表是 NFC（近距离通信技术），它是近几年飞速发展起来的一项新兴技术，由飞利浦、诺基亚、索尼等著名厂商开发。它由 RFID 技术及互联网技术融合演变而来，在单一芯片上结合感应式读卡器、感应式卡片和点对点的功能，能在短距离内与兼容设备进行识别和数据交换。

5）条码和二维码支付

在 O2O 支付中，二维码可以充当支付凭证。当完成线上支付之后，系统可以自动生成一个含有密码信息的二维码，消费者凭手机二维码即可前往店家消费。另外，也可以倒置场景，先在线下消费，然后以二维码形式出示自己的支付入口，由商家扫码扣款。

5.4.2 跨境电子商务支付与结算安全措施

1．跨境电子商务支付安全体系结构的分析

安全体系结构理论与技术主要包括安全体系模型的建立及其形式化描述与分析，安全策略和机制的分析，检验和评估系统安全性的科学方法和准则的建立，符合这些模型和策略及准则的系统的分析，例如安全信息系统、安全网络系统、安全操作系统、安全数据库系统等。随着系统越来越开放和方便，安全风险逐渐增多，人们对电子支付安全性的关注也越来越强烈，因此对电子支付安全体系结构的分析一直是一个热点。

1）分布式安全结构

分布式安全结构认为信息系统的安全体系结构是系统整体体系结构的一部分，它包括一组相互协作的安全元素的描述与配置。这些元素共同实施系统的安全策略。安全功能元素可划分为 3 个层次：最底层是密码支持，如硬件、软件等；中间层是基本的安全功能，如鉴别、授权、审计等；最上层是一组交互的安全服务，如特权属性服务、证书管理、密钥分发、可信第三方等。安全管理覆盖了 3 个层次的安全元素。

2）通用数据安全体系结构

1996 年，Intel 的体系结构实验室提出了通用数据安全体系结构（common data security architecture，CDSA），是为了解决通信和数据安全问题而提出的一系列分级的、动态的、集成的安全服务构架。CDSA 的技术目标是为数据安全提供一个整体的解决方案，在设计时充分考虑各种基本安全协议组件之间的操作性。

CDSA 共划分为 4 个层次：应用层、安全服务层、公共安全服务管理者层、安全服务提供者层。最底层是实现基本算法的插件式安全模块，包括加密算法和证书处理等组件。这些基本功能模块在公共安全服务管理器的协调下向最顶端的系统安全服务层提供服务。

2．跨境电子商务支付信息安全技术

1）信息加密技术

通过计算机网络进行安全的商务活动和通信就像我们签署一封信笺并把它密封在一个信封里发出去一样。签名保证了发信人身份的真实性，密封的信封保证了机密性。密码系统通过使用和某一种算法相关的密钥对信息加密来保证机密性。可以产生一些“混乱”的消息发送给接收者，接收者使用原来加密用的密钥可以获得原来的信息内容。双方使用的密钥必须保证机密性。在密码应用系统中，管理这些密钥是安全管理工作的中心工作，公钥密码系统为此奠定了基础。

公钥密码系统使用一个密钥对代替了原来使用的唯一对称密钥，这个密钥对包括一个公钥和一个私钥。使用公钥加密的信息只能使用相应的私钥才能解密。使用这套系统，公钥可以在公共的目录中发布，方便各方互相通信。除了加密，公钥和私钥还可以用来产生一个“数字签名”，附加在信息的后面对信息和信息的发送者进行认证。

2）信息认证技术

（1）数字签名。

数字签名是指用户用自己的私钥对原始数据的哈希（Hash）摘要进行加密所得的数据。哈希摘要是用一种符合特殊要求的散列函数所得的数据，典型的散列算法为美国国家安全局开发的单向散列算法之一（SHA-1）。信息接收者使用信息发送者的公钥对附在原始信息后的数字签名进行解密后获得哈希摘要，并通过与自己收到的原始数据产生的哈希摘要对照，便可确信原始信息是否被篡改。这样就保证了数据传输的不可否认性。

（2）数字信封。

数字信封的功能类似于普通信封。普通信封在法律的约束下保证只有收信人才能阅读信的内容；数字信封则采用密码技术保证了只有规定的接收人才能阅读信息的内容。

数字信封中采用了单钥密码体制和公钥密码体制。信息发送者首先利用随机产生的对称密码加密信息，再利用接收方的公钥加密对称密码，被公钥加密后的对称密码被称为数字信封。在传递信息时，信息接收方要解密信息时，必须先用自己的私钥解密数字信封，得到对称密码，才能利用对称密码解密所得到的信息。这样就保证了数据传输的真实性和完整性。

3）通信加密技术

随着计算机网络技术向社会各层次延伸，企业间网络信息交流不断增多，任何一种网络应用和增值服务的使用效果将取决于所使用网络的信息安全有无保障。因此，网络安全已成为现代计算机网络应用的最大障碍，也是必须解决的难题之一。

4）物理安全控制

（1）网络安全控制。

网络安全是一个关系国家安全和主权、社会的稳定、民族文化的继承和发扬的重要问题。其重要性，正随着全球信息化步伐的加快而变得越来越重要。

网络安全是一门涉及计算机科学、网络技术、通信技术、密码技术、信息安全技术、应用数学、数论、信息论等多种学科的综合性学科。网络安全是指网络系统的硬件、软件及数据受到保护，不受偶然情况或者恶意攻击的影响而遭到破坏、更改、泄露，确保系统连续可靠正常地运行，网络服务不中断。

网络安全从其本质上来讲就是网络上的信息安全。从广义角度来说，凡是涉及网络信息的保密性、完整性、可用性、真实性和可控性的相关技术和理论都是网络安全的分析领域。网络安全的具体含义会随着“角度”的变化而变化。例如，从用户（个人、企业等）的角度来说，他们希望涉及个人隐私或商业利益的信息在网络上传输时受到机密性、完整性和真实性的保护，避免其他人或对手利用窃听、冒充、篡改、抵赖等手段侵犯用户的利益和隐私，同时也避免其他用户的非授权访问和破坏。

（2）安全控制。

①计算机操作系统的安全控制包括用户开机键入的口令，对文件的读写、存取的控制等。其主要用于保护存贮在硬盘上的信息和数据。

②网络接口模块的安全控制。其在网络环境下对来自其他机器的网络通信进程进行安全控制，主要包括身份认证、客户权限设置与判别、审计日志等。

③网络互联设备的安全控制。其对整个子网内的所有主机的传输信息和运行状态进行安全监测和控制，主要通过网管软件或路由器配置来实现。

3．SSL 安全协议

安全套接层协议（secure socket layer，SSL）是网络安全协议的标准，最早是由 Netscape 公司提出的一种安全套接层协议，其采用公开密钥技术，目的是保证两个应用层通信的保密性和可靠性，可在服务器和客户机两端同时实现支持。SSL 使用多种密码技术和 PKI 数字证书技术来保护信息传输的真实性、机密性和完整性，主要适用于点对点之间的信息传输。

5.4.3 跨境电子商务支付与结算风险防范

1. 跨境支付风险分析

根据当前我国跨境商务贸易的业务操作和交易流程，我们从第三方机构、跨境交易主体及监管机构等方面分析整个交易环节中可能出现的风险问题，如交易主体信息的真伪性、交易汇率的浮动，等等，并讨论部分风险可能带来的影响和危害。

1）信息审核风险

跨境电子商务是跨境贸易领域的新业态，行业规则和法律法规未成熟，导致支付机构所应承担的职责不明确。在国家还未出台有效法律法规前，支付机构会以追求利益最大化为原则，省去没有规定但会耗费一定成本的程序，在数据交互环节，支付机构可能会采用普通且成本低的信息技术审核客户的身份信息，而放弃采用效用高但成本高的大数据信息技术实现核查环节，跨境贸易主体将利用技术漏洞伪造个人身份信息，导致主体身份虚假信息泛滥。此外，境内外个人和机构可能会以服务贸易或虚假货物贸易来转移外汇资金，也可能会以分拆的形式逃避外汇管理部门的监管，导致部分非法人员利用境内消费者的身份通过支付机构的平台将境内大批量的资金转移到国外。这不仅严重扰乱了跨境电子商务的交易秩序，阻碍了人民币走向国际化的进程，也威胁到了国家的资金安全。

2）汇率变动风险

在客户付款后商家收到货款前，汇率随着市场的变化而有所波动，汇率的变动直接关系到资金的实际购买力。支付机构在收到资金后，一般在 T+1 个工作日集中进行结售汇。在消费者对货物不满意，货物退回商家过程中，购物资金存在着兑换不足额的风险。例如，某境内客户在付货款时的货物标价是 100 美元，相对应的美元现汇买入价是 617.79 元。一段时间后，在收到商家货物时，客户对该货物不满意，准备退货。此时美元现汇买入价是 610.35 元，那么客户买 100 美元的境外货物就损失了 7.44 元。该过程说明了境内客户在购买境外商品时存在着汇率变动的风险，这在一定程度上影响了境内客户的海淘积极性。

3）监管缺少风险

跨境支付业务已有一定的发展规模，但各支付机构的规模大小、经营合规化程度、技术条件不一样，导致业务发展紊乱。业务办理流程、国际收支统计申报、风险控制等运营方案没有统一的标准，合作银行与支付机构向外汇管理局呈报的信息还没有成熟的口径。在跨境贸易的过程中，客户外汇账户存在着备付金被挪用或者损失的风险。

4）网络支付风险

当前存在的各类网络支付安全问题直接制约着跨境贸易的发展，支付宝账号被盗、跨境支付资金被转走、木马和钓鱼网站的泛滥等网络问题影响了境内消费者的境外购物体验。跨境支付对支付信息的审核有着更高的要求，支付的时间也较长，间接加大了支付的风险。互联网渠道的跨境资金支付风险严重阻碍了跨境贸易的推广，境内客户可能面临个人隐私信息被窃取，银行卡被盗用的风险。跨境外汇支付是跨境电商贸易的关键一步，因为它涉及交易双方资金的转账安全。在交易数据传输过程中，可能会因信息故障或系统崩溃而导致支付信息丢失。另外，一些非法人员利用钓鱼网站或其他计算机技术盗取支付账号的信息，会对交易方造成巨大的损失。

2. 电子支付的安全风险分析

基于开放性信息互联技术的电子支付系统具有一些漏洞，为非法获取、非法篡改、破坏服务提供了可能。电子支付面临的安全风险如下。

（1）以非法手段窃取信息或者对信道信息进行破译分析，使机密的数据内容泄漏给未被授权的用户，例如口令猜测、窃听、侦听等。

（2）篡改、删除、插入数据或者数据传输中出现错误、丢失、乱序，都可能导致数据的完整性被破坏，例如对基础设施的损坏、破坏数据库、截取数据包等。

（3）伪造信息或者假冒合法用户的身份进行欺骗，伪造地址，占有或者支配合法用户的资源，非法用户截获合法用户的信息，然后传送给接收者。

（4）抵赖交易行为，否认交易结果。

（5）延迟消息的传送。

（6）系统安全漏洞、网络故障、网络病毒等导致的系统破坏。

（7）阻断服务，非法用户阻止系统资源的合法管理和使用。

（8）社会工程也是一种攻击行为。通常攻击者如果没有办法通过物理入侵的办法直接取得所需要的资料时，就会通过电子邮件或者电话对所需要的资料进行骗取，再利用这些资料获取主机的权限以达到攻击的目的。

（9）管理风险，电子支付作为一个软硬件集成的有机整体，除了采用一些安全技术手段来保护其安全外，还需要对其进行有效的安全管理，如果管理不当，再好的安全措施也形同虚设。

（10）其他风险，其他可能危及电子支付中信息和系统安全的风险，也是需要考虑的问题。

【学习项目检测】

1．名词解释

（1）跨境电子商务支付与结算

（2）国际信用卡支付

（3）网上信用证支付

（4）国际电汇

2．简答题

（1）简述跨境电子商务支付的现状与前景。

（2）简述国内的跨境电子商务支付与结算平台。

（3）简述国外的跨境电子商务支付与结算平台。

（4）简述跨境电子商务第三方支付与结算平台。

【学习项目评价】

学习完本学习项目后，请根据自己的学习所得，结合下表所列内容进行学习效果评价。

评价内容	评价方式			评价等级
	自评	小组评议	教师评议	
课前预习本学习项目相关知识、相关资料				A.充分 B.一般 C.不足
认识跨境电子商务支付与结算的概念及其特点				A.充分 B.一般 C.不足
掌握跨境电子商务支付与结算的方式				A.充分 B.一般 C.不足
了解跨境电子商务支付与结算平台				A.充分 B.一般 C.不足
掌握跨境电子商务支付与结算分析方法				A.充分 B.一般 C.不足
参加教学中的讨论和实训，积极完成相关任务				A.充分 B.一般 C.不足
善于和同学合作				A.充分 B.一般 C.不足
学习态度，完成作业情况				A.充分 B.一般 C.不足
总评				

【学习项目总结】

跨境支付与结算是指在国际经济活动中的当事人以一定的支付工具和方式，清偿因各种经济活动而产生的国际债务，并产生资金转移兑换的行为。它通常是国际贸易中所发生的、由履行金钱给付义务当事人履行义务的一种行为。

跨境支付与结算伴随着商品进出口而发生，它有以下特点。

（1）跨境支付与结算产生的原因是国际经济活动引起的债权债务关系。

（2）跨境支付与结算的主体是国际经济活动中的当事人。国际经济活动中的当事人含义依据不同的活动而定。如在货物买卖中，当事人是指双方营业地处在不同国家（地区）的人，且有银行参与。

（3）跨境支付与结算是以一定的工具进行支付的。跨境支付与结算的工具一般为货币与票据。一方面，由于国际支付当事人一般是跨国（地区）之间的自然人、法人，而各国（地区）所使用的货币不同，这就涉及货币的选择、外汇的使用，以及与此有关的外汇汇率变动带来的风险问题；另一方面，为了避免直接运送大量货币所引起的各种风险和不便，就涉及票据或凭证的使用问题，与此相关的是各国（地区）有关票据或凭证流转的一系列复杂的法律问题。

（4）跨境支付与结算是以一定的支付方式来保障交易安全的。在国际贸易中，买卖双方通常从自身利益考虑，总是力求在货款收付方面能得到较大的安全保障，尽量避免遭受钱货两空的损失，并想在资金周转方面得到某种融通。这就涉及如何根据不同情况，采用国际上长期形成的汇付、托收、信用证、PayPal 等不同的支付方式，以处理好货款收付中的安全保障和资金融通问题。

（5）国际支付与结算必须以收付双方都能接受的货币为支付结算货币，为了支付方便和安全，一般采用国际通行的结算货币，如美元、欧元、英镑、人民币等，特殊情况也有例外。

（6）跨境支付与结算主要通过银行为中间人进行支付结算，以确保支付过程安全、快捷、准确、保险及便利。

学习项目 6　跨境电子商务客户服务与管理

项目任务书

学习项目 6 任务书见表 6-1。

表 6-1　学习项目 6 任务书

任务编号	分项任务	职业能力目标	知识要求	参考学时
学习任务 6.1	跨境电子商务客户服务与管理概述	了解跨境电子商务客户服务与管理的相关概念	1.认知跨境电子商务客户服务与管理 2.跨境电子商务客户分析	2
学习任务 6.2	跨境电子商务客户服务与沟通管理	掌握跨境电子商务客户服务与沟通管理	1.跨境电子商务售前客户服务与沟通 2.跨境电子商务售中客户服务与沟通 3.跨境电子商务售后客户服务与沟通 4.跨境电子商务售后纠纷处理	4
学习任务 6.3	跨境电子商务客户服务与管理沙盒仿真实训	进行跨境电子商务客户服务与管理沙盒仿真实训	1.客服管理实训 2.订单管理实训	4

学习重点、难点

重点

- 跨境电子商务客户服务；
- 跨境电子商务售前客户服务与沟通。

难点

- 跨境电子商务客户分析；
- 跨境电子商务售中客户服务与沟通；
- 跨境电子商务售后客户服务与沟通；
- 跨境电子商务售后纠纷处理。

本项目思维导图

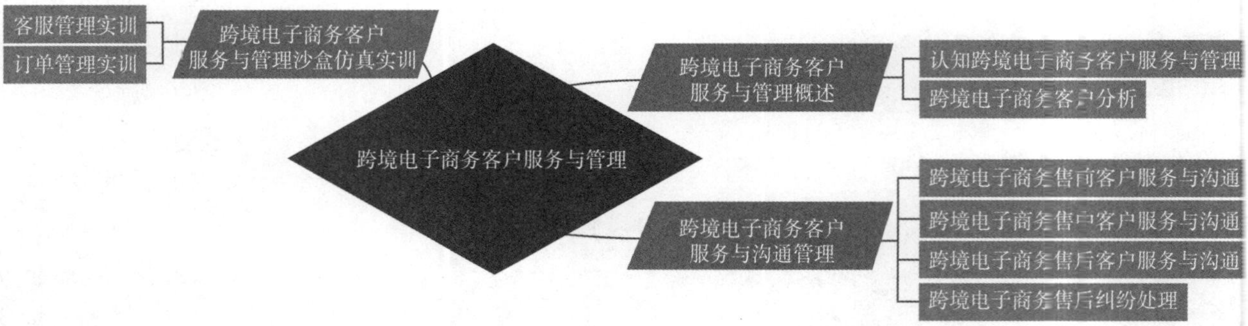

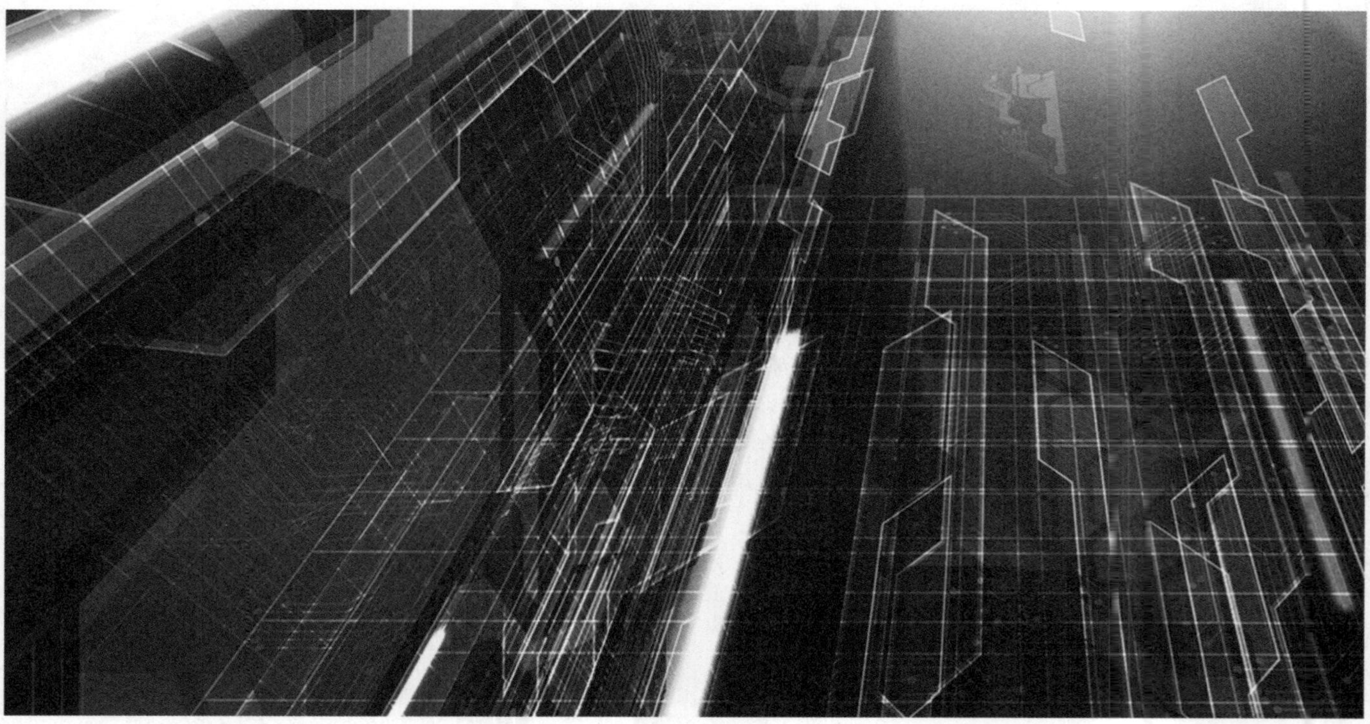

学习情境导入

你知道怎么联系 eBay 客服寻求帮助吗？

许多 eBay 卖家在运营过程中出现账户或交易问题时，会联系 eBay 客服寻求解答或者帮助，但 eBay 网站上很难找到任何联系信息。即使有“联系我们”页面上的提示，也很难立即与他们取得联系。为此你可以通过以下几种方式就客户服务问题与 eBay 联系。

1．通过电话联系 eBay

如果你在谷歌上搜索 eBay 的电话号码，你会看到 3 亿个结果，但以下才是 eBay 官方电话号码：

- eBay 客服：1（866）540-3229
- eBay 总部：1（800）322-9266 或 1（408）376-7400
- eBay 投资者关系：1（408）376-7493
- eBay 投资者信息：1（866）696-3229

如果你的账户有问题，或与买家有无法解决的交易问题，这是与 eBay 联系的最佳方式。

2．通过电子邮件或社交媒体联系 eBay

遗憾的是，客户服务电子邮件地址不能公开提供。在卖家论坛、eBay 自己的论坛和其他各种在线联系信息数据库中，找到了几个私密电子邮件地址，但尝试使用后，这些地址都没用，但你可以通过社交媒体联系 eBay，可以在 Facebook 或 Twitter 上给他们发信息，@eBay 发布推文，通常在当天就可能会收到回复。

3．如何联系 eBay 解决买家/卖家问题

由于 eBay 是一个平台，当你与买家之间的交易有问题时，最好在你尝试联系 eBay 之前直接与买家联系处理。如果你试着直接联系 eBay，他们只会告诉你先联系买家。

4．联系 eBay 的其他有用方式

如果你需要与 eBay 有关的其他信息，以下链接可能会有所帮助。

eBay 网站：https://www.ebay.com

eBay 客户支持页面：https://www.ebay.com/help/home

eBay 在线支持页面：http://ocs.ebay.com/ws/eBayISAPI.dll?CustomerSupport

eBay 总部网站：https://www.ebayinc.com

学习任务 6.1　跨境电子商务客户服务与管理概述

6.1.1　认知跨境电子商务客户服务与管理

1．认识客户关系管理

1）客户的内涵

“客户”一词由来已久。在我国古代，客户泛指那些流亡他乡，没有土地、以租地为生的人，后来指由外迁来的住户。随着商品经济的产生和发展，与企业来往的顾客、客商被称为客户。客户是承接价值的主体，通过货币的付出获得使用价值，其要实现相应的需求，因此客户也是需求的载体或代表。现代企业管理中，客户是企业的利润之源，是企业发展的动力，很多企业将“客户是我们的衣食父母”作为企业客户管理的理念。

2）客户关系的含义

客户关系是指企业为达到其经营目标，主动与客户建立起的某种联系。这种联系可能是单纯的交易关系，可能是通信联系，也可能是为客户提供一种特殊的接触机会，还可能是为双方利益而形成某种买卖合同或联盟关系。客户关系不仅可以为交易提供方便、节约交易成本，也可以为企业深入理解客户的需求和双方进行信息交流提供机会。客户关系具有多样性、差异性、持续性、竞争性、双赢性的特征。企业客户关系状况可以从以下几个方面进行理解。

（1）客户关系长度，即企业维持与客户关系的时间长短。通常以客户关系生命周期来表示，分为考察期、形成期、稳定期、衰退期。客户生命周期主要是针对现有客户而言的，要延长客户关系，可通过培养客户忠诚、挽留有价值客户、减少客户流失、去除不具有潜在价值的关系等来提高客户关系生命周期平均长度，发展与客户的长期关系，将老客户留住。

（2）客户关系深度，即企业与客户关系的质量。衡量客户关系深度的指标通常是重复购买收入、交叉销售收入、增量销售收入、客户口碑与推荐等。

（3）客户关系广度，即企业拥有的有价值的客户关系的数量，既包括获取新客户的数量，又包括保留老客户的数量，还包括重新获得已流失客户的数量。拥有相当数量的客户是企业生存与发展的基础，因此要不断挖掘潜在客户、获取新客户，尽量减少客户的流失。此外，要努力维系老客户，由于开发一个新客户的成本是维系一个老客户成本的 5 倍，所以维系老客户可以节约成本。另外，老客户对价格等影响满意度的关键要素敏感性较低，对企业及其产品的某些失误更宽容，所以维系老客户可以给企业带来多方面的收益。一方面要减少客户的流失，另一方面要让已流失的客户重新成为企业的客户。

企业要想取得长期的竞争优势就要维系良好的客户关系，而这种与客户的良好关系也逐渐成为企业的核心竞争力。企业在管理客户关系时，不仅要关注关系的物质因素，更要考虑关系的另一个特点，即客户的感觉等其他非物质的情感因素，达到创造新客户、维系老客户、提高客户满意度与忠诚度，从而提升客户的价值和利润的目的。

知识拓展

客户范畴

1．消费客户

购买最终产品或服务的零散客户，通常是个人或家庭。

2．B2B 客户

购买你的产品（或服务），并在其企业内部将你的产品附加到自己的产品上，再销售给其他客户或企业以获取利润的客户。

3．渠道、分销商、代销商

不直接为你工作的个人或机构，通常不需要你支付工资。此类客户购买你的产品用于销售，或作为该产品在该地区的代理。

4．内部客户

企业（或相关企业）内部的个人或机构，需要利用企业的产品或服务来达到其商业目的。这类客户往往最容易被忽略，而随着时间的流逝，他们也是潜在的客户。

2．客户关系生命周期

客户关系生命周期通常指的是一个客户与企业之间从建立业务关系到业务关系终止的全过程，是一个完整的关系周期。它从动态角度研究客户关系，描述了客户关系从一个阶段到另一个阶段运动的总体特征。客户关系生命周期分为考察期、形成期、稳定期和退化期。下面简单介绍各阶段的特征。

1）考察期——关系的探索和试验阶段

在这一阶段，双方主要考察和测试目标的相容性、对方的诚意、对方的绩效，考虑如果建立长期关系双方潜在的责任、权利和义务。双方相互试探、具有不确定性是考察期的基本特征，评估对方的潜在价值和降低不确定性是这一阶段的中心目标。在这一阶段，客户会尝试性地下一些订单。

2）形成期——关系的快速发展阶段

双方关系能进入这一阶段，表明在考察期双方相互满意，并建立了一定的相互信任和相互依赖的关系。在这一阶段，双方从关系中获得的回报日益增多，相互依赖的范围和深度也日益增加。双方逐渐认识到对方有能力提供令自己满意的价值和履行其在关系中担负的职责，因此愿意承诺保持一种长期关系。

3）稳定期——关系发展的最高阶段

这一阶段，双方或含蓄或明确地对保持长期关系做出了承诺。这一阶段有如下特征：双方对对方提供的价值高度满意；为能长期维持稳定的关系，双方都作出了大量的有形和无形的投入；双方都进行了高水平的资源交换。因此，在这一阶段双方的交互依赖水平达到整个关系发展过程的最高点，双方处于一种相对稳定的状态。

4）退化期——关系发展过程中关系水平逆转阶段

关系的退化并不是总发生在稳定期后的第四阶段，实际上，在任何一个阶段，关系都可能退化，有些关系可能永远越不过考察期，有些关系可能在形成期退化，有些关系则越过考察期、形成期而直接进入稳定期，并在稳定期维持较长时间后退化。引起关系退化的原因有很多，如一方或双方经历了一些不满意，发现了更合适的关系伙伴，需求发生变化等。退化期的主要特征有：交易量下降，一方或双方正在考虑结束关系，甚至物色候选关系伙伴等。

6.1.2　跨境电子商务客户分析

1．潜在客户必须具备的要素

潜在客户必须具备两个要素：一是用得着，二是买得起。首先要用得着，不是所有的人都需要你的产品，如大型交换机的用户对象是集团、社团、企业等组织，有谁会去买一台大型交换机放在家里呢?其次是买得起，对于一个想要、又掏不出钱的潜在客户，你付出再多的努力也不能成交，例如，在保险业中，把保险销售给一个仅能维持最低生活标准的家庭，无论你的推销技巧有多高明，他们也不会购买保险。按理说这样的家庭非常需要保险，但他们没有经济能力支付长期的保险费。

2．寻找潜在客户的“MAN”原则

M：money，代表“金钱”，所选择的对象必须有一定的购买能力。

A：authority，代表“购买决定权”，指购买对象对购买行为有决定、建议或反对的权力。

N：need，代表“需求”，指购买对象有这方面(产品、服务)的需求。

学习任务 6.2 跨境电子商务客户服务与沟通管理

6.2.1 跨境电子商务售前客户服务与沟通

1. 跨境电子商务售前客户服务的准备工作

1）把握公司及产品情况

在跨境电子商务中，客户往往不专业或缺乏对相关产品的了解。跨境电子商务客户服务人员在帮助客户解决问题的过程中，需要从更专业的角度来解决问题。售前客户服务人员在向客户推荐产品时，无论是关于产品涉及的专业术语，还是行业专用的概念，还是购买流程中涉及的税费及物流问题，客户服务人员都需要介绍得简明扼要，并进行适当的简化，用通俗易懂的方式向客户解释和说明。针对客户提出的问题，在提出解决方案时，客户服务人员需要基于问题产生的真实原因，提出负责而有效的解决方案，而不是拿一些理由，来拖延问题的处理时间。

从长远来看，就客户提出的咨询问题耐心细致地进行解答，并且能够顺利且彻底地解决这些疑难问题，会十分有效地增强客户对卖家的信任感，进而形成客户黏性。也就是说，售前客户服务人员应当把每一次客户咨询和反映的问题都当作是展示自己专业能力的机会，用专业的方法与态度来解决问题，将初次询盘和偶然询盘的客户转化为自己的长期客户。

2）掌握客户心理

（1）掌握客户静默式下单的心理。

很多时候，跨境电子商务的客户在下单购买之前很少与卖家进行联系。这就是所谓的“静默式下单”。这就意味着，在跨境电子商务中，客户在售前联系客户服务人员，往往是带着问题来的。例如，客户购买的是一种技术型产品，或者客户需要进行批发式的购买，客户下单前联系卖家就是为了就一些特殊的技术指标或批发条款进行确认。由于买卖双方在时间和空间上的距离，加上在语言与文化方面可能存在隔阂，客户作为不专业的一方，有时很难清晰地理解某些中国卖家写出的产品的英文说明，如果售前客户服务人员在回复消息的过程中让客户等待时间过久的话，各种主客观的因素叠加在一起很容易引起客户的不满，也会直接导致在实际操作中，许多客户缺乏与卖家沟通的耐心，不愿相信卖家的说明和解释。因此，售前客户服务人员一定要照顾外国客户的心理需求，清楚、明确地进行产品介绍，提供专业化的咨询服务，才能有效地引导客户购买产品，提高咨询转化率。

（2）配合客户需要得到确定回答的心理。

从商务礼仪的角度讲，售前客户服务人员要确保在谈判开始时，就成为谈判的主导，设法引导客户的情绪，为后面的双向沟通与问题解决打好基础。

在跨境电子商务中，当出现问题时，客户普遍会感到问题很棘手，并容易出现焦躁心态。这是非常正常的。这也是为什么这么多年来许多跨境电子商务的经营者普遍认为客户服务工作是一项让人头疼又非常麻烦的工作。针对售前客户服务工作中可能出现的各类问题，卖家首先需要做的就是在沟通的每一个环节，特别是在与客户第一次的接触中，设法淡化时间、空间上的疏离感，在第一时间向客户保证能够在客户的购物过程中为客户答疑解惑，帮助客户顺利地购买到心仪的商品。这就是所谓的先给客户吃“定心丸”。在实际的售前客户服务工作中，要从字里行间的细节里向客户表达感恩的态度，这对于顺利解决问题，说服客户接受卖家提出的解决方案，甚至降低解决问题的成本，都是非常有效的。

（3）要对客户所言的消息进行回复。

许多跨境电子商务平台都会在后台监控所有站内信或订单留言的平均回复时间。卖家平均回复时间越短，时效越高，也能从侧面反映卖家的服务水平。在实际操作中，卖家往往还会遇到这种情况：经过沟通后，卖家顺利帮客户解决了问题，而客户往往回复一封简单邮件，例如“Thanks”或“OK”。许多卖家对于这种邮件可能就不做任何回复了。正如刚才所讲，由于各个跨境电子商务平台的后台无法真正识别客户发出的信息内容是否需要回复，这些简短的客户信息如果没有得到及时回复，仍可能影响系统对卖家回复信息时效的判断。因此，客户服务人员要做到无论在何种情况下，在与客户进行互动的过程中，要对客户所有的消息或者邮件进行回复。这既是出于礼貌，也是出于技术角度的考虑。

2．跨境电子商务售前客户服务的常见问题及处理

1）询价与商品细节问题咨询

（1）关于询价。

当有客户询价时，售前客户服务人员在回复内容中要感谢对方的询问，表达想与对方建立业务往来的希望，并告知对方订单的达成条件并报价。

（2）关于商品细节。

售前客户服务人员与客户的对话内容大部分是围绕商品本身进行的，所以在沟通交流的过程中，客户很可能会问及关于商品的专业问题。一个清晰明了的产品描述意味着能够让客户快速获取所需要的信息，并且没有多余的疑问。售前客户服务人员熟悉产品知识是与客户交流谈判的基础，售前客户服务人员对商品细节问题越熟悉，客户对售前客户服务人员的信赖度就越高。

例如，国际上服装的尺寸没有统一的尺码标准，目前最为常用的尺码标准有四种，分别是国际码、中国码、欧洲码和美国码，这四种尺码是可以互相转换的。售前客户服务人员不仅要清楚地知道尺码的大小差异，还要知道它们之间的转换方法，以便给客户提供明确的尺码推荐，必要时可以向客户提供尺寸图。

在回答客户关于商品的咨询时，售前客户服务人员也可以预先制作简明、清晰的流程说明图示，这样需要撰写的文字部分就可以变得非常简单。虽然制作图示会花费一些时间，但是以后应对很多类似的提问时，售前客户服务人员就可以使用已经做好的图示进行方便快捷的解答。

2）支付方式、运费与关税

（1）关于支付方式。

一般来说，针对没有 PayPal 账号的客户关于支付方式的咨询，客户服务人员可以推荐客户使用 PayPal 进行付款。

当客户购买多件商品时，客户服务人员可以在邮件中告诉客户关于修改价格及合并支付的操作。

（2）关于运费。

当客户一次性购买多件商品时，可能会提出合并运费的要求。这个时候，客户服务人员可以通过修改并发送电子发票的形式，对客户购买的多件商品只收取一次运费。在电子发票发送成功后，可及时告知客户运费已合并，让客户直接通过电子发票进行支付。

（3）关于关税。

关税问题也是客户在购物时必然会关注的。客户服务人员就客户担心的税费问题须给予耐心、细致的解答，明确告知客户一般情况下购买小额的货物不会产生额外费用，如遇特殊情况，需要向当地海关部门咨询。

6.2.2 跨境电子商务售中客户服务与沟通

1. 跨境电子商务售中服务涉及的业务范围

1）售中服务的概念

售中服务是指推销员在销售过程中所提供的服务，是推销员在推销现场，与顾客进行充分沟通，深入了解顾客需求，协助顾客选购最合适产品的活动。

2）售中服务的目标

售中服务的目标是为客户提供性能价格比最优的解决方案。针对客户的售中服务，主要体现为销售过程管理和销售管理，销售过程是以销售机会为主线，围绕着销售机会的产生、控制和跟踪，合同签订、商品交付等一个完整销售周期而展开的，是既满足客户购买商品欲望又满足客户心理需要的服务行为。

优质的售中服务将带给客户舒适感，从而增强客户的购买欲望。融洽而自然的销售服务还可以有效地消除客户与企业销售、市场和客服人员之间的隔阂，在买卖双方之间形成一种相互信任的气氛。销售、市场和客服人员的服务质量是决定客户是否购买的重要因素，因此对于售中服务来说，提高服务质量尤为重要。

2. 跨境电子商务售中订单的控制与处理

1）收到订单

客户在下单之后，不一定会及时付款。对于买家已经拍下但还未付款的订单，卖家不可以直接关闭订单。针对客户下单之后 2 天内未付款的情况，卖家可以通过订单留言、站内信或相关聊天工具催促客户付款，提高产品付款率。如果客户下单超过 2 天仍未付款，则表明该客户已放弃购买。

若买家下单后已及时付款，则需根据买家留言及时告知发货信息。若买家付款后，其未通过平台资金风控审核，或者由于卖家无库存不能及时发货的，卖家需及时与客户沟通，引导客户及时解决问题。卖家收到订单后的处理流程如图 6-1 所示。

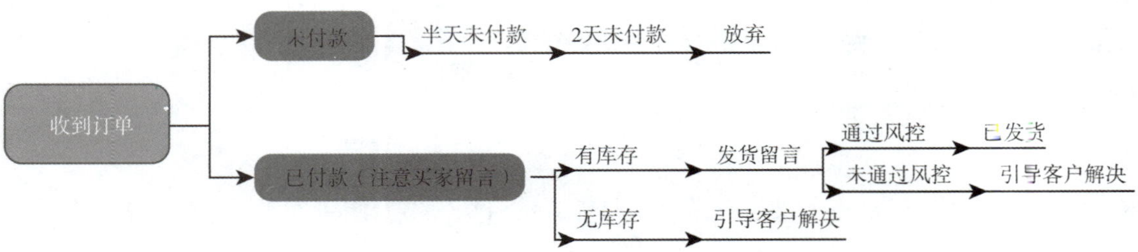

图 6-1 卖家收到订单后的处理流程

2）物流跟踪

货物发出后，并不意味着卖家工作的完结，而是要经常跟踪包裹并把进展情况及时地告诉买家。良好的物流能够提高买家的购物体验。良好的物流体验包括发货速度、物流运送时间、货物完整与否、送货员的服务态度等重要内容。

在物流跟踪的过程中，需要从以下两个方面与客户沟通，为客户提供相关服务：一是货运途中可能遇到的情况；二是相关货运进展情况。货物发出后，有可能会遇到各种问题，例如，物流信息几天内都未能及时更新；货物长时间在途，且在预计时间内未到达客户所在国家；确认收货超时，依然未妥投甚至出现货物丢失；卖家由于特殊原因需要更换快递公司等。这些都会引起买方的不满，需要及时与买家沟通，避免买家提起纠纷。如果货物能够顺利发运，则卖家最好能够根据物流显示的信息在货物抵达海关、到达买方当地邮局及货物妥投后及时告知买家，争取买家收货后能给予好评。卖家在物流跟踪环节须提供的服务如图 6-2 所示。

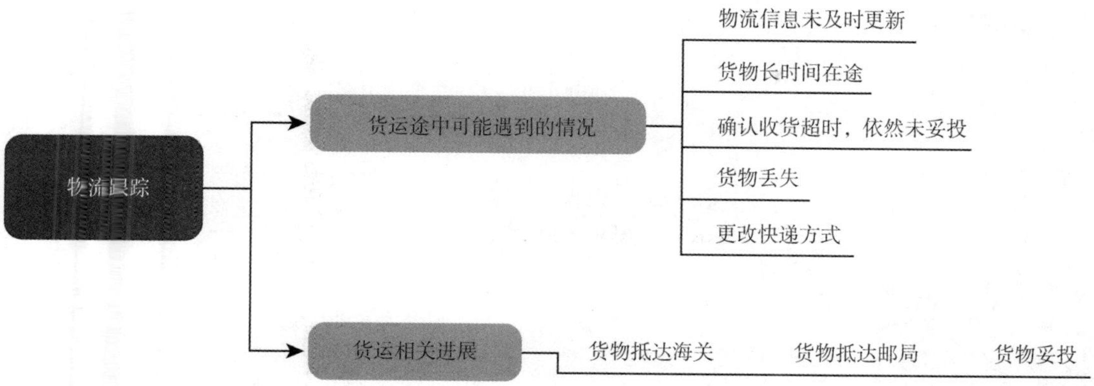

图 6-2　卖家在物流跟踪环节须提供的服务

3）关联产品推介

做好关联营销，能有效利用来之不易的流量，提高转化率，从而降低推广成本。关联营销不仅是把关联产品在关联位置上摆放好，而且要抓住一切机会向客户推荐。在向客户推介关联产品时，如果买家对选择的产品不满意，或者买家已经下单后，可以向其推荐关联产品，引导其再次下单；对于新老买家都可以向其推荐订阅店铺，以便及时向潜在客户推送消息。推介的产品和消息包括折扣产品、新产品及节日热销产品。客服的关联产品推荐服务如图 6-3 所示。

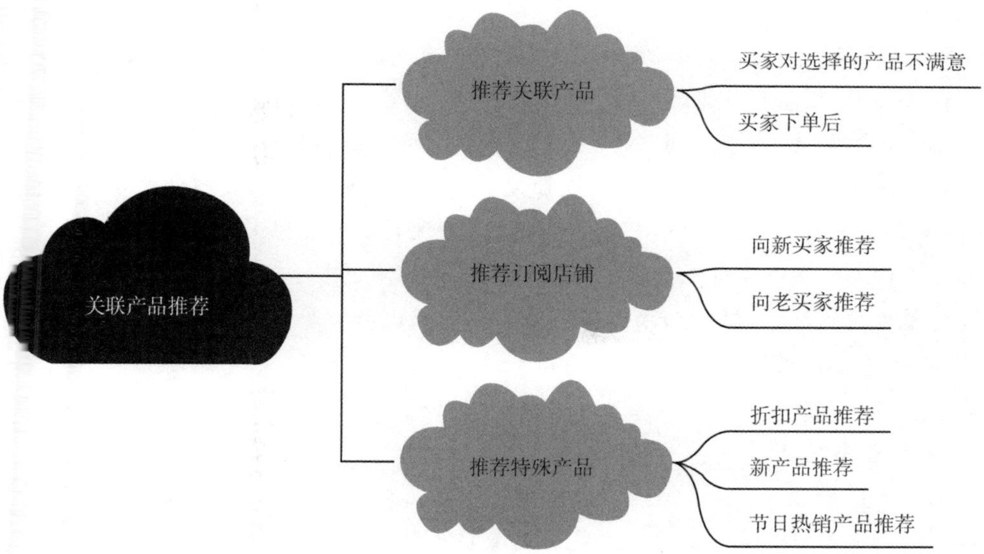

图 6-3　客服的关联产品推荐服务

4）特殊订单处理交流

特殊订单指那些由于发货、物流、海关等原因造成的不能正常出货或退货的订单。无论是什么原因引起的不能正常出货、收货或者延误的订单，卖家都必须及时与买家沟通，避免引起买家不满而产生纠纷。

发货前的特殊订单包括客户下单后对于支付、海关收税等情况存在疑问；或者由于物流风险，无法向买家所在国家发货；也可能由于订单包裹超重导致无法使用小包邮寄及没有直航货机等。特定的包裹延误情况则主要包括由于节假日或不可抗力因素造成的邮递延误。还有一些其他特殊情况，例如卖家发错货或者漏发货，客户不清关等。无论哪种情况的特殊订单，卖家都必须与买家及时沟通，解决相关问题，确保客户满意。特殊订单的客户服务内容如图 6-4 所示。

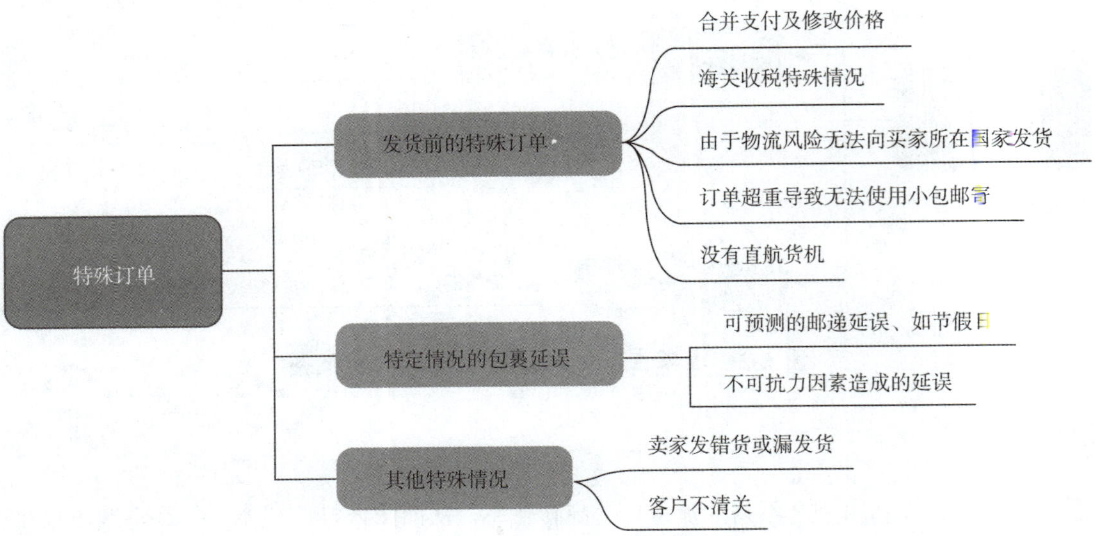

图 6-4 特殊订单的客户服务内容

知识拓展

跨境电商术语

1．BannerAd：网页顶部、底部或者侧边的广告展示位置。

2．DSP 展示广告：需求方平台展示广告。

3．POP：“卖点广告”，又名“店头陈设”。本来是指商业销售中的一种店头促销工具，其以摆设在店头的展示物为主，如吊牌、海报、小贴纸、纸货架、展示架、纸堆头、大招牌、实物模型、旗帜等。

4．QC：品质控制，又称质检，即对产品进行一个初步的检验，排除质量问题。

5．3PL：第三方物流，在电商行业指快递公司。

6．PCS：即计量单位（pieces），如块、件、片、篇、张、条、套等。

7．SRM：供应商关系管理。

8．ERP：企业资源计划。

9．OMS：订单管理系统。

10．CRM：客户关系管理。

11．RFM 模型：衡量客户价值和客户创利能力的重要工具和手段。该模型通过一个客户的近期购买行为、购买的频率及花了多少钱三项指标来描述该客户的价值状况。

12．清关：进出口或转运货物出入一国关境时，依照各项法律法规和规定应当履行的手续。

13．进/出口关税：一个国家的海关对进/出口货物和物品征收的关税。

6.2.3 跨境电子商务售后客户服务与沟通

1．跨境电子商务售后评价的回复与处理

评价是买家对交易的反馈。评价分为好评、中评和差评。无论哪种评价，都要用分析的态度去对待，沟通是一切服务的基础。往往一些好的服务会让客户为你做出很多意料之外的事情。面对差评，要及时沟通，可以用道

歉邮件、优惠券及适当赔款给予安慰。总而言之，“兵来将挡，水来土掩”，只要诚实经营，相信店铺评价会朝好的方向发展。客户评价管理流程如图 6-5 所示。下面就催促评价、修改评价和收到好评进行阐述。

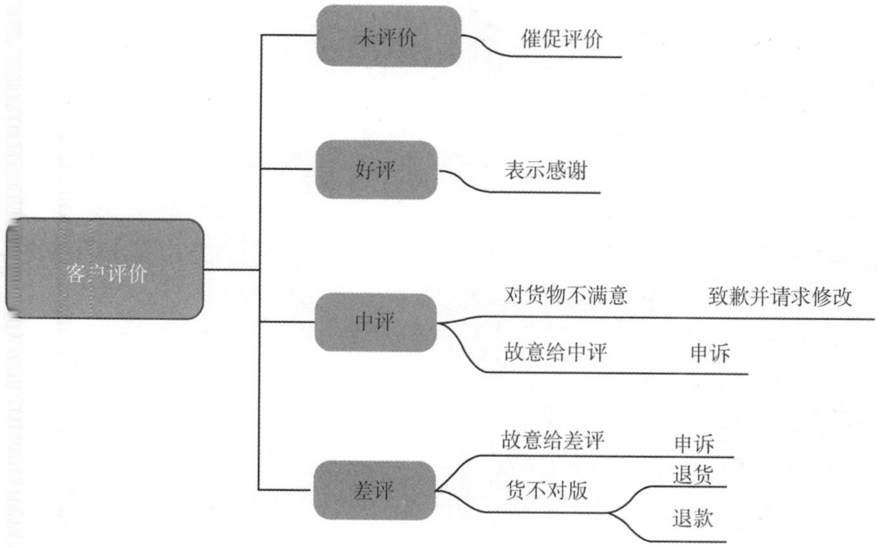

图 6-5　客户评价管理流程

对于未及时给出评价的客户，要催促评价，争取获得好评。客户的好评往往能够“四两拨千斤”，为我们带来源源不断的曝光、转化及二次转化，因此，对于客户的好评要给予及时的感谢。得到中评也不要抱怨，可能是客户对我们有不满意之处，说不定客户反映的问题是优化产品和服务的重要切入点。要注重中评中显示的问题，及时沟通。我们对客户中评和差评也要有一个区分，因为买家中毕竟存在“别有用心”之人。一旦有了差评，要跟客户沟通，协商解决。

1）催促评价

不少卖家都以为产品卖出去，交易就完成了，从而忽视客户的评价。其实不然，店铺要想留住客户，就要从售后开始！一个简单的回复客户评价的行为，往往能影响老客户的复购率及新客户的购买率。

有些客户收到货物后不管产品质量好不好一律不给评价，那么卖家可以去委婉地提醒客户给予评价。有些客户甚至不知道怎么评价，卖家可以及时和客户进行沟通，告诉他评价的步骤。收货后可以主动询问客户收到的货物是否符合自己的需要和期待，有时候主动提醒一下客户反而使得客户对卖家更有信任感。

2）修改评价

除了一些无良买家，客户给中、差评是对你店铺的提醒，告知你店铺中出现了问题，需要去整改。跨境电子商务卖家针对这些中、差评该怎么办呢？应正视中、差评，及时与客户进行沟通，尽可能地去消除中、差评的不利影响。

（1）给中评，买家对于你的产品表示怀疑。

如果因为产品质量原因而引起客户不满，应及时和客户进行沟通，让客户知道中评对于一个卖家的“致命”打击，让客户心存怜悯。例如，卖家小 A 昨天收到了客户的中评，原因很简单，因为客户觉得她买到的裙子穿起来的效果没有图片模特穿起来的效果好。碰到这样的客户，小 A 当务之急就是及时和客户取得联系，希望其能修改评价。

（2）请求修改差评。

客户给了差评，一定要及时跟客户交流，问清楚到底是质量问题，还是物流慢的问题等，如果是产品的缺陷就想办法弥补或者客户下次购物时在不亏本的情况下给他点优惠，争取让他改一下评价。当然有些客户不是故意给差评的，只是进行了错误操作，这时我们不妨将平台的修改规则告诉他们，客户愿意修改最好，不愿意则可以忽略，有时候收到几个差评也是正常的。

处理差评纠纷时，首先要弄清楚差评产生的缘由。客户期望值过高，产品没有达到他们的期望值是纠纷和获得差评的根源，物流速度慢是造成客户满意度下降的元凶，沟通不够、产品质量不过关、包装破损等都是客户不满的原因。弄清了客户给差评的原因，那么问题解决也就没那么难了。

不要一味地美化产品和图片，如果产品有瑕疵和不足，则要在照片中体现，产品描述应清晰、详尽。如果接连收到的差评是因为客户没有注意到尺寸就想当然地买了下来，结果货到了觉得小了，不经过任何沟通，直接给了卖家差评，遇到这样的客户，我们可以先利用站内信和邮件与其进行沟通，请求修改评价，一部分客户经过沟通直接就更改了评价，一部分客户没有任何回应，一周之后还可发送一次邮件，再没反应，就给予客户一些利益，例如若客户更改评价，则返 3 美元或者下次给 5% 的折扣，用合理的利益感动他们。

3）收到好评

店铺好评的数量体现了店铺的信用度，好评率越高，客户就会对店铺增加信任感，购买的欲望也会加强。如果店铺获得的好评很少，即使客户想购买也不会放心。一模一样的产品，价格相等，客户一定会选择好评率高的店铺购买。店铺每卖出一件产品，就有一次被评价的机会。如果收到好评，一定要对买家进行答谢。

2．跨境电子商务售后客户维护

维护客户关系，留住回头客可以给卖家带来可观的订单。要想在跨境电子商务平台上有好的销售业绩，留住回头客、提高客户重复购买率是非常必要的。这需要卖家在平时多和客户沟通，对优质客户进行定期维护。

客户维护流程图如图 6-6 所示。客户的维护主要包括客户的日常维护及新产品推广或在节假日促销方面的宣传。卖方可以主动联系买家发送建交函，以扩大交易范围及对象、建立长期业务关系。选取某类特定商品，进行具体的推荐性介绍。除了拓展新客户，每逢节假日，卖家可以向老客户发送节假日的祝贺信或平时的问候信，以给客户留下深刻的印象。

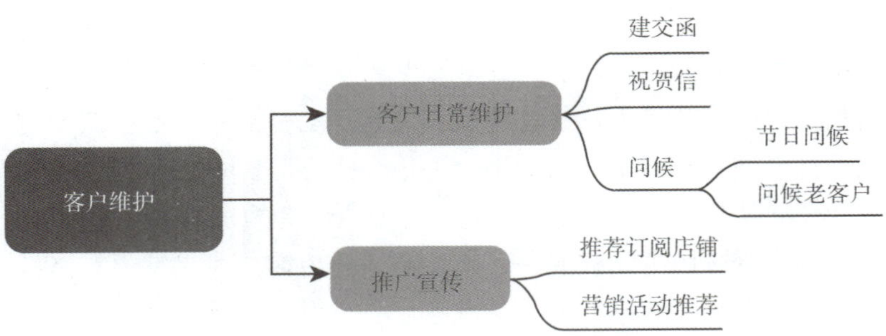

图 6-6　客户维护流程图

1）客户日常维护

与客户的感情交流是卖家用来维系客户关系的重要方式，节日的真诚问候、婚庆喜事、过生日时的一句真诚祝福、一个小礼物，都会使客户深为感动。交易的结束并不意味着客户关系的结束，在售后阶段还须与客户保持联系，以确保他们的满意持续下去。

（1）建交函（与新客户建立业务关系）。

在客户关系管理中，试图和新客户建立业务往来关系也是极其重要的环节。在该环节中，需要向客户介绍公司及产品优势，争取用公司的资质和产品特色吸引客户。

（2）祝贺信。

祝贺信是为了祝贺生意上的朋友“高升”或得奖而发出的信。虽然祝贺信是写给个人的，却和一般朋友间的通信不太一样，它会影响你今后业务的开展。

（3）节日问候。

给老客户或新开发的客户，发节日祝福邮件，一是为了维护好客户关系，二是为了和客户确认细节，推荐产品，让客户记住你，对你有印象。

（4）问候老客户。

非节假日问候老客户的主要目的是向客户介绍店铺的最新优惠活动，或者向客户介绍公司的最新产品。除了这两个目的，单纯性的问候也必不可少，以免客户遗忘店铺。问候可以加深客户对之前有过购物经历的店铺的印象。

2）推广宣传

对于电商卖家来说，邮件是一种非常节约成本的营销渠道。因此，很多卖家都把邮件作为唯一的营销方式。其实，邮件还能改善其他营销方式的效果。

（1）推荐订阅店铺。

产品邮件推送功能是电商平台为买家和卖家双方搭建起来的一个沟通渠道。买家一经订阅，每周都可以收到平台最新的产品和店铺优惠信息，以及买家通过关键词或行业订阅的相关信息。卖家可以利用这个功能，推荐买家订阅卖家的店铺，以让买家在第一时间了解卖家的最新产品。

（2）营销活动推荐。

营销推广的手段无非有以下几种：优惠券、限时秒杀、打折促销、会员优惠、抽奖活动等。这些活动都可以在一定程度上促进网站订单量的提升。

6.2.4　跨境电子商务售后纠纷处理

1．跨境电子商务售后纠纷处理概述

以速卖通平台为例，买卖双方在交易过程中所产生的纠纷属于交易纠纷，即在交易过程中产生了误会或者一方刻意隐瞒，从而无法使交易圆满完成。买家在交易中提起退款申请时有两种情况，分别是未收到货物及收到的货物与约定不符，这两种情况又分别有不同的分类，具体情况如下。

未收到货物：运单号无效、发错地址、物流在途、海关扣押、包裹退回。

收到的货物与约定不符：货物与描述不符、质量问题、货物破损、货物短少、销售假货。

买家因为各种原因提起退款申请产生了纠纷，在今后的交易过程中对平台的产品、卖家，以及对平台本身都会产生质疑，最终会使得卖家的客源流失，并且影响到交易的回款周期。同时，平台对于纠纷也有相关的处罚措施，更多的资源会提供给优质的卖家。纠纷处理流程如图 6-7 所示。

买家在交易过程中未收到货物或者对于收到的货物不满意可提起退款申请，纠纷便产生，买卖双方可进行协商解决，若无法达成一致，可提交至平台进行裁决。裁决的提交包括以下三种情况。①买家提交纠纷裁决。自买家第一次提起退款申请开始第 4 天至第 15 天，若买卖双方无法协商一致，买家可以提交至平台进行裁决。②系统提交纠纷裁决。自买家第一次提起退款申请开始截止至第 16 天，卖家未能与买家达成退款协议，买家未取消退款申请也未提交至平台进行裁决，系统会自动提交至平台。③卖家提交纠纷裁决。若买家申请退款退货，在买家填写了退货地址后 30 天内，卖家未收到退货或收到的退货与发货不符，可以提交至平台进行裁决。

纠纷提交至平台后，速卖通会介入处理，它会参考买卖双方纠纷协商阶段及提交纠纷裁决阶段提供的证明材料进行裁决。

首先，若现有证据充足，则直接给出裁决意见后进入申诉期；若证据不足，则联系双方限期提供相应证据，速卖通将根据双方提供的证据给出裁决意见，如果任何一方逾期未提供证据，速卖通会按照已得信息给出裁决意见并进入申诉期。

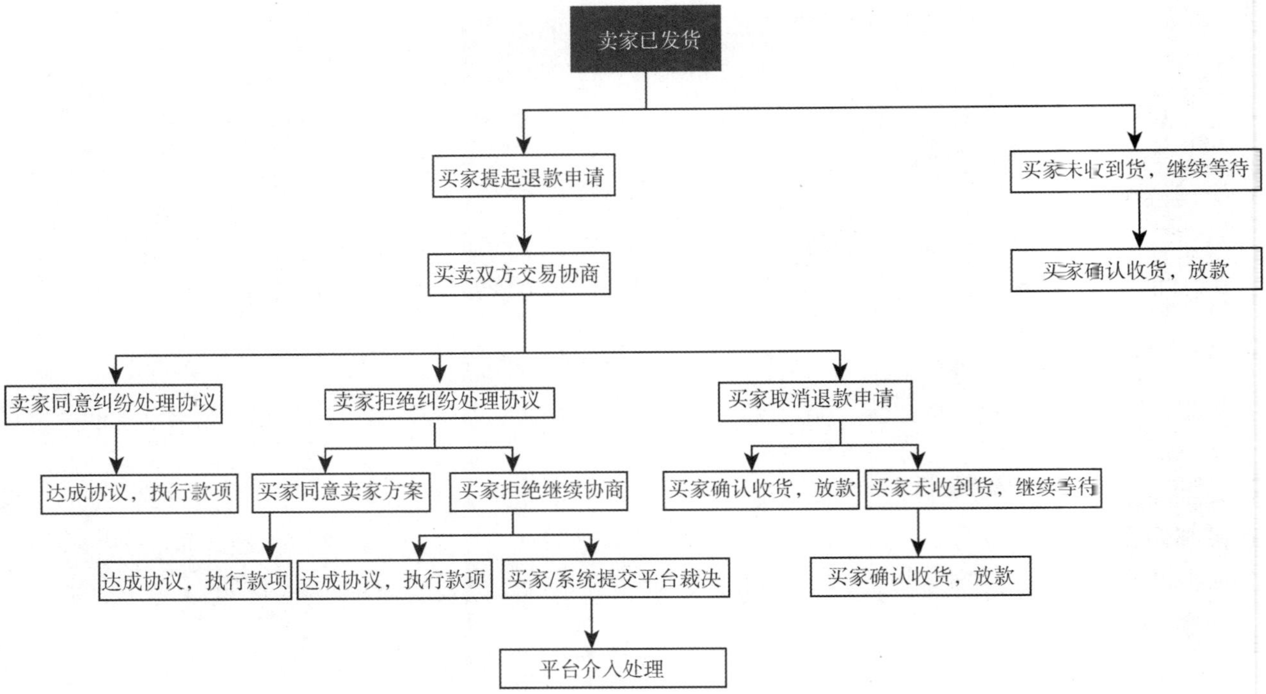

图 6-7 纠纷处理流程

其次，若买卖双方在申诉期内协商达成一致处理意见，速卖通会根据双方意见进行裁决。

最后，申诉期内若补充了充足的证据，则根据补充证据进行最终裁决，若未补充有效证据，则根据裁决意见进行最终裁决。

2．纠纷开启前

在交易的过程中我们要尽量避免纠纷的产生，如果真的产生了纠纷，须顺利地解决，让买家感到满意，这些都会为我们留住客户并产生口碑效应，赢得更多的客户。

1）发货后通知买家发货

国际物流往往存在很多不确定因素，例如：海关问题、关税问题、派送转运问题等。在整个运输过程中，这些复杂的情况很难被控制，难免会产生包裹清关延误，配送超时甚至包裹丢失等状况。对于买家来说，长时间无法收到货物或者长时间不能查询到物流更新信息将会直接导致其提起纠纷。同时，没有跟踪信息的快递方式对于卖家的利益也是没有保障的，当买家提起"未收到货"的纠纷时，货物信息无法跟踪对卖家的举证是非常不利的。因此，在选择快递方式时，可以结合不同地区、不同快递公司的清关能力及包裹的运输期限，选择 EMS、DHL、FedEx、UPS、TNT、SF 等物流信息更新较准确、运输时效性更佳的快递公司。总的来说，选择快递方式时务必要权衡交易中的风险与成本，尽可能地选择可提供实时查询货物追踪信息的快递公司。在发货后，卖家要第一时间给买家发信息告知对方货已经发运了，并提供运单号和查询网址等信息。

2）继续跟踪物流

物流时间长是跨境电子商务的一个主要问题，因此为了向客户提供一个好的购物体验，卖家要不时地和买家进行物流信息沟通，请买家耐心等待。

3）包裹被海关扣留

国际快递被海关扣留有很多原因，在被海关扣留后不要害怕或慌张，只要按照正常的流程解决，通常在交清关税后都可以顺利放行。

3．纠纷开启时

卖家发货后，买家经过长时间的等待却依然无法收到包裹，此时就有可能产生纠纷。在买卖双方就此问题无法协商一致的情况下，买家以未收到货物为由提起纠纷，如果订单物流信息不全或在承诺运达时间内，无法查询到妥投的信息，速卖通平台将认定该笔纠纷的责任为卖家责任。卖家针对这类纠纷案件，需在平台的响应期内，提供物流妥投或买家实际已收到货物的凭证。若在限期内无法提供，速卖通平台将直接按照买家申请的金额退款并关闭该纠纷案件。这种情况下，作为卖家要积极与买家沟通，与买家协商是否能继续等待，如果买家愿意等待，可向平台反馈买家愿意等待的凭证。

1）货不对版开启纠纷

买家投诉货物与描述不符或者货物数量不对，这时候卖家可以请求买家根据问题类型提供相应的证据。

2）货物未在规定时间内到货开启纠纷

货物由于一些原因仍在途中，超过了规定时间未到货，或者货物丢失，这些都会引起买家开启纠纷。开启纠纷后，卖家要及时和买家沟通，可通过退款或重新发货来处理纠纷问题。

3）产品质量问题开启纠纷

买家因为产品质量问题开启纠纷，此时卖家要积极与买家协商以解决问题。

4．纠纷升级为平台纠纷

纠纷升级为平台纠纷，可能存在多种情况，包括双方有无及时响应、是否在有效协商、是否某一方有另一方不能接受的要求等。在纠纷开启阶段，卖家要认真核实买家投诉的原因，根据投诉原因再提供有效的证据。卖家要查看买家的留言和反馈的问题，及时地进行有效的沟通，争取在 3 日内协商出解决方案。如果问题已经解决，可以引导买家关闭纠纷。

1）卖家过错，给予退款或退货

在卖家看到买家提供的证据以后，承认自己确实有过错的，可在满足买家要求后，要求买家关闭纠纷。

2）提交平台裁决纠纷

买家将纠纷升级为平台纠纷时，双方等待平台纠纷专员裁决。如果平台裁决退货、退款，卖家要告知买家退货地址，并表达希望今后继续交易的期望。

学习任务 6.3　跨境电子商务客户服务与管理沙盒仿真实训

本书以思睿智训 ERP 为实训平台，开展跨境电子商务客户服务与管理沙盒仿真实训。

6.3.1　客服管理实训

1．相关设置

（1）在“系统配置-系统配置-提醒设置”的菜单中，可以启用并设置启运通知、自动催付、自动评价和收货提醒，让系统每天自动发送留言通知客户，客服系统中相关提醒设置如图 6-8 所示。

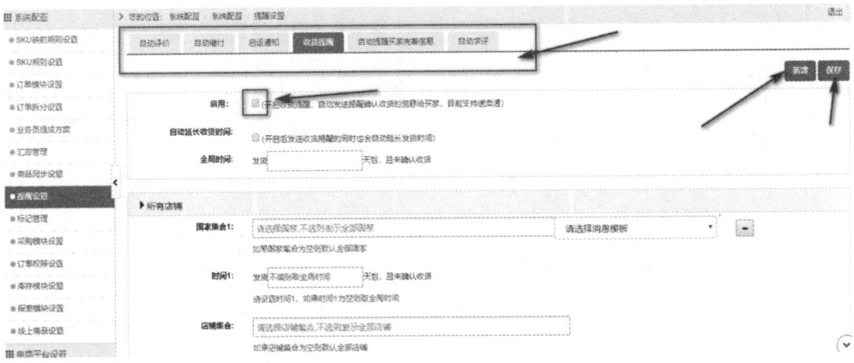

图 6-8 客服系统中相关提醒设置

（2）在“系统配置-电商平台设置-信息模板设置”菜单中可以修改或新增回复的模板，编辑客服系统中的回复模板如图 6-9 所示。

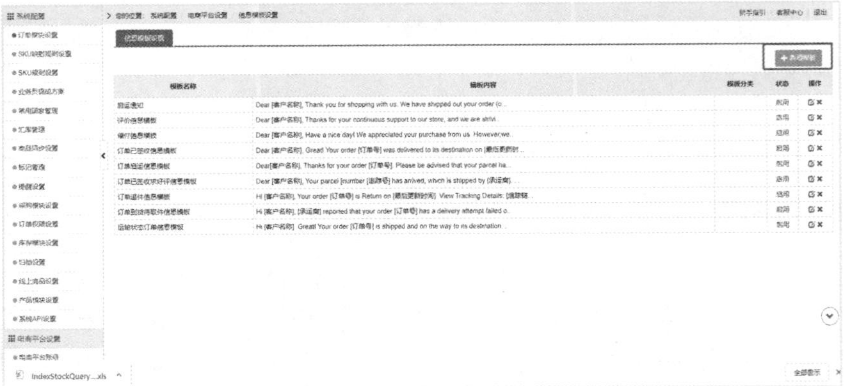

图 6-9 编辑客服系统中的回复模板

2．速卖通、eBay、Wish、敦煌网平台客服管理实训

（1）思睿智训 ERP 通过平台接口能获取买家的所有留言和站内信，平台卖家可以直接通过系统进行回复并设为已读，查看并回复客户的留言和站内信如图 6-10 所示。

图 6-10 查看并回复客户的留言和站内信

（2）遇纠纷退款的订单可以在“客服-退款及纠纷”中进行查看，在此页面中可以给客户发送留言，处理退款与纠纷如图 6-11 所示。

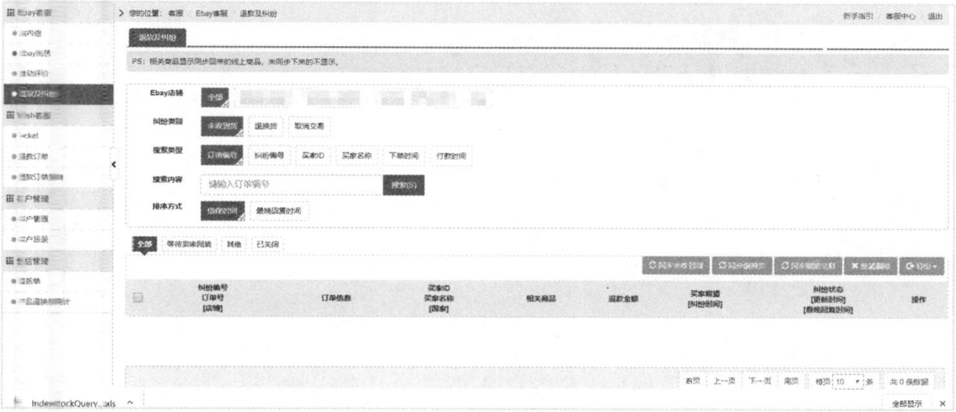

图 6-11　处理退款与纠纷

3．亚马逊邮件处理

思睿智训 ERP 通过邮箱中转，可实现接收 Amazon 邮件的功能。目前系统支持多种邮箱的绑定，只需在“系统配置-电商平台设置-电商平台账号”的菜单中找到对应店铺，单击【绑定邮箱】进行绑定即可，处理亚马逊平台邮件如图 6-12 所示。

图 6-12　处理亚马逊平台邮件

绑定完成之后就可以在“客服-Amazon 客服-邮件管理”的页面中显示绑定成功的邮箱账号，单击【同步邮件】，就可将所有邮件下载到系统中，同步亚马逊邮件如图 6-13 所示。

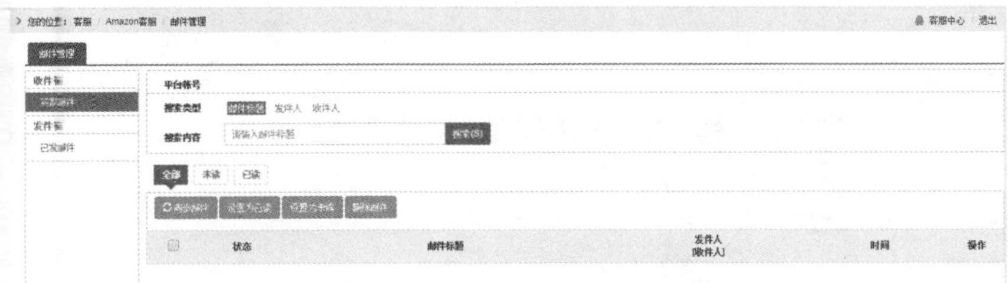

图 6-13　同步亚马逊邮件

4．客户管理

所有已下载到系统中的订单、客户信息都会显示在“客服-客户管理-客户管理”的页面中，系统会自动汇总、统计客户购买的次数，卖家可以根据购买次数进行优质客户的筛选，或者是将客户直接设置为黑名单客户，这样操作之后，对应的订单上会显示客户是属于优质客户还是黑名单客户，设置优质客户与黑名单客户如图 6-14 所示。

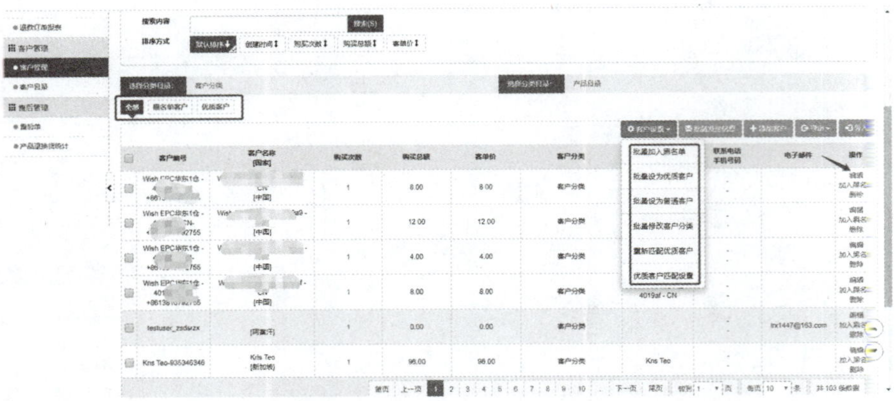

图 6-14 设置优质客户与黑名单客户

对于设置为优质或黑名单客户标识的客户，在对应的订单上会显示客户是属于优质客户还是黑名单客户，优质客户与黑名单客户在订单模块中的显示效果如图 6-15 所示。

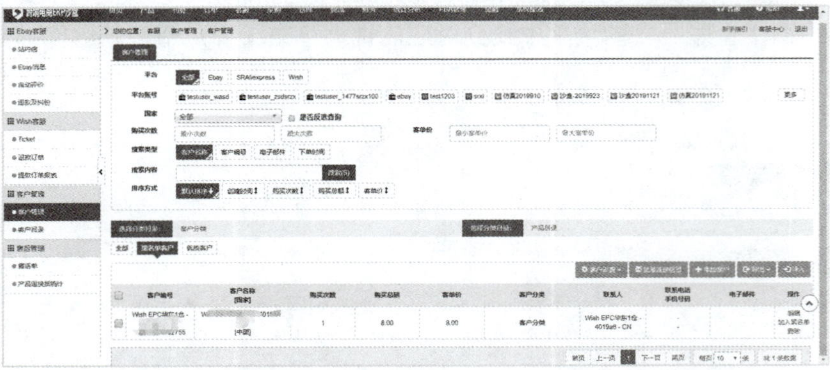

图 6-15 优质客户与黑名单客户在订单模块中的显示效果

5. 售后管理

（1）在“客服-售后管理-售后单”的页面中，单击【新增售后单】，填写原始订单号（即产生售后的原始订单），系统会自动带出原始订单的所有信息，填写售后原因、问题数量和售后类型，填写好信息之后，提交审批，审核通过之后，售后单创建成功，新增售后订单信息如图 6-16 所示，补充新增售后订单信息如图 6-17 所示。

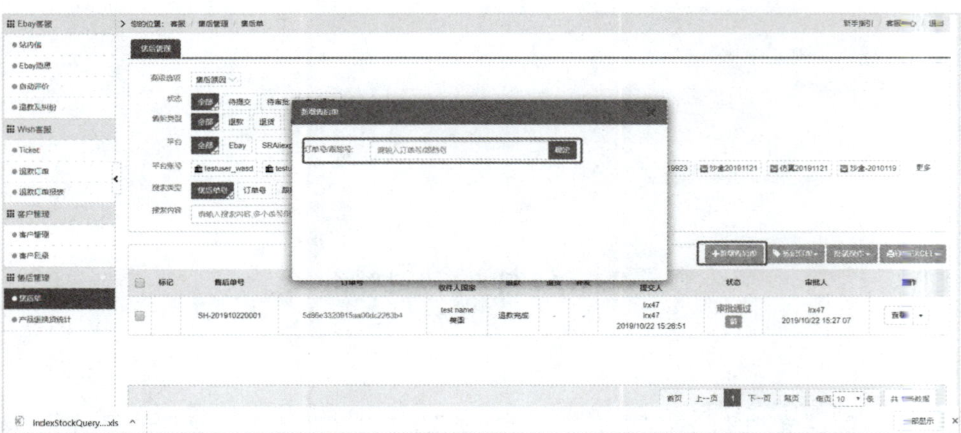

图 6-16 新增售后订单信息

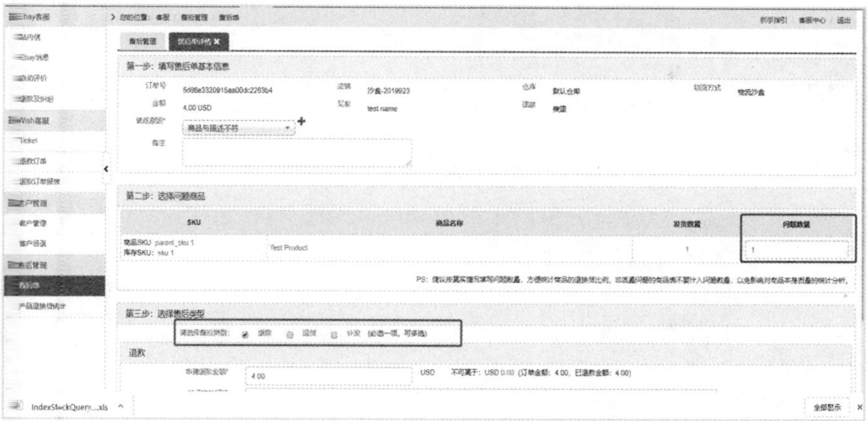

图 6-17　补充新增售后订单信息

售后类型：退款（速卖通、亚马逊平台可以自动取值到退款金额）。

售后类型：退货（审批通过之后，仓库管理中会自动新增一条入库记录并录入到仓库中）。

售后类型：补发（审批通过之后，系统会新增一个补发单，补发单会进入“订单-订单流程-待审核”的页面中）。

（2）产品退换货统计是根据“客服-售后管理-售后单”页面中创建的所有售后单进行分析、统计的。产品退换货统计如图 6-18 所示。

图 6-18　产品退换货统计

6.3.2　订单管理实训

订单处理简单地概括为以下步骤：同步订单→审核订单→配货（启用库存）→打印订单→发货。

1. 同步订单

思睿智训 ERP 的订单系统，能自动同步店铺内的订单及订单的留言等，让订单处理更快捷、更智能。店铺首次进行同步时，系统默认同步 7 天以内等待卖家发货的订单。同时卖家可根据实际需要，通过【高级同步】指定同步 1 天、7 天、15 天、30 天、60 天、90 天以内的订单。各平台可同步天数不同，如 eBay，只支持同步 30 天以内的订单。

在“订单-订单流程-同步订单”菜单，系统支持自动同步和手动同步。

自动同步：卖家不需要进行任何操作，系统每小时自动同步店铺内的新订单、有变更的订单。

手动同步：系统设计了三种手动同步方式，分别为同步变更、高级同步、同步指定订单，可根据具体的业务需要进行选择，通常在店铺首次进行同步、指定订单出现异常等情况下使用。

1）同步变更

同步变更指同步平台上订单状态有变化和新增的订单，同步订单信息如图 6-19 所示。

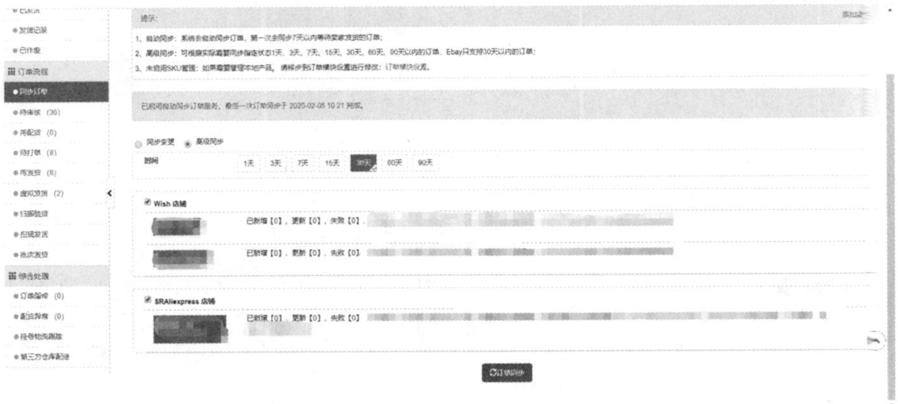

图 6-19　同步订单信息

2）高级同步

高级同步指同步所有的订单。

在“高级同步”中可根据实际需要，按时间或状态进行同步，时间在 1 天、7 天、15 天、30 天、60 天、90 天以内的订单均可同步（eBay 只支持同步 30 天以内的订单）。等待买家付款、买家申请取消、资金未到账、等待卖家发货、未发货或已部分发货、已全部发货、已发货但未寄出发票、订单已取消、订单无法配送等状态的订单均可同步。按要求同步指定时间范围、指定店铺的订单信息如图 6-20 所示。

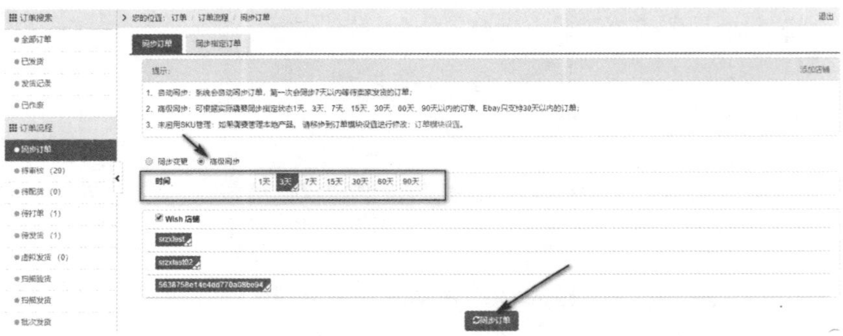

图 6-20　按要求同步指定时间范围、指定店铺的订单信息

3）同步指定订单

在同步指定订单时要注意：订单编号在思睿智训 ERP 中不存在，如果已经存在并需要重新同步时，应先找到对应的订单，先删除，再重新同步，同步指定订单如图 6-21 所示。

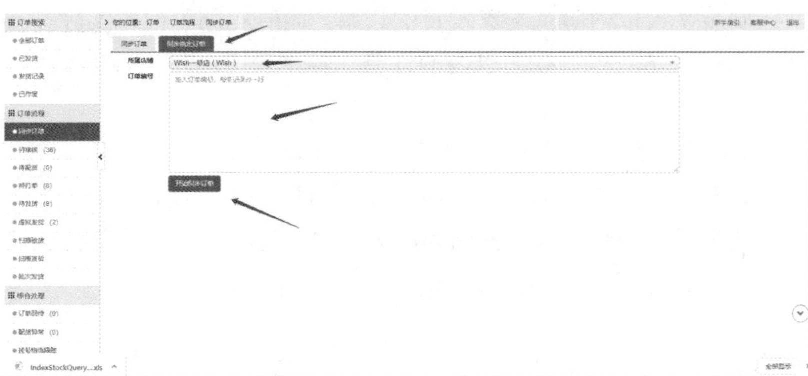

图 6-21　同步指定订单

2．审核订单

订单同步后自动进入“待审核”菜单，在“订单-订单流程-待审核”菜单，对所有需要处理的订单进行分配仓库、配置物流商、完善报关信息、关联本地产品、查看订单留言等操作，最后提交审核订单，进入配货（启用库存）或打单发货（未启用库存）流程，在订单模块中完善报关信息、物流信息、仓库信息并提交审核如图 6-22 所示。

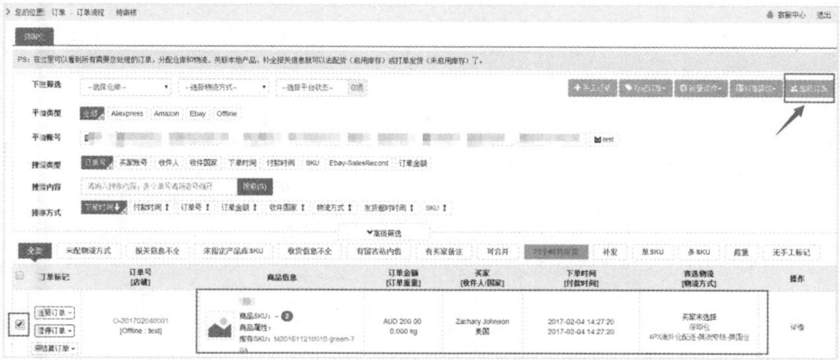

图 6-22　在订单模块中完善报关信息、物流信息、仓库信息并提交审核

1）关联本地产品

当订单设置“启用 SKU 管理”为“是”，即启用时，需要设置本地和店铺中商品的 SKU 值，进行产品映射，同步的订单将通过 SKU 查找与之相匹配的商品，关联本地产品如图 6-23 所示，单击【指定产品库 SKU】打开选择产品页面，选择相匹配的商品，建立本地产品和店铺中的商品的关联关系。

图 6-23　关联本地产品

2）完善报关信息

订单报关信息不完善时，在“待审核”菜单的订单列表中将显示“报关”，提醒用户完善报关信息。

这里我们介绍一下如何完善某个订单的报关信息，为订单补充、完善报关信息如图 6-24 所示，单击【报关】弹出修改报关信息页面，补全报关信息，填写报关名、申报价值、申报重量、海关编码等信息，最后提交。

图 6-24　为订单补充、完善报关信息

提交后，系统将自动检查所有含该商品的订单，补全报关信息，不需要重复操作。并且对之后同步的订单会自动补全。

当多个订单的报关信息相同时，我们可选择更高效的方式批量修改报关信息，在“待审核”菜单中，首先选中所有需要处理的订单，单击【批量修改】，选择【修改报关信息】，在弹出的修改报关信息复选框中补全报关信息，填写报关名、申报价值、申报重量、海关编码等信息，最后【提交】，批量修改成功。为订单批量补充、完善报关信息如图 6-25 所示。

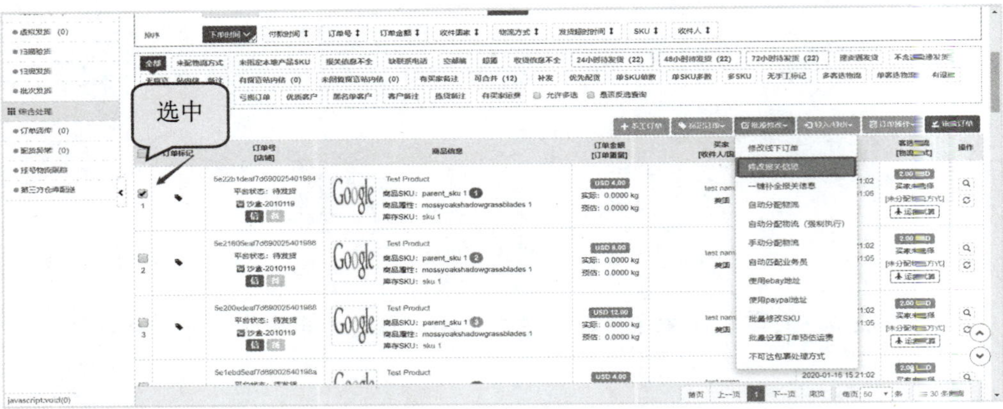

图 6-25　为订单批量补充、完善报关信息

3）配置物流商

订单物流方式的确定分为自动分配物流和手动分配物流两种方式，其中手动分配又分为单个手动分配、批量手动分配，卖家可根据具体需要进行操作。

（1）单个手动分配物流。

这里我们先看一下如何对某个订单进行手动分配，单个手动分配物流如图 6-26 所示。在“待审核”菜单中首先查找需要处理的订单，单击【未分配物流方式】，弹出手动分配物流页面，选择仓库、物流方式，最后单击【确定】，手动分配成功。

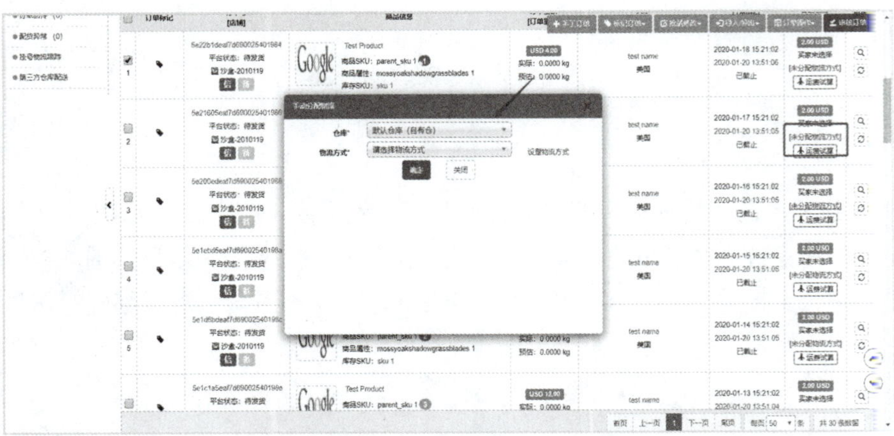

图 6-26　单个手动分配物流

（2）批量手动分配物流。

当订单量较多时，我们可选择更高效的方式批量处理订单，在“待审核”菜单首先选中所有需要处理的订单，单击【批量修改】，选择【手动分配物流】，在弹出的手动分配物流复选框中选择仓库、物流方式，最后单击【提交】，批量分配成功。批量手动分配物流如图 6-27 所示。

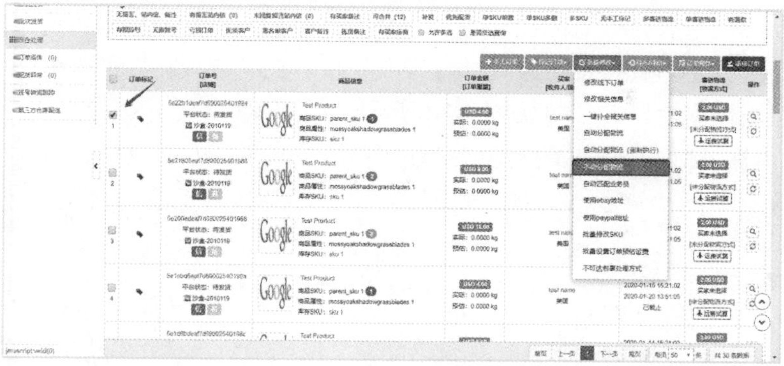

图 6-27　批量手动分配物流

（3）自动分配物流。

系统自动分配物流需要先制定方案，根据具体的条件设定对应的规则自动进行匹配。在“待审核”菜单中首先选中所有需要处理的订单，单击【批量修改】按钮，选择【自动分配物流】，系统将根据订单当前的情况自动匹配物流方式，自动分配物流如图 6-28 所示。

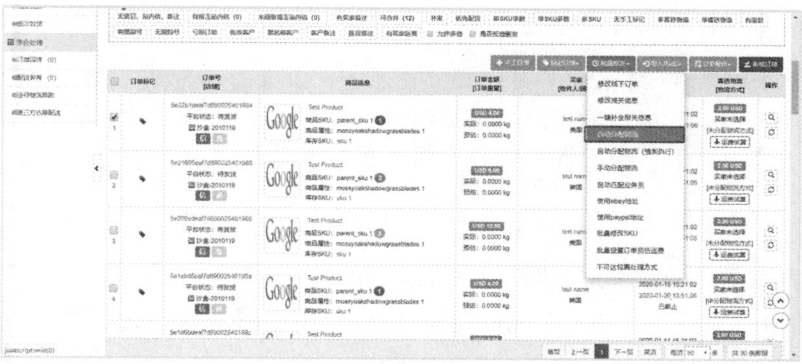

图 6-28　自动分配物流

4）创建订单

思睿智训 ERP 系统不仅支持同步订单，而且也支持卖家通过手工输入订单、导入订单等方式创建订单。针对系统未对接的平台，或其他的线下订单，通过添加 offline 类型的线下店铺后，进行手动创建。

（1）手工订单。

在“待审核”菜单单击【手工订单】，进入编辑订单页面，注意这里只能选择平台账号为“offline”线下店铺的类型，填写订单的基本信息、商品信息、报关信息、收件人信息、物流信息等，最后保存，手工创建订单如图 6-29 所示。

图 6-29　手工创建订单

（2）导入订单。

当订单量较多时，我们可选择更高效的方式批量导入订单，在“待审核”菜单单击【订单操作】的【导入订单】，进入导入订单页面，按模板导入订单如图 6-30 所示。

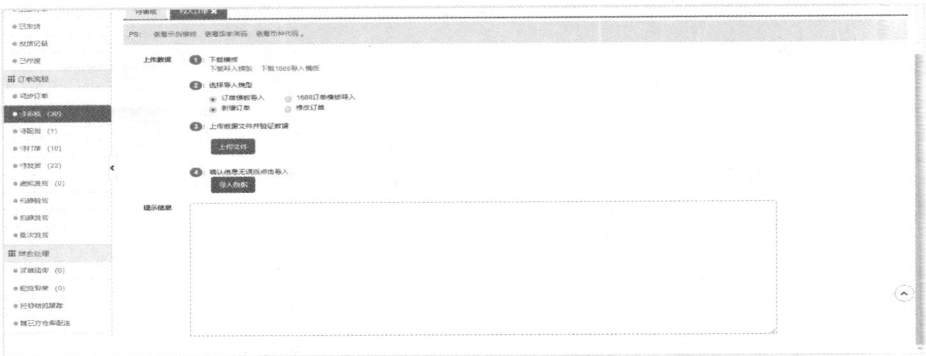

图 6-30 按模板导入订单

第一步：下载导入模板，针对不同平台的订单请选择不同平台的导入模板。

第二步：编辑模板，按模板填写订单详情。

第三步：导入模板，单击【选择导入文件】，选择编辑好的模板，系统会自动对导入的内容进行检测，检测通过后则可进入下一步，否则，须根据提示信息重新检查。

第四步：导入，单击【导入】按钮，提示信息中将显示导入是否成功。

5）标记订单

标记订单是对需要特殊说明的订单进行明显的标注，以方便进行区分、管理。

在“待审核”菜单单击【标记订单】，首先需要添加标记，单击【设置标记】进行添加，或进入“标记管理”菜单进行添加。

（1）标记。

选中需要标记的订单，单击【标记订单】，选择对应的标记，设置后在订单列表中将显示对应的标记，系统支持订单同时设置多个标记。标记订单如图 6-31 所示。

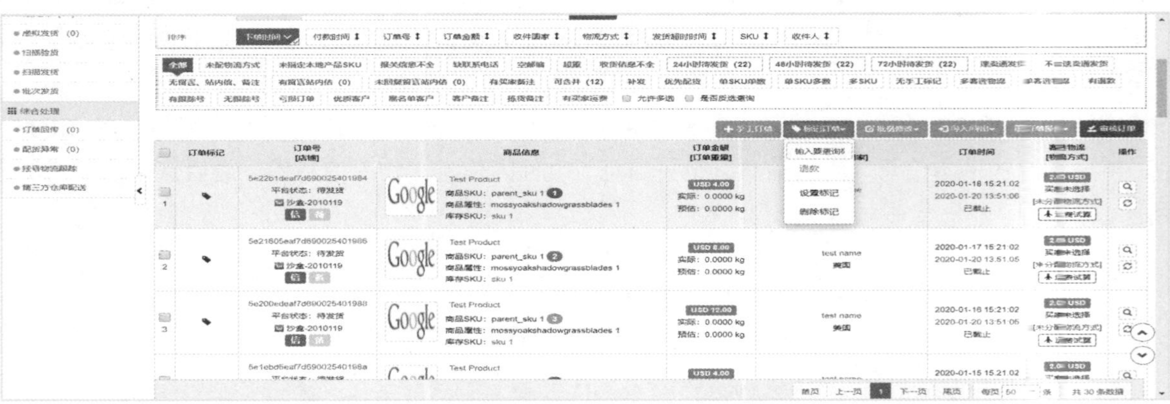

图 6-31 标记订单

（2）删除标记。

设置标记后，选中需要删除的订单对应标记的复选框，单击【删除标记】进行删除，或单击【标记订单】，选择【删除标记】删除所选订单所有的标记，删除订单标记如图 6-32 所示。

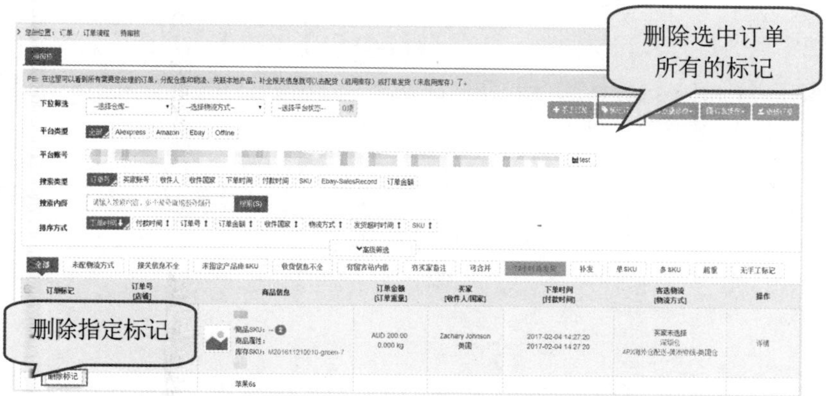

图 6-32 删除订单标记

6）批量修改

系统支持对订单信息进行批量修改操作，订单信息批量修改如图 6-33 所示。

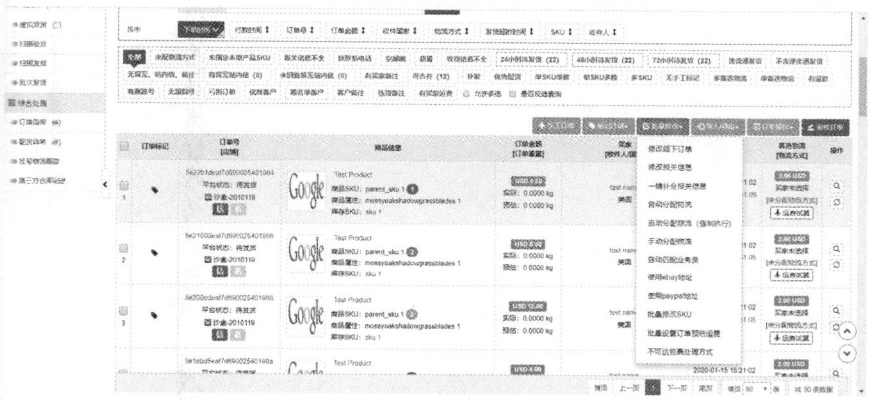

图 6-33 订单信息批量修改

7）订单操作

订单操作包括合并订单、拆分订单、自动合并订单、阻止发货、取消阻止发货、订单作废、订单不再处理、删除订单、导入订单、导出订单、导出拣货单、重新执行 SKU 映射、批量发送消息等，在“订单操作”选项卡中选择需要对订单进行的操作如图 6-34 所示。

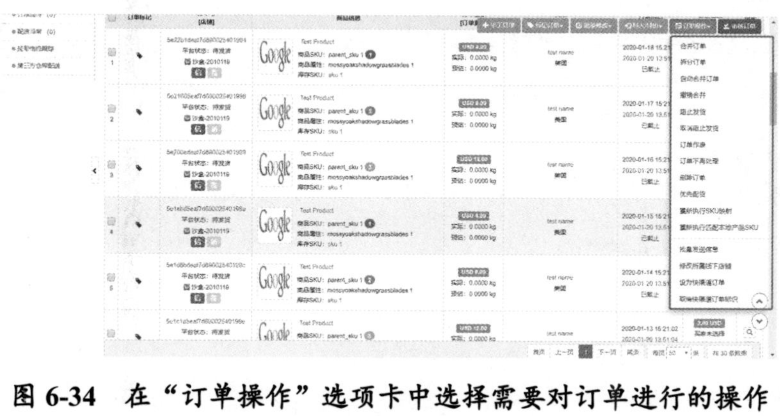

图 6-34 在“订单操作”选项卡中选择需要对订单进行的操作

（1）合并订单。

当同一店铺出现两个或两个以上的订单收件地址、收件人完全一致时，可进行订单合并。

在“待审核”菜单选中需要进行合并的订单，单击【批量修改】中的【合并订单】按钮，弹出“合并订单”复选框，选择一个主订单，单击【确定】，提示“合并订单成功！”，合并订单信息如图 6-35 所示。

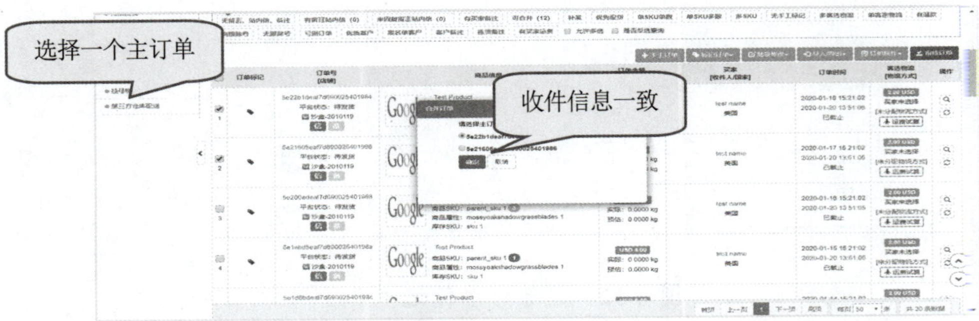

图 6-35　合并订单信息

最后，合并后的订单将重新生成订单编号，并标记“合并订单”，打印和发货的都是合并后的订单；被合并的订单将标记“被合并”和“已作废”，以避免重复打印和发货，订单合并成功如图 6-36 所示。

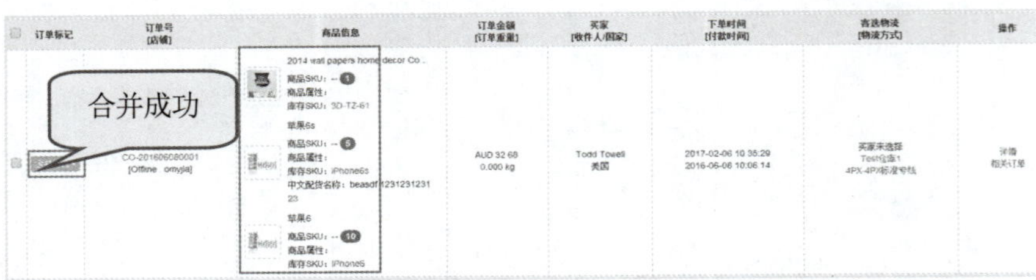

图 6-36　订单合并成功

（2）自动合并订单。

当同一店铺出现两个或两个以上的订单收件地址、收件人完全一致时，系统能智能识别，并自动进行合并。

在“待审核”菜单单击【批量修改】中的【自动合并订单】，系统将自动对收件信息一致的订单进行合并，并生成新的合并订单，自动标记为“合并订单”，被合并的订单将标记“被合并”和“已作废”。

（3）拆分订单。

当订单超重或由于其他原因需要拆分时，可拆分订单为几个订单，订单拆分后，将重新生成订单编号，并自动标记为“拆分订单”，打印和发货的都是拆分后的订单。

被拆分的订单会有“被拆分”和“已作废”的标记，以避免重复打印和发货。

在“待审核”菜单单击【批量修改】中的【拆分订单】按钮，进入拆分订单页面，勾选产品，填写拆分数量，单击【创建订单】，需要拆分为几个包裹就创建几个新订单，拆分订单如图 6-37 所示。

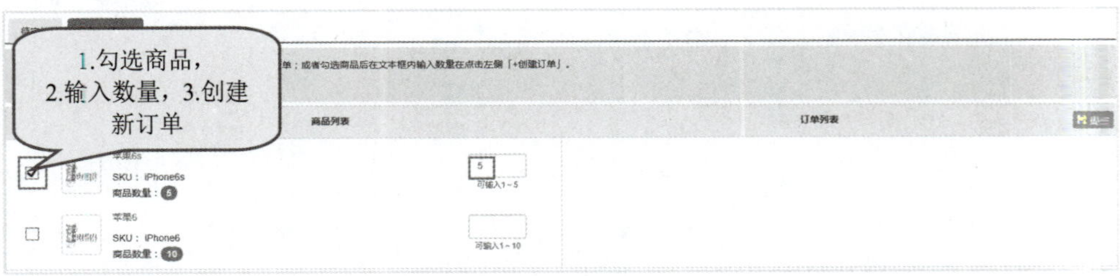

图 6-37　拆分订单

所有产品拆分完成之后单击【提交】，订单拆分成功（见图 6-38）。

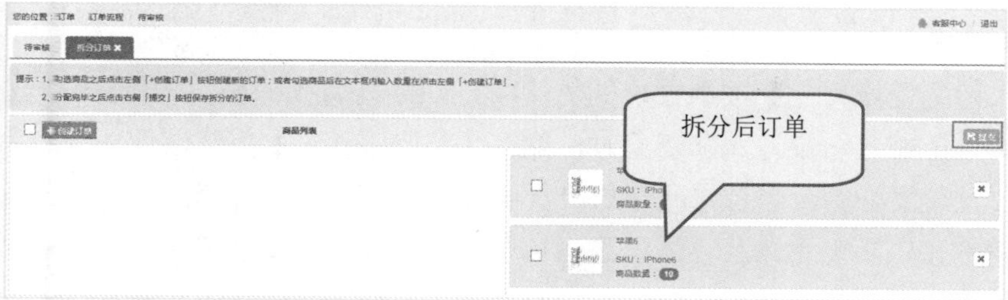

图 6-38　订单拆分成功

3．配货

订单提交审核后，自动进入配货流程，在“订单-订单流程-待配货”菜单显示所有待配货、缺货的订单。配货成功后进入打单发货流程；如果订单缺货且快到发货期须紧急处理的可进行虚拟发货，系统会预报到货运代理，并将物流跟踪号回传到平台，订单进入虚拟发货流程。

具体操作步骤如下。

选中待配货订单，单击【配货发货】，选择【配货】，在库存充足的情况下，系统提示配货成功，进入打单流程，订单状态为“待发货”。

在库存不足的情况下，系统提示缺货，订单状态根据配货的情况分为“部分缺货”和“全部缺货”，在产品采购入库后，系统会自动进行配货，进入打单流程，订单状态为“待发货”，配货操作如图 6-39 所示。

图 6-39　配货操作

缺货且快到发货期须紧急处理的订单可进行虚拟发货，系统会预报到货运代理，并将物流跟踪号回传到平台。选中订单，单击【配货发货】按钮，选择【虚拟发货】，系统提示虚拟发货成功，订单进入虚拟发货流程，标记为“虚拟已发货”。订单虚拟发货如图 6-40 所示。

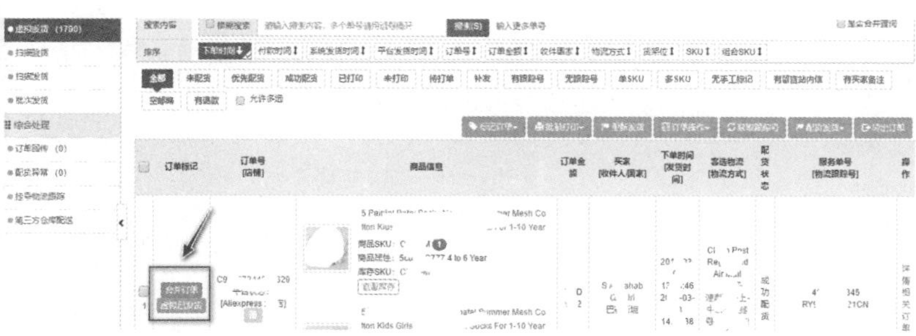

图 6-40　订单虚拟发货

1）获取跟踪号

订单由待审核进入待配货流程时会根据设置的物流商自动从货运代理获取物流跟踪号，未自动获取到，或物流渠道未即时返回跟踪号，或者物流方式有变更时，单击【获取跟踪号】重新获取，获取跟踪号如图 6-41 所示。

如果提示预报失败，须根据提示信息修改订单或找到失败原因，比如提示：“运输方式不到该国家请检查运输方式或更换其他运输方式”，可先修改物流方式，单击【获取跟踪号】重新获取。

2）批量发送消息

系统支持给订单批量发送消息，在“待配货”菜单选中订单，单击【批量发送消息】，选择系统编辑好的消息模板，或在发送内容中自定义内容，批量发送消息如图 6-42 所示。

图 6-41　获取跟踪号

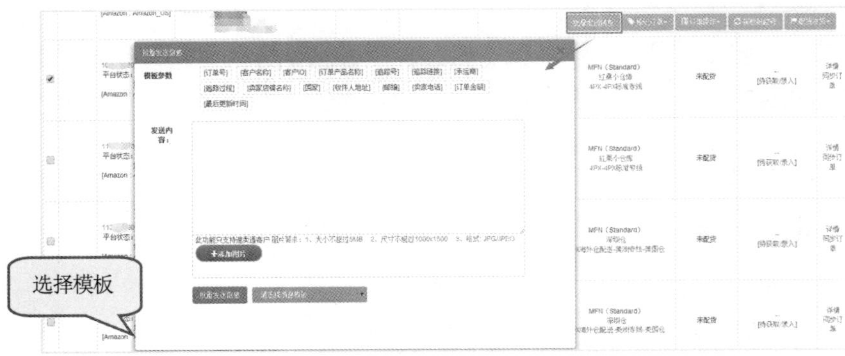

图 6-42　批量发送消息

3）订单重审

订单操作包括合并订单、拆分订单、订单作废、删除订单、订单重审、阻止发货、取消阻止发货、导出订单等，这里重点介绍一下订单重审功能。

在“待配货”菜单，如果需要对订单进行修改或重新审核，可通过订单重审功能，退回“待审核”菜单。

具体操作：首先选中订单，单击【订单操作】下的【订单重审】，系统提示“订单重审成功”，订单退回重审如图 6-43 所示。

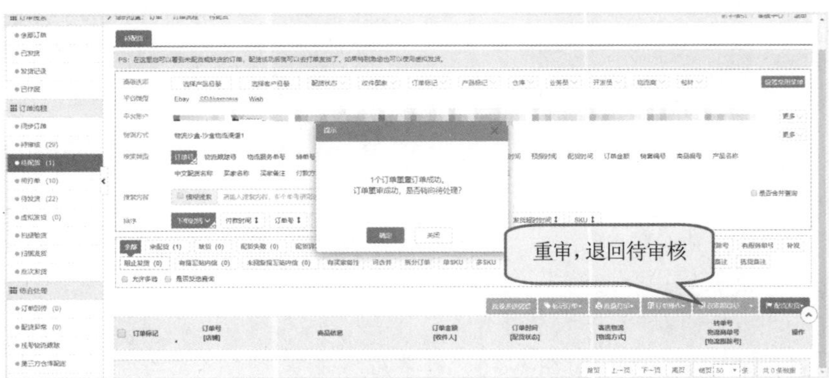

图 6-43　订单退回重审

4）释放库存

订单进行配货后，对状态为“部分缺货”和“全部缺货”的订单可进行释放库存。

在“待配货”菜单选中订单，单击【配货发货】下的【释放库存】，释放成功后订单为“未配货”状态，释放库存如图 6-44 所示。

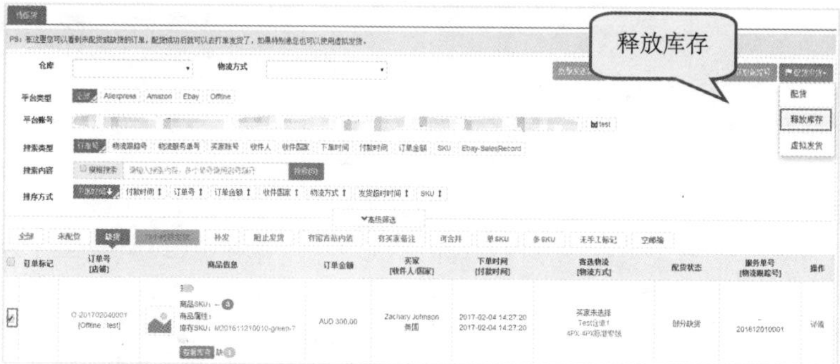

图 6-44　释放库存

5）查询

可根据多种条件、类型、属性等进行筛选查询，按平台、账号、类型等筛选条件查询订单如图 6-45 所示。

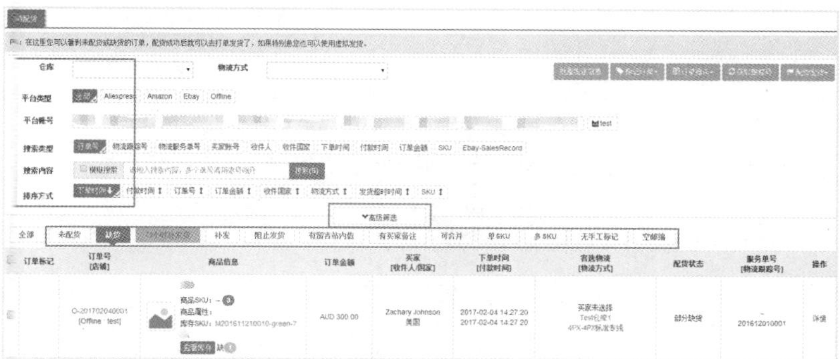

图 6-45　按平台、账号、类型等筛选条件查询订单

4. 打印订单

打印订单，包括打印地址标签、打印面单、打印报关单、打印拣货单、打印商业发票等，打印订单如图 6-46 所示。提前设置好各物流方式对应的打单模板，可通过 API 接口打印或思睿智训 ERP 提供的模板打印。

图 6-46　打印订单

1）获取跟踪号

打印订单时必须确认已经获取的物流跟踪号，未获取或物流渠道未即时返回跟踪号时，单击【获取跟踪号】重新获取，如果提示预报失败，需根据提示信息修改订单或找到失败原因，重新预报到货运代理，获取订单物流跟踪号如图 6-47 所示。

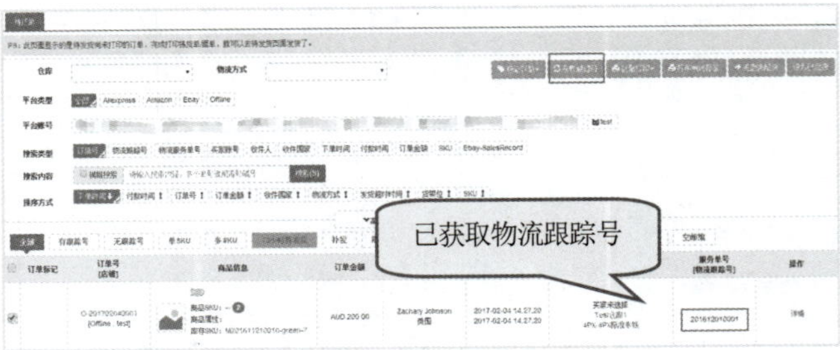

图 6-47 获取订单物流跟踪号

2）打印地址标签

在“订单-订单流程-待打单”菜单，选中订单，单击【打印地址标签】进入订单对应的物流单打印页面，不同物流商的 API 打印各有不同，打印地址标签如图 6-48 所示。

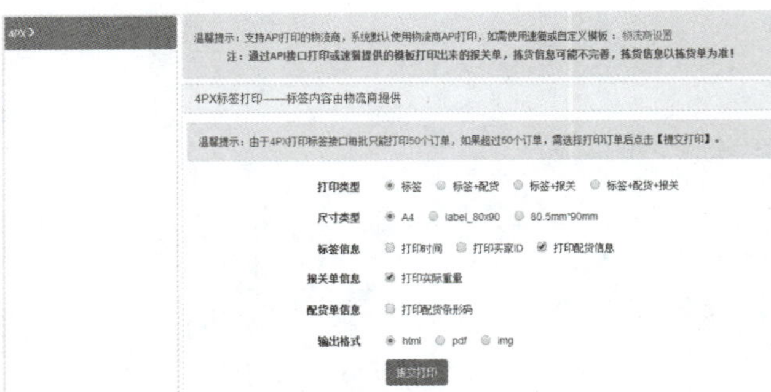

图 6-48 打印地址标签

3）批量打印

批量打印包括：打印拣货单、打印单页拣货单、打印配货单、打印商业发票。批量打印如图 6-49 所示。批量打印方便卖家同时打印多个订单。

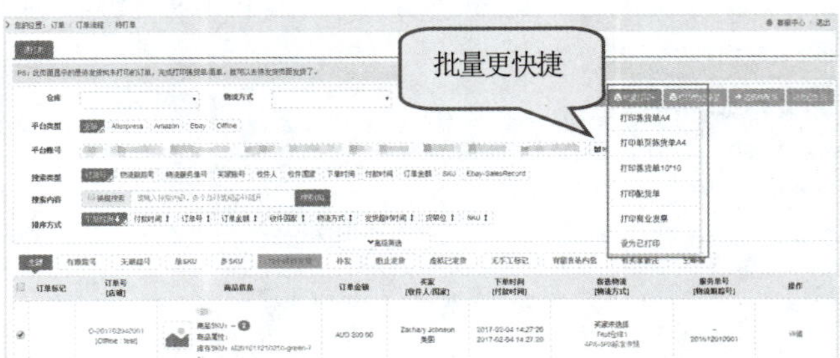

图 6-49 批量打印

4）设为已发货

“设为已发货”功能适用于在平台上已发货的订单或线下 offline 类型订单（不需要在平台发货的订单），设置后订单状态将修改为“已发货”，但不会回传到平台，如果启用库存管理会扣减相应的库存。

在“待打单”菜单选中订单，单击【设为已发货】，弹出提示信息，单击【确定】后，操作成功，设置“已发货”如图 6-50 所示。

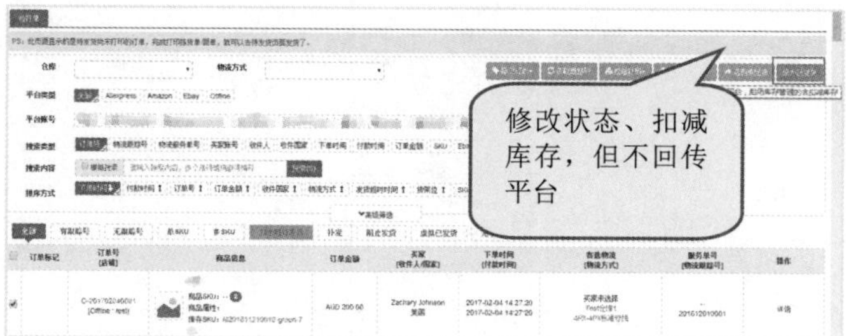

图 6-50　设置“已发货”

5）退回待配货

在打单时，如果需要重新配货，可通过退回待配货功能，退回“待配货”菜单。具体操作方法：在“待打单”菜单，选中订单，单击【退回待配货】，系统提示“退回待配货成功”， 将不通过的订单退回待配货状态如图 6-51 所示。

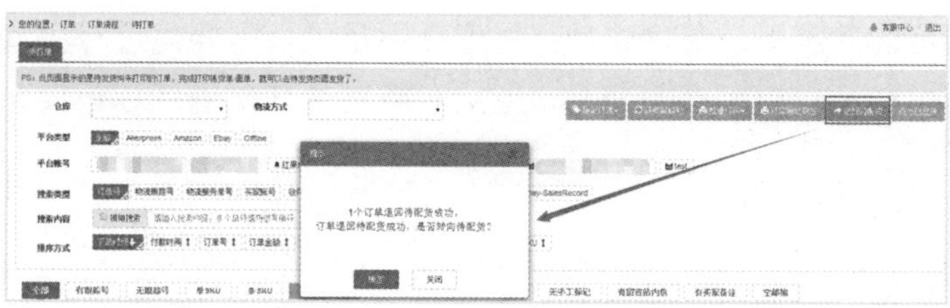

图 6-51　将不通过的订单退回待配货状态

5. 发货

思睿智训 ERP 支持多种方式发货。

方法一，在“待发货”菜单直接发货。

方法二，在“虚拟发货”菜单虚拟发货。

方法三，在“扫描发货”菜单通过扫描跟踪号、重量发货。

1）待发货

“待发货”菜单显示所有状态为“待发货”的订单，包括“虚拟已发货”且全部配货的订单。该菜单能实现：订单批量发货（虚拟发货、标记发货）、批量打印（打印拣货单、配货单、地址标签、商业发票等）、订单操作（订单重审、订单作废、阻止发货、取消阻止发货、清空跟踪号、导出订单、导出拣货单、设为已发货）、批量发送消息、获取跟踪号、提醒设置、标记订单、退回待配货等操作。

发货操作如下。

在“订单-订单流程-待发货”菜单，选中待发货订单，单击【批量发货】下的【标记发货】，系统提示发货成功，订单状态为“已发货”，在启用库存管理时扣减相应的库存，并自动向交易平台回传发货状态。

针对在平台上已发货的订单、或线下 offline 类型订单（不需要在平台发货的订单），单击【订单操作】下的【设为已发货】，订单状态将修改为“已发货”，但不会回传到平台，在启用库存管理时扣减相应的库存，发货如图 6-52 所示。

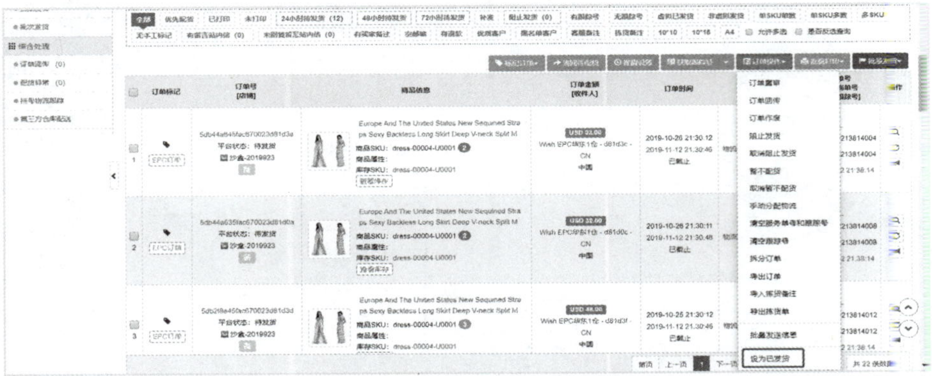

图 6-52 发货

2）虚拟发货

“虚拟发货”菜单显示进行虚拟发货的所有订单，该菜单能实现如下功能。

订单配货发货（配货、标记发货、释放库存、标记发货单等）、批量打印（打印拣货单、配货单、地址标签、商业发票等）、订单操作（阻止发货、取消阻止发货、订单作废等）、批量发送消息、获取跟踪号、导出订单、标记订单等操作。

在启用库存管理时，首先对待发货且状态为“部分缺货”“全部缺货”的订单，单击【配货发货】下【配货】按钮，进行配货，在库存充足的情况下，配货成功；对库存不足的，需要先进行采购或入库操作，再配货。然后进行标记发货或设为已发货。在不启用库存管理时，直接对待发货订单进行标记发货或设为已发货，虚拟发货如图 6-53 所示。

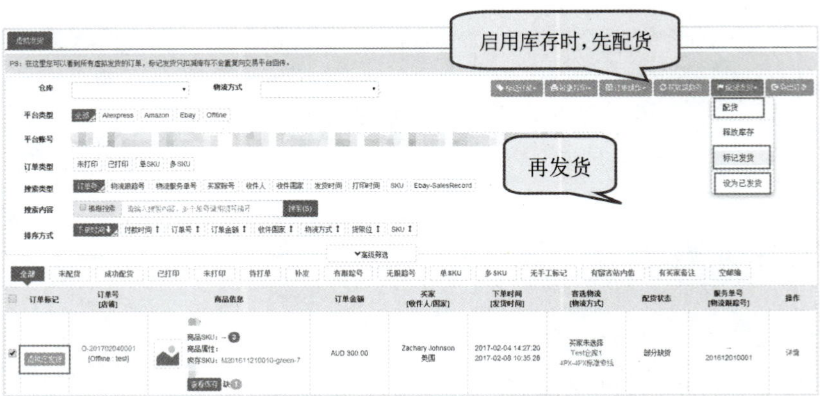

图 6-53 虚拟发货

3）扫描验货、发货

扫描发货是通过对接扫描枪或电子秤，依据跟踪号或包裹重量进行发货，是目前比较智能、高效的一种发货方式。

（1）扫描验货。

通过扫描订单号或跟踪号、商品 SKU 进行验证，扫描时需要进行如下设置。

①连接扫描枪，并设置扫描后自动换行（可联系扫描枪卖家进行设置）。

②将输入法切换至英文。

③设置是否“启用 SKU 扫描”，不启用 SKU 扫描时，可一次扫描完所有订单号或跟踪号再提交；启用 SKU 扫描时，先扫描订单号或跟踪号，然后再扫描该订单包裹中商品 SKU 条码，如果同一商品有多个 SKU 条码则需要多次扫描该商品 SKU 条码，扫描验货如图 6-54 所示。

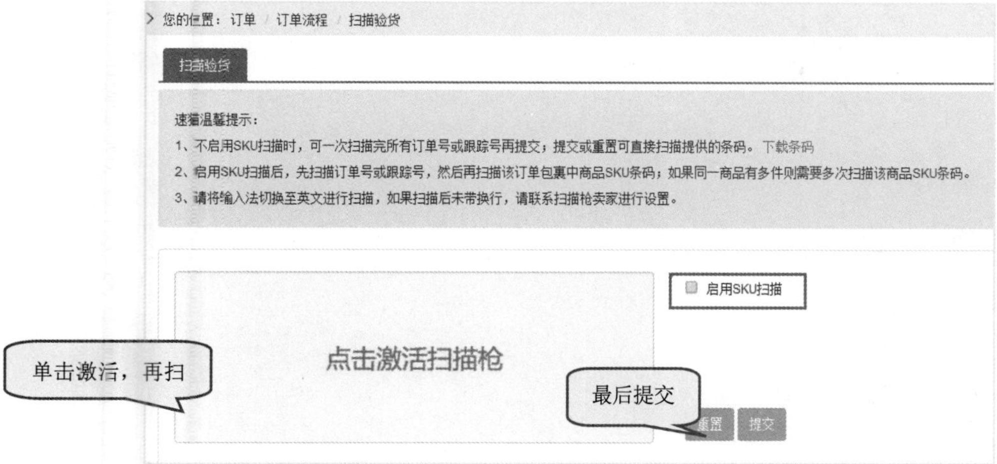

图 6-54　扫描验货

（2）扫描发货。

依据订单的跟踪号、商品重量进行发货，扫描后系统自动提交发货，订单状态为“已发货”，在启用库存管理时扣减相应的库存，并自动向交易平台回传发货状态；虚拟发货的订单再次扫描发货，系统只扣减库存并将订单设为已发货。

扫描时需要进行如下设置。

①连接扫描枪、电子秤，并设置扫描枪自动换行（可联系扫描枪卖家进行设置）。

②将输入法切换至英文。

③设置扫描格式、扫描习惯。

④对于亚马逊平台的订单，由于亚马逊 API 接口限制，扫描后不会立即上传跟踪号，需要单击【亚马逊发货】上传跟踪号；可全部扫描完后再单击该按钮批量上传进行验证，扫描发货如图 6-55 所示。

图 6-55　扫描发货

【学习项目检测】

1．名词解释

（1）客户关系

（2）客户关系生命周期

（3）售中服务

（4）售后服务

2．简答题

（1）简述客户关系生命周期中的稳定期？

（2）寻找潜在客户的“MAN”原则是什么？

（3）有客户询价时，客服人员应该怎么做？请举例说明。

（4）当客户询问关税问题时，客服人员应该怎么做？请举例说明。

（5）由于卖方过错，给予退款、退货时应该怎么做？请举例说明。

【学习项目评价】

学习完本学习项目后，请根据自己的学习所得，结合下表所列内容进行学习效果评价。

评价内容	评价方式			评价等级
	自评	小组评议	教师评议	
课前预习本学习项目相关知识、相关资料				A.充分 B.一般 C.不足
认识跨境电子商务客户服务的概念				A.充分 B.一般 C.不足
了解跨境电子商务客户服务与沟通管理知识				A.充分 B.一般 C.不足
进行跨境电子商务客户服务与管理沙盒仿真实训				A.充分 B.一般 C.不足
参加教学中的讨论和实训，并积极完成相关任务				A.充分 B.一般 C.不足
善于和同学合作				A.充分 B.一般 C.不足
学习态度，完成作业情况				A.充分 B.一般 C.不足
总评				

【学习项目总结】

通过对跨境电子商务客户服务与管理知识的学习，我们可对跨境电子商务客户服务与管理有一个总的认识与了解；逐一“击破”在跨境电子商务客户服务与管理的实践过程中遇到的问题。

在对跨境电子商务客户服务与管理的认知过程中，首先要对客户关系及客户关系生命周期有一个初步认识，了解如何分析跨境电子商务客户、如何识别潜在客户及寻找潜在客户的原则。在进一步学习跨境电子商务客户服务与管理的过程中，我们会对跨境电子商务客户服务与管理有一个更加深入的了解，更好地掌握跨境电子商务客户服务与管理的具体过程。我们还要了解跨境电子商务售前服务、售中服务及售后服务的具体要求。

学习项目 7　跨境电子商务通关

项目任务书

学习项目 7 任务书见表 7-1。

表 7-1　学习项目 7 任务书

任务编号	分项任务	职业能力目标	知识要求	参考学时
学习任务 7.1	跨境电子商务通关概述	了解跨境电子商务通关的相关知识	1.海关认知 2.跨境电子商务通关认知 3.跨境电子商务报关报检	1
学习任务 7.2	跨境电子商务进出口通关	了解跨境电子商务进出口通关	1.保税加工货物通关 2.一般货物通关 3.保税物流商品通关	1
学习任务 7.3	跨境电子商务进出口税费缴纳与报关单	了解跨境电子商务进出口税费缴纳与报关单	1.跨境电子商务进出口税费缴纳 2.跨境电子商务报关单	2
学习任务 7.4	跨境电子商务通关沙盒仿真实训	掌握跨境电子商务通关技能	1.进入平台、仓储拣货 2.订单申报与物流分包 3.清单总单申报与运抵申报 4.跨境监管场所、离境口岸检查与汇总申报	4

学习重点、难点

重点

- 海关；
- 跨境电子商务通关；
- 跨境电子商务报关报检。

难点

- 跨境电子商务进出口税费缴纳；
- 跨境电子商务报关单。

本项目思维导图

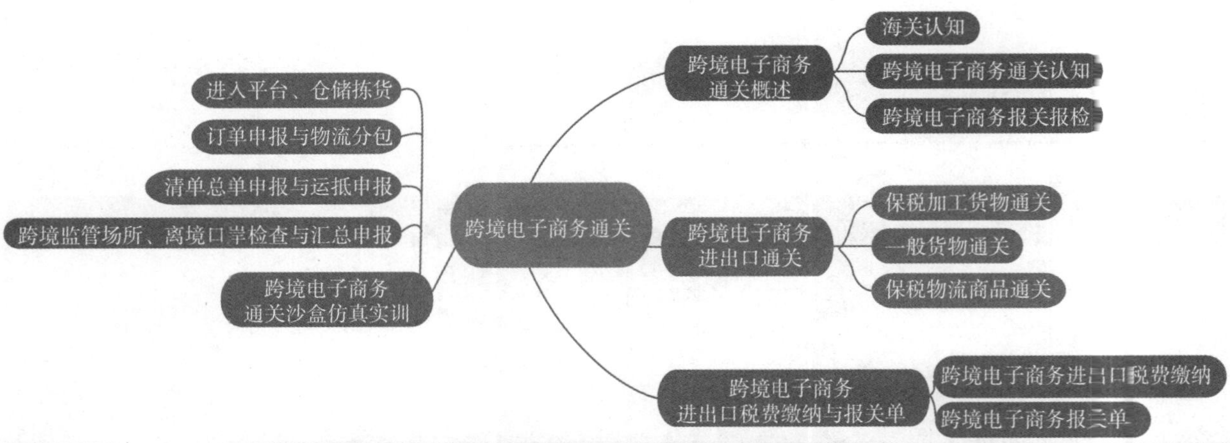

学习情境导入

关于海外仓和保税仓的区别

随着跨境电商的发展，越来越多的卖家为了向买家展示自身的特色、优势和服务，纷纷表示自己的商品是通过海外仓、保税仓等处进行发货的。

1. 海外仓

海外仓分两种，一种是跨境出口电商的海外仓，一种是跨境进口电商的海外仓。

跨境出口电商的海外仓指将国内的商品储存在海外仓，国外的消费者下单后直接从海外仓发货。跨境进口电商的海外仓指将国外的商品储存在海外仓，国内的消费者通过平台下单后直接从海外仓直邮到国内消费者手中。

2. 保税仓

保税仓是国内经海关批准设立的专门存放保税货物及其他未办结海关手续货物的仓库。保税仓其实跟跨境出口电商的海外仓差不多，都是在消费者所在地建立仓库用于储存境外的产品，从而大大提高物流的实效性，缩减物流运输的成本。

3. 海外仓与保税仓有什么区别?

海外仓与保税仓的区别在于一个在国外，一个在国内，另外相比海外仓，保税仓的租金会比较便宜，存放时间也会比较长。

学习任务7.1　跨境电子商务通关概述

7.1.1　海关认知

1. 海关的定义

海关是依据本国（地区）法律、行政法规行使进出关境（简称进出境）监督管理职权的国家行政机关。中国海关是依据《中华人民共和国海关法》（以下简称《海关法》）和有关法律、行政法规，代表国家对进出关境的运输工具、货物、物品等行使监督管理职权的行政执法机关。现行《海关法》规定：中华人民共和国海关是国家的进出关境监督管理机关。海关依照本法和其他有关法律、行政法规，监管进出境的运输工具、货物、行李物品、邮递物品和其他物品，征收关税和其他税、费，查缉走私，并编制海关统计报告和办理其他海关业务。

相关国际公约规定："海关"指负责海关法的实施、税费的征收并负责执行与货物的进口、出口、移动或储存有关的其他法律、法规和规章的政府机构；"海关办公机构"指负责办理海关手续的海关行政单位及为此由主管机构批准开设的办公地点或其他场所。

2. 海关的性质

1）海关是国家行政机关

海关从属于国家行政管理体制，是国家行政机关。海关总署是国务院直属机构。海关的权力来自国家，具有国家权力的基本特点，即主权性和强制性。

2）海关是国家进出关境监督管理机关

海关是由国家设立，代表国家专门对所有进出关境的运输工具、货物、物品实施监督管理的行政机关。海关依据法律和行政法规赋予的权力，制定具体的海关行政规章，对进出关境活动实施监督管理，并对相关违法行为依法实施处罚。

3）海关是国家行政执法机关

海关是执行国家有关制度的行政执法机关。海关的监督管理活动包括行政监督、行政处理、行政处罚、行政强制执行等执法行为。海关执法的依据是：现行《海关法》；其他有关法律，即全国人大或者全国人大常委会制定的与海关监督管理相关的法律规范；行政法规，即国务院制定的法律规范。此外，海关总署可以根据法律和国务院的行政法规、决定、命令，制定规章，作为执法依据的补充和细化规定。

3．海关的职能任务

1）海关的职能

（1）海关职能的内涵。

海关职能属于政府职能，是指海关依法对涉外经济活动进行监督管理所具有的职责和作用。不同国家的海关职能各有不同，同一国家不同历史时期的海关职能也会有所不同。监管、征税缉私、统计是中国海关的传统职能。随着社会发展和国家形势的变化，海关职能逐步发生着变革，尤其是中国加入世界贸易组织后，海关履行传统职能的任务更加艰巨，维护贸易安全与便利、保护知识产权、履行原产地管理职责，协助解决国际贸易争端、实施贸易救济和贸易保障、参与反恐和防止核扩散、口岸规划管理等非传统职能任务不断加重。

（2）海关职能的特性。

海关职能的基本特点主要包括执行性、多样性和动态性。

①执行性。

海关职能具有明显的执行性质。其对内职能的性质被定性为贯彻执行国家对外开放和经济体制改革国策及国家有关外贸、关税、外交等进出口政策、法律、法令的重要工具。作为依照特定法规施政的国家机关，海关依照调整特定社会关系的法律法规（《海关法》等），保证国家政策、法规的统一与有效实施。

②多样性。

海关职能的多样性主要体现在以下方面：实施国际贸易管理、监督执行口岸管理体制和知识产权边境保护制度、维护国际贸易秩序；征收关税，执行反倾销和反补贴税制度、关税配额制度，保证国家财政收入；制止国际贸易中的不正当竞争，惩罚违法犯罪活动，促进国民经济健康发展，保障国家的政治、经济和公共安全；向进出口贸易及其他国际交往提供优质服务，提高国际贸易效率，等等。海关监督管理的运行又有监管、征税、保障、稽查、查私、统计、加工贸易监管、通关管理、海关估价与归类、特定减免税、海关事务担保、结关放行、电子数据交换、电子商务等各种不同内容与层次的具体职能。

③动态性。

海关职能具有动态性。海关职能是发展变化的，这是由社会经济、政治和文化的不断发展，国家形势和任务的不断变化所决定的。海关监督管理是一个管理过程，是由各种主、客观要素构成的动态系统，有些要素及其相互关系的变化是无法事先全部掌握的，因而出现实际与计划不符情况的可能性是存在的。因此，海关职能不是静止不变的，行政环境的变化，国家政治、经济、科学技术的发展，将持续地推动海关职能的范围、内容、主次关系等发生变化。

（3）海关职能的自身特点。

①“把关”。

海关是国家进出关境监督管理机关，顾名思义，海关就是一道“关”。从传统意义上说，海关以守住关口、征收税款和实施贸易管制为基本职能，因此，海关首先要把好国门。

②“服务”。

海关既要执法把关，还必须为贸易提供便利，通过规范进出口经济秩序，提高通关效率和贸易效率，为提升本国的产业竞争力和企业竞争力服务。

③“把关”与“服务”的平衡。

我国海关关徽由金钥匙和商神杖组成，意味着海关既要坚守国家经济大门，又要促进国际贸易的繁荣和发展。“把关”与“服务”的平衡，是提高企业竞争力和国家经济竞争力对海关管理的必然要求。这就是海关职能的自身特性。

2）海关的职责任务

海关依照《海关法》和其他有关法律、行政法规，监管进出境的运输工具、货物、行李物品、邮递物品和其他物品，征收关税和其他税、费，查缉走私，并编制海关统计和办理其他海关业务。海关监管、海关征税、海关缉私和海关统计是中国海关的四项基本任务。

海关的基本任务是海关在不同历史时期内，通过长期的监管实践活动逐步形成的，并由国家以法律形式加以认定。随着国家改革开放的进一步深入、社会经济的快速发展，国家通过其他法律、行政法规赋予海关一些新的职责，如口岸管理、原产地规则协调、知识产权海关保护、对进境固体废物的管制，等等。因此，以海关的四大任务为基础，当前海关职能有了进一步的拓展，主要承担税收征管、查缉走私、通关监管、加工贸易及保税监管、海关统计、海关稽查和口岸管理七项职责。

其中，通关监管是海关职责任务中最基本、最核心的业务，是海关全部监督管理工作的基础，其他任务均由通关监管派生而来。

3）海关工作方针和总体要求

（1）海关工作方针。

在我国社会主义建设的各个不同历史时期，海关始终根据国家对海关职能作用的不同要求，及时调整并实行不同的海关工作方针。现阶段，我国海关坚持“依法行政，为国把关，服务经济，促进发展”的工作方针。这是现阶段海关工作的指导性原则，是一定时期内海关工作的方向和目标。

（2）海关工作的总体要求。

根据我国政治、经济形势发展的需要及党和国家对海关工作提出的要求，海关总署党组提出当前和今后一个时期，海关工作的总体要求是“把好国门、做好服务、防好风险、带好队伍，努力开创海关工作新局面”。“把好国门”是海关职责所在和立足之本，“做好服务”是海关促进科学发展的必然要求，“防好风险”是对海关工作的底线要求，“带好队伍”是海关发展的组织保证。其中，“把好国门”是关键，是对海关工作“第一位”的要求，无论在任何时候、任何情况下，都要把好国门。

知识拓展

海关总署

海关总署是中华人民共和国国务院下属的正部级直属机构，统一管理全国海关。海关总署现有 17 个内设部门、6 个直属事业单位、管理 4 个社会团体（海关学会、报关协会、口岸协会、保税区出口加工区协会），并在欧盟、俄罗斯、美国等处派驻海关机构。中央纪委、国家监察委员会在海关总署派驻纪检组、监察局。

全国海关目前共有 45 个直属海关单位（广东分署，天津、上海特派办，41 个直属海关，2 所海关院校），600 个隶属海关和办事处，通关监管点近 4 000 个。中国海关现有关员（含海关缉私警察）约 5 万人。

中国海关实行“依法行政，为国把关，服务经济，促进发展”的工作方针和“政治坚强、业务过硬、值得信赖”的队伍建设要求。中国海关精神是“忠诚公正，兴关强国”。

7.1.2 跨境电子商务通关认知

1. 跨境电子商务海关监管的相关概念

“参与跨境电子商务业务的企业”指参与跨境电子商务业务的电子商务企业、电子商务交易平台企业、支付企业、物流企业等。

“电子商务企业”指通过自建或者利用第三方电子商务交易平台开展跨境电子商务业务的企业。

“个人”指境内居民。

“电子商务交易平台”指提供电子商务进出口商品交易、支付、配送服务的企业。

“电子商务通关服务平台”指由电子口岸搭建，实现企业、海关及相关管理部门之间数据交换与信息共享的平台。

“电子商务通关管理平台”指由中国海关搭建，实现对跨境电子商务交易、仓储、物流和通关环节进行监管的平台。

2. 跨境电子商务监管概述

2012 年以来，在各试点城市的试点运作中，海关积极探索适应跨境电子商务发展的政策和措施，形成了“一般出口”“特殊区域出口”“直购进口”“网购保税进口”4 种新型海关通关监管模式。

1）“一般出口”模式

“一般出口”模式指采用“清单核放，汇总申报”的方式，电商出口商品以邮件、快件方式分批运送，海关凭清单核放出境，定期为电商把已核放清单数据汇总形成出口报关单，电商凭此办理结汇、退税手续，并纳入海关统计。

2）“特殊区域出口”模式

“特殊区域出口”模式指电商把整批商品按一般贸易报关进入海关特殊监管区域，企业实现退税；对于已入区退税的商品，境外消费者网购后，海关凭清单核放，由邮件、快件企业分送出区、离境，海关定期将已放行清单归并形成出口报关单，电商凭此办理结汇手续，并纳入海关统计。

3）“直购进口”模式

“直购进口”模式指符合条件的电子商务平台与海关联网，境内个人跨境网购后，平台将电子订单、支付凭证、电子运单等实时传输给海关，商品通过海关跨境电子商务专门监管场所入境，按照个人邮递物品征税，并纳入海关统计。

4）“网购保税进口”模式

“网购保税进口”模式指境内个人及电子商务企业在经海关认可的电子商务平台实现跨境交易，电商企业或其代理人将进境网购商品批量报关存入海关特殊监管区域或保税监管场所保税存储，境内消费者网上交易后，区内货物逐批分拨配送，并参照个人邮递物品缴纳税费。

7.1.3　跨境电子商务报关报检

1．报关流程

报关流程通常包括进口报关流程和出口报关流程，两者既有联系又有区别。

1）进口报关流程

目前，海关接受申报的方式一般有 3 种：口头申报、书面申报及电子数据交换申报。其中以后两种申报形式为主。

进口货物的收、发货人或者他们的代理人，在货物进口时，应在海关规定的期限内按照正确的格式填写进口货物报关单，并附有关货运、商业单据，同时提供批准货物进口的证件，向海关申报。

（1）收货人或其代理人使用到货通知书、正本提单或电放提单，前往船务公司交换单费、码头费等，换取进口提货单。

（2）准备进口报关所需单证。

必备单证：装箱单、发票、合同（一式一份），报关、报检委托书各一份。

使用了木制包装箱的货物，则需提供熏蒸证书及加盖国际植物保护公约（international plant protection convention，IPPC）章，表明此批货物包装已做消毒杀虫的处理。

不同的产品所需要的特殊单证都应准备齐全。

若有减免关税的国家政策，需提供相关国家优惠产地证。

（3）进口申报后，如海关提出审价要求，收货人或其代理人需提供相关价格证明，如信用证、保单、原厂发票、招标书等海关所要求的文件。

（4）海关打印税单后，收货人或其代理人应在 7 个工作日内缴纳税费。如超过期限，海关将按规定计征滞纳金。

（5）报关查验放行后，收货人应及时到代理公司缴纳报关、报检及其他相关代垫、代办费用。

2）出口报关流程

（1）出口报关企业应在当地海关、检验检疫局注册备案，有进出口经营权和报检资格。

（2）出口方应出具出口报关所需的各类单证。在货物运抵海关监管区后，装货的 24 小时之前，出口方应备齐各类单证向海关进行相关申报。按照海关税则所规定的各项必备单证准备，包括清单、发票、合同、核销单、报关委托书、船务公司装货单、通关单、出口许可证等各一份。有出口手册的需提供手册报关。

（3）出口报检所需单证。出口方应在报关之日前 3 天备齐检验所需单证，向检验检疫局申报。应提供的单证有：清单发票、合同、报检委托书、厂检单、纸箱包装单等证件各一份。出口货物到美国、澳大利亚、加拿大、欧盟等国家和地区，外包装为木制的，需做熏蒸或热处理的，出口方除了提供发票、清单、合同、报检委托书，还需提供厂检单。做熏蒸或热处理的产品，出口方应在报关前两天将货物运抵指定的堆场或港区进行熏蒸，熏蒸时间为 24 h。

（4）出口方或其代理人向海关提请正式申报。如出口需缴纳税费的，应及时缴纳各项税费。

（5）海关将在现场进行审单。在货物单证放行后，货主应在海关规定的时间内将货物运至海关监管区内进行验放。如需查验，出口方或其代理人应及时与海关联系，进行货物查验，验完后按规定封指定铅封；不需查验的应及时进行放行，将装货单按截关时间送至港区装船。

（6）待货物出口，船务公司会将出口舱单数据传送至海关，海关接收到数据并结关后，需出口方或其代理人及时到海关打印退税核销联。

（7）出口方应及时缴纳相关费用。

2．报检流程

1）进口报检

进口商品分法定检验商品和非法定检验商品。法定检验进口商品是指列入《进出口商品检验种类表》及其他法律法规中，规定必须经过国家商检局、商检机构指定的检验机构检验的进口商品。除此以外的进口商品为非法定检验商品。

法定检验商品和非法定检验商品在办理报验手续上有所不同。前一种情况在到货后，收货方或其代理人必须向口岸或商检机构办理进口商品登记手续，然后按商检机构规定的地点和期限向到货地商检机构办理进口商品报验。后一种情况在到货后，由进口方或其代理人直接办理进口通关手续。提货后，可按合同的约定自行检验。

2）出口报检

（1）填写《出境货物报检单》。

在《出境货物报检单》上填写中文品名、HS 编码、产地、货值等相关信息。而 HS 编码的选择是填写报检单的关键，需要了解货物的特征、用途和外形等有效信息，根据货物的实际情况查找货物的 HS 编码。在海关商品编码书上查找对应的 HS 编码。找到正确的 HS 编码后，就可以找到该货物的计量单位及监管条件。

（2）报检所需单据。

报检所需单据有：箱单、发票、合同复印件、报检委托书（正本）、做检单位商检注册号。报检的箱单、发票可为复本，报检完毕后出通关单和换证凭条，或者换证凭单，然后与其他报关单据一起向海关递单进行进口申报。

（3）异地做检和口岸做检。

异地做检有两种方式：一种是工厂在当地做完商检后直接出通关单，然后直接进行报关；另一种是出换证凭条，将换证凭条传真给报关行，然后到商检局换取通关单，口岸做检，即货物运到场地后，出口方或其代理人向海关递交全套的报检单据，提前跟商检人员预约，商检人员安排时间到场地验货。

（4）报检时间。

出口报检：至少在船开日的前一天报检。若货物需要做检，货到场地后至少需要两天才能报检完毕。因此需要把握好运送货物的时间。

进口报检：货到目的港换得提货单后即可报检，一般需要一天时间。通常进口货物每一票都要查验，可向海关申报、预约，次日即可查验。

（5）商检内容。

对货做检：报检完毕，出具质检证或食品卫生证等。货到目的港后，部分国家要求必须提交此类证件，否则进口方或其代理人不可清关。

对包装做检：主要是针对木质包装做检，即熏蒸。一般熏蒸前需要先贴标签。去欧美、澳大利亚的木质包装一定要是经加工后的木质，不得带有树皮、虫眼。否则，抵达目的港会出现扣柜、拆柜，而且会要求对木质包装的材料重新加工做熏蒸，最后支付罚金。

（6）熏蒸。

如果出口的货物包装是天然的木质包装，要根据出口的目的国家加 IPPC 标识，例如出口到欧盟、美国、加拿大、日本、澳大利亚等一些国家和地区的货物包装，如果为针叶木包装的，则必须做熏蒸。熏蒸会根据箱号对集装箱进行熏蒸，货物到场后，由专业的熏蒸队在包装上打上 IPPC 标识。熏蒸可以分为整箱熏蒸和拼箱熏蒸。

学习任务 7.2　跨境电子商务进出口通关

7.2.1　保税加工货物通关

1. 保税加工货物的含义

保税加工货物是经海关批准，专为加工、装配出口产品而从国外进口且未办理纳税手续进境，准予保税的原材料、零部件、元器件、包装物料、辅助材料，以及用这些料件在境内加工、装配后复运出境的货物。

保税货物不完全等同于加工贸易货物，经海关批准准予保税进口的加工贸易货物才是保税加工货物。

2. 保税加工货物的形式

1）来料加工

境外企业提供料件，经营企业无须付汇进口，按境外企业要求进行加工、装配，收取加工费，成品运出境。

2）进料加工

经营企业付汇购买料件，成品复运出境。

保税加工货物的范围如下：专为加工、装配出口产品而从国外进口且海关准予保税的原材料、零部件、元器件、包装物料、辅助材料（简称料件）。

用进口保税料件生产的成品、半成品。

在保税加工生产过程中产生的副产品、残次品、边角料和剩余料件。

3. 保税加工货物的监管模式

1）物理围网的监管模式

物理围网的监管模式是指经国家批准，在关境内或边境上划出一块地方设立海关特殊监管区域，让企业在物理围网的封闭区域内从事保税加工业务，由海关进行封闭式监管。在境内的保税加工封闭监管模式称为出口加工区，在边境线上的保税加工封闭监管模式称为跨境工业园。

2）非物理围网的监管模式

非物理围网的监管模式是指采用纸质手册管理或联网监管。纸质手册管理是一种传统的监管方式，主要是用加工贸易登记手册进行加工贸易合同的备案，凭以进出口，并记录进口料件、出口成品的实际情况，最终凭以办理核销结案手续，随着对外贸易和现代科技的发展，其已逐渐被联网监管所替代。

联网监管主要使用计算机手段来实现，将海关和加工贸易企业联网，建立电子账册（针对大型企业，以企业为单元进行管理，不再执行银行“保证金台账”制度）或电子化手册（针对中小企业，以合同为单元进行管理，执行银行“保证金台账”制度），备案、进口、出口核销等全部通过计算机进行。

7.2.2　一般货物通关

1. 一般进出口货物的含义

一般进出口货物是指在进出口环节缴纳了应征的进出口税费并办结了所有必要的海关手续，海关放行后不再进行监管，可以直接进入生产和消费领域流通的进出口货物。

一般进出口货物是从海关监管的角度来划分的，海关放行一般进出口货物后不再进行监管。这里的一般进出口货物是相对于保税货物、特定减免税货物、暂准进出境货物而言的，因为这些货物都需要经过前期和后续的监管阶段。

一般进出口货物不等同于一般贸易。一般贸易是国际贸易中的一种贸易方式。以一般贸易方式进出口的货物可以是一般进出口货物，也可以是保税货物或特定减免税货物等。一般进出口货物可以以一般贸易方式进口，也可以以别的贸易方式进口。

2．一般进出口货物的基本特征

一般进出口货物的基本特征有以下 3 个。

（1）在进出境环节缴纳进出口税费。一般进出口货物的收、发货人按规定缴纳税费。

（2）进出口时提交相关的许可证件。

（3）海关放行即办结海关手续。

3．一般进出口货物的范围

实际进出口的货物（不再复出进口），除特定减免税货物外，都属于一般进出口货物。其主要包括以下几种。

（1）不享受特定减免税或不准予保税的一般进出口货物。

（2）转为实际进口的原保税货物。

（3）转为实际进口或者出口的原暂准进出境货物。

第（2）种和第（3）种情况属于非一般进出口货物向一般进出口货物的转变。由于保税货物最终目的是要复运出境的，所以进口的时候没有进行征税。加工贸易中来料加工的货物，进口之前进行了备案，那么在规定的时间内，就应该要复运出境，如果这些保税货物不复运出境了，要转为在我国境内销售。在转为内销的情况下，就属于一般进出口货物的范围，是要缴纳关税的，如果这些货物属于国家限制类进口货物，还要向海关提交许可证。

（4）易货贸易、补偿贸易进出口货物。

易货贸易：买卖双方之间进行的货物或劳务等值或基本等值的直接交换。

补偿贸易：交易的一方在对方提供信贷的基础上，进口设备或技术，而用向对方返销进口设备或技术所生产的直接产品或相关产品或其他产品或劳务所得的价款分期偿还进口价款的一种贸易做法。

（5）不准予保税的寄售代销贸易货物。

寄售是一种委托代售的贸易方式，寄售人（是卖方或者是货主）先将准备销售的货物运往国外寄售地，委托当地代销人按照寄售协议中的条件和办法代为销售。

（6）承包工程项目实际进出口的货物。

（7）边境小额贸易进出口货物。

（8）外国驻华商业机构进出口陈列用的样品。

（9）外国旅游者小批量订货出口的商品。

（10）随展览品进出境的小卖品、展卖品。

（11）实际进出口货样广告品。

（12）免费提供的进口货物。

免费提供的进口货物包括外商在经贸活动中赠送的进口货物、免费提供的试车材料，以及我国在境外的企业、机构向国内单位赠送的进口货物。

7.2.3 保税物流商品通关

1．保税物流货物的概念

保税物流货物是指经海关批准未办理纳税手续进境，在境内进行分拨、配送或储存后复运出境的货物，也称保税仓储货物。已办结海关出口手续尚未离境，经海关批准存放在海关保税监管场所或特殊监管区域的货物，具有保税物流货物的性质。

2．保税物流货物的特征

保税物流货物具有以下几个特征。

（1）进境时暂缓缴纳进口关税及进口环节税，复运出境免税。

（2）内销应该缴纳进口关税和进口环节税，不征收缓税利息。

（3）进出境时一般免予交验进出口许可证。

（4）进境海关现场放行不是结关。

3．保税物流货物的范围

保税物流货物的范围如下。

（1）经批准进境存入海关保税监管场所，存储后转运境外的货物。

（2）已办理海关出口手续尚未离境，海关批准存放在海关保税监管场所或特殊监管区域的货物。

（3）经海关批准进入海关保税监管场所或特殊监管区域的加工贸易货物。

（4）供应国际航行船舶和航空器的油料、物料和维修用零部件。

（5）供维修外国产品所进口寄售的零配件；外商进境暂存货物。

（6）海关批准存放在海关保税监管场所或特殊监管区域的其他未办结海关手续的进境货物。

4．保税物流货物的管理

保税物流货物的监管模式有两大类：一类是非物理围网监管模式，包括保税仓库、出口监管仓库；另一类是物理围网监管模式，包括保税物流中心、保税物流园区、保税区、保税港区。

1）设立审批

保税物流货物必须存放在经过法定程序审批设立的专用场所或特殊区域。保税仓库、出口监管仓库、保税物流中心由海关审批。保税物流园区、保税区、保税港区由国务院审批。

2）准入保税

按批准存放范围准予货物进入监管场所或者区域，不符合规定存放范围的货物不准存入。

3）暂缓纳税

进境时不办理纳税手续，运离时才办理。

4）监管延伸

监管地点延伸：进境货物从进境地海关监管现场，已办结海关出口手续尚未离境的货物从出口申报地海关现场，延伸到专用监管场所或者特殊监管区域。

监管时间延伸：①保税仓库存放保税物流货物的时间是 1 年，可以申请延长，最多延长 1 年；②出口监管仓库存放保税物流货物的时间是 6 个月，可以申请延长，最多延长 6 个月；③A 型保税物流中心存放保税物流货物的时间是 1 年，可以申请延长，最多延长 1 年；④B 型保税物流中心存放保税物流货物的时间是 2 年，可以申请延长，最多延长 1 年；⑤保税物流园区、保税区、保税港区存放保税物流货物的时间没有限制。

5）运离结关

除外发加工和暂准运离（维修、测试、展览等）需要继续监管以外，每一批货物运离专用监管场所或者特殊监管区域，都必须根据其实际流向办结海关手续。

学习任务 7.3 跨境电子商务进出口税费缴纳与报关单

7.3.1 跨境电子商务进出口税费缴纳

1. 关税概述

1）关税的定义

关税是海关代表国家按有关的政策与法规，对准许进出关境的货物和物品向纳税义务人征收的一种流转税。

关税是国家税收的重要组成部分，是国家保护国内经济、实施财政政策、调整产业结构、发展进出口贸易的重要手段，也是世界贸易组织允许各缔约方保护其境内经济的一种手段。

2）关税的征税主体

关税的征税主体，也称关税征收主体。根据《海关法》的规定，行使征收关税职能的国家机关是中华人民共和国海关，征收关税是海关的一项主要任务。未经法律的授权，其他任何单位和个人均无权征收关税。

3）关税的征税对象

关税的征税对象，也称关税征收客体。根据《中华人民共和国进出口关税条例》的规定，关税的征税对象为进出我国国境的货物和物品。

货物是指贸易性商品，物品则是指非贸易的行李、邮包等，包括入境旅客随身携带的行李和物品、个人邮递物品、各种运输工具上的服务人员携带进口的自用物品、馈赠物品，以及其他方式进境的个人物品。

4）关税的纳税义务人

关税的纳税义务人是指依法负有直接向国家缴纳关税义务的单位或个人，亦称为关税纳税人或关税纳税主体。

进口货物关税的纳税义务人为进口我国准许进口的货物的收货人或其代理人。从境外采购的原产于我国境内的货物，也应当缴纳进口关税。

出口货物关税的纳税义务人为出口我国准许出口的货物的发货人或其代理人。

行李和邮寄物品进口关税的纳税义务人为携带有应税个人自用物品的入境旅客和运输工具服务人员、进口邮递物品的收件人，以及其他方式进口应税个人自用物品的收件人。

5）关税的分类

（1）按照货物的流向，关税可分为进口关税、出口关税、过境关税等。

①进口关税。进口关税是一国海关以进境货物和物品为课税对象所征收的关税。在国际贸易中，进口关税被各国公认为是一种重要的经济保护手段，是关税中最主要的一种。

②出口关税。出口关税是海关以出境货物和物品为课税对象所征收的关税。世界各国为鼓励出口，一般不征收出口关税。征收出口关税的主要目的是限制、调控某些商品的过度、无序出口，特别是对一些重要自然资源和原材料的无序出口。

我国出口关税主要以从价税为计征标准。

根据实际情况，我国还在一定时期内对部分出口商品临时开征出口暂定关税，或者在不同阶段实行不同的出口暂定关税税率，或者加征特别出口关税。

适用出口税率的出口货物有暂定税率，应当适用暂定税率。除法律、法规明确规定可以免征出口关税外，对出口应税商品一律照章征收出口关税。

③过境关税。过境关税亦称通过税，是指一国或地区海关对通过其关境的外国货物所征收的一种关税。

征收过境关税的目的是增加财政收入。随着国际贸易的发展，特别是交通条件的改善，目前过境关税已很少见，大多采取税款担保形式操作，以保障过境货物依法原状运出关境。

④暂准进出境货物进出口关税。第2类暂准进出境货物（《中华人民共和国进出口关税条例》第42条第1款所列范围以外的其他暂准进出境货物），海关按照审定进出口货物完税价格的有关规定和海关接受该货物申报进出境之日适用计征汇率、税率，审核确定其完税价格，按月征收税款。或者在规定期限内货物复运出境或者复运进境时征收税款。

暂准进出境货物在规定期限届满后不再复运出境或复运进境的，纳税义务人应当在规定期限届满前向海关申报进出口及纳税手续，缴纳剩余税款。

计征税款的期限为60个月，不足一个月但超过15日的，按一个月计征；不超过15日的，免予计征。其计算公式为：

每个月关税税额=关税总额×（1/60）

每个月进口环节代征税税额=进口环节代征税总额×（1/60）

（2）按照计征方法，关税可分为从价税、从量税、复合税、滑准税。

①从价税。从价税以货物、物品的价格作为计税标准，以应征税额占货物价格的百分比为税率，价格和税额成正比例关系。其计算公式为：

从价税应征税额=货物的完税价格×从价税税率

②从量税。从量税以货物和物品的计量单位如重量、数量、容量等作为计税标准，以每一计量单位的应征税额征收关税。其计算公式为：

从量税应征税额=货物数量×单位税额

我国目前对石油原油、啤酒、冻鸡等进口商品征收从量税。

③复合税。复合税是指对一个税目中的商品同时使用从价、从量两种标准计税，按两者之和作为应征税额征收的关税。其计算公式为：

复合税应征税额=货物的完税价格×从价税税率+货物数量×单位税额

我国对摄像机、部分数码照相机等进口商品征收复合关税。

④滑准税。滑准税，又称滑动税，是指对进口税则中的同一种商品按其价格高低分档制定若干不同的税率，然后根据进口商品价格的变动而增减进口税率的一种关税，关税的税率随着进口商品价格的变动而反方向变动，使该种商品的国内市场价格保持稳定。

我国对关税配额外进口的一定数量棉花（税号52010000），适用滑准税形式暂定关税。

（3）按照是否施惠，关税可分为普通关税和优惠关税。

①普通关税。普通关税又称一般关税，是指对与本国没有签署贸易或经济互惠等友好协定的国家或地区原产的货物征收的非优惠关税。目前，我国对少数与我国没有外交关系且不属于世界贸易组织成员的国家或地区的进口货物适用普通税率。

②优惠关税。优惠关税是指对来自特定国家或地区的进口货物在关税方面给予优惠待遇，按照比普通关税税率低的税率征收的关税，一般有最惠国待遇关税、协定优惠关税、特定优惠关税、普遍优惠制关税4种。

（4）按照是否根据税则征收，关税可分为正税和附加税。

①正税。正税指按照《中华人民共和国进出口税则（2020）》中的进口税率征收的关税，具有规范、相对稳定的特点。

②附加税。附加税指国家由于特定需要对进口货物除征收关税正税之外另行征收的进口税，一般具有临时性

特点，包括反倾销税、反补贴税、保障措施关税、报复性关税。世界贸易组织不准其成员方在一般情况下随意征收附加税，只有符合世贸组织反倾销、反补贴等有关规定的，才可以征收。

2．缴纳方式

缴纳方式是指纳税人在何时何地以何种方式向海关缴纳税款。纳税义务人应当在进出境地向海关缴纳税款，经海关批准也可以在纳税义务人所在地向其主管海关缴纳税款，即属地纳税。纳税义务人向签有协议的银行办理电子交付税费的手续，也可以持缴款书到指定的银行营业柜台办理税费交付手续。缴纳方式主要以进出口地纳税为主，也有部分企业经海关批准采取属地纳税方式。

3．缴纳凭证

1）进出口关税和进口环节税的缴纳凭证

海关征收进出口货物关税和进口货物进口环节税时，应向纳税人或其代理人填发《海关专用缴款书》（含关税、进口环节税）。纳税人或其代理人持凭《海关专用缴款书》向银行缴纳税款。

海关填发的《海关专用缴款书》第一联为“收据”，由国库收款签章后交缴款单位或缴纳人；第二联为“付款凭证”，由缴库单位开户银行作付出凭证；第三联为“收款凭证”，由收款国库作收入凭证；第四联为“回执”，由国库盖章后退回海关财务部门；第五联为“报查”，关税的第五联由国库收款后退回海关，进口环节税的第五联送当地税务机关；第六联为“存根”，由填发单位存查。

进出口货物收货人或其代理人缴纳税款后，应将盖有“收讫”章的《海关专用缴款书》第一联送签发海关验核，海关凭予办理有关手续。

2）滞纳金的缴纳凭证

海关征收进出口货物的关税、进口环节增值税、消费税、船舶吨税等的滞纳金时，应向纳税人或其代理人填发《海关专用缴款书》。纳税人或其代理人应持凭《海关专用缴款书》向银行缴纳税款。

3）监管手续费的缴纳凭证

海关征收监管手续费时，应向收货人或其代理人填发《海关行政事业性收费专用票据》。收货人或其代理人应持凭《海关行政事业性收费专用票据》，向海关指定部门或指定银行办理缴款手续。

《海关行政事业性收费专用票据》的第一联为“存根”，供签发专用票据的部门与收款部门核对账目用；第二联为“收据”，缴款单位缴费后留存；第三联为“记账”，供收款部门记账用；第四联为“经办部门存查”，由签发专用票据的部门存查。收货人或其代理人应持《海关行政事业性收费专用票据》到海关指定的部门或指定的银行办理缴款手续。进口货物收货人或其代理人缴纳监管手续费后，应将盖有“收讫”章的《海关行政事业性收费专用票据》交给签发《海关行政事业性收费专用票据》的海关，海关凭予核销并办理有关手续。

4）滞报金的缴纳凭证

对应征收滞报金的进口货物，海关在收货人未缴纳滞报金之前不予放行。转关运输货物如在进境地产生滞报由进境地海关征收滞报金，如在指运地产生滞报则由指运地海关征收滞报金。

海关征收进口货物滞报金时，应向收货人签发《滞报金缴款通知书》或《滞报金缴款凭证》，收货人持《滞报金缴款凭证》到海关指定的部门或指定的银行办理缴款手续。进口货物收货人缴纳滞报金后，应将盖有“收讫”章的滞报金缴款凭证交给现场海关，现场海关凭予核注。

4．延期纳税

因不可抗力或政策原因不能按期纳税的，可向直属海关提出延期纳税申请并提供相关资料。

要求海关先放行货物的，应向海关提供税款担保，但最长不超过自货物放行日起6个月。6个月内纳税不收滞纳金，6 个月后纳税按日加收 0.5‰的滞纳金。

5. 强制执行

根据《海关法》规定，纳税人或其代理人应当在海关规定的缴款期限内缴纳税款（费），逾期缴纳的由海关依法征收滞纳金。纳税人、担保人超过 3 个月仍未缴纳税款的，海关可以依法采取强制措施扣缴。强制措施主要有强制扣缴和变价抵扣两种。

1）强制扣缴

强制扣缴是指海关依法自行或向人民法院申请采取从纳税（费）人的开户银行或者其他金融机构的存款中将相当于纳税人应纳税款的款项强制划拨入国家金库的措施，即书面通知其开户银行或者其他金融机构从其存款中扣缴税款。

2）变价抵扣

变价抵扣是指如果纳税人的银行账户中没有存款或存款不足以强制扣缴时，海关可以将未放行的应税货物依法变卖，以销售货物所得价款抵缴应缴税款。如果该货物已经放行，海关可以将该纳税人的其他价值相当于应纳税款的货物或其他财产依法变卖，以变卖所得价款抵缴应缴税款。

强制扣缴和变价抵扣的税款含纳税人未缴纳的税款滞纳金。

7.3.2 跨境电子商务报关单

1. 进出口货物报关单的含义

进出口货物报关单是指进出口货物的收发货人或其代理人，按照海关规定的格式对进出口货物实际情况做出书面申明，以此要求海关对其货物按适用的海关制度办理通关手续的法律文书。

2. 进出口货物报关单的分类

报关单按进出口的状态分为：进口货物报关单；出口货物报关单。

报关单按表现形式分为：纸质报关单；电子数据报关单。

报关单按海关监管方式分为：进料加工进（出）口货物报关单；来料加工及补偿贸易进（出）口货物报关单；一般贸易及其他贸易进（出）口货物报关单。

报关单按用途分为：报关单录入凭单；预录入报关单；报关单证明联。在报关单上体现的名称只有两种，分别是《中华人民共和国进口货物报关单》和《中华人民共和国出口货物报关单》。

在实际操作中，多数的企业都采用通过计算机系统先提交电子数据报关单，再打印纸质报关单提交给海关的形式申报。提交电子数据报关单多采用委托预录入申报的形式，由报关单位的报关员手工填写报关单预录入凭单的各个栏目，然后交给预录入单位，预录入单位凭以预录入。预录入单位预录入后打印一份由委托预录入的报关员审核，有错误就修改，直到确认无误后提交，向海关申报（传输电子数据进入海关的报关自动化系统）。这个经确认无误录入并提交到海关计算机系统中的报关单就是预录入报关单。

如果电子申报未通过海关计算机系统的规范性审核，海关不接受申报，计算机系统会自动退回并发布信息要求报关员修改。报关员修改后再次提交，海关计算机系统再次对报关单进行逻辑性、规范性审核，通过审核后，计算机自动接受申报。

所谓的证明联实际就是另外打印的一份报关单，作为一个证明文件用于到政府其他部门办理有关手续。

3. 进出口货物报关单各联用途

进口货物报关单（一式四联）：海关作业联、海关留存联、企业留存联、付汇证明联。

出口货物报关单（一式五联）：海关作业联、海关留存联、企业留存联、收汇证明联、出口退税证明联。

（1）进出口货物报关单海关作业联和海关留存联是报关员配合海关查验、缴纳税费、提取和装运货物的重要单据，也是海关查验货物、征收税费、编制海关统计报告及办理其他海关事务的原始凭证。

（2）进口货物报关单付汇证明联和出口货物报关单收汇证明联，是海关对已实际进出境的货物所签发的证明文件，是银行和国家外汇管理部门办理售汇、付汇和收汇及核销手续的主要依据之一。

（3）出口货物报关单出口退税证明联。出口货物报关单出口退税证明联是海关对已实际申报出口并已装运离境的货物所签发的证明文件，是企业向国家税务管理部门申请出口退税的重要凭证。

4．进出口货物报关单的法律效力

《海关法》规定："进口货物的收货人、出口货物的发货人应当向海关如实申报，交验进出口许可证件和有关单证。"

进出口货物报关单及其他进出境报关单（证）在对外经济贸易活动中具有十分重要的法律效力，是货物的收发货人向海关报告其进出口货物实际情况及适用海关业务制度、申请海关审查并放行货物的必备法律文书。它既是海关对进出口货物进行监管、征税、统计，以及开展稽查、调查的重要依据，又是出口退税和外汇管理的重要凭证，也是海关处理进出口货物走私、违规案件，以及税务、外汇管理部门查处骗税、逃套汇犯罪活动的重要证据。因此，申报人对所填报的进出口货物报关单的真实性和准确性应承担法律责任。

电子数据报关单与纸质报关单有同等法律效力。

5．海关对进出口货物报关单填制的一般要求

进出口货物的收发货人或其代理人向海关申报时，必须填写并向海关递交进出口货物报关单。申报人在填制报关单时，应当依法如实向海关申报，对申报内容的真实性、准确性、完整性和规范性承担相应的法律责任。

报关人必须按照《海关法》《货物申报管理规定》《报关单填制规范》的有关规定和要求，向海关如实申报。

报关单的填报必须真实，做到"两个相符"：一是单证相符，即所填报关单各栏目的内容必须与合同、发票、装箱单、提单及批文等随附单据相符；二是单货相符，即所填报关单各栏目的内容必须与实际进出口货物的情况相符，不得伪报、瞒报、虚报。

报关单的填报要准确、齐全、完整、清楚，报关单各栏目内容要逐项、详细、准确填报，字迹清楚、整洁、端正，不得用铅笔或红色复写纸填写；若要更正，必须在更正项目上加盖校对章。

不同批文或许可证及不同合同的货物、同一批货物中不同贸易方式的货物、不同备案号的货物、不同提运单的货物、不同征免性质的货物、不同运输方式或相同运输方式但不同航次，以及不同运输工具名称的货物等，均应分单填报。一份原产地证书只能对应一份报关单。同一份报关单上的商品不能同时享受协定税率和减免税。在同一批货物中，对于实行原产地证书联网管理的，如涉及多份原产地证书或含非原产地证书商品，亦应分单填报。

在反映进出口商品情况的项目中，须分项填报的主要有下列几种情况：商品编号不同的；商品名称不同的；原产国（地区）/最终目的国（地区）不同的。

已向海关申报的进出口货物报关单，如原填报内容与实际进出口货物不一致而又有正当理由的，申报人应向海关递交书面更正申请，经海关核准后，对原填报的内容进行更改或撤销。

学习任务 7.4　跨境电子商务通关沙盒仿真实训

本书以思睿智训 ERP 为平台，开展跨境电子商务通关沙盒实训。

7.4.1　进入平台、仓储拣货

1．平台首页

如图 7-1 所示，此页面为跨境电商通关沙盒平台首页，主要分为两大模块：待完成订单和已完成订单。

图 7-1　平台首页

（1）待完成订单页面如图 7-2 所示，单击进入待完成订单，系统会进入订单列表页面，用户可查看每条订单的部分信息。

图 7-2　待完成订单页面

（2）如图 7-3 所示，单击“详情”按钮可以查看订单完整信息。

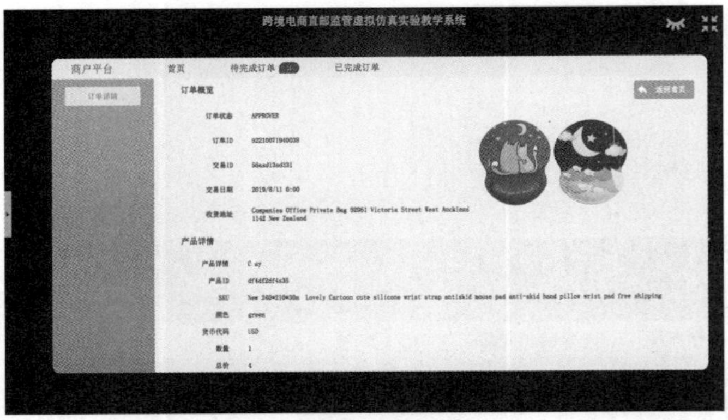

图 7-3　订单详情页面

（3）用户可以直接勾选需要提交的订单，单击“发送订单”即可完成提交。如图 7-4 所示，用户可在已完成订单页面中查看已发出的订单。

图 7-4　已发出订单页面

（4）在用户提交订单后，可单击图 7-4 中的“进入仓库”按钮，进入仓储拣货环节。

2．仓储拣货

（1）如图 7-5 所示，进入仓储拣货初始页面，弹出框主要介绍了仓库拣货的基础流程，了解相关流程后，用户进入虚拟实验。

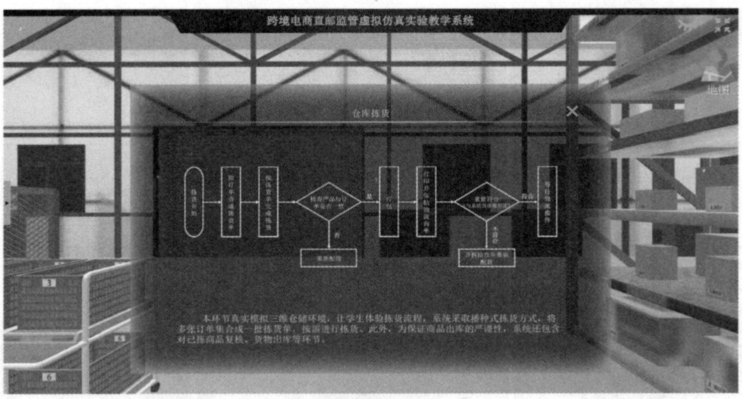

图 7-5　拣货流程基础认知

（2）如图 7-6 所示，进入仓储拣货模块，在关闭流程提示图后，会出现地图认知界面，帮助用户了解仓库场景的大致分布，这对后续完成拣货实验有帮助。

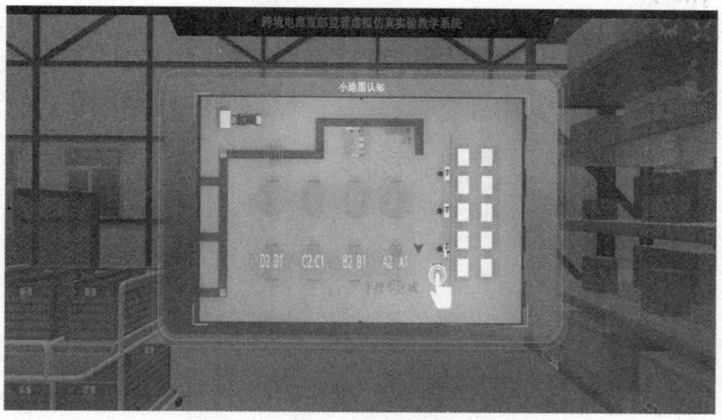

图 7-6　地图认知

（3）如图 7-7 所示，在完成地图认知后，用户根据右下角的操作提示，一步步完成实验。

图 7-7　操作提示

（4）如图 7-8 所示，当用户使用扫码枪扫描订单后，需要使用手推车进行拣货作业，按下键盘上的“F”键激活手推车，开始拣货。

图 7-8　手推车使用提示

（5）如图 7-9 所示，根据左下角提示的物品信息逐步进行拣货。

图 7-9　拣货

如图 7-10 所示，拣货时注意查看货物的货物号是否跟需要捡取的商品的货物号一致。

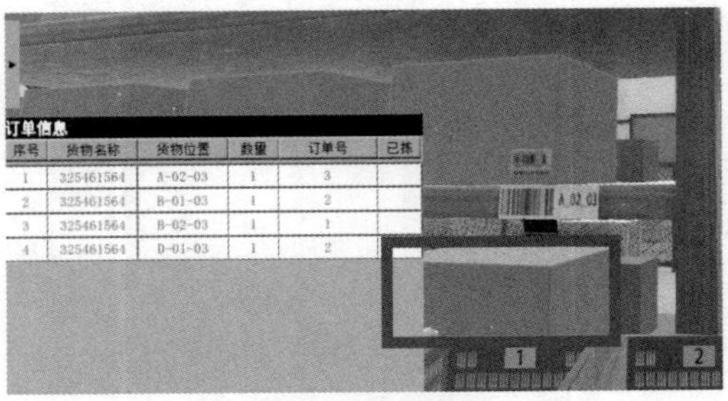

图 7-10　核对商品货物号

如图 7-11 所示，若不一致，会弹出错误提醒。

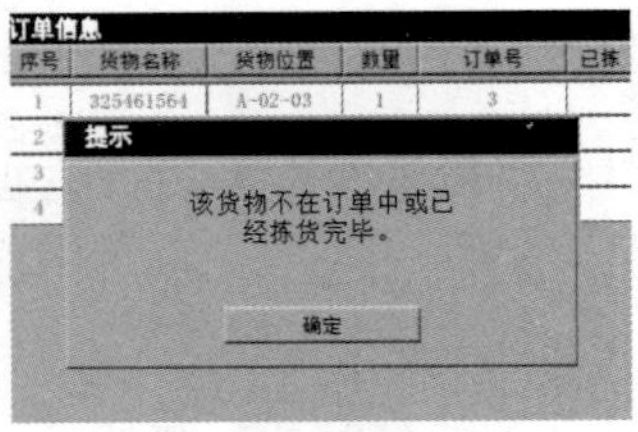

图 7-11　错误提醒 1

如图 7-12 所示，拣货时，如果将商品放错拣货框，系统会出现操作错误的提醒。

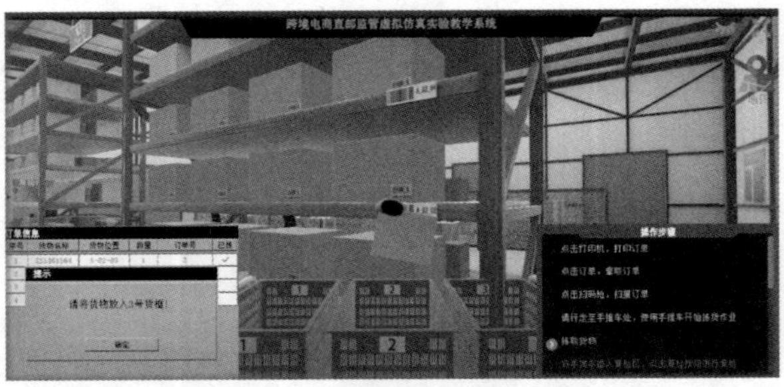

图 7-12　错误提醒 2

（6）如图 7-13 所示，在完成拣货后，需要推着手推车，走到复检区域进行复检，可以单击右上角的地图查看具体方位。

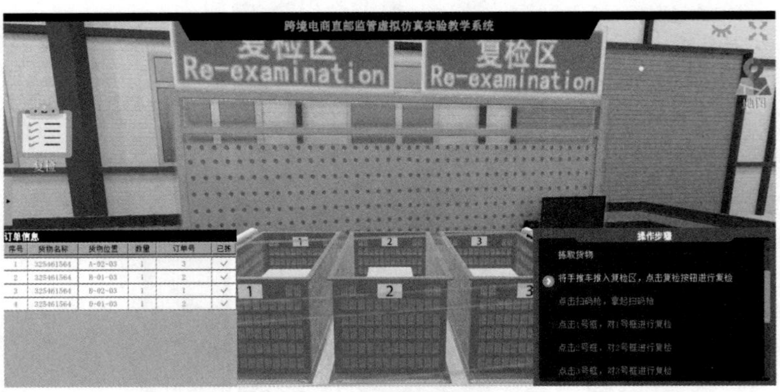

图 7-13　货物复检

（7）如图 7-14 所示，完成复检后，按照提示将手推车推至打包区域，即可将货物打包。

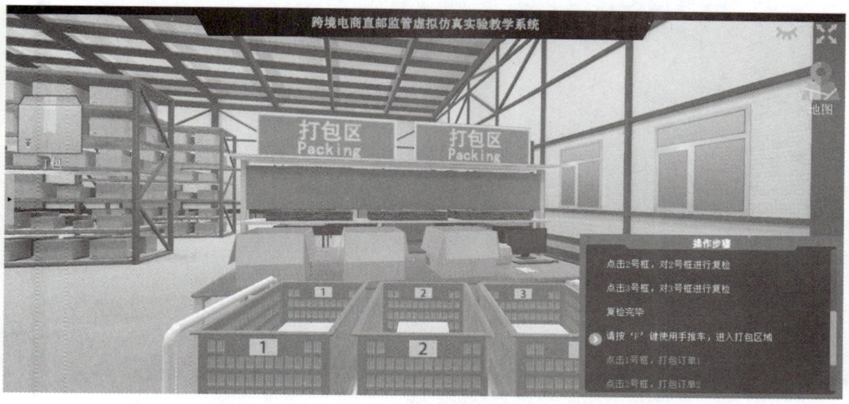

图 7-14　货物打包

（8）如图 7-15 所示，打包完成后，货物经传送带进行称重复核，等待物流揽件。

图 7-15　等待物流揽件

（9）如图 7-16 所示，完成仓储拣货后进入实验考核环节，用户通过拖拽的方式进行操作考核。

图 7-16　拣货顺序考核

7.4.2　订单申报与物流分包

1．订单申报

（1）如图 7-17 所示，将订单等相关信息导入数据平台。

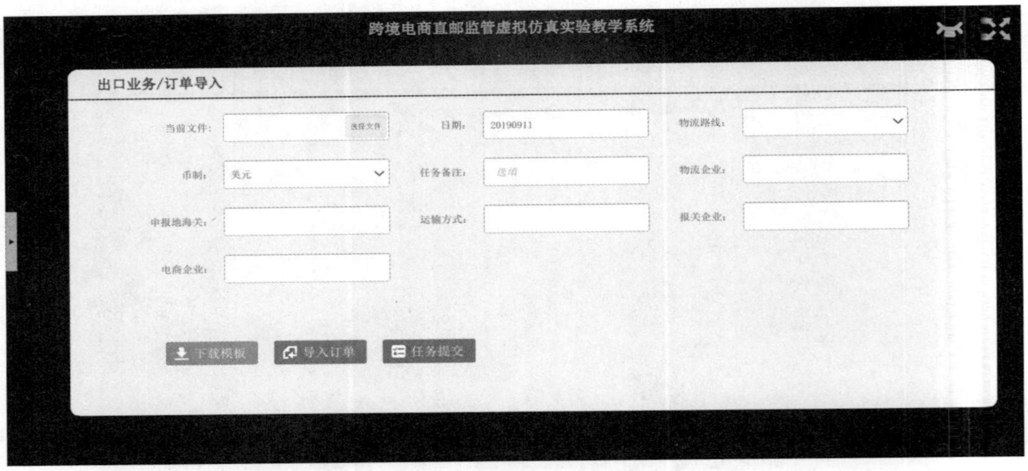

图 7-17　导入订单数据

①订单申报环节需要用户手动上传订单，没有订单可以单击“下载模板”按钮，下载订单模板。图 7-18 即模板数据信息案例。

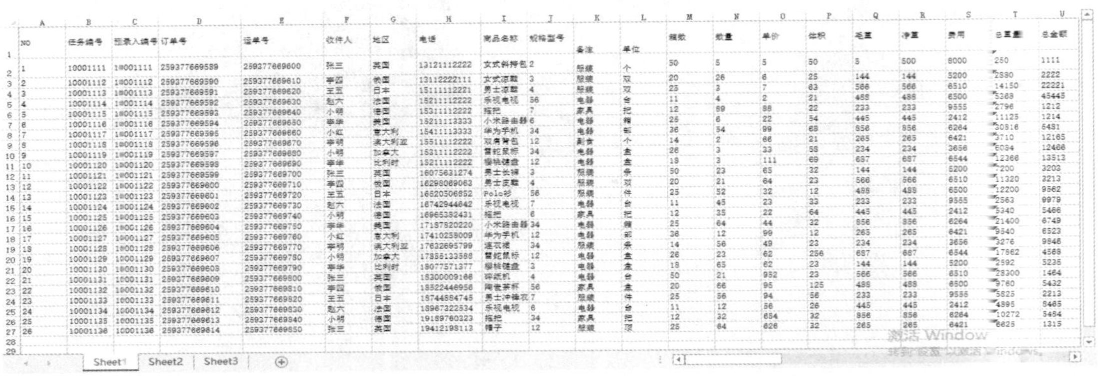

图 7-18　模板数据信息案例

②如图 7-19 所示，单击“选择文件”按钮，上传本地文件。

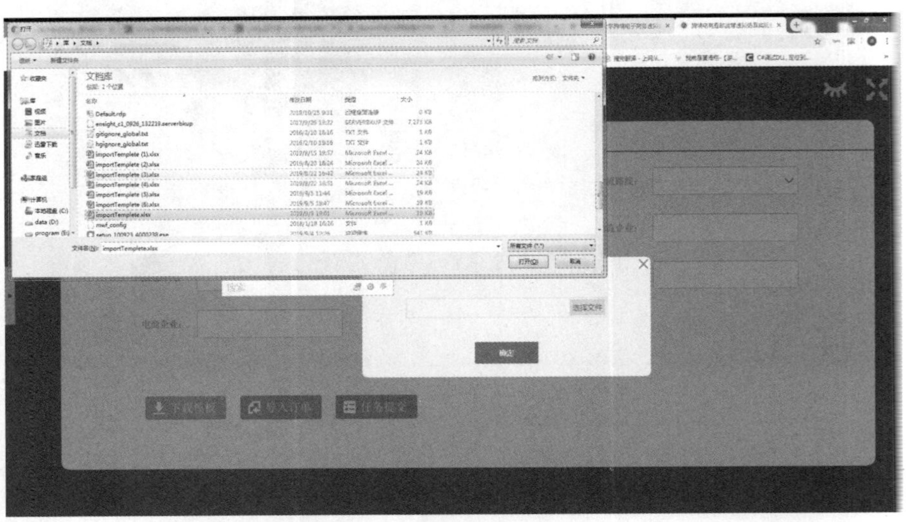

图 7-19　上传本地文件

③如图 7-20 所示，选择物流路线。

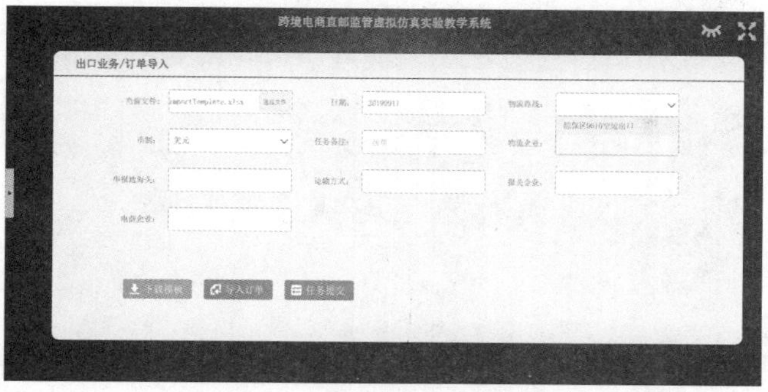

图 7-20　选择物流路线

④如图 7-21 所示，可以直接导入订单，在完成导入订单后，提交任务，进入下一步。

图 7-21　导入订单

⑤订单匹配　如图 7-22 所示，勾选需要申报的表单，单击“自动匹配”即可完成订单匹配。

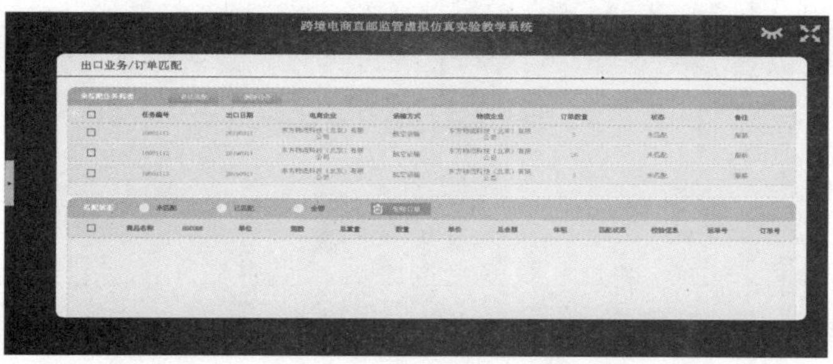

图 7-22　订单匹配

⑥任务分配：如图 7-23 所示，选择提运单号。

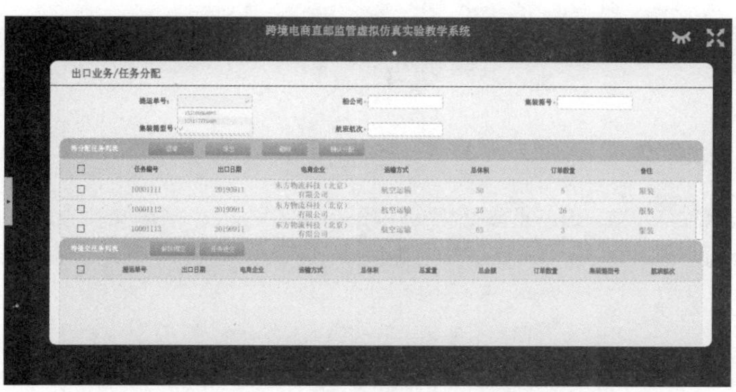

图 7-23　选择提运单号

如图 7-24 所示，勾选待分配的任务，单击“确认”，完成订单分配。

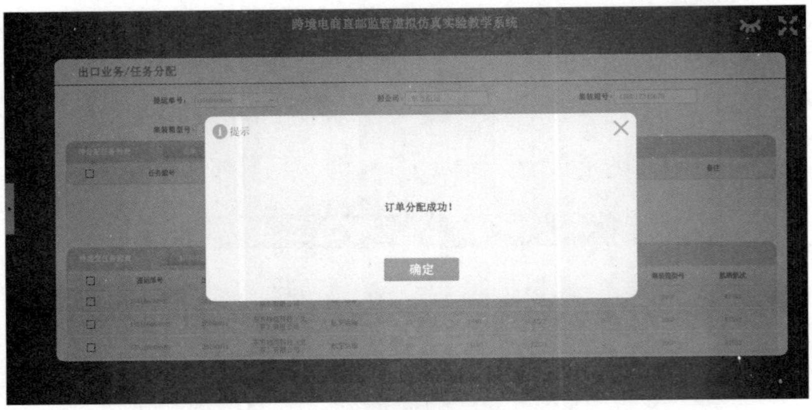

图 7-24　确认分配任务

如图 7-25 所示，勾选待提交任务，单击“任务提交”，提交任务。

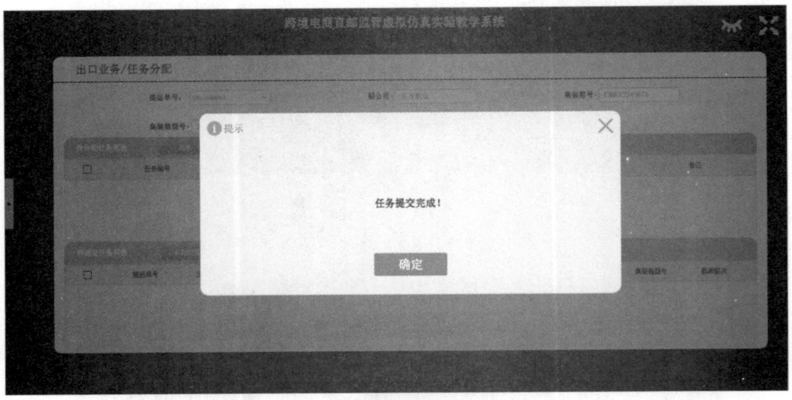

图 7-25　提交任务

（2）申报环节。

初始页面：如图 7-26 所示，使用页面上方的黄色按钮可以查看对应的订单信息，使用红色按钮可申报勾选的订单；使用下方的蓝色按钮可显示已申报的表单信息。

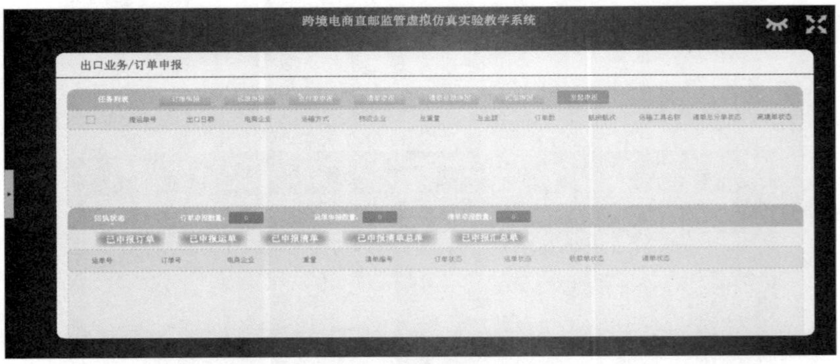

图 7-26　申报环节初始页面

（3）订单申报。

如图 7-27 所示，首先单击“订单申报”按钮，查看表单，之后勾选表单。

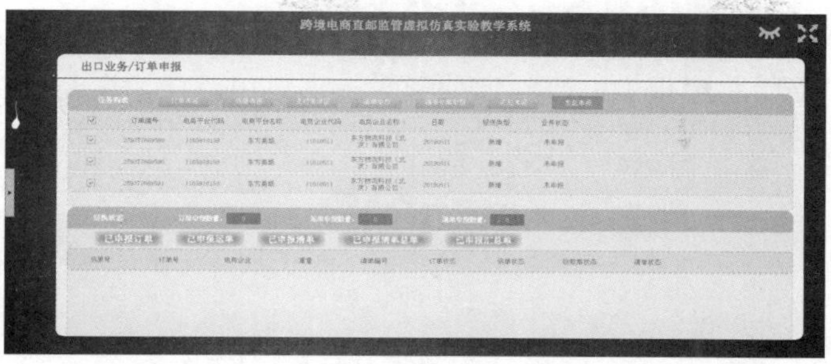

图 7-27　订单申报

如图 7-28 所示，单击“发起申报”申报所选订单。当系统将申报数据成功传输至数据中心，系统将出现申报成功提示。

图 7-28　申报成功提示

如图 7-29 所示，用户可在回执状态栏查看已申报的订单。

图 7-29　已申报订单

（4）运单申报

如图 7-30 所示，单击“运单申报”查看需要申报的运单，同样，勾选需要申报的运单，单击“发起申报”即可申报所选运单

图 7-30　运单申报

（5）支付单申报。

如图 7-31 所示，单击“支付单申报”，查看需要申报的支付单，在勾选需要申报的表单后，单击“发起申报”即可完成支付单申报。

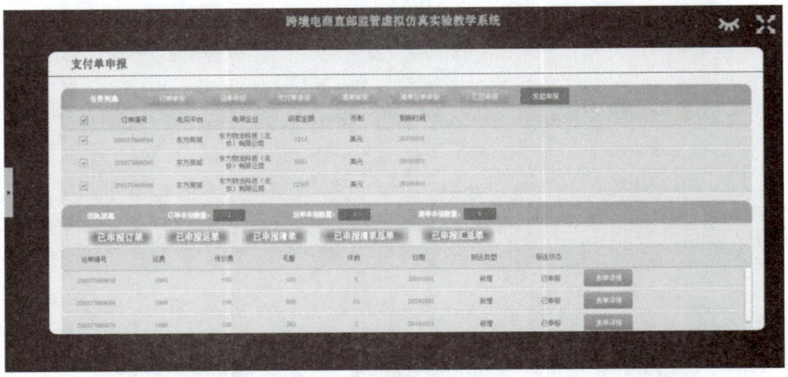

图 7-31　支付单申报

（6）清单申报。

如图 7-32 所示，单击清单申报，勾选需要申报的清单后，单击“发起申报”完成清单申报。

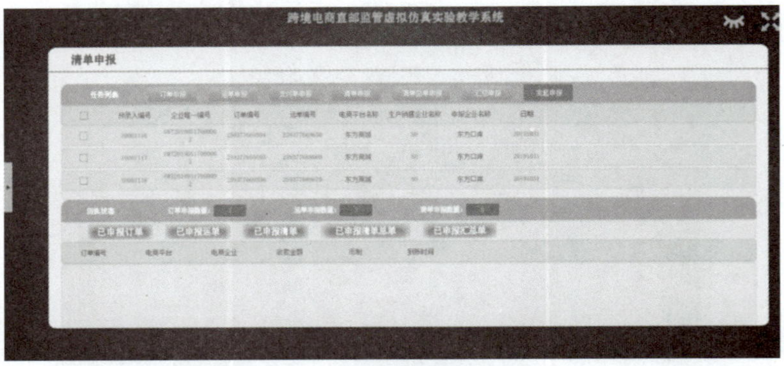

图 7-32　清单申报

在完成清单申报后，系统会自动跳转到下一个模块——物流分包。

2．物流分包

如图 7-33 所示，进入物流分包初始页面，弹出框主要介绍了物流分包的基础流程，了解相关流程后，用户进入虚拟实验。

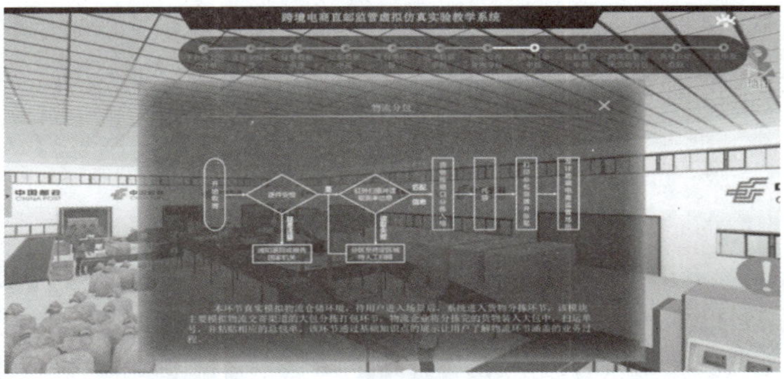

图 7-33　物流分包初始页面

如图 7-34 所示，进入物流分包实验场景。

图 7-34　物流分包实验场景

位于上方的流程图是整个实验的大流程，位于下方的流程图为当前货物分包的小步骤，白色代表可以单击，蓝色代表已完成。

1）安检机认知

单击屏幕下方的第一个流程：安检机认知。如图 7-35 所示，系统会自动将镜头朝向安检机，单击安检机上方的感叹号，即可查看工作视频介绍。

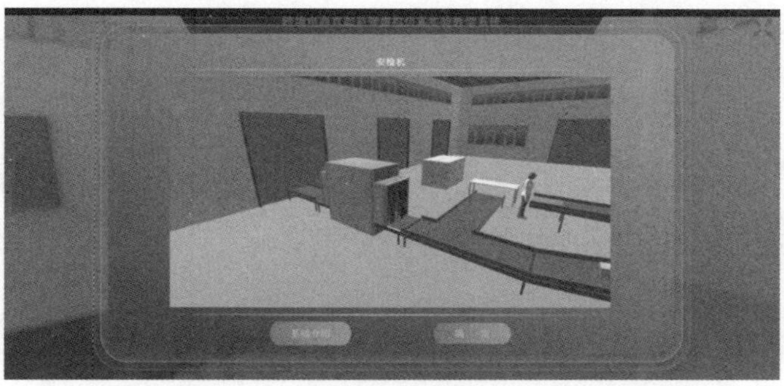

图 7-35　安检机认知

如图 7-36 所示，单击“基础介绍”，可查看详细说明。

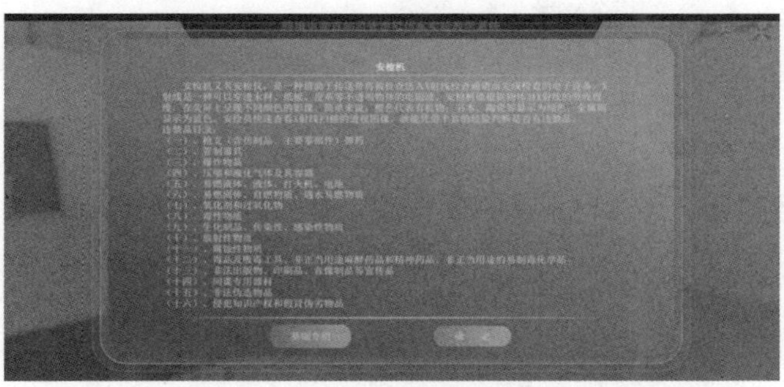

图 7-36　详细说明 1

2）红外扫码仪认知

如图 7-37 所示，用户可以先单击屏幕下方的“流程”按钮，将镜头锁定扫码仪，再单击扫码仪上方的感叹号，即可查看工作视频介绍。

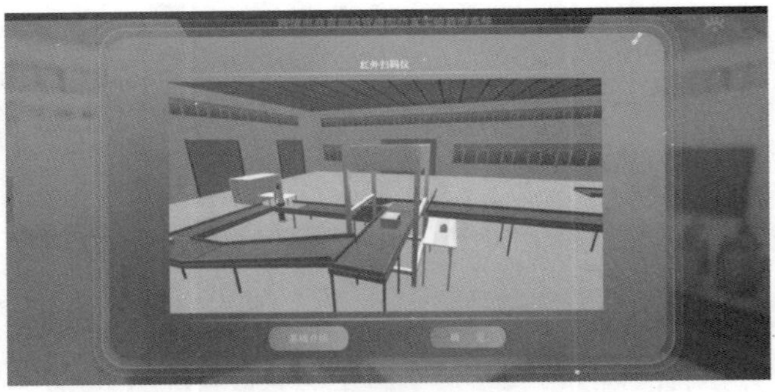

图 7-37　红外扫码仪认知

如图 7-38 所示，单击“基础介绍”，可查看详细说明。

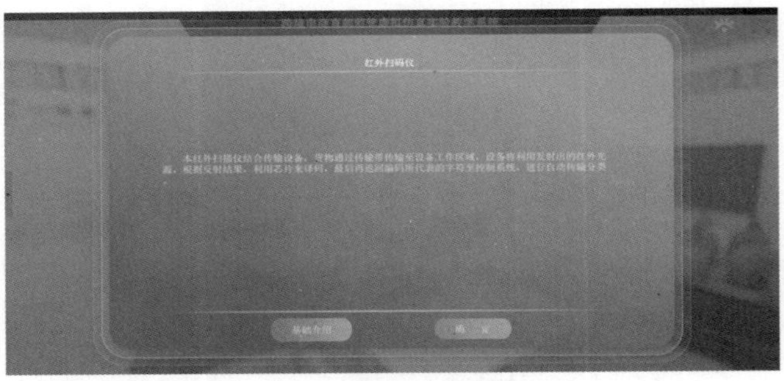

图 7-38　详细说明 2

3）包裹人工翻面认知

如图 7-39 所示，单击下方流程“包裹人工翻面认知”，即将镜头锁定到人工翻面位置，此时单击工作人员模型上方的感叹号，即可查看工作视频介绍。

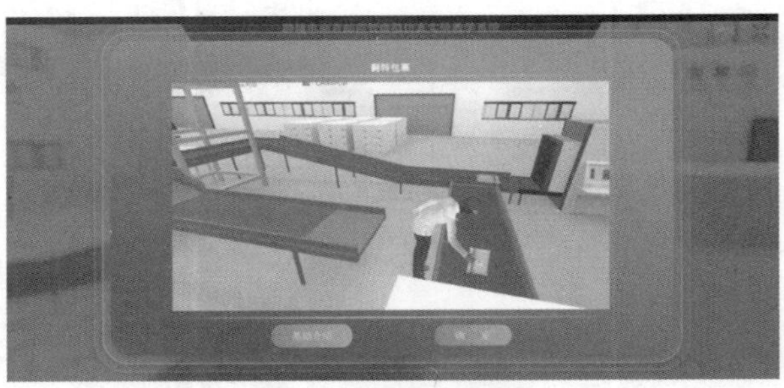

图 7-39　包裹人工翻面认知

如图 7-40 所示，单击“基础介绍”，可查看详细说明。

图 7-40　详细说明 3

4）分拣机认知

如图 7-41 所示，单击下方“分拣机认知”，将镜头锁定到传送带位置，单击传送带上的感叹号，即可查看分拣机工作视频介绍。

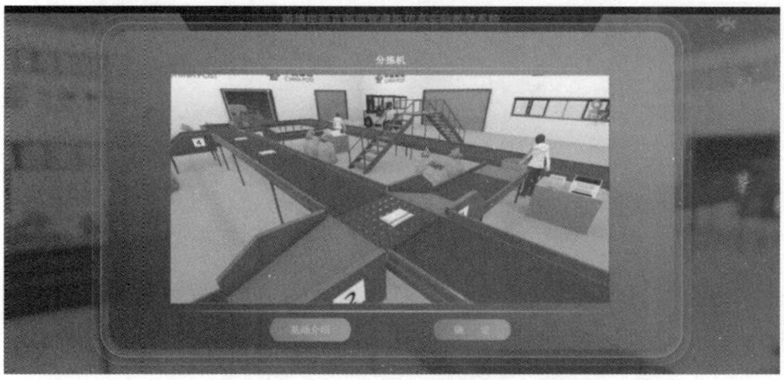

图 7-41　分拣机认知

如图 7-42 所示，单击“基础介绍”，可查看详细说明。

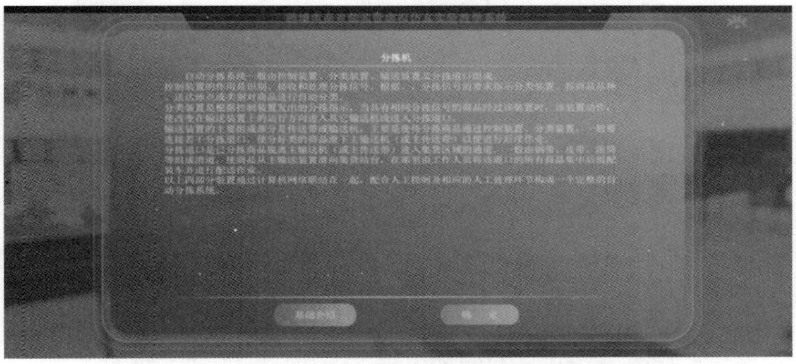

图 7-42　详细说明 4

5）物流大包打包认知

物流大包打包如图 7-43 所示。

图 7-43　物流大包打包

如图 7-44 所示，用户单击下方流程，将镜头锁定至大包打包工作区，单击工作人员上方的感叹号，即可查看工作视频介绍。单击“基础介绍”，可查看详细说明。

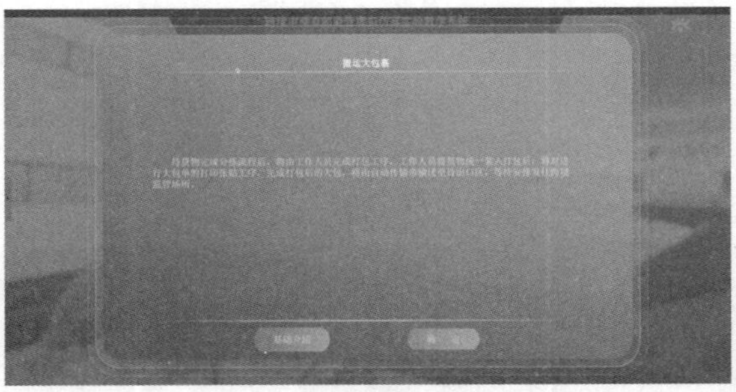

图 7-44　详细说明 5

6）全流程认知

如图 7-45 所示，用户在单击下方流程“全流程认知”后，镜头会自动跟随一个订单，展示整个流程。

图 7-45　全流程认知 1

7）实验考核

如图 7-46 所示，用户在完成了所有流程操作之后，即可进入实验考核阶段，考核限时 5 分钟。使用拖拽的方式进行答题，将物流环节按顺序排列。

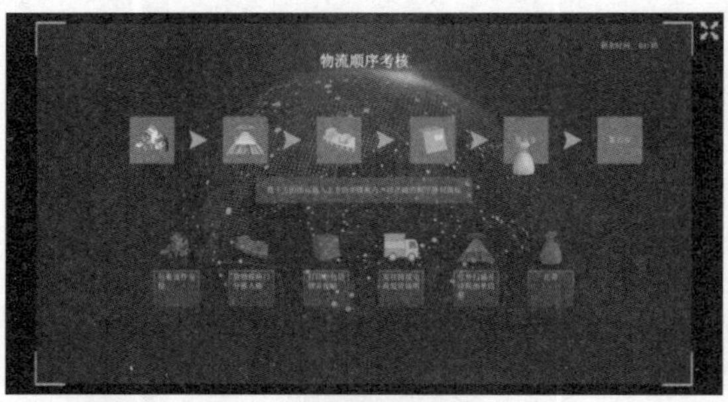

图 7-46　实验考核

如图 7-47 所示，如果操作失败，可以选择重新考核或者直接进入下一环节。

图 7-47　操作失败页面

7.4.3　清单总单申报与运抵申报

1．清单总单申报

如图 7-48 所示，在完成物流分包环节后，系统自动跳回申报环节，继续进行清单总单申报。单击“清单总单申报”，勾选需要申报的表单，单击发起申报，即可申报清单总单。

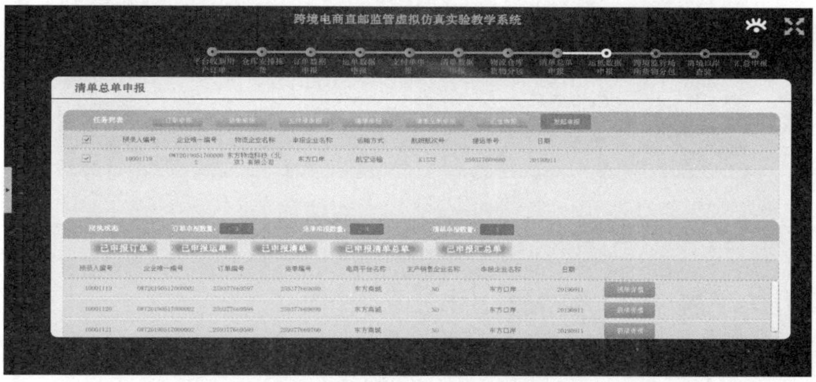

图 7-48　清单总单申报

2．运抵申报

如图 7-49 所示，当清单总单申报完成后，系统自动打开运抵申报视频介绍，用户可以单击右下角的“跳过”按钮，跳过视频。

图 7-49　运抵申报

如图 7-50 所示，该视频可随时暂停/播放，只需使用鼠标单击即可，同时也可手动拖拽进度条。

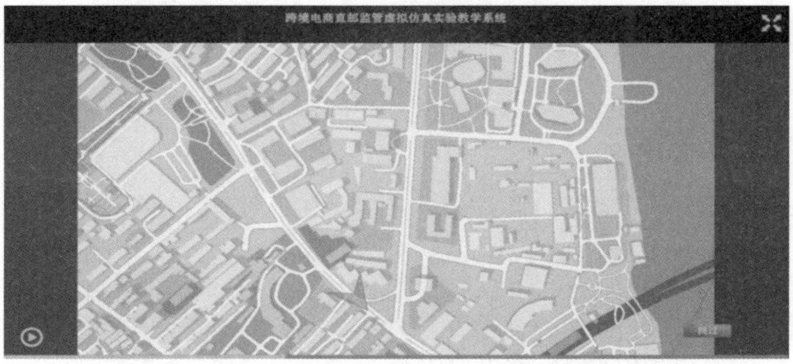

图 7-50　视频操作

如图 7-51 所示，当视频播放完毕后，会跳出提示框，用户单击“确认”按钮即可进入下一个流程。

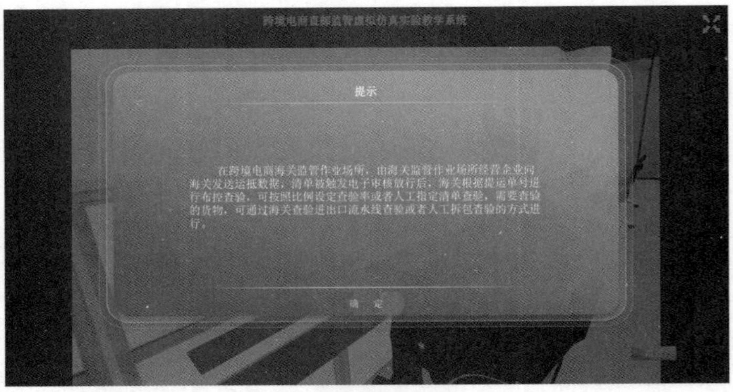

图 7-51 提示框

7.4.4 跨境监管场所、离境口岸检查与汇总申报

1. 跨境监管场所

如图 7-52 所示，进入跨境监管场所初始页面，弹出框主要介绍了跨境监管场所的基础流程，了解相关流程后，用户进入虚拟实验。

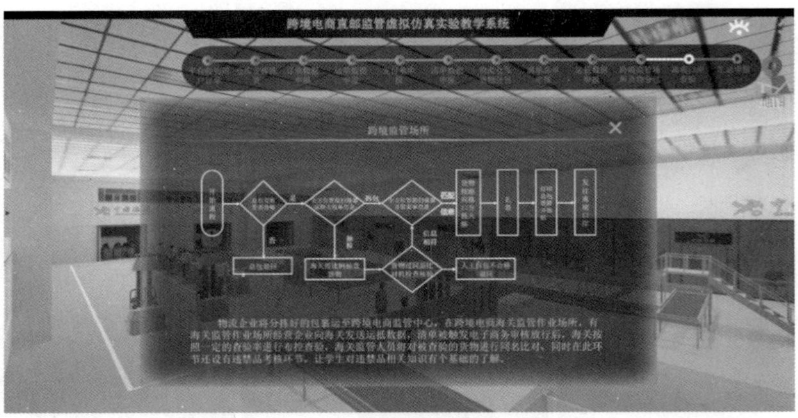

图 7-52 跨境监管场所初始场景

此界面同物流分包环节类似，在关闭流程提示图后，下方即出现流程进度条，用户可选择相关环节进行学习。

1）运抵办公室认知

如图 7-53 所示，本环节为文字认知环节，主要是对运抵申报进行讲解。

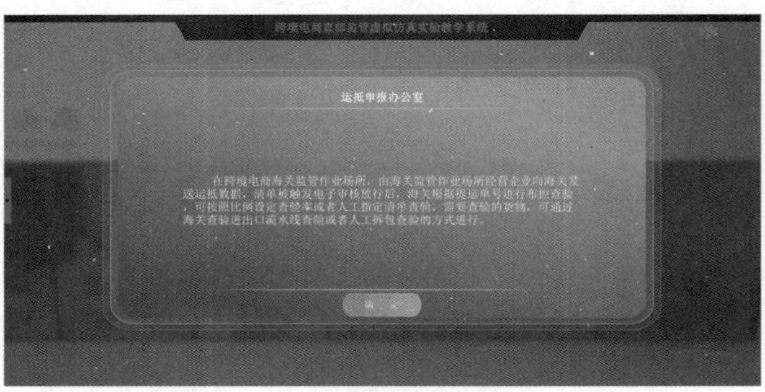

图 7-53 运抵办公室认知

2）海关办公室认知

如图 7-54 所示，本环节为文字认知环节，主要介绍海关的工作范畴。

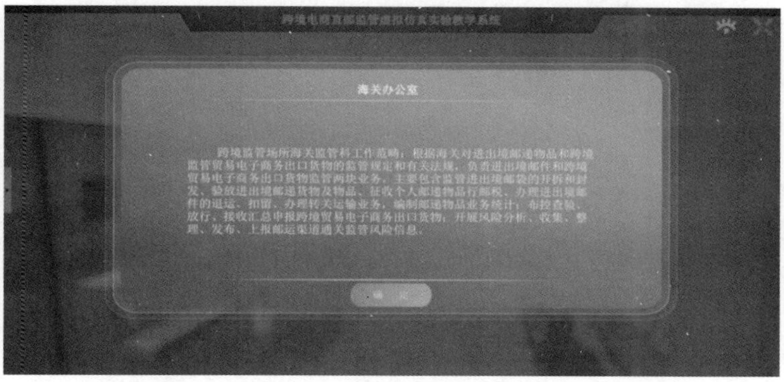

图 7-54　海关办公室认知

3）六面红外扫描仪认知

如图 7-55 所示　用户单击该环节后，镜头会锁定至六面红外扫描仪，单击上方的感叹号按钮，即可查看工作视频介绍。

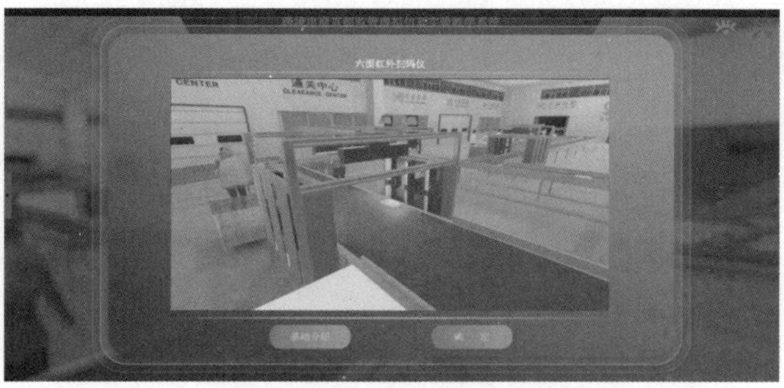

图 7-55　六面红外扫描仪认知

如图 7-56 所示　单击“基础介绍”，可查看详细说明。

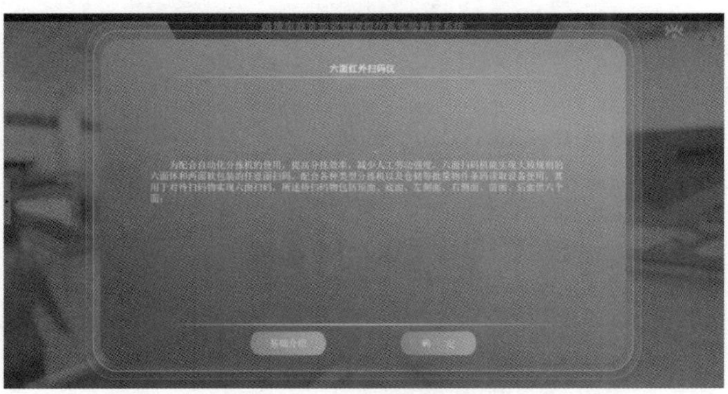

图 7-56　详细说明 6

4）叉车认知

跨境监管场所使用 AGV 叉车进行装货，以减少人力消耗。如图 7-57 所示，用户单击此流程后，系统默认将镜头移动至叉车工作区域，单击感叹号即可查看叉车工作视频介绍，单击“基础介绍”，可查看详细说明。

图 7-57 叉车认知

5）全流程认知

如图 7-58 所示，在该环节，镜头视角会跟随一个特定包裹，展示整个流程。

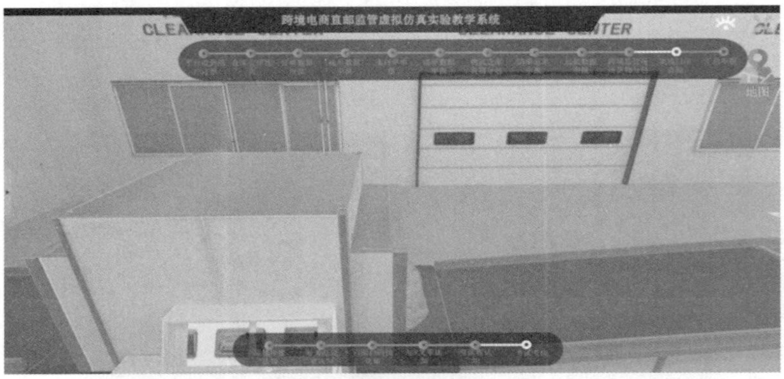

图 7-58 全流程认知 2

（1）如图 7-59 所示，在包裹完成六面扫描后，系统会提示选择流程分支，如果选择正常流程，则直接进入打包环节，由 AGV 叉车完成装货。

图 7-59 流程分支

（2）如图 7-60 所示，选择抽检流程，货物会通过传送带移动至海关办公室进行检验。

图 7-60　抽检流程

如图 7-61 所示，此时可手动控制检测流程。

图 7-61　检测流程控制

如图 7-62 所示，当选择“不予通过”，系统会提示货物校验不一致，同时货物会从传送带中拿出，并终止流程认知。

图 7-62　流程认知终止

如图 7-63 所示，当选择“予以放行”，货物会重新回到传送带上。

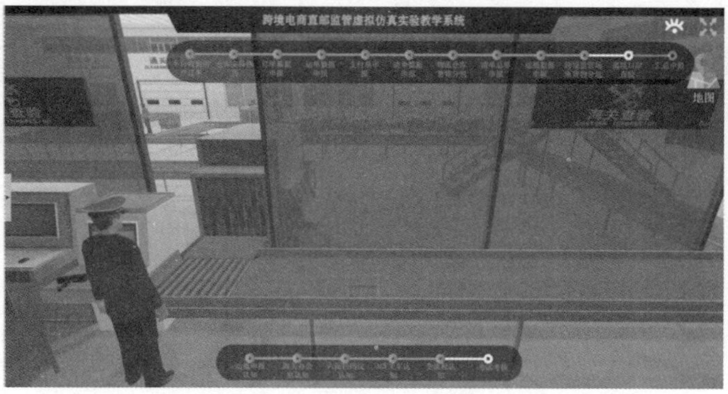

图 7-63　放行页面

如图 7-64 所示，货物通过传送带，运送至打包工作区间。

图 7-64　打包工作区间

（3）如图 7-65 所示，货物打包后由 AGV 叉车装车。

图 7-65　货物打包

6）考核环节

用户在完成整个流程的学习之后就可以进入考核环节，如图 7-66 所示，此考核为违禁品鉴别考核，用户需要挑选出 10 个违禁品。

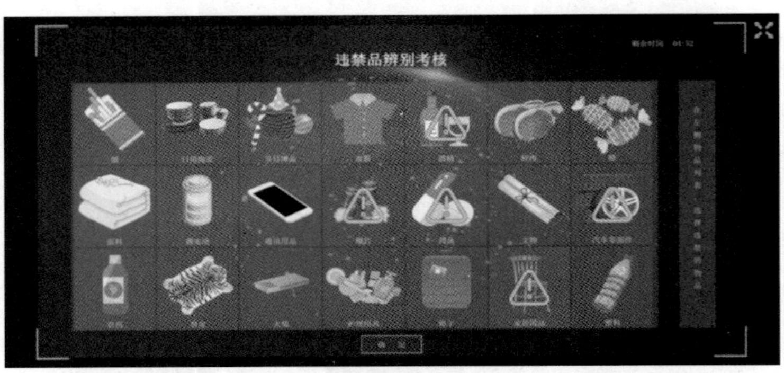

图 7-66　违禁品考核

完成考核后，系统会自动进入下一个流程。

2．离境口岸检查

初始界面：如图 7-67 所示，此场景主要介绍离境的最后一个流程。

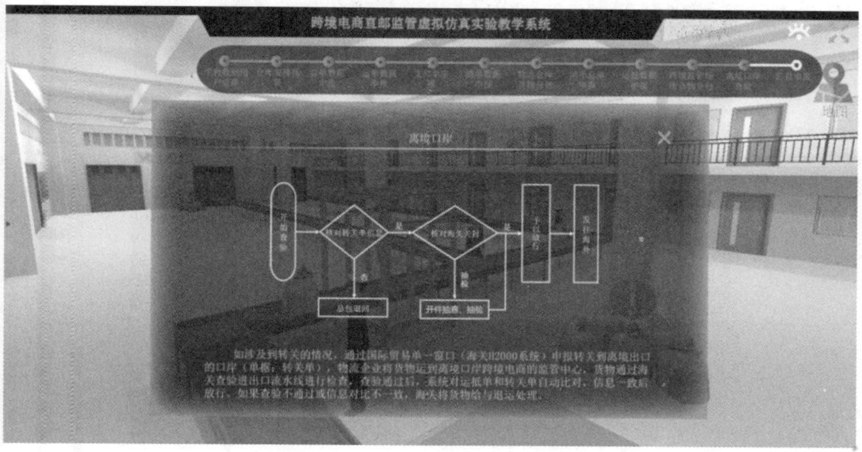

图 7-67　离境口岸检查

如图 7-68 所示，单击包裹上的感叹号，可以查看货物运输介绍视频。

图 6-68　货物运输视频

本环节结束后，系统自动跳转到汇总申报环节。

3．汇总申报

如图 7-69 所示，用户单击“汇总申报”按钮，之后勾选汇总单，单击“发起申报”，即可申报汇总单。

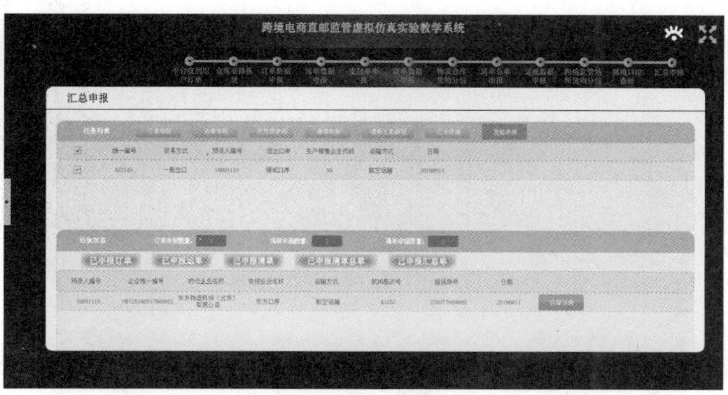

图 7-69　汇总申报

如图 7-70 所示，汇总申报成功。

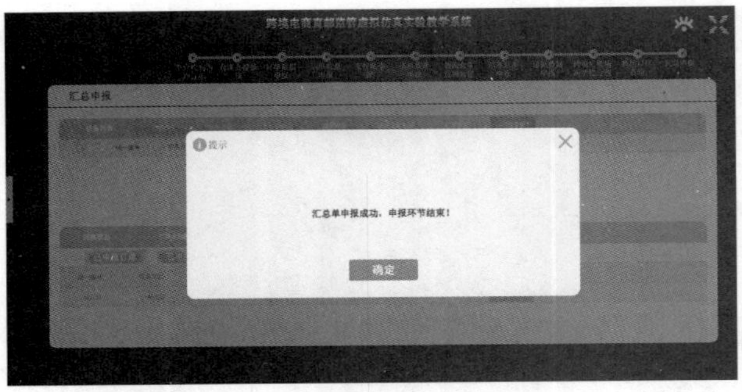

图 7-70 汇总申报成功

如图 7-71 所示，完成汇总申报后，系统自动提示退税流程，同时用户可单击“报关单示例”查看示例报关单。

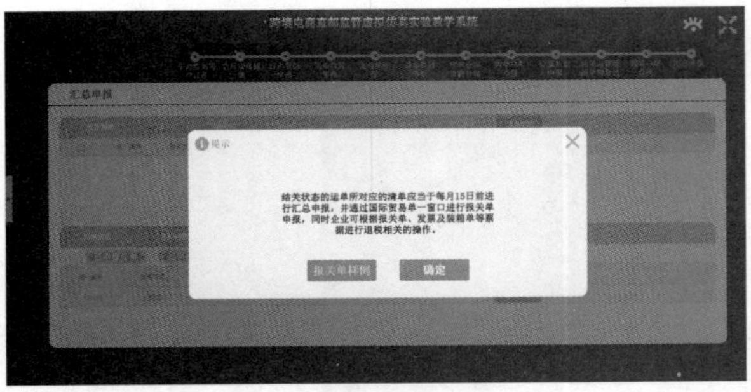

图 7-71 完成汇总申报

示例报关单如图 7-72 所示。

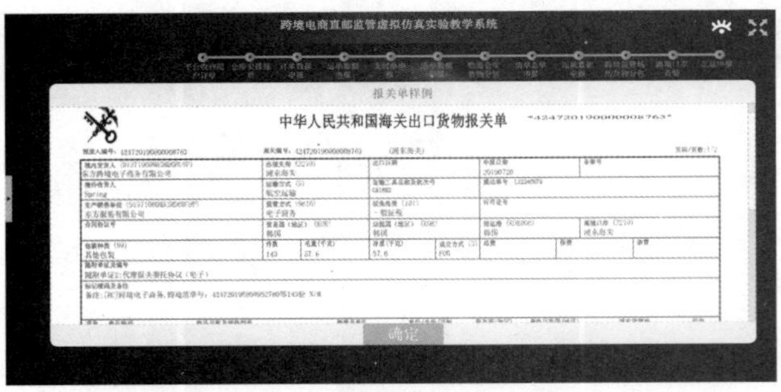

图 7-72 示例报关单

如图 7-73 所示，整个实验流程结束，用户可进入实验报告环节查看个人成绩，或通过上方的流程条，跳转至 3D 场景重复学习。

图 7-73 实验流程结束

【学习项目检测】

1．名词解释

（1）海关

（2）电子商务企业

（3）保税加工货物

（4）一般进出口货物

（5）关税

2．简答题

（1）海关的性质是什么？

（2）简述海关跨境电子商务通关监管模式。

（3）保税加工货物的特征是什么？

（4）保税物流货物的特征是什么？

（5）进出口货物报关单的含义是什么？

【学习项目评价】

学习完本学习项目后，请根据自己的学习所得，结合下表所列内容进行学习效果评价。

评价内容	评价方式			评价等级
	自评	小组评议	教师评议	
课前预习本学习项目相关知识、相关资料				A.充分 B.一般 C.不足
认识跨境电子商务通关的概念				A.充分 B.一般 C.不足
掌握跨境电子商务进出口通关的相关知识				A.充分 B.一般 C.不足
了解跨境电子商务进出口税费缴纳与报关单				A.充分 B.一般 C.不足
进行跨境电子商务通关沙盒仿真实训				A.充分 B.一般 C.不足
参加教学中的讨论和练习，并积极完成相关任务				A.充分 B.一般 C.不足
善于和同学合作				A.充分 B.一般 C.不足
学习态度，完成作业情况				A.充分 B.一般 C.不足
总评				

【学习项目总结】

本项目主要介绍了四部分内容：跨境电子商务通关概述（使读者对跨境电子商务通关有初步的了解）；跨境电子商务进出口通关（使读者了解特殊商品的通关流程）；跨境电子商务进出口税费缴纳与报关单（使读者深入地学习跨境电子商务进出口税费缴纳与跨境电子商务报关单的知识）；跨境电子商务通关沙盒仿真实训。

通过对跨境电子商务通关知识的学习，读者可以在知识储备充足的情况下去实践，在实践中更好地掌握相关知识和技能。

学习项目 8　跨境电子商务财务管理

项目任务书

学习项目 8 任务书见表 8-1。

表 8-1　学习项目 8 任务书

任务编号	分项任务	职业能力目标	知识要求	参考学时
学习任务 8.1	财务管理概述	了解财务管理的相关知识	1.财务管理的概念 2.财务分析	2
学习任务 8.2	跨境电子商务财务与报表实训	掌握跨境电子商务财务与报表实训技能	1.财务管理与报表实训 2.店铺平摊费用管理实训 3.平台财务实训 4.统计报表实训	3

学习重点、难点

重点

- 财务管理的概念；
- 财务分析的内容。

难点

- 运用跨境电子商务财务管理知识分析问题、解决问题并做出正确决策。

本项目思维导图

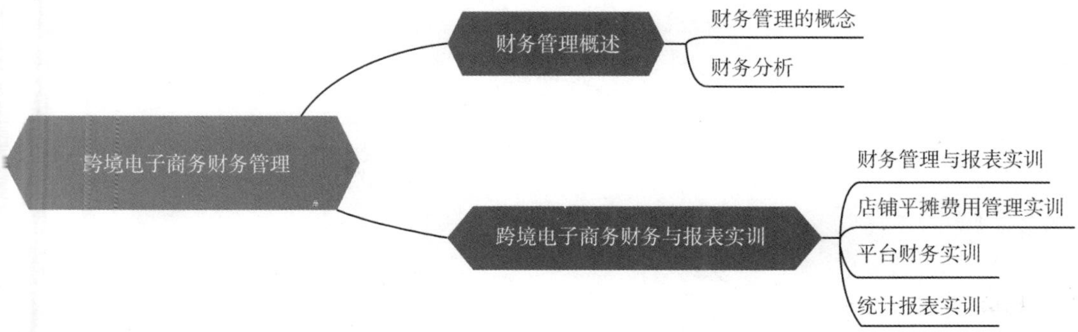

学习任务 8.1　财务管理概述

8.1.1　财务管理的概念

财务管理是组织开展企业财务活动、处理企业与各相关方财务关系的一项经济管理工作。要理解财务管理的概念，应从分析企业财务关系入手。

1. 企业财务关系

企业的资金运动是在企业与有关各方的经济往来中进行的，企业资金的筹集、投放、使用、回收与分配与有关各方有着广泛的联系。财务关系是企业在组织财务活动过程中与有关各方所发生的经济利益关系。企业财务关系如图 8-1 所示。

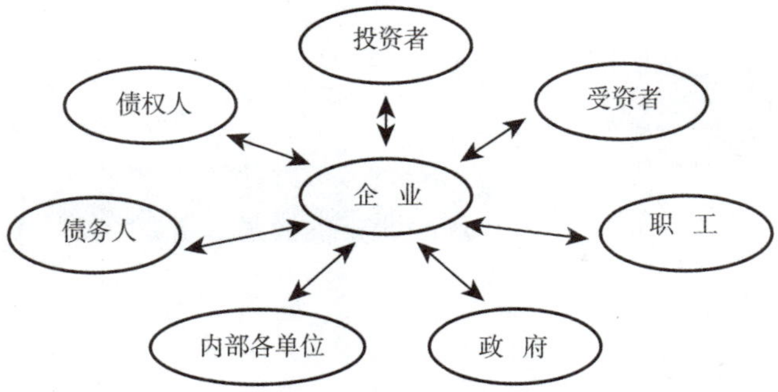

图 8-1　企业财务关系

1）企业与投资者之间的财务关系

企业与投资者之间的财务关系主要是指投资者向企业投入资金，企业向投资者支付投资报酬所形成的经济关系。企业的投资者主要包括国家、法人、个人和外商。企业的投资者要按照投资合同、协议、章程的约定履行出资义务，以便及时形成企业的资本金，投资者有权参与或监督企业经营，享有企业利润及净资产的分配权，承担一定的风险和经济法律责任。企业要利用投资者投入的资本金进行经营，承担资本保值、增值的责任，实现利润后，应该按照出资比例或合同、协议、章程的规定，向其投资者支付报酬。企业与投资者之间的财务关系体现的是经营权与所有权关系。

2）企业与债权人之间的财务关系

企业与债权人之间的财务关系主要是指企业向债权人借入资金，并按借款合同的规定按时支付利息和归还本金所形成的经济关系。企业除利用资本金进行经营活动外，还要借入一定数量的资金，以便降低企业资金成本，扩大企业经营规模。企业的债权人主要包括企业债券的持有人、贷款机构及其他出借资金给企业的单位和个人。企业要按约定的利率按时向债权人支付利息；债务到期时，要合理调度资金，按时向债权人归还本金。企业与债权人之间的财务关系体现的是债务与债权关系。

3）企业与受资者之间的财务关系

企业与受资者之间的财务关系主要是指企业以购买股票或间接投资的形式向其他企业投资所形成的经济关系。随着经济体制改革的深化和横向经济联合的开展，这种关系将会越来越广泛。企业向其他单位投资，应按投资合同、协议、章程的约定履行出资义务，并依其出资份额参与受资者的利润分配。企业与受资者之间的财务关系体现的是投资与受资关系。

4）企业与债务人之间的财务关系

企业与债务人之间的财务关系主要是指企业将其资金以购买债券、提供借款或商业信用等形式出借给其他单位所形成的经济关系。企业将资金借出后，有权要求债务人按约定的条件支付利息和归还本金。企业与债务人之间的财务关系体现的是债权与债务关系。

5）企业内部各单位之间的财务关系

企业内部各单位之间的财务关系主要是指企业内部各单位之间在生产经营各环节中相互提供产品或劳务所形成的经济关系。这种在企业内部形成的资金结算关系，体现了企业内部各单位之间的经济利益关系。

6）企业与职工之间的财务关系

企业与职工之间的财务关系主要是指职工向企业提供劳动、企业向职工支付劳动报酬所形成的经济关系。企业要用其自身的收入向职工支付工资、津贴、奖金等，并按规定提取福利费、公益金用于职工的集体福利开支等。企业与职工之间的财务关系体现了企业和职工在劳动成果上的分配关系。

7）企业与政府之间的财务关系

企业与政府之间的财务关系主要是指企业与税务机关之间的经济关系。政府凭借其政治权利向企业征税，以保证国家财政收入的实现，满足社会各方面的需要。企业及时、足额地纳税是对国家的贡献，也是对社会应尽的义务。企业与政府之间的财务关系体现的是依法纳税和依法征税的权利义务关系。

上述财务关系广泛存在于企业财务活动中，正确处理好财务关系能促进企业生产经营活动的正常开展，最终实现财务管理的目标。

2．财务管理的特点

财务管理作为一项经济管理工作具有两个明显的特征。

1）财务管理是一种价值管理

企业生产经营活动的复杂性，决定了企业管理必须包括多方面的内容，如生产管理、营销管理、技术管理、劳动人事管理、财务管理等。它们有的侧重于使用价值的管理；有的侧重于信息等的管理。财务管理区别于其他管理的特点，在于它是一种价值管理。财务管理利用资金、成本、收入等价值指标，来展现企业生产经营过程中价值的形成、实现和分配，并处理这种价值运动中的经济关系。价值管理是财务管理的基本属性。

2）财务管理是一项综合性管理工作

财务管理是企业管理中的一个独立方面，又是一项综合性的管理工作。企业各方面生产经营活动的质量和效果，大都可以从财务活动中综合地反映出来，而通过合理地组织资金运动，又可以促进企业生产经营活动的顺利进行。财务管理在企业内部管理的各子系统中，具有涉及面广、综合性强、灵敏度高的特点，因此，财务管理是利用价值形式对企业生产经营活动进行的综合管理。

3．财务管理的整体目标

企业财务管理的要求需要统一起来加以表达，以便判断一项财务决策是否符合企业目标。根据现代企业财务管理理论和实践，最具有代表性的财务管理的整体目标主要有以下几种观点。

1）利润最大化

这种观点认为：利润代表了企业新创造的财富，利润越多说明企业财富增加得越多，越接近企业的目标。

以利润最大化作为企业财务管理的目标有其合理的一面，因为企业追求利润最大化，就必须讲求经济核算，加强管理，改进技术，提高劳动生产率，降低成本。这些措施都有利于资源的合理配置，有利于经济效益的提高。

2）资本利润率最大化或每股收益最大化

这种观点认为：应当把企业的利润和投资者投入的资本联系起来考察，用资本利润率或每股收益来概括企业的财务管理目标。

资本利润率是净利润与资本额的比率，每股收益是净利润（若有优先股则扣除优先股股利）与流通在外的普通股平均股数的比值。资本利润率最大化适用于一般企业，每股收益最大化适用于股份公司。

3）股东财富最大化

这种观点认为：企业财务管理的目标就是通过财务上的合理经营，为股东带来最多的财富。

在股份公司中，股东财富由其所拥有的股票数量和股票市场价格两方面来决定。在股票数量一定时，股票价格达到最高时股东财富也达到最大，所以，股东财富最大化，又演变为股票价格最大化。股东财富最大化目标可以理解为最大限度地提高现在的股票价格。

4）企业价值最大化

这种观点认为：企业财务管理的目标就是最大限度地增加企业的价值。企业价值是指企业作为特殊商品被用来买卖时的市场价值，它是股东价值、社会价值、顾客价值、员工价值的集合，是兼顾眼前利益和长远利益的集合。

企业价值最大化目标的关键是如何合理计量企业的价值。计量的方法有多种，目前多数人主张采用“企业未来报酬贴现值”，即以投资时间为起点，将企业未来各年的现金流量按与企业风险相适应的折现率进行贴现计算企业的价值。

8.1.2 财务分析

1. 财务分析的意义

财务分析是以财务报告资料及其他相关资料为依据，采用一系列专门的分析技术和方法，对企业等经济组织过去和现在有关筹资活动、投资活动、经营活动、分配活动的盈利能力、营运能力、偿债能力和增长能力状况等进行分析与评价，为企业的投资者、债权人、经营者及其他关心企业的组织或个人了解企业过去、评价企业现状、预测企业未来，做出正确决策提供准确的信息的经济活动。

不同的财务分析对象所关心的问题是不同的，不同的财务分析主体进行财务分析的目的也是不同的。

从企业投资者角度看：企业的投资者包括企业的所有者和潜在投资者，他们进行财务分析的最根本目的是查看企业的盈利能力状况，因为盈利能力是投资者资本保值和增值的关键，但是投资者仅关心盈利能力还是不够的，为了确保资本保值和增值，他们还应研究企业的权益结构、支付能力及营运状况。

从企业债权人角度看：企业债权人包括借款给企业的银行及一些金融机构，购买企业债券的单位与个人等。债权人进行财务分析的目的与经营者和投资者的目的不同。从债权人角度进行财务分析的主要目的，一是分析、判断对企业的贷款或其他债权能否及时、足额收回，即研究企业偿债能力的大小；二是看债务人的收益状况与风险程度是否相适应。

从企业经营者角度看：企业经营者主要指企业的经理及各部门的管理人员，他们进行财务分析的目的是综合的、多方面的。从对企业所有者负责的角度看，他们也关心盈利能力，这是他们的总体目标。

其他相关者：与企业经营有关的其他企业和国家行政管理与监督部门。与企业经营有关的其他企业主要指材料供应者、产品购买者等，这些企业单位出于保护自身利益的需要，也非常关心来往企业的财务状况。国家行政管理与监督部门出于社会经济管理职能和宏观经济调控的需要，也需要对企业财务状况、经营成果等进行分析研究。

2．财务分析的内容

财务分析是企业生产经营管理活动的重要组成部分，其主要内容包括以下方面。

1）财务状况分析

企业的财务状况是用资金进行反映的生产经营成果。企业的资产、负债和所有者权益从不同方面反映企业的生产规模、资金周转情况和企业经营的稳定程度。分析企业的财务状况包括分析其资本结构、资金使用效率和资产使用效率等。

2）获利能力分析

企业的获利能力是企业资金运动的直接目的与动力源泉，一般指企业获取利润的能力。获利能力可反映该企业经营业绩的好坏，企业的经营人员、投资者和债权人都非常重视和关心企业的获利能力。

3）偿债能力分析

偿债能力指借款人偿还债务的能力，可分为长期偿债能力和短期偿债能力。

4）投资报酬分析

投资报酬指企业投入资本后所获得的回报，包含资本金报酬、股东权益报酬和净资产报酬等方面。

5）增长能力分析

企业的成长性是企业通过自身生产经营活动，不断扩大和积累而形成的发展潜能，其是投资者在选购股票进行长期投资时最为关注的问题。

3．财务分析的局限性

由于财务分析过程受到多种因素的影响，因而也存在着一定的局限性。

1）资料来源的局限性

财务报表中的数据均是企业过去经济活动的结果和总结，用于预测未来发展趋势，只有参考价值，并非绝对合理；财务报表信息提供者往往尽力满足信息使用者的期望，可能使信息与实际状况相距甚远；报表数据的可靠性受到通货膨胀、某些资产以成本计价、许多支出在记账时存在灵活性等情况的制约；不同的企业或同一个企业的不同时期都可以根据情况采用不同的会计政策和会计处理方法，使得报表数据存在差异等。

2）财务分析方法的局限性

比较分析法在实际操作时，必须具备可比性才有意义；比率分析是针对单个指标进行分析，综合程度较低，在某些情况下无法得出令人满意的结论；因素分析法主观假定各因素的变化顺序而且规定每次只有一个因素发生变化，往往与事实不符；分析者往往只注重数据的比较，而忽略经营环境的变化，这样得出的分析结论也是不全面的。

3）财务分析指标的局限性

每一个财务指标只能反映企业的财务状况或经营状况的某一方面；财务指标所反映的情况具有相对性，必须掌握好对财务指标的“信任度”；财务指标的评价标准不统一，不同行业间的对比存在困难；财务指标的计算口径不一致会导致计算结果不一样，同样不利于评价比较。

学习任务 8.2　跨境电子商务财务与报表实训

本书以思睿智训 ERP 为平台，开展跨境电子商务财务与报表实训。

8.2.1　财务管理与报表实训

跨境电子商务财务管理主要针对店铺的销售情况，按月统计店铺的收入及营利。

用户可通过设定一个结算日，按月把上一个月的销售数据生成财务账期，自动统计并核算订单的实际付款金额、平台佣金、运费、退款、包装费用、商品成本、海外仓头程运费等、订单财务明细（包含商品成本、销售价）、结算流水，以及店铺财务费用（经营店铺产生的，不方便均摊到订单的费用），并同步最新的币种汇率把所有的账务数据转换为同一币种。

财务账期，帮助卖家进行精准的销售数据分析，使销售额、成本、利润等账目报表一目了然。

1．结算设置

1）设置结算日期、结算货币，选择是否启用自动结算

如图 8-2 所示，在“财务-结算设置”中，设置结算日期、结算货币，选择是否启用自动结算。

结算日期：用户设定一个结算日，在启用自动结算时，系统将在结算日自动结算，按自然月把上一个月的数据生成财务账期。

结算货币：默认为“人民币”，可自行选择币种。注意：货币只允许设置一次，一旦设定不允许修改。

是否启用自动结算：默认为“否”，启用则设置为“是”，系统将在设定的结算日期自动结算，生成财务账期。

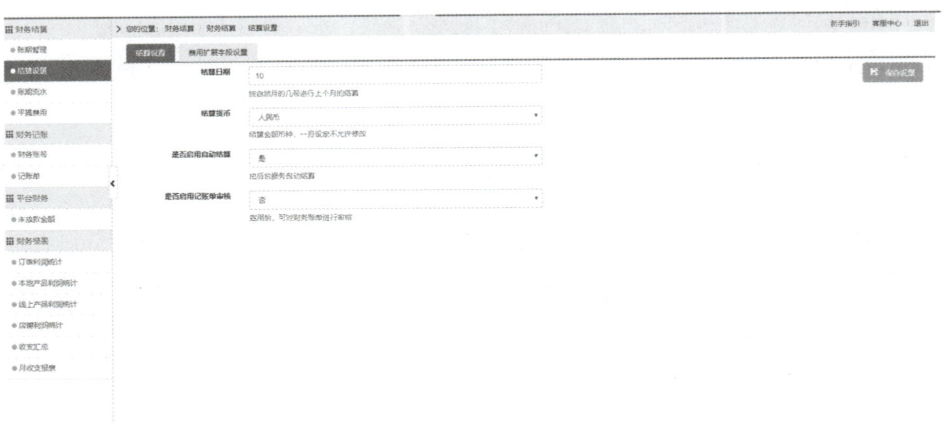

图 8-2　完善结算设置

2）设置店铺费用平摊的规则

如图 8-3 所示，在“费用扩展字段设置”中，自定义店铺平摊费用，设置费用平摊类型，设置结算范围，并激活，保存。

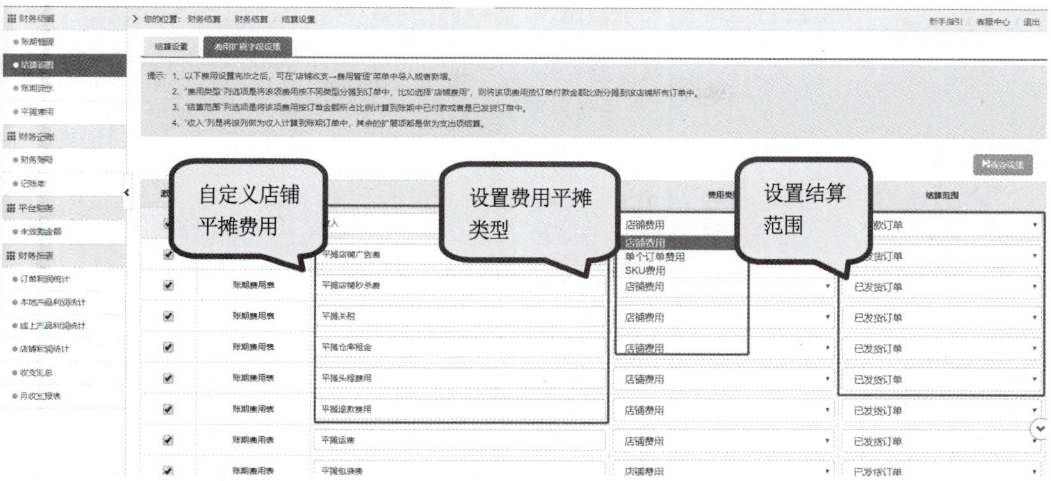

图 8-3　设置店铺费用平摊规则

（1）自定义店铺平摊费用。

用户根据业务需求可自定义店铺平摊费用，设置费用标题，并激活，最后保存。

（2）设置费用平摊类型。

用户根据业务需要设置费用平摊的类型。

①“店铺费用”：该项费用按订单付款金额比例分摊到该店铺所有订单。

②“单个订单费用”：该项费用分摊到指定的某个订单。

③“SKU 费用”：该项费用按 SKU 分摊到所有包含该 SKU 的订单。

（3）结算方式。

平台有两种结算方式：按已付款订单结算、按已发货订单结算。

2．账期管理

如图 8-4 所示，系统会自动为每个自然月生成一个账期，统计从 1 日至月底整个月所有订单的财务数据，具体包括：实际付款金额、平台佣金、运费、退款、包装费用、商品成本等，以及一些需要进行平摊的费用。

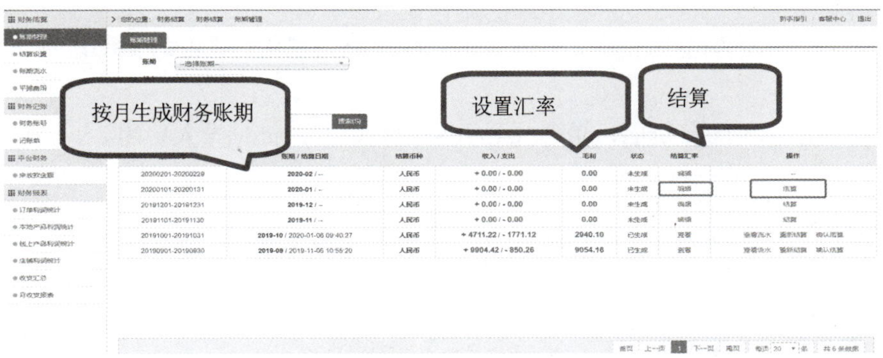

图 8-4　设置账期管理

1）设置汇率

由于各个电商平台存在多币种的情况，系统通过设置汇率统一换算成同一币种。

如图 8-5 所示，选择需要进行财务结算的账期，单击【编辑】，进入账期汇率设置页面，同步最新的官方汇率，或自定义汇率（手动修改汇率），系统将按设定的汇率进行金额的转换，转换成在“结算设置”中设置的币种。

图 8-5 设置账期管理-汇率

2）结算

结算有手工结算和自动结算两种方式。在“结算设置”中启用自动结算后，系统将在设定的结算日期自动结算，生成财务账期。这里重点介绍手工结算。

（1）如图 8-6 所示，设置汇率后，选择需要结算的账期，单击【结算】。进入手工结算页面，系统将统计当前自然月所有账目的情况。

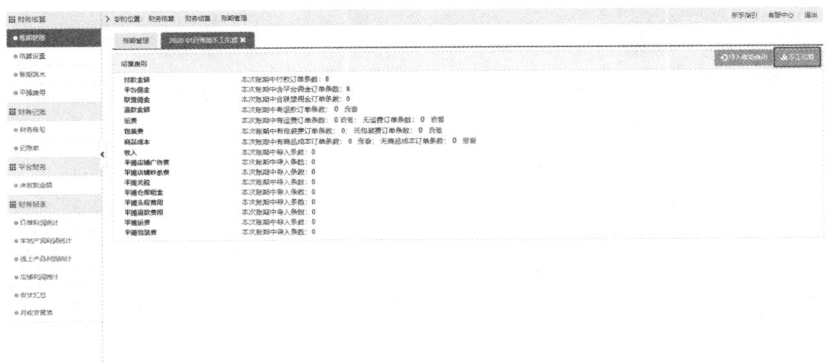

图 8-6 设置账期管理-结算

（2）导入店铺平摊费用。

针对店铺产生的其他费用，如仓库租金、广告费等，用户导入费用后，系统自动进行平摊，平摊规则在“结算设置”中设定。

如图 8-7 所示，在账期手工结算页面，单击【导入账期费用】，批量导入费用。

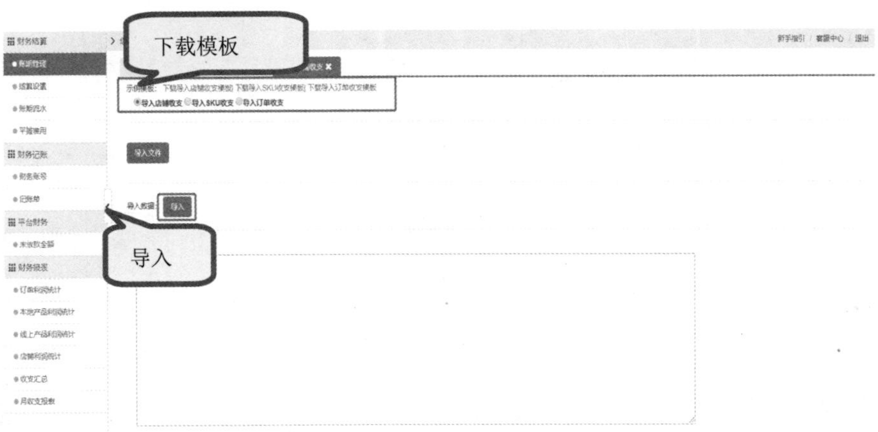

图 8-7 下载模板，导入店铺平摊费用

（3）手工结算。

财务账期结算的内容：订单的实际付款金额、平台佣金、运费、退款、包装费用、商品成本（包含商品采购价和采购运费）等。

在账期手工结算页面，单击【手工结算】。

3．账期处理

账期处理包括：查看流水、重新结算、确认结算。

（1）如图 8-8 所示，账期结算成功后，在账期管理中可以根据账期查看明细流水。

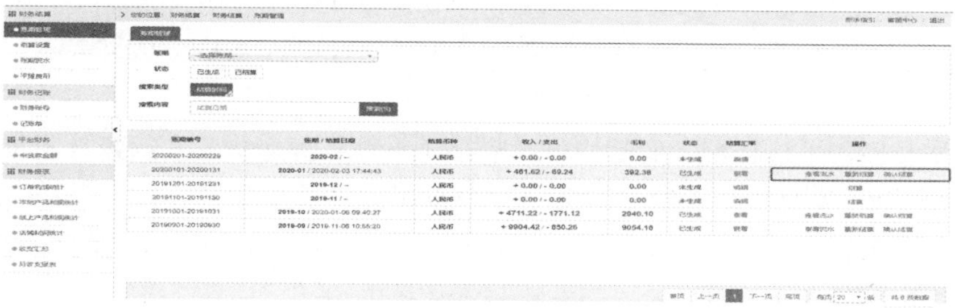

图 8-8　查看账期内流水情况

（2）重新结算，在账期生成结算后，正式结算前，系统允许修改汇率，或添加需要店铺平摊的费用等，修改后单击【重新结算】，重新生成账期。

（3）确认结算。

最后，确认结算，账期正式生成。

4．账期流水

账期结算成功后，在账期管理中可以根据账期查看流水明细。

流水类型分为两种，一种为订单费用，包括订单的实际付款金额、平台佣金、运费、退款金额、包装费、商品成本等；另一种为店铺平摊费用，包括收入、平摊店铺广告费、平摊关税、平摊仓库租金、平摊头程费用、平摊退款费用、平摊自定义费用等。

如图 8-9 所示，在“账期管理”中单击【查看流水】，进入“账期流水”界面，可查看流水明细。

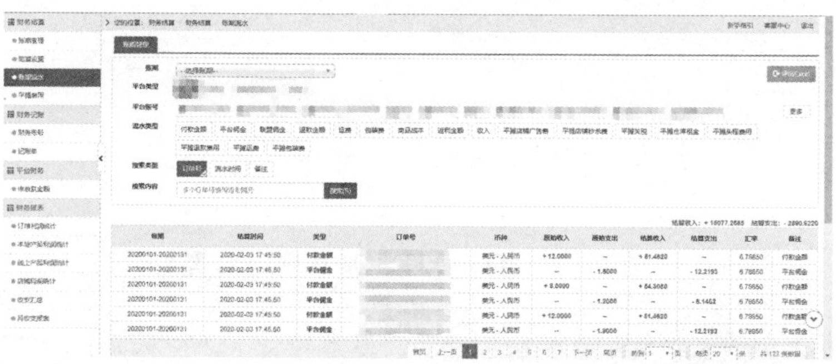

图 8-9　流水明细

1）订单费用

（1）付款金额、平台佣金、联盟佣金：按订单付款时间核算（联盟佣金主要针对速卖通平台）。

（2）退款金额：按订单的退款时间核算。

（3）运费、包装费、商品成本：针对已发货订单，按订单发货时间核算。

对于有合并、补发、拆分等情况的特殊订单，将根据订单的情况进行核算，具体如下。

①合并之后的订单在账期流水中不显示，只统计原订单，付款金额、平台佣金、商品成本、退款金额按原订单核算。

运费、包装费按合并后订单的订单金额与原订单金额的百分比，按比率分摊；比如订单A金额10，订单B金额5，订单A、B合并成订单C，订单C运费为6元，则订单A运费=（10/15）×6=4元，订单B运费=（5/15）×6=2元。

②补发的订单在账期流水中不显示，补发订单产生的运费、包装费、商品成本统计到拆分前原订单上，按发货时间核算，状态为已发货。

③拆分之后订单的付款金额、平台佣金、商品成本、退款金额按原订单核算。

运费、包装费按拆分后订单的运费、包装费的合计算，比如订单A被拆分成订单A1、订单A2、订单A3，运费都为2，则订单A的运费为2+2+2=6，并记录到原订单上。

④FBA订单的付款金额、平台佣金、商品成本（包括海外仓头程运费）、运费（同步FBA订单运费）、退款金额按订单付款时间核算（说明：系统会自动将订单付款时间转成北京时间）。

⑤订单有添加、删除商品或替换商品情况时，付款金额按原金额核算，添加、删除或替换的商品的成本核算到原订单，如果存在合并、拆分订单的情况，则核算到主订单上。

2）店铺平摊费用

根据“结算设置”菜单中设定的平摊规则，统计当前自然月的平摊费用。

（1）店铺平摊费用包括：收入、平摊店铺广告费、平摊关税、平摊仓库租金、平摊头程费用、平摊退款费用、自定义费用等，其中“收入”作为收入项结算，其余的费用都作为支出项结算。

（2）店铺平摊费用的平摊规则：费用按订单金额所占订单总额比例（当前账期所有订单金额）平摊到订单，平摊费用=当前订单金额/订单总额×店铺费用，系统自动识别订单的状态，根据设置的“已付款订单”或“已发货订单”进行结算、平摊。店铺平摊费用规则与计算如图8-10所示。

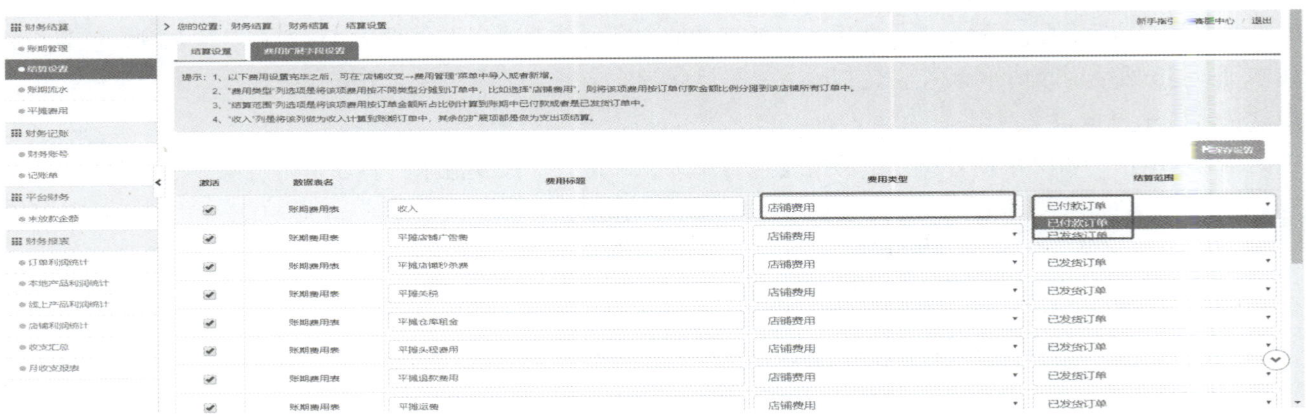

图8-10 店铺平摊费用规则与计算

例如：在11月账期中，店铺1平摊仓库租金500元，结算设置为“已付款订单”，11月已付款订单总额为50 000元，订单A为100元，则订单A分摊的仓库租金=（100/50000）×500=1（元）

8.2.2 店铺平摊费用管理实训

1. 新增店铺收支

（1）如图8-11所示，在“财务-平摊费用”菜单，单击【新增店铺收支】，添加费用。

图 8-11　选择“新增店铺收支”

（2）如图 8-12 所示，选择店铺，设置店铺收支费用类型等信息，系统根据费用时间自动分摊到时间段内的账期。

图 8-12　设置店铺收支费用类型、金额、币种、时间等各种信息

2．导入店铺收支

如图 8-13 所示，在店铺收支“费用管理”菜单，单击【导入】，批量添加费用。

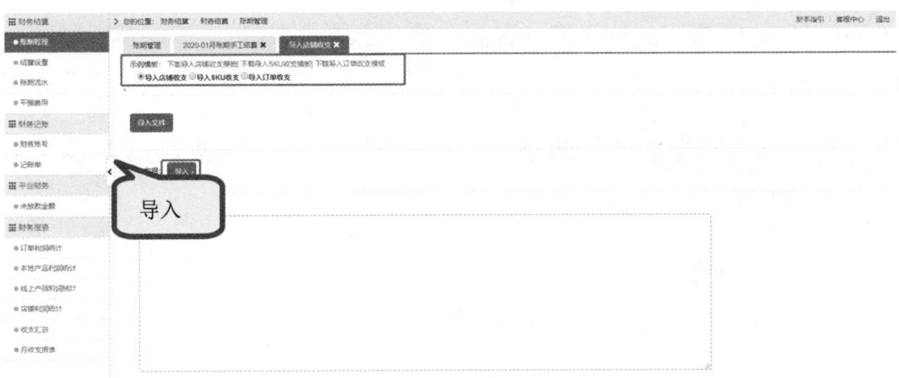

图 8-13　导入店铺收支数据

3．重新结算

添加店铺费用后，需要对已经生成的账期进行重新结算，系统自动对店铺费用进行平摊。

如图 8-14 所示，在“账期管理”菜单，选中对应的账期，单击【重新结算】。

图 8-14 重新结算

8.2.3 平台财务实训

第一步：同步各平台店铺的未放款金额。

如图 8-15 所示，在“未放款金额”菜单，单击【同步】按钮，打开同步未放款金额页面。

图 8-15 查看未放款金额明细

第二步：查看数据，系统自动将平台上的币种换算成美元，以美元显示。

8.2.4 统计报表实训

如图 8-16 所示，系统拥有 30 多张统计报表，涵盖产品、店铺、库存、采购、利润、业务提成等方面，用户可自行打开报表查看统计分析。

图 8-16 查看产品、店铺、库存、采购、利润、业务提成等数据的统计报表

【学习项目检测】

1．名词解释

（1）财务管理

（2）财务分析

2．简答题

（1）财务关系的主要内容是什么？

（2）财务分析的主要内容是什么？

【学习项目评价】

学习完本学习项目后，请根据自己的学习所得，结合下表所列内容进行学习效果评价。

评价内容	评价方式			评价等级
	自评	小组评议	教师评议	
课前预习本学习项目相关知识、相关资料				A.充分 B.一般 C.不足
了解财务管理的概念				A.充分 B.一般 C.不足
掌握财务分析的相关知识				A.充分 B.一般 C.不足
进行跨境电子商务财务管理与报表平台实训				A.充分 B.一般 C.不足
参加教学中的讨论和实训，并积极完成相关任务				A.充分 B.一般 C.不足
善于和同学合作				A.充分 B.一般 C.不足
学习态度，完成作业情况				A.充分 B.一般 C.不足
总评				

【学习项目总结】

当前跨境电商企业在市场竞争环境中的压力越来越大，只有具备充足活力和竞争力的企业才可以在竞争激烈的市场环境中处于不败之地。一家优秀的企业一定是经营和管理都很出色的企业，出色的经营和管理离不开正确的决策。决策涉及各个方面，有市场决策、销售决策，也有产品决策。财务分析作为企业财务管理的重要手段之一，它能够为企业的一切财务活动、运营和管理决策提供必要的依据。现代跨境电商企业管理职能由 4 大基本管理职能组成，即生产管理、财务管理、市场营销、人力资源管理。财务管理作为四大基本管理职能之一，其作用不容忽视。

参考文献

［1］胡雨．探索与发展：跨境电商理论与实务研究．北京：中国商务出版社，2019.

［2］唐红涛，谭颖．跨境电子商务理论与实务．北京：对外经济贸易大学出版社，2019.

［3］黄仕靖，曹红梅．跨境电商实务．北京：北京理工大学出版社，2019.

［4］杨兴凯．跨境电子商务．大连：东北财经大学出版社，2018.

［5］马述忠，卢传胜，丁红朝．跨境电商理论与实务．杭州：浙江大学出版社，2018.

［6］麦艳云，严敏，陈兴华．跨境电子商务基础．北京：电子工业出版社，2017.

［7］韩琳琳，张剑．跨境电子商务实务．上海：上海交通大学出版社，2017.

［8］郑建辉，陈江生，陈婷婷．跨境电子商务实务．北京：北京理工大学出版社，2017.

［9］叶杨翔，吴奇帆．跨境电子商务多平台运营．北京：电子工业出版社，2017.

［10］关继超．跨境电商：运营基础　策略技巧　案例实战．广州：广东人民出版社，2016.

［11］刘春光，李念．跨境电子商务实务：北京：电子工业出版社，2016.